Ullstein Werkausgaben

Ullstein Werkausgaben
Lektorat: Hanna Siehr

Ullstein Buch Nr. 37052
im Verlag Ullstein GmbH,
Frankfurt/M – Berlin

Erste vollständige
deutschsprachige Barnabooth-Ausgabe
mit sämtlichen Gedichten

Französischer Originaltitel:
›A. O. Barnabooth, ses œuvres complètes,
c'est-à-dire un conte, ses poésies
et son journal intime‹
erschienen 1913

Umschlagentwurf: Theodor Bayer-Eynck
unter Verwendung eines Ausschnitts
aus dem Gemälde ›Frühstück im Atelier‹,
1868, von Edouard Manet
im Besitz der Neuen Pinakothek, München
Aufnahme: Joachim-Blauel-Artothek
Abbildung auf der Rückseite:
Valery Larbaud, Aufnahme: H. Roger-Viollet

Printed in Germany 1986
Gesamtherstellung:
Ebner Ulm
ISBN 3 548 37052 7

September 1986

Valery Larbaud

Sämtliche Werke des A. O. Barnabooth

Aus dem Französischen von Georg Goyert, Wilfried Ihrig, Wilhelm Lehmann, Walther Petry und Marie Philippe

Für die deutsche Ausgabe eingerichtet und mit einem Nachwort versehen von Wilfried Ihrig

Ullstein Werkausgaben

CIP-Kurztitelaufnahme
der Deutschen Bibliothek

Larbaud, Valery:
Sämtliche Werke des A. O. Barnabooth / Valery
Larbaud. Aus d. Franz. von Georg Goyert . . .
Für d. dt. Ausg. eingerichtet u. mit e.
Nachw. vers. von Wilfried Ihrig. – 1. vollst.,
dt.-sprachige Barnabooth-Ausg. mit sämtl. Gedichten. –
Frankfurt/M; Berlin: Ullstein, 1986.
(Ullstein-Buch; Nr. 37052: Ullstein-Werkausgaben)
Einheitssacht.: A. O. Barnabooth, ses
œuvres complètes, c'est-à-dire un conte,
ses poésies et son journal intime <dt.>
ISBN 3-548-37052-7
NE: Larbaud, Valery: [Sammlung <dt.>]; GT
Vw: Barnabooth, A. O. [Pseud.] → Larbaud, Valery

Infolge verschiedener Umstände, über die hier
zu berichten mir nutzlos erscheint,
habe ich mich verpflichtet, die Sammlung der
›Sämtlichen Werke‹ von Herrn Barnabooth,
dem wohlbekannten reichen Amateur,
zu veröffentlichen.
Das ›Tagebuch‹ des jungen Milliardärs
und auch seine Gedichte enthalten genug
Details über seine Person, seine Erziehung,
seine Freunde etc., um mir das Gefühl
zu geben, davon dispensiert zu sein,
an den Anfang dieses ganz subjektiven
und sozusagen egozentrischen Buches eine
biographische Notiz zu stellen.
Diese Ausgabe ist vollständig und endgültig.

V. L.

DER ARME HEMDENMACHER

I

Es war einmal ein armer Hemdenmacher, dessen Hemden gut saßen, dessen Geschäfte aber schlecht gingen.

Er war verzweifelt. Er leugnete sogar die Existenz der Vorsehung und die Lehren der Pistis Sophia.

Aber es war nicht immer so gewesen. Ein paar Jahre vor der Pariser Weltausstellung im Jahre 1900 besaß er unter den Galerien des Palais-Royal einen herrlichen Laden. Seine Kundschaft bestand in der Hauptsache aus Herren von Stand, berühmten Schriftstellern und illustren Hochstaplern. Die Herren von Stand behandelten ihn höflich und zahlten pünktlich; die Schriftsteller waren familiärer und zahlten unpünktlich, waren aber großzügig und ließen sich auf ihre Banknoten nichts herausgeben. Die Hochstapler aber betrogen ihn und zahlten nie.

Trotzdem aber lebte der glückliche Hemdenmacher im Überfluß. Er bewohnte den Zwischenstock eines vornehmen Hauses in der Rue des Bons-Enfants, aß jeden Tag im Restaurant Duval in der Rue Montesquieu und kaufte sich jährlich drei Zylinderhüte.

Aber allmählich lichtete sich seine Kundschaft ebenso wie sein Haar. Die Marquis und die Grafen, die zweifellos schon sehr alt waren, starben; die Schriftsteller, die von ihren Verlegern ruiniert wurden, kauften in den Warenhäusern fertige Hemden, und die Hochstapler, die merkten, daß seine Blütezeit vorbei war, ließen sich ihre Hemden in London machen.

In den Galerien des Palais-Royal, die schon seit dem Ende der Regierung Louis-Philippes aus der Mode gekommen waren, wurde es immer stiller. Über ihnen lag tiefes, tragisches Schweigen, das nur um die Mittagszeit von dem Knall der kleinen Bronzekanone unterbrochen wurde.

Nach dem Frühstück führten die Bonnen Kinder und Hunde ihrer Herrschaft zum Pipimachen in den Garten, manchmal direkt vor seiner Tür. Um sechs Uhr abends kam regelmäßig ein anständig, aber ärmlich gekleideter junger Mann an dem Laden vorbei, blieb eine Viertelstunde lang vor dem Laden stehen, betrachtete andächtig und versunken die ausgestellten Modelle. Dann ging er, anscheinend nur ungern, weiter, setzte seinen dunklen Weg durch die Stadt fort, die schon voll von Dämmerung, Küchendünsten und Kälte war. Wir werden gleich erfahren, weshalb dieser große junge Mann – der kein anderer als der berühmte Junge Arme Mann von Octave Feuillet war – vor diesem Laden stehenblieb, der ihm bei seinem Monatseinkommen von fünfunddreißig Francs für immer verschlossen war.

Anstatt in aller Ruhe den Zauber seiner Einsamkeit zu genießen, wanderte der arme Hemdenmacher, eine Beute tiefsten Schmerzes, fieberhaft in seinem Laden auf und ab.

„Ach", sagte er vor sich hin, „weshalb bezahle ich noch jährlich dreihundert Francs für den Kubikmeter Luft dieses Ladens? Weshalb lasse ich jeden Morgen das Schaufenster mit Spanisch-Weiß putzen? Was nützt mir die Ladentür mit dem automatischen Schließer, wenn sie sich nur mir allein öffnet? Warum habe ich den neumodischen Teppich für fünfzehnhundert Francs gekauft, wenn ich allein über ihn gehe? Was habe ich davon, daß ich der erste Hemdenmacher von Paris bin, wenn ich die Hemden, die ich selbst trage, in der Belle Jardinière (ah! diese Konkurrenz!) kaufen muß? Meinen Lehrling habe ich bereits entlassen. Kein Mensch! Nicht einmal ein eiliger Gelegenheitskunde, der um drei Uhr nachmittags ein weißes Hemd bestellt, das er abends auf einer Gesellschaft tragen will. Der einzig treue Kunde ist nur noch der Fürst von Vitenval!"

Dann wieder, die Hände an den Kopf gepreßt, rief er:

„Sobald mein Vertrag abgelaufen ist, mache ich hier Schluß." Aber wie dann weiter?

Auf den Rat eines seiner Freunde hin (die jeden Tag seltener wurden) beschloß der arme Hemdenmacher, etwas Reklame zu machen. Er wandte sich an ein Werbebüro, das tausend Francs Anzahlung verlangte.

Der arme Hemdenmacher kaufte alle Zeitungen Frankreichs und des Auslandes, um in ihnen seinen Namen zu sehen, aber er entdeckte ihn in keiner einzigen.

So ein Schwindel, dachte er und beklagte sich bei dem Werbebüro. Der Leiter des Büros, der einen rosaroten Pyjama trug, beruhigte ihn, zeigte ihm Belegnummern und bestellte bei ihm einen Pyjama aus malvenfarbener Seide als Anzahlung auf die spätere Werbung.

Als der arme Hemdenmacher wieder zu Hause war, machte er sich hoffnungsfroh an die Arbeit. Der Pyjama wurde geliefert, aber Kunden fanden sich nicht ein.

„Das hat nichts zu bedeuten", sagte der Leiter des Werbebüros. „Geben Sie mir noch tausend Francs, und Paris gehört Ihnen."

Eines Abends endlich, als er sich entschloß, das Gaslicht auszudrehen und seufzend die Lider aus gerunzeltem Stahl über die toten Augen seines Ladens herabzulassen, hörte der arme Hemdenmacher, wie die Tür mit dem selbsttätigen Schließer sich mit frohem Knarren öffnete. Als er aufblickte, sah er einen jungen, elegant gekleideten Mann mit blühender Gesichtsfarbe und ebenso blühendem Knopfloch – in dem er gleich den Engländer erkannte, obwohl er als armer Hemdenmacher von Ethnographie kaum eine Ahnung hatte.

Sofort erhob er sich (denn er saß gerade), machte eine tiefe Verbeugung (er war sehr höflich) und bedauerte insgeheim, nicht die Berlitz-School besucht zu haben, denn wenn er sich auch Shirt-Maker nannte, konnte er doch kein Wort Englisch (außer yes). Dennoch fragte er mit leicht fremdem Akzent:

„Mylord wünschen? Darf ich Mylord Maß nehmen?"

Aber der Lord, dessen Name übrigens nicht im Adelskalender stand, schien seine Worte nicht gehört zu haben. Sein blauer Blick starrte fragend in den Hintergrund des Ladens, als suche er dort einen Ausgang. Nachdem er staunend die saubere und helle Kahlheit des Ladens betrachtet hatte, wandte er sich plötzlich dem armen Hemdenmacher zu und sagte:

"Well, man, where are the girls?"

„Mylord sprechen nicht französisch? Schade! Ich habe meinen Zuschneider, der in England gelernt hat, leider für heute beurlaubt. Aber wenn Mylord den Gehrock ablegen wollten . . ."

"I say, where are the girls? Show me the way, that's all I want of you, d'ye know, man?"

„Sehr wohl, Mylord. Aber nehmen Mylord doch Platz. Hier sind meine Stoffe und Modelle. Oxford-Leinen, Baumwolle mit Seide, für Unterhosen besonders zu empfehlen. Wenn Mylord die Güte hätten . . ."

Der arme Hemdenmacher sah den Engländer an, dessen Gesicht vor Wut knallrot geworden war.

„Lieber Gott, Mylord . . ."

Aber der Engländer kramte all sein Französisch, das er vielleicht aus dem „Führer durch das nächtliche Paris", den er in der Hand hielt, gelernt hatte, zusammen und schrie ihn an:

„Sie haben also keine Damen hier? Sie Lügner! Weshalb haben Sie denn in diesem Buch annonciert?"

Er warf dem armen Hemdenmacher das Heft ins Gesicht und verließ den Laden so stürmisch, daß der automatische Türschließer dabei in die Brüche ging.

Der arme Hemdenmacher vertiefte sich in den „Führer durch das nächtliche Paris". Durch die Tränen hindurch, die am Rande seiner Lider bebten, entdeckte er in der „Liste der Absteigequartiere“ seinen Namen und seine Adresse.

Ihm ging ein Licht auf. Er drehte das Licht aus, legte sich auf seinen neumodischen Teppich und, von Ohnmacht und Scham überwältigt, weinte er wie ein geschlagenes Kind.

II

Als der Tag graute, hatte der arme Hemdenmacher sich ein wenig beruhigt. Die Nacht hatte ihm den Rat des Freundes bestätigt. Am selben Tage noch kündigte er, verließ die Rue des Bons-Enfants und mietete einen Laden mit Wohnung in einer Passage in der Nähe der Boulevards. Dann holte er seine Tochter Hildegard, die auf die achtzehn zuging (sie hatte die zierlichsten Füße der Welt), aus dem Kloster.

Auf diese Weise sparte er viel Geld. Er brauchte für die Erziehung seiner einzigen Tochter, die ihm doch von der Natur als Helferin geschenkt worden war und sich auf handgenähte Hemdensäume besonders gut verstand, nichts mehr auszugeben. Außerdem spielte Hildegard sehr gut Klavier (zum Glück hatten sie kein Klavier).

Der Laden war bald eingerichtet. Der arme Hemdenmacher ließ für das ihm noch gebliebene Geld den Laden neumodisch tapezieren, schaffte neumodische Möbel an, ließ den neumodischen Teppich reinigen (seine Tränen hatten ihn fleckig gemacht) und ergänzte seine Bestände an Leinen und neumodischen Stoffen.

Hildegard, die ein liebes, einfaches, mutiges Mädchen mit viel Geschmack war, half ihm nach Kräften.

Und dann warteten sie auf die Kunden, die nicht kamen.

„Ich habe doch alles getan“, sagte der arme Hemdenmacher. „Meine Modelle waren altmodisch; heute aber bin ich geschmacklich auf der Höhe. Ich kann sogar etwas englisch zwitschern. Ach! Diese Konkurrenz! Ich habe einfach kein

Glück. Der Pechvogel, den Mallarmé besang! Vielleicht wäre ich doch besser im Palais-Royal geblieben: vielleicht wird es wieder modern. Wer kann das wissen? Diese verfluchte Passage ist trotz den nahen Boulevards nicht besser. Ja, ja.

Wer hinter einem Schatten herläuft
kommt nie ans Ziel
und wird für seine Torheit
schwer bestraft.

Ohne meine zwei Lieblingsbücher: *Martianus Capella* und die *Chants de Maldoror* hätte ich vor Kummer längst den Verstand verloren."

„Sei doch nicht traurig, Vater", sagte dann Hildegard. „Der Frühling ist da, und die Flanellwesten werden sicher viel gekauft. Und haben wir nicht die Befriedigung, ehrliche Kaufleute zu sein? Wenn wir abends feststellen, daß wir nichts verkauft haben, können wir uns wenigstens mit dem Stolz getaner Pflicht sagen, daß wir niemand bestohlen haben. Sei fröhlich, lieber Vater, und lächle deine kleine Hilde doch mal an."

Aber das junge Mädchen spielte nur aus Mitleid die Vergnügte. Wenn sie nachts allein in ihrem Kämmerlein lag, seufzte sie traurig und flüsterte:

„Wenn er mich aus dem Kloster geholt hat, um Hemdensäume zu nähen und Hungers zu sterben, dann hätte er mich lieber dort lassen sollen. Soll ich denn ewig unverstanden bleiben?"

Unterdessen konnten die wenigen Menschen, die durch die Passage schlenderten (man sah sie hier nur, wenn es unverhofft anfing zu regnen), den traurigen Hemdenmacher beobachten, der mit unendlicher Sorgfalt sein bescheidenes Schaufenster ordnete, während man im dämmrigen Hintergrund des Ladens das reizende Profil Hildegards ahnte, die sich über ihre schwierige Näharbeit beugte. Unwillkürlich dachte man dann zuerst an die Süße und den Reiz dieses bescheidenen Lebens im Verborgenen und gleich hinterher:

„Zu dumm, daß ein Mann in dem Laden ist. Die kleine Hemdenmacherin ist ein reizendes Kind.“

Eines Abends gegen sechs Uhr blieb ein großer, ärmlich aber anständig gekleideter junger Mann plötzlich vor dem Laden stehen und schien sich in die Betrachtung der ausgestellten Unterhosen, Unterjacken und Socken zu versenken. In Wirklichkeit aber ruhte sein Blick auf dem reizenden Profil Hildegards. Das junge Mädchen hob das Profil, ihr Blick begegnete dem seinen, und sofort spürte sie, daß Amor in ihr Herz eingezogen war.

Dieser große junge Mann – das hat der Leser natürlich längst erraten – war kein anderer als der berühmte Junge Arme Mann von Octave Feuillet. Aber der Leser weiß nicht, daß besagter junger Mann seit mehr als zwei Jahren wahnsinnig in die blonde Hildegard verliebt war. Denn schon einmal hatte er sie – sie hatte einen Tag Sonderurlaub – in ihrer Klostertracht artig auf der dritten Stufe der Tragleiter im Laden im Palais-Royal sitzen sehen. Seit diesem Tage hatte der berühmte junge Mann, von der Hoffnung besessen, das reizende Gesicht wiederzusehen, das für ihn höchstes Glück bedeutete, jeden Abend, wenn er das Büro verließ (er war bei einer großen Omnibus-Gesellschaft angestellt), einen langen Umweg gemacht, „allein in der Absicht“, sagte er sich in seiner gewählten Ausdrucksweise, „sie mir durch den erneuten Anblick des reizenden Ortes ins Gedächtnis zurückzurufen, an dem ich sie, ach, ein einziges Mal sah“. Er hatte nicht den Mut, sich das geheime Verlangen, sie selbst wiederzusehen, einzugestehen.

Als er eines Abends gegen sechs Uhr auf dem trüben Schaufenster des Ladens, der am Abend vorher noch der des armen Hemdenmachers gewesen war, „Laden zu vermieten“ las, glaubte der unglückliche Mann den Verstand zu verlieren.

Drei Tage lang fehlte er im Büro, lief wie im Fieber durch die Straßen der französischen Hauptstadt und verschlang mit gierigen Augen die neueste Ausgabe des Bottin. Durch das schleichende Gift einer demoralisierenden Literatur verseucht, verglich sich der Unglückliche im geheimen mit Orpheus, Odysseus und den Rittern der Tafelrunde.

Schon hatte er alle Hoffnung aufgegeben, als er, zum erstenmal auf dem kürzesten Weg nach seiner bescheidenen Wohnung unterwegs, zufällig in der Passage den Namen des reichen – ach! von seinem Standpunkt aus viel zu reichen – Hemdenmachers sah.

Hildegards Profil im Halbdunkel . . .

Eine schüchterne Kußhand – die erwidert wurde?

Ich habe doch richtig geraten? . . .

Oh! Halbdunkel! und so weiter. Ihr kleinen Hände Hildegards, ihr pflücktet Teerosen im Halbdunkel und so weiter.

Die zwei Kinder liebten einander mit der unschuldigen Reinheit ihrer Herzen.

Weshalb mußte ich zwischen sie treten?

III

Eines Tages kam Herr Barnabooth (ich spreche lieber von mir in der dritten Person, das ist schicklicher), kam also Herr Barnabooth, der einsame Orte liebte und sich gern in der Dämmerung Träumen hingibt, durch die Passage.

Lange betrachtete er das Schaufenster des Optikers, das des Puppenhändlers, aber zweimal ging er an dem des armen Hemdenmachers vorbei, ohne es auch nur eines Blickes zu würdigen.

Nach seiner damaligen Gewohnheit war Herr Barnabooth schlecht gekleidet. Trotz seinem unvorstellbaren Reichtum war er sehr schüchtern. Wenn er vor dem Schaufenster des guten Hemdenmachers nicht stehenblieb, dann nur, weil dieser auf der Türschwelle stand und weil seine Anwesenheit den Milliardär einschüchterte.

Aber plötzlich sah auch er das reizvolle Profil Hildegards – und war gleich wahnsinnig verliebt. (Er wußte nicht, daß das Herz des jungen Mädchens nicht mehr frei war.)

Am nächsten Tag kam er wieder in die Passage. Er überwand seine Scheu, bestellte ein Dutzend Hemden, die er gleich bezahlte, wagte es aber nicht, Hildegard anzusehen, als sie ihm die quittierte Rechnung überreichte. Beherzt sagte er:

„Vielen Dank, Herr."

Am nächsten Tag erschien der Multimillionär wieder. Er bestellte zwölf Dutzend Sommerunterhosen, bezahlte sofort und erkühnte sich, zu dem hocherfreuten armen Hemdenmacher zu sagen:

„Welch herrliches Wetter heute, mein Fräulein."

(Es regnete in Strömen.)

Am übernächsten Tag war Herr Barnabooth wieder da. Er bestellte zwölf seidene Nachtmützen (obwohl er nie eine Nachtmütze trug). Er trieb die Kühnheit so weit, daß er zu dem Hemdenmacher sagte:

„Nun, wie geht das Geschäft?"

„Einigermaßen", antwortete der Hemdenmacher, „seit ein paar Tagen haben wir bedeutende Aufträge."

„Nicht möglich? Das Geschäft geht also wirklich gut?"

„Hoffentlich bleibt es so. Mehr wünsche ich mir nicht."

„Wirklich? Wenn das der Fall ist", sagte Herr Barnabooth, „möchte ich wohl Ihr Teilhaber werden. Einverstanden? Ja, so sind wir Amerikaner. Ich stecke vorläufig zehntausend Francs ins Geschäft. Zinssatz überlasse ich Ihnen. Bestätigen Sie mir nur den Empfang meines Schecks. Das genügt."

Während Hildegard schnell das notwendige Stempelpapier besorgte und bei dieser Gelegenheit einen postlagernden Brief des Jungen Armen Mannes vom Postamt abholte, trieb Herr Barnabooth die Indiskretion bis an ihre äußerste Grenze und lud den armen Hemdenmacher ein, ein paar Tage später mit ihm bei Paillard zu essen.

Von seinem plötzlichen Glück geblendet, konnte der Hemdenmacher nur ein dummes Gesicht machen. Hildegard aber sah weder Herrn Barnabooth noch die Banknoten, die sich in der Kassenschublade häuften, noch die jubelnde Freude ihres Vaters. Eros hatte sie ganz für sich in Besitz genommen.

IV

Das Essen fand statt.

Herr Barnabooth hatte alles aufs beste vorbereitet.

Er hatte das ganze Restaurant Paillard gemietet, mehrere Opernsänger, ein paar Dutzend Dichter vom Montmartre, die Kapelle der Garde républicaine engagiert – und den Phonographen nicht vergessen.

Die kostbarsten Speisen wurden serviert, und als es Schwalbennester gab, wäre dem armen Hemdenmacher beinahe schlecht geworden. Sein Lebtag vergaß er sie nicht wieder. Er bekam eine Magenerweiterung, an der er eines Tages starb.

Hildegard hatte Kopfschmerzen vorgeschützt und war zu Hause geblieben. Sie verbrachte die ganze Nacht an ihrem Fenster in zärtlichem Gespräch mit dem Jungen Armen Mann, der sich als Opfer zu früh gelesener und nur schlecht verdauter Bücher mit Romeo, Titus und dem Chevalier des Grieux verglich.

Als das fünfte Zwischengericht serviert wurde, gestand Herr Barnabooth, der den Augenblick für ein vertrauliches Gespräch für gekommen hielt, seinem Gast, daß er Hildegard leidenschaftlich liebe.

„Im Grunde sind mir nämlich Ihre Hemden und Flanellwesten ganz einerlei."

„Das weiß ich längst", entgegnete der arme Hemdenmacher, der das ganz natürlich fand. „Heiraten Sie sie doch!"

„Ausgeschlossen. Ich bin schon mit mehreren jungen Mädchen verlobt, und meine Geliebte ist eine Herzogin."

„Schade. Was nun?"

„Ganz einfach . . ."

„Was? So eine Frechheit! Ich werde Sie Lump zu strafen wissen . . ."

„Sachte, lieber Herr. Sollte Ihre so stolz erhobene Hand meine Backe auch nur berühren, dann wäre morgen früh der Gerichtsvollzieher bei Ihnen, um 10 000 Francs einzukassieren. Daran haben Sie wohl nicht gedacht . . . Aber sprechen wir offen und ehrlich miteinander. Ich liebe Ihre Tochter, daran ist nicht zu rütteln. Und außerdem habe auch ich unter dieser Sonne ein Anrecht auf Liebe. Ich bete Ihre Tochter an. Ich bin der demütigste ihrer Sklaven. Wenn sie mich verachtete, mich schlüge, ich wäre ihr auch dafür dankbar. Auf ihrer Türschwelle werde ich schlafen. Und wenn sie sonntags die Kirche verläßt und im Eingang erscheint, werde ich den kostbarsten Rittermantel für sie auf den Stufen ausbreiten . . . Wollen Sie 50 000?"

„Herr!! Sie sind betrunken, sonst . . . Denken Sie an die Röte, die mir ins Gesicht steigt, wenn ich im Spiegel der Anprobierkabine einen Mann sehe, der seine Tochter verkauft hat."

„Und an die Röte des Mannes, zu dem der Gerichtsvollzieher sagt: ‚Zahlen oder alles, was Sie haben, wird gepfändet! Denn diese Summe schulden Sie jemand', und dieses Geld haben Sie bereits vertan. Sind sie übrigens mit dem Auto zufrieden? Nehmen Sie doch Vernunft an. Wäre doch besser, wenn Sie sozusagen mein Schwiegervater wären. Hunderttausend und ich . . ."

„Fragen Sie selbst Hildegard."

Und der arme Hemdenmacher verbarg seine Tränen in seinen bebenden Händen.

Er war betrunken.

V

Herr Barnabooth schrieb an Fräulein Hildegard einen leidenschaftlichen Brief und bat sie um eine Begegnung. Fräulein Hildegard wußte in ihrer Unschuld nicht, was sie antworten sollte, und schickte den Brief an den Jungen Armen Mann.

Der Junge Arme Mann war anfangs empört, dann weinte er und verfluchte sein Schicksal. „Auch ich habe unter dieser Sonne ein Anrecht auf Liebe."

Er fühlte, daß er Anarchist wurde.

Er bat Fräulein Hildegard um zwei Tage Bedenkzeit. Fräulein Hildegard schrieb dementsprechend an Herrn Barnabooth und bat ihn „um zwei Tage Bedenkzeit".

Herr Barnabooth antwortete ihr: „Beeilen Sie sich, solange ich noch Spaß an der Geschichte habe. Widrigenfalls schicke ich Ihnen den Gerichtsvollzieher ins Haus."

Nach schwerem innerem Kampf forderte der Junge Arme Mann, der durch die Lektüre gefährlicher Autoren demoralisiert war und sich mit dem Cid Campeador verglich, Herrn Barnabooth zum Duell heraus, und nachdem er sich seit seiner ersten Kommunion zum erstenmal wieder das Haar hatte kräuseln lassen, bat er den armen Hemdenmacher um die Hand seiner Tochter.

„Ich glaube, sie liebt einen andern", sagte der Hemdenmacher. „Wer sind Sie überhaupt?"

„Ich bin der Junge Arme Mann von Octave Feuillet."

„Freut mich sehr, Ihre Bekanntschaft zu machen (wenn ich diese Art Literatur auch nicht gerade liebe, denn ich selbst bin Symbolist). Sie möchten wohl ein reiches Mädchen heiraten? (Der arme Hemdenmacher war noch betrunken.)

Diese letzten Worte und eine gewaltige Tracht Prügel, die Herr Barnabooth ihm durch einen seiner Diener verabreichen ließ, ließen den Geist des jungen Mannes seltsam reifen.

„Ach! Geliebte! Teure Gattin! Keusche zukünftige Mutter meiner zukünftigen Kinder!

Mit blutendem Herzen und schmerzhaftem Rücken sage ich dir: Nimm die schmutzigen Bedingungen an, die der gemeine Herr Barnabooth dir stellt; nimm sie unserer Liebe und unseres zukünftigen Glücks wegen an. Nimm sie ergeben an, wie auch ich es tue.

Vergiß nicht, daß es der einzige Ausweg aus unserer Not ist. Seit dem verhängnisvollen Abendessen, bei dem dieser unheilvolle Milliardär den ganzen Schmutz seiner Seele offenbarte, ist dein Vater nicht wieder nüchtern geworden. Er kann also nicht handeln. Und was könnte er tun? Ach, zwischen der Schande des Bankrotts und jener anderen Schande, die durch das Opfer, das sie uns auferlegt, gereinigt ist, können wir nicht länger zögern. Und wenn du zu dieser furchtbaren Begegnung gehst, dann beweisest du mir, daß du mich wirklich liebst. Gehst du nicht, dann weiß ich, was ich von deinen Gefühlen zu halten habe – und nie werde ich dich dann wiedersehen. Übrigens kann man sich wahrhaft nur in der Schande und der Erniedrigung lieben. Und außerdem erfährt kein Mensch etwas davon.

Also gute, arme Geliebte. Das Schicksal folgt und beherrscht uns wie der sich bewegende Himmel; wir müssen den Kopf neigen, wenn eine schwere Gewitterwolke an ihm dahinzieht.

Aber laß mich dich vor diesem verhängnisvollen Tag ganz besitzen! Wir wollen dem Scheusal zuvorkommen. Wir wollen ihm das Glück stehlen, das zu kaufen Gottlosigkeit ist, wie Frantisek Przwaka sagt.

Ach Geliebte! Eine lange Nacht, um zusammen zu weinen und so weiter."

In dieser Tonart schrieb der Junge Arme Mann an Fräulein Hildegard. Durch eine ungesunde Literatur verdorben, verglich er sich mit René, Werther und dem letzten der

Abenceragen. Aber er dachte auch: Ich habe sehr moderne, wenn auch etwas umstürzlerische Ideen.

Am selben Abend noch drang er in Hildegards Zimmer.

VI

Herr Barnabooth erfuhr das alles erst sehr viel später. Sehr viel später erfuhr er auch, daß der Junge Arme Mann von ihm in vertrautem Kreis als dem dämlichen Amerikaner sprach.

Der Multimillionär sah also am Morgen des folgenden Tages die kleine Hildegard im Straßenkleid zu sich kommen. Der schreiende Luxus seiner eleganten Wohnung in der Rue de la Goutte d'Or und seine Hausjacke aus genuesischem Samt erschreckten sie. Sie wußte nicht, wohin mit den Händen. Mit bebender Stimme fragte sie Herrn Barnabooth:

„Haben Sie warmes Wasser?"

„Wieso?" entgegnete der Milliardär.

„Ich möchte mir die Hände waschen, denn ich weiß nicht, was ich mit ihnen anfangen soll."

Aber Herr Barnabooth packte sie roh beim linken Handgelenk und sah sie anbetend an.

„Ach, meine kleine Französin. Meine Pariserin, von der die ganze Welt träumt. Urenkelin (das mindestens) der famosen Druiden! Oh, Volk der Jahre 89 und 93! Oh, Frauen von Greuze und Lancret! Celimène! Manon Lescaut!"

„Aber, Herr Barnabousse, mich vergessen Sie ganz", sagte Fräulein Hildegard artig.

„Nein", erwiderte der Milliardär leidenschaftlich. „Wir haben zwar nicht die gleiche Weltanschauung. Nein, ich vergesse dich nicht. Mein Herz ist voller Schwären, denn ich weiß, daß du einen andern liebst. Ja! Den Jungen Armen Mann, diesen Kerl, der sich nie die Füße wäscht. Du hast wenigstens die Absicht, dir die Hände zu waschen, und das ist schon allerlei. Aber er . . . pfui Teufel! Ich hasse diesen

Dieb meines Glücks. Wenn ich nur wollte, ich könnte . . . Weißt du, kleine Hildegard, was ich von dir will? Du sollst nur ganz natürlich zu mir sagen: ‚Ich liebe dich!' Um es dir leichter zu machen, darfst du dabei an den anderen denken. Wenn du diese Worte sagst, schließe die Augen und denke dabei, daß du ihm aus der Tiefe deines Wesens diese glühenden Worte zurufst. Aber denke dabei auch an den tiefen Schmerz, den diese Worte in mir auslösen, denn ich weiß doch, wem sie in Wirklichkeit gelten."

„Ich liebe dich", sagte Fräulein Hildegard schnell.

„Das war nichts. Jedes Wort dieses kleinen Satzes muß voll zur Geltung kommen. Für heute mag es genügen. Ein Lehrer vom Konservatorium soll dir beibringen, wie dieses: ‚Ich liebe dich' gesprochen werden muß. Ich werde mich von deinen Fortschritten überzeugen.

Aber du scheinst müde. Setze dich auf meinen Schoß. Du mußt dein Opfer bis zum Ende bringen, Liebste, nachdem du zu mir gekommen bist. So ist's gut. Ach, wenn du wüßtest, welch schöne und geheime Arten der Liebe ich kenne (und wie zärtlich mein Herz ist, wenn ich rein äußerlich auch eine fatale Ähnlichkeit mit dem älteren Cato habe).

Nimm jetzt deinen Hut ab. Schöne Kleider und Hüte sollst du in Zukunft tragen. Ach! Du weinst, du denkst an ihn, an diesen bewußt degenerierten Burschen, diesen Wahnsinnigen, bei dem Schwermut und lichte Stunden abwechseln. Noch nie habe ich so geliebt wie in diesem Augenblick. Ich habe großes Mitleid mit mir, und gleich werde ich mein Herz in meinem Auto liebkosen. Ich bedauere dich, mein armes Schwesterlein! Weshalb habe ich das alles gewollt? Sage mir, weshalb bin ich dieser ekelhafte Herr Barnabooth, der Liebe kaufen und das Leben betrügen will? Sage mir, daß ich dich anekele. Spucke mir ins Gesicht. Sage mir, daß ich ein gemeines Vieh bin . . ."

„Sie zerknautschen mir die Bluse, Herr Barnabousse."

„Besseres fällt dir nicht ein? Was ist schon an deiner Bluse gelegen? Fühlst du denn nicht, daß du mir auf Gnade und Ungnade ausgeliefert bist?"

Herr Barnabooth richtete sich so plötzlich auf, daß Fräulein Hildegard fast das Gleichgewicht verlor.

„Kehre in die Wohnung deines Vaters, des armen Hemdenmachers, zurück", sagte er voller Majestät. „Ich entlasse dich unberührt."

Fräulein Hildegard lächelte listig.

„Ja, ich ließ dich unberührt, meine Teure. Aber der Augenblick, als du meine Junggesellenwohnung betratest, mir auf dem Schoß saßest, ‚ich liebe dich' zu mir sagtest und dabei an einen andern dachtest, das alles ist nicht aus der Welt zu schaffen. Ebensowenig meine Hände, die deine Bluse zerdrückten, der Hut, den du abnahmst und auf den kleinen Tisch legtest. Ja! Genau dasselbe tun die Dirnen; du hast gehandelt wie sie. Nie kannst du die Schritte, die dich zu mir brachten, aus deiner Vergangenheit streichen, wie auch ich aus meiner Vergangenheit nicht den Tag streichen kann, an dem ich Geld geben wollte, um Liebe zu empfangen. Ja, mein Fräulein, auf meinem Schoß, und der Hut lag auf dem Tisch! Daran wirst du später denken, wenn du deine Kinder, die Kinder des andern, umarmst. Ich aber werde immer wieder denken, daß niemand hier auf Erden den armen Reichen liebt. Und jetzt gehe, es ist besser so!"

Fräulein Hildegard fuhr mit der Droschke zu ihrem Vater zurück, denn die Untergrundbahn fuhr in diesem Stadtteil noch nicht. Sie dachte an nichts.

VII

Herr Barnabooth zahlte treu und brav die versprochenen Summen und verschaffte durch seinen Einfluß und seine Beziehungen dem Jungen Armen Mann einen hohen Posten bei der Omnibus-Gesellschaft.

Dann wünschte er allen und der Gesellschaft einen guten Abend und sagte, er würde nach Serbien reisen.

Die Hochzeit des Jungen Armen Mannes und der Tochter des armen Hemdenmachers war prächtig, und alles klappte wie am Schnürchen. Der arme Hemdenmacher war betrunken. Der Junge Arme Mann, der Held des Tages, war bescheiden und würdig: er hatte seine umstürzlerischen Ideen aufgegeben, und auf seinem männlichen Gesicht leuchteten Vaterlandsliebe, Pflichtgefühl und Ablehnung jeglicher Literatur. Fräulein Hildegard strahlte rosig in ihrem weißen Kleid, das ihr Herr Barnabooth zum Abschied geschenkt hatte.

Das Mahl war reichlich; alles war, wie es sich gehörte. Herr Barnabooth, der die Kellner bestochen hatte, nahm unsichtbar an dem frohen Fest teil. Er amüsierte sich großartig, denn schon liebte er die Tochter des armen Hemdenmachers nicht mehr.

Beim Nachtisch wurden Reden gehalten. Als erster Redner erhob sich schwerfällig der arme Hemdenmacher. Er schwenkte das gefüllte Champagnerglas und begoß seine Nachbarn. Als er den Mund öffnete, um etwas zu sagen, rülpste er. Man klatschte Beifall. Dann sank er unter den Tisch.

Aber schon bat man die Braut, einen Toast auszubringen. Errötend stand sie auf. Sie hob ihr Glas am Ende ihres kleinen, starken, weißen Arms und sagte laut und deutlich: „Auf das Wohl dieses dämlichen Barnabousse.“

VIII

Moral

Es gibt Dinge, die man im Flug erhaschen können muß.

An Bord meiner Jacht „Le Parvenu“
auf der Reede von Smyrna.
Februar 1902

GEDICHTE

I

DIE BLÄHUNGEN

Prolog

Blähungen! Blähungen!...
Dumpfes Murren des Magens und der Eingeweide,
Klagen des Leibes, unaufhörlich abgewandelt,
Stimme, nicht unterdrückbares Geflüster der Organe,
Stimme, einzige menschliche Stimme, die nicht lügt,
Und die selbst den physischen Tod einige Zeit überdauert...

Freundin, wie oft unterbrachen wir unser Kosen,
Diesem traurigen Lied unserer selbst zu lauschen:
Wie es mitunter des langen und breiten erzählte,
Während wir uns zwangen, nicht zu lachen!
Das stieg aus unserer Tiefe,
Lächerlich und herrisch,
Lauter als all unsere Liebesschwüre,
Unerwarteter, unwiderruflicher, ernster, –
Oh! das unvermeidliche Lied der Speiseröhre...
Ersticktes Glucksen, Geräusch der Karaffe, die man entleert,
Sehr langer, unendlich modulierter Satz,
Und doch die unbegreifliche Sache,
Die ich nie mehr leugnen kann;
Und doch das letzte Wort, das ich sage,
Wenn ich, warm noch, ein armer Toter bin, „der sich entleert!"
Blähungen! Blähungen!
Gibt es das auch im Organe des *Denkens*,

Das man nicht hört durch des Hirnkastens Dicke?
Auf jeden Fall, hier habt ihr Gedichte nach ihrem Bild.

Ode

Leih mir dein großes Geräusch, deinen großen so sanften
Gang,
Dein nächtliches Gleiten durch das erleuchtete Europa,
O Luxuszug! und die beklemmende Musik,
Die deinen Gängen vergoldeten Leders entlangrauscht,
Während hinter den lackierten Türen mit den Klinken aus
schwerem Kupfer
Die Millionäre schlafen.
Ich durchlaufe vor mich hin singend deine Gänge,
Folge deinem Lauf nach Wien und Budapest,
Meine Stimme mit deinen hunderttausend Stimmen mischend,
O Harmonika-Zug!*

Ich habe zum erstenmal des Lebens ganze Süßigkeit gefühlt
In einem Abteil des Nordexpreß, zwischen Wirballen und
Pskow.
Man glitt zwischen Wiesen, wo Hirten sich
Am Fuße hoher hügelgeformter Bäume
In ungegerbte schmutzige Hammelhäute hüllten...
(Acht Uhr morgens im Herbst, die schöne Sängerin
Mit den veilchenblauen Augen sang in der Kabine nebenan.)
Und ihr, große Scheiben, hinter denen ich Sibirien und die
Berge Samniums vorüberziehen sah,
Das rauhe blumenlose Kastilien und unterm lauen Regen das
Marmarameer!

Leiht mir, o Orient-Expreß*, Süd-Brenner-Bahn*, leiht mir

---

* Deutsches Wort im Original (W. I.).

Eure geheimnisvollen dumpfdröhnenden Geräusche und
Eure feinschwingenden Quintentöne;
Leiht mir die leichte und mühelose Atmung
Hoher und dünner Lokomotiven, mit so geschickten Bewegungen,
Die Lokomotiven der Eilzüge, mühelos,
Vier gelbe Wagen golden beschriftet,
In Serbiens bergige Einsamkeiten schnellend
Und weiter durch Bulgarien voller Rosen...

Ach! es ist nötig, daß diese Geräusche, daß diese Bewegungen
In meine Gedichte eingehen und für mein unaussprechliches
Leben sprechen, dieses Leben
Eines Kindes, das nichts anderes will, als nurmehr sich
Von ewig vager Dinge Hoffnung nähren.

Centomani

Eine Straßenbiegung und dies schaurige Basento,
In diesem unfruchtbaren, rauhen Landstrich, wo sich, auf den Hügeln
In der Ferne, schwarze, vermodernde Wälder erstrecken.
Auf den endlosen Hochebenen nicht ein einziger Baum.
Talkessel, ausgedehnte Täler, ohne Grün,
Wo höllisches Wasser mit bleiernen Reflexen steht,
Abflüsse von Schluchten ferner Bitumenberge,
Aufgeschüttet in den öden Regionen, ohne Straßen und ohne Dörfer,
Unweit eines Lago Nero, wo ewig
Eine düstere und peinigende Winterdämmerung zu herrschen scheint.
Hier bist du, rauhe Lucania, ohne ein Lächeln!
Stygische Windungen dieser Schluchten, diese schwarzen Schilfrohre,

Diese gewundenen Wege, offen für alle Winde;
Also habe ich gelebt, einst, in der Basilicata,
Weil mir doch diese Erinnerungen sehr lebendig bleiben.

Eine Straßenbiegung, und dies schaurige Basento...
(Das ist die Straße von Tito nach Potenza;
Diese Kieselböschung, das ist die Strecke, wo
Die langsamen, schweren, schwarzen Expreßzüge Neapel–
Tarent dahinkeuchen.)
Dort steht ein Bauernhaus, eine Ruine,
Unbewohnt; auf eine der Mauern hat jemand in Französisch
Diese vielleicht ironischen Worte geschrieben: Grand Hôtel.
Das Wiesenland, ringsherum, ist blaß und grau.
Man hat mir gesagt, daß der Ort Centomani genannt wurde.
Dorthin bin ich oft gegangen, während des Winters 1903.
Es ist ein Teil meines Lebens, den ich dort verbracht habe,
Entschwunden, für immer verloren...
Bäume, Ruinen, Böschungen, Schilfrohre von Basento,
O neutrale und kaum melancholische Landschaft,
Warum hattest du nicht *hundert Hände*, um den Weg zu
versperren
Zu dem Menschen, der ich war und der ich nie mehr sein werde?

Nacht im Hafen

Das Gesicht *vaporisiert* vor Portugal
(Oh, in diesem Orangenduft des frischen Nebels zu leben!),
Kniend auf dem Diwan in der dunklen Kabine
– Ich habe die elektrischen Positionslampen eingeschaltet –,
Beobachte ich durch die runde und helle, die Nacht zerschneidende Luke
Die Stadt.
Tatsächlich; tatsächlich. Ich erkenne
Die Straße der Kasinos und der blendenden Cafés wieder,

Mit der Fluchtlinie ihrer Lichtkugeln, weiß
Durch die hängenden Schleier der dunklen Palmen.
Hier die erleuchteten Fassaden großartiger Hotels,
Die auf die Trottoirs strahlenden Restaurants, unter den Arkaden,
Und die goldenen Gitter der Residenzgärten.
Ich kenne noch alle Winkel dieser afrikanischen Stadt:
Hier die Post und der Südbahnhof, und ich weiß auch
Den Weg, den ich einschlug, um von der Landungsbrücke
Zu diesem oder jenem Laden, Hotel oder Theater zu gehen;
Und all das liegt am Saum dieser blauen Wellenlinie des ruhigen Wassers,
Wo die Reflexe der Lichter der Yacht flackern...
Einige sonnenbeschienene Monate meines Lebens sind noch dort
(So wie die Erinnerung sie mir wiedergab, in London),
Sie sind dort von neuem, und real, vor mir
Wie eine große Schachtel voller Spielsachen auf dem Bett eines kranken Kindes...
Ich sähe auch die Menschen wieder, die ich gekannt habe,
Ohne sie zu lieben; und die mir weniger wert sind
Als die Palmen und die Brunnen der Stadt;
Diese Menschen, die nicht reisen, sondern
In der Nähe ihrer Exkremente bleiben, ohne sich jemals zu langweilen,
Ich sähe ihre eine Weile vergessenen Köpfe wieder, und sie,
Weiterführend ihr enges Leben, ihre Ideen und ihre Geschäfte,
Wie wenn sie seit meiner Abreise nicht gelebt hätten...
Nein, ich werde nicht an Land gehen, und morgen
Bei Tagesanbruch wird die „Jaba" den Anker lichten;
Unterdessen werde ich diese Nacht mit meiner Vergangenheit verbringen,
In der Nähe meiner Vergangenheit, gesehen durch ein Loch
Wie bei den Dioramen der Jahrmärkte.

Die Maske

Ich schreibe immer mit einer Maske vor dem Gesicht;
Ja, einer Maske im alten Stil von Venedig,
Lang, mit deprimierten Zügen,
Gleich einem großen Tierkopf aus weißem Satin.
An meinem Tisch sitzend und den Kopf hebend,
Betrachte ich mich im Spiegel, von vorn
Und zu drei Vierteln abgewandt, sehe ich dort
Dies kindliche und bestialische Profil, das ich liebe.
Oh, daß ein Leser, mein Bruder, zu dem ich
Durch diese bleiche und glänzende Maske spreche,
Käme, einen lastenden und langen Kuß
Auf diese deprimierten Züge und diese so bleiche Wange zu
setzen,
Um meinem Ausdruck noch fester
Diesen anderen, hohlen und parfümierten Ausdruck aufzu-
setzen.

Indischer Ozean

Oh, die tropische Sommernacht!
Funkelnde Atolle aus bläulichen Tiefen emporragend!
Der flammende Crucero!
Oh, mich auf der Brücke eines großen Schiffes ausstrecken,
Unterwegs zur Insulinde,
Nackt und offen für die Unendlichkeit, die sich über mir
eröffnet.
(Mein ausgesetztes Kinderherz, o lieber Kranker,
Mein Herz wäre zufrieden, deine Hand zu drücken,
In jenem Feuerschatten der blendenden
Nächte, wo ich fähig sein möchte, davonzufliegen.)
Auf den Schiffen von einst, voll beflaggt,
Deren Heck ein Palast mit Hunderten goldener Fenster war,

Das ein Himalaya von Segelwerk überragte,
Hatte man nicht, ununterbrochen, dieses Zucken der Sterne,
Diese Vision der Schöpfung, unermeßlich
Lautlos – über dem Kopf, ganz ausgebreitet, das Firmament.
Ich ersehne einen Frühlingsmorgen, leicht gräulich, im Hotelzimmer,
Das Fenster offen im Winkel über der Rue de Noailles, an der frischen Luft,
Und dort (fünf Uhr, noch keine Straßenbahnen)
Den ruhigen Alten Hafen sehen und die Boote des Château d'If.

Nevermore ...

Nevermore! ... und dann, Schluß!
Astrale Einwirkungen sind um mich herum.
Ich bin reglos in einem Hotelzimmer
Voll elektrischem, reglosem Licht ...
Ich möchte umherirren, in der gelben Dämmerung, in einem Park,
Weit und neblig und ganz von weißem Flieder ausgefüllt.
Ich habe Angst, furchtbare Alpträume zu bekommen;
Und ich scheine zu frieren, so hell ist es.
Vielleicht habe ich Hunger nach unbekannten Dingen?

Ach! man gebe mir den Abendwind über den Wiesen,
Und den Geruch frisch gemähten Heus, wie in Bayern
Eines Abends, nach dem Regen, am Starnberger See,
Oder besser die Gefühle, die ich vor einem Jahr hatte,
Als ich von der Brücke meiner Yacht aus zusah,
Wie sich die grüne und rötliche Bucht von Gravosa auftat.

Keines der sanftesten Dinge:
Weder der Duft zerrupfter Blüten,
Noch die Musik auf offener See,
Noch die kurze Schwäche
Beim Fall der Schaukeln
(Die Augen geschlossen, die Schenkel angespannt),
Noch eine warme und zärtliche Hand auf meinem Haar,
Mir den Kopf füllend mit tausend kleinen Dämonen
Gleich musikalischen Gedanken;
Weder die kalte Zärtlichkeit der Orgeln
Am Rücken, in der Kirche;
Noch die Schokolade selbst,
Sei's in schmelzenden Tafeln,
Anfangs kühl, dann zergangen,
Fett wie Mönche,
Zart wie der Norden!
Sei's flüssig und dampfend
(Erhebe deinen schwülen Kuß zu mir, colorada!
Der mich bis zur Atemlosigkeit durchdringt,
Duftendes Feuer zurücklassend
Und eine delikate Feuchte auf meinem ganzen Körper...)
Noch der Mandelgeruch gewisser Schminken;
Weder der Anblick von Dingen durch rote Scheiben,
Oder malvenfarbene oder grüne
Wie bei Danieli, in Venedig, im Rauchzimmer;
Noch die kostbare Empfindung der Angst,
Noch der Duft der Lacke, noch
Die morgendlichen Schreie von Hähnen mitten in der Stadt –
Keines der schönsten Schauspiele:
Weder das Mittelmeer
Mit seinem Eigengeruch, herb und blau,
Mit seinem Reiben und seinem Schlagen,
So zärtlich und so kurz,

An den Seiten der Schiffe, –
(Oh! Nächte auf der Brücke, wenn nicht krank, mit dem Wachoffizier!
Und du, Ausguckposten, Schutzengel der Mannschaft,
Wie viele Nächte habe ich verbracht, schweigend
Zu deinen Füßen, die Sterne in deinen Augen betrachtend,
Während Bora uns ins Gesicht blies.)
Mit seinen Inseln,
Unzähligen, verschiedenen,
Die einen weiß mit dem Graugrün der Ölbäume,
Die andern golden, wo man Dörfer erblickt;
Andere: aus langen blauen Gebilden, die sich den Blicken entziehen;
Mit Meerengen voller Musik,
Bonifazius gleich an den Pforten des Todes,
Messina mit Faro, Scylla funkelnd
In der Nacht,
Die Liparischen Inseln mit vereinzelten Lichtern (eines, hoch und rot und bewegt);
Und den ganzen Tag
Dieses ganze Meer
Einem großen, blühenden Garten ähnlich …
Nein, keines dieser Dinge,
Keines dieser Schauspiele
Würde mich ablenken
Von der ewigen Wollust des Schmerzes!
Ihr seht in mir einen Menschen,
Den das Gefühl der sozialen Ungerechtigkeit
Und des Elends der Welt
Vollkommen verrückt gemacht hat!
Ah! Ich bin verliebt in das Böse!
Ich möchte es umarmen und mit ihm eins werden;
Ich möchte es in meinen Armen tragen wie der Schäfer
Das neugeborene, noch verklebte Lamm …
Gebt mir den Anblick all der Leiden,

Gebt mir das Schauspiel der beleidigten Schönheit,
All der beschämendenTaten und all der niedrigen Gedanken
(Ich will selbst noch mehr Schmerz erzeugen;
Ich will den Haß anfachen wie einen Scheiterhaufen).
Ich will die Verachtung mit vollen Lippen küssen;
Bestellt der Scham, daß ich aus Liebe zu ihr sterbe;
Ich will in der Infamie versinken
Wie in einem sehr weichen Bett;
Ich will alles tun, was mit Recht verboten ist;
Ich will von Spott und Lächerlichkeit überschüttet sein;
Ich will der Schändlichste der Menschen sein.
Möge das Laster mir gehören,
Möge die Depravation meine Domäne sein!
Ich muß all die rächen, die leiden
(Und das Glück liegt nicht mehr in der Unschuld);
Ich will weiter gehen als alle
In der Schande und der Verworfenheit,
Ich will mit aller Welt leiden,
Mehr als alle Welt!
Schließt nicht die Tür!
Ich muß mich zu gleich welchem Preis verkaufen;
Ich muß mich an Leib und Seele prostituieren;
Ich habe solchen Hunger nach Verachtung!
Ich habe solchen Durst nach Gemeinheit!
Und so viele andere sind damit übersättigt; so viele andere:
Die Armen!
Ach, ich bin zu reich; das Böse
Ist mir auf immer verwehrt, was ich auch tue:
Ich bin ein Reicher, selbstverständlich gut und tugendhaft;
Wenn ich noch reicher wäre, vielleicht
Könnte ich die Scham kaufen
Und den Schmerz und die nackte Niedrigkeit der Welt?
Aber wenn ich wenigstens höre,
Wie sich andauernd
Der Schmerzensschrei der Welt erhebt.

Möge sich mein Herz davon unaussprechlich erfüllen;
Möge ich ihn noch in meinem Grab hören,
Und möge die Grimasse meines toten Gesichts
Meine Freude ausdrücken, ihn zu hören!

Die alte Bahnstation von Cahors

Reisende! O Kosmopolitin! gegenwärtig
Stillgelegt, geordnet, aus den Geschäften zurückgezogen.
Ein wenig abseits vom Wege,
Alt und rosig mit deinem unnützen Sonnendach inmitten der
Wunderspiele des Morgens,
Rollst du in der Sonne der Hügel deinen leeren Bahnsteig aus
(Diesen Steig, den einst die Schleppe
Aufwirbelnder Luft der großen Expresse fegte),
Deinen schweigenden Steig am Rand eines Wiesenlands,
Mit den immer geschlossenen Türen deiner Wartesäle
Und in der sommerlichen Glut geplatzten Fensterläden...
O Bahnstation, die so viele Abschiede gesehen hat,
So viele Abreisen und so viele Ankünfte,
Bahnstation, o zwiefach geöffnete Tür auf die reizvolle Uner-
meßlichkeit
Der Erde, wo irgendwo die Gottesfreude wie ein unerwartetes
Ding, blendend, sich finden muß;
Von nun an ruhst du dich aus und genießt die Jahreszeiten,
Deren Kreisen ein sanftes Wehn oder Sonne bringt, deine Steine
Kennen das kalte Glänzen der Lazerten; und der Wind,
Leichten Fingers deine Gräser strählend, wo Schienenstränge
laufen,
Rot und runzlig von Rost,
Ist dein einziger Besucher.
Das Beben der Züge streichelt dich nicht mehr:
Sie fahren fern dir vorüber, ohne auf deinem Rasen anzuhalten,
Und lassen dich deinem bukolischen Frieden, o Bahnstation,

endlich ruhevoll
Im reinen Herzen Frankreichs.

Stimmen der Dienstmädchen

Durch das offene Fenster am Frühlingsmorgen
(Man atmet also endlich belebende Luft)! höre ich
Ihre jungen Stimmen die hallende *jaula* erfüllen...
Ach! für einen Moment der Freude in meinem teuren Herzen,
Für einen dieser das Wohlbefinden steigernden Momente,
Einen dieser grausamen Momente, während deren man ganz
man selbst ist!
Leben in einer Ecke von hunderttausend Winkeln einer Stadt,
Wie ein verbrecherischer Gedanke in einem Gehirn,
Und all das kaufen können, was es in den funkelnden
Boutiquen gibt, wie jenen von Paris, von Wien oder von
London,
Den Restaurants, den Juweliergeschäften, den einladenden
Straßen
(Der Magen ist ein vollgestopfter Bettelsack, die Augen
Sind zwei brennende Laternen).
Also leben, oh, von diesem blauen Morgen bis zu diesem roten
Abend!
Werde ich „an einem Frühlingsmorgen" sterben
Wie diesem, voll belebender Luft und Lieder?
Oh, rührt doch mein Herz mit euren Liedern, Dienstmädchen!
Gebieterische Stimmen, Stimmen der Töchter des Südens!
Energisch und tief wie die Stimmen der jungen Männer,
Mischt ihr euch unter die Hitze und die blaue Luft,
Unter diesen Kranz, den die Sonne dort oben auf die spitze
Mauer legt,
Dieses orangefarbene Bändchen, an den Grenzen des Himmels,
das ich sehe,
Den Kopf zu den ätherischen Abgründen erhoben.

Der Arbeit einen Rhythmus gebend, die Melodien im Chor,
Die alten Schlager, die neuen Refrains;
Und die sentimentalen Sachen, die immer gleichen:
„La Paloma“ und „Llora, pobre corazón“,
Die Sachen von vor zehn Jahren, erinnert ihr euch?
„Con una falda de percal blanca...“
(Mein altes Herz, all unsere schönen Morgen der Navé!)
Die zarzuelas vom vergangenen Jahr, wie
„El arte de ser bonita“ und „La gatita blanca“.
Hört diese Furiosen, mit schweren Stimmen singend, das Lied:
„Anteayer ví a una señora...«
(Ihr werdet altern, Refrains, und auch ihr, o Stimmen,
Die ihr euch rein aus diesen bezaubernden Kehlen emporschwingt!)

O Dienstmädchen meiner Kindheit, ich denke an euch,
Gottheiten an der Schwelle des großen Hauses,
Kindermädchen mit krausen sambas, und ihr, rote cholitas,
Du vor allem, meine Lola, große ungesellige Alte
Mit verrückten und harten Augen, von weither auf die Welt gerichtet.
Aber du bist es, die ich heute so sehr wiedersehen möchte,
Und wiederhaben (noch später, in Paris, ich erinnere mich)
Du, Rose Auroy, in den Gärten der Botschaft,
In gestreiftem Bast und rotem Seidenschal mit Goldplättchen,
Wie du mir sagst (ich sehe deine großen Augen
Von goldenem Schwarz wieder, tief und ernst
– Denn ich liebte dich vor allem als schmerzensreich und ernst)
„Gnä Herr, willst de die Hinnergrind wisse?“
Die Hinnergrind, Milattin, die Hinnergrind!
„Des meine Haus, des hat viel Fenschter, eine einzige Pfoschte?“
Und ich suchte, in der Tiefe deiner unvergeßlichen Augen,
Des Rätsels Lösung, o Darstellerin der Hinnergrind!
Dann sagtest du, wie aus einem Traum heraustretend,
Plötzlich lachend: „Würfel auf Eck! Gnä Herr, Würfel auf Eck!“

Rose Auroy, erinnerst du dich des kleinen exotischen Jungen,
Den die alte Lola „Milordito“ nannte?
O Dienstmädchen, singt! leidenschaftliche Stimmen, stolze Stimmen!
Alle criadas des Hauses, singt!
Amparo, Carmeta, Angustias, singt!
Und erfüllt dieses Herz, das euch diese Tränen widmet...

Novembermorgen bei Abingdon

Die Hügel im Nebel, unter dem aschblauen Himmel,
Wie sind sie hoch und schön!
O schlichter Tag, gemischt aus Dunst und Sonne!
Wandern in der kalten Luft, quer durch diese Gärten,
Entlang dieser Themse, die mich an Verse von Samain denken läßt,
Wandern auf der von neuem unbekannten Erde, der ganz verwandelten,
Und dem Land der Feen ähnlichen, an diesem Morgen im Spätherbst...
O verschleierte Natur, geheimnisvolle Landschaften, ihr gleicht
Den riesigen Häuserblocks und den nebligen Straßen der Stadt,
Ihr habt die grandiose Unbestimmheit der urbanen Horizonte.

Alma Perdida

Euch, vage Süchte; Begeisterungen;
Gedanken nach dem Frühstück; Aufschwünge des Herzens;
Rührung, die der natürlichen Bedürfnisse
Befriedigung folgt; Genieblitze; Unruhe
Anhebender Verdauung; Beruhigung
Vollzogener Verdauung; grundlose Freuden;
Störungen des Blutkreislaufes; Liebeserinnerungen;

Benzoeduft der morgendlichen Dusche; Liebesträume;
Mein enormer kastilischer Spaß, meine unermeßliche
Puritanische Traurigkeit, meine besonderen Geschmäcke:
Schokolade, zum Schmelzen gezuckerte Bonbons, Eisgetränke;
Betäubende Zigarren; euch, einschläfernde Zigaretten;
Freuden der Behendigkeit; Süße des Sitzens; Wohltat
Des Schlummers in völliger Dunkelheit;
Große Poesie der banalen Dinge: Vermischtes; Reisen;
Zigeuner; Schlittenfahrten; Regen auf dem Meer;
Torheit fiebriger Nächte mit einigen Büchern in der Einsamkeit;
Höhen und Tiefen der Zeit und des Temperaments;
Wiedererscheinungen anderen Lebens; Erinnerungen, Prophezeiungen;
O Glanz des gewöhnlichen Lebens und des alltäglichen Schlendrians:
Euch diese verlorene Seele!

Yaravi

In diesem starken, schwarzen Windhauch, den wir zerteilen
Irre ich überschwenglich weinend auf der Brücke der Yacht umher;
Mitternacht auf See, kein Land in Sicht.
Vorhin beim Sonnenuntergang
Donnerten im dichten Nebel die Kanonen vom Bosporus,
Die Küste Asiens der Küste Europas antwortend
(Um die Schiffe zu leiten) von Viertelstunde zu Viertelstunde.
Und mit diesen Kriegsgeräuschen hinter dem Heck, das sich aufbäumt,
Ist mein Schiff mit dem närrischen Namen, das „Narrenschiff"*, eingelaufen

---

* Deutscher Name im Original (Anm. d. Übers).

In diese Nacht aus Pech und dieses Chaos von Pontos-Euxeinos...

Noch Kind, habe ich diesen Weg
Der Finsternis durchfahren, dieses Rollen der hohen, porphyrenen Flut,
Ganz bedeckt mit flüssigen Blüten vom Edelweiß der See.

O morgen! der Tagesanbruch an den Ufern
Und in meinem teuren Herzen voller Glocken!
In der Unendlichkeit die Küsten des ottomanischen Reiches,
Rosa und grün, in weichen Wellenlinien, wo sich
Erdfarbene Dörfer und alte Festungen verbergen;
Oder das Näherkommen eines russischen Hafens, angekündigt
Durch Tausende grüner Kürbisse, auf dem glänzenden Wasser treibend
(Wie sich Ausonia manchmal, zurückhaltender,
Dem Seefahrer durch einen leeren fiaschetto ankündigt, der
In der tyrrhenischen Flut schaukelt).

Oh, die Sonnenaufgänge im Sommer auf den tosenden Meeren
Und die Stille der von weither gesehenen Ufer!

Aber laßt mich etwas über meine Kindheit gerührt sein,
Mich mit fünfzehn Jahren in den Straßen von Odessa wiedersehen;
Laßt mich nachts weinen, ohne zu wissen warum,
Und im Wind diese Verse singen:
„Ya que para mí no vives“,
Zur Melodie eines ich weiß nicht wo gehörten Walzers, einer Zigeunermelodie,
Schluchzend zu einer Zigeunermelodie singen!
Die Erinnerung läßt mich betörende Gegenden wiedersehen:
Reeden voller Schiffe und blaue Häfen,

Eingefaßt von Kais, bepflanzt mit riesigen Palmen und giganti-
schen
Feigenbäumen, am Himmel aufgehängten Lederzelten gleich;
Und unermeßliche, halb überschwemmte Wälder,
Und die schattigen paseos von Barcelona;
Kuppeln aus Silber und Kristall unter dem freien Azur;
Und Klein-Kythera, hohl wie ein Pokal,
Wo sich, längs der ruhigsten Bäche der Welt,
Alle Pastoralen der alten Zeiten abspielen;
Und diese griechischen Inseln, die auf dem Meer treiben...

Ich wüßte nicht zu sagen, ob es Verzweiflung oder große Freude
ist,
Daß ich so weine, meine erstickten
Schluchzer unter die panischen Schreie des Nordwinds
mische,
Unter den Rhythmus der Maschinerie, unter den Donner und
unter das Brausen
Der Wogen, die sich in Massen von Glas an den Seiten
Des Schiffes brechen und plötzlich stillstehen wie ein Mantel von
Edelsteinen
(Aber all dies ist unsichtbar)...

Aber mein Schmerz... Oh, mein Schmerz, mein heißgeliebter!
Wer wird sich dieses unergründlichen Schmerzes annehmen,
Den die Vergangenheit nicht gekannt hat und an dem die
Zukunft
Zweifellos das Geheimnis ignorieren wird?
Oh, die Erinnerung an diesen modernen Schmerz fortdauern
lassen,
Diesen Schmerz, der keine Ursachen hat, sondern
Der für mich ein Geschenk des Himmels ist.

Mers-El-Kébir

Ich liebe dieses Dorf, wo sich unter den Orangenbäumen
Zwei junge Mädchen, ohne einander zu sehen, von ihren Lieben
Auf zwei überaus klagenden Mandolinen erzählen.
Und ich liebe dieses Gasthaus, denn die Dienstmädchen im Hof
Singen in der Milde des Abends diese so sanfte Weise
Der „Paloma“. Hört die Paloma, die den Flügel hängen läßt...
Verlangen nach meinem Dorf, so fern; Sehnsucht
Nach den Gegensätzen, nach der Prachtstraße der ungeheuren
  Vulkane;
O Tränen, die ihr aufsteigt, wascht all meine Sünden ab!
Ich bin die verwundete Paloma, ich bin die Orangenbäume,
Und ich bin dieser Moment, der vergeht, und der afrikanische
  Abend;
Meine Seele und die vereinten Stimmen der Mandolinen.

Wunsch des Dichters

Wenn ich seit mehreren Jahren tot sein werde,
Und die Kabrioletts im Nebel zusammenstoßen
Wie heute (die Dinge werden unverändert sein),
Möchte ich eine kühle Hand auf irgendeiner Stirn sein!

Auf der Stirn eines, der im Auto singt,
Entlang der Brompton Road, Marylebone oder Holborn,
Und, während er über die Literatur nachdenkt,
Die hohen, schwarzen Bauten in der dichten, gelben Luft
  betrachtet.

Ja, ich möchte der dunkle und sanfte Gedanke sein,
Den man heimlich im Lärm der Städte hegt,
Die Erholung eines Moments im Wind, der uns stößt,

Verlorene Kinder auf dem Jahrmarkt der Eitelkeit;
Und daß man bei meinen ersten Auftritten in der Ewigkeit,
Zu Allerheiligen, das einfache Gebinde von etwas Moos
  darbringt.

Musik nach einer Lektüre

Genug der Worte, genug der Phrasen! O wirkliches Leben,
Ohne Kunst und ohne Metaphern, sei mein.
Komm in meine Arme, auf meine Knie,
Komm in mein Herz, komm in meine Verse, mein Leben.
Ich sehe dich vor mir, offen, endlos,
Wie eine Straße des gesegneten Südens schmal und heiß
Und zwischen sehr hohen Häusern gewunden, deren Firste
In den Abendhimmel eintauchen, angerempelt
Von träge schwebenden Fledermäusen;
Straße, wie ein großer duftender Korridor
Eines Barrio del Mar, dem das Meer in der Tat benachbart
  ist,
Und wo, in der ruhigen Nacht, gleich
Die serenos die Stunden psalmodieren werden...

Aber, mein Leben ist noch immer diese Straße am Vorabend
Zum Tag des heiligen Josef, wenn Musikanten,
Gitarren unter ihren Capes, Serenaden spielen:
Man wird, bis zum ganz sanften Schlaf, den Klang hören,
Der noch sanfter als der Schlaf, von Saiten und Holz,
So zitternd, so fröhlich, so ergreifend und so scheu,
Wenn aber ich nur singe,
Werden all die Pepitas in ihren Betten tanzen.

Aber nein!
Mein von Schreien unterbrochener Gesang! mein Gesang für
  mich!

(Das bist nicht du, Amerika, deine Katarakte, deine Wälder,
Wo der Anbruch des Frühlings rauscht, das bist nicht du,
Große Stille der gewaltigen und einsamen Anden,
Das seid nicht ihr, nein, die dieses Herz
Mit unbeschreiblicher Harmonie erfüllen, worin sich
Eine wilde Freude und Schluchzer des Hochmuts mischen!...)
Oh! Könnte ich an die unbewohnten Orte gehen, fern der
Bücher,
Und dort die lyrische Bestie lachen und heulen lassen,
Die sich in meiner Brust aufbäumt!

Scheveningen, außerhalb der Saison

In der hellen, kleinen Bar mit wohlpolierten Möbeln
Haben wir lange Zeit englische Getränke genossen;
Es war intim und warm unter den gerafften Vorhängen.
Draußen ließ der Meereswind die Stühle zittern.

Man hätte an ein Rauchzimmer auf Schiff oder im Zug gedacht:
Mir war das Herz zusammengeschnürt, wie wenn man reist;
Ich war ganz gerührt, ich war sanft und fern;
Ich war wie ein Kind voll Angst und sehr folgsam.

Währenddessen war alles so still um uns herum!
Menschen, an der Theke, sprachen vertraulich.
Oh, wie klein man ist, wie man auf den Knien liegt,
An gewissen Abenden scheint ihr so nah, o großartige Fluten.

Thalassa

Auf dem Diwan in der Tiefe der Kabine liegend
(Geschaukelt wie eine Puppe in den Armen eines närrischen Mädchens,
Durch das Stampfen und Schlingern – Unwetter),
Habe ich einen leuchtenden Kreis auf der Seele: die Luke,
Wie ein Schaufenster einer Boutique, wo man das Meer verkaufen würde;
Und im Halbschlaf träume ich,
Ein Gedicht zu konstruieren, in einer noch nie benutzten Form,
Zum Ruhme des Meeres.

O Homer! O Vergil!
O Corpus Poeticum Boreale! Auf euren Seiten
Müssen die ewigen Wahrheiten des Meeres
Gesucht werden, und diese Mythen, die eine Sicht der Zeit ausdrücken,
Und der Zauber des Meeres und die Geschichte der Wellen
Und der Meeresfrühling und der Meeresherbst
Und die Windstille, die einen flachen und grünen Kurs
Für den Wagen Neptuns und die Gefolge der Nereiden vorgibt.

Ich habe einen leuchtenden Kreis auf der Seele, der von oben
Nach unten wandert, bald ausgefüllt vom blaugrau gesprenkelten Weiß
Der mediterranen Landschaft, mit einem Eckchen matten
Himmels, bald
Ist es der Himmel, der herunterkommt, um den Kreis auszufüllen, bald
Tauche ich in ein meergrünes und kaltes Licht
Voller Wirbel, und bald, auf einen Schlag,

Springt die von Gischt erblindete Luke hoch, um sich im freien weißen Himmel zu blenden.

Fahrrinne, auf dieser ewig bewegten Horizontlinie,
Groß wie ein Spielzeug, ein rumänisches Dampfschiff, weißgestrichen;
Es rollt wie auf einer von Schlammlöchern durchbrochenen Straße, und die Schiffsschraube
Kommt manchmal aus dem Meer und schlägt die schaumerfüllte Luft.
Sie grüßen, mit der hinteren Fahne, auf halbmast,
Blau – gelb – rot.
Schiffslärm: Stimmen in einem Korridor,
Knarren der Holzverkleidung, Knirschen der schwingenden Lampen,
Rhythmus der Maschinen, ihr Geruch fade durch Windstöße,
Vom Wind verschlungene Schreie, welche die Musik
Einer gezupften Mandoline: „Sobre las olas del mar…"
Unter den gewohnten Lärm mischen, der in Stille übergeht.

Oh! auf der Brücke, dort oben, der ausdauernde und wilde Wind, der Piratenwind,
Durch die Takelage pfeifend und, wie eine Peitsche,
Die Fahne knallen lassend mit dem Streifen und den Sternen in drei Farben…

Meine Muse

Ich singe Europa, seine Eisenbahnen, seine Theater und
Seiner Städte Konstellationen und häufe inzwischen
In meinen Versen die Beute aus einer neuen Welt:
Lederschilde mit heftigen Malereien,
Rote Mädchen, Bote aus Duftholz, Papageien,
Pfeile, grün blau gelb befiedert,

Halsketten aus gediegenem Gold, fremde Früchte, geschnitzte
Bögen
Und alles, was Kolumbus nach Barcelona folgte.
Meine Verse, ihr habt die Kraft, o meine goldenen Verse,
Und den Schwung der tropischen Floren und Faunen,
Der Heimatberge ganze Majestät,
Die Bisonhörner, die Kondorflügel!
Die Muse, die mich inspiriert, ist eine kreolische Dame,
Oder auch die feurige Sklavin, die der Reiter fortschleppt,
Seinem Sattel angefesselt, der Kruppe seines Pferdes
Aufgeworfen, im Durcheinander von kostbaren Stoffen, Goldvasen und Teppichen,
Und du bist besiegt durch deine Beute, o Llanero!
Meine Freunde erkennen meine Stimme, ihre aus Gesprächen
nach dem Abendessen
Vertrauten Betonungen, in meinen Gedichten wieder.
(Es genügt, den richtigen Stellen Akzent zu geben.)
Ich bin durch des Rhythmus unbezwingbare Gesetze
beherrscht,
Ich verstehe sie selbst nicht: sie sind vorhanden.
O Diana, Apollon, große neurasthenische wilde
Götter, gebt ihr mir diese Akzente ein,
Oder ist das nur eine Illusion, etwas
Rein von mir selbst – eine Blähung?

Das Geschenk seiner selbst

Ich biete mich jedem als seinen Lohn;
Ich gebe ihn dir sogar, bevor du ihn verdient hast.

Es gibt etwas in mir,
In der Tiefe von mir, in der Mitte von mir,
Etwas unendlich Karges
Wie der Gipfel des größten Hochgebirges;

Etwas dem blinden Fleck der Retina Vergleichbares,
Und ohne Echo,
Und das dennoch sieht und hört;
Ein Wesen, das ein Eigenleben führt und, währenddessen,
Mein ganzes Leben lebt und, ungerührt,
All das Gewäsch meines Bewußtseins mit anhört.

Ein Wesen aus Nichts gemacht, falls das möglich ist,
Unempfindlich für meine physischen Schmerzen,
Das nicht weint, wenn ich weine,
Das nicht lacht, wenn ich lache,
Das nicht errötet, wenn ich eine beschämende Tat verübe,
Und das nicht seufzt, wenn mir das Herz blutet;
Das sich reglos zurückhält und keine Ratschläge gibt,
Aber ewig zu sagen scheint:
„Ich bin da, gleichgültig gegen alles."

Es ist vielleicht leer wie die Leere,
Aber so groß, daß das Gute und das Schlechte zusammen
Es nicht ausfüllen.
Der Haß stirbt dort an Asphyxie,
Und die größte Liebe dringt niemals bis dorthin vor.

Nimm daher alles von mir: den Sinn dieser Gedichte,
Nicht diesen, den man liest, sondern diesen, der ohne mein Zutun hindurchscheint:
Nimm, nimm, du hast nichts.
Und wohin ich auch gehe, im ganzen Universum,
Ich begegne immer,
Außerhalb von mir wie in mir,
Der unausfüllbaren Leere,
Dem unbesiegbaren Nichts.

Carpe diem…

Genieße diesen traurigen Wintertag am grauen Meer,
Einem sanften Grau, die Erde ist blau, und der trübe Himmel
Wirkt zugleich hoffnungslos und zärtlich;
Und sieh den Saal des kleinen Gasthauses,
So heiter und so geräuschvoll im Sommer, an den Sonntagen,
Und wo wir heute allein sind, gekommen
Von Neapel, nicht um Baia und das Höllentor zu sehen,
Sondern um uns melancholisch zu erinnern.

Genieße diesen traurigen Wintertag am grauen Meer,
Meine Freundin, so meine geliebte Freundin, meine Gefährtin!
Ich glaube, daß er dem Tag gleicht,
An dem Horaz die Ode an Leuconoe verfaßte.
Es war auch im Winter, damals, wie im Winter,
Der jetzt an den Felsen bricht, die dem tyrrhenischen Meer
Entgegenragen, ein Tag, an dem man
Die Sorge ablegen und einfache Arbeiten verrichten möchte,
Weise sein inmitten der ernsten Natur
Und langsam sprechen beim Betrachten des Meeres…

Genieße diesen traurigen Wintertag am grauen Meer…
Erinnerst du dich an Marienlyst? (Oh, an welchem Ufer
Und in welcher Jahreszeit sind wir? Ich weiß nicht.)
Man geht dort nach Helsingör, im Sommer, über blasse
Rasen; da gibt es die Grabstätte Hamlets und ein elektrisch
Beleuchtetes Hotel, mit allem modernen Komfort.
Es war der Sommer des Nordens, leuchtend, sanft verschleiert.
Erinnere dich: man sah die schwedische Küste, frontal,
Blau, wie dies ferne Profil von Italien.
Oh! liebst du diesen Tag ebensosehr wie ich ihn liebe?

Genieße diesen traurigen Wintertag am grauen Meer…
Oh! daß ich mein Leben nicht in Helsingör verbracht habe!

Der kleine dänische Hafen ist ruhig, nahe beim Bahnhof,
Wie der endgültige Hafen der Existenzen.
Dänisch leben in der dänischen Sanftmut
Dieser Stadt, wo ein Schloß steht mit Kuppeln aus Bronze,
Von Grünspan bedeckt; leben in der Unschuld, ja,
Gleich welcher kleinen Stadt, welchen Teils,
Wo alle Welt nachdenklich und schweigsam wäre,
Und wo man friedlich den Tod erwarten würde.

Genieße diesen traurigen Wintertag am grauen Meer,
Und laß mich meine Augen in deinen kühlen Händen verbergen;
Ich habe das Bedürfnis nach Sanftmut und Frieden, o meine
  Schwester.
Sei meine junge Heldin, meine schützende Pallas,
Sei meine sichere Zuflucht und meine kleine Stadt;
Heute abend, mi Socorro, bin ich eine einfache Frau,
Die nichts anderes kennt, als unruhig und geliebt zu sein.

Bilder

I

Eines Tages, in Charkow, in einem volkstümlichen Viertel
(O dies südliche Rußland, wo alle Frauen
Mit ihrem weißen Schal um den Kopf das Aussehen einer
  Madonna haben!),
Sah ich eine junge Frau vom Brunnen zurückkommen,
Nach dortiger Sitte, wie zur Zeit von Ovid,
Zwei an den äußersten Enden eines Holzes aufgehängte Eimer
Im Gleichgewicht auf dem Nacken und den Schultern tragend.
Und ich sah ein Kind in Lumpen sich ihr nähern und zu ihr
  sprechen.
Dann, ihren Körper liebenswürdig nach rechts neigend,

Richtete sie es so ein, daß der mit klarem Wasser gefüllte Eimer das Pflaster berührte,
In Höhe der Lippen des Kindes, das sich zum Trinken niedergekniet hatte.

II

Eines Morgens, in Rotterdam, auf dem Kai der Boompjes
(Es war am 18. September 1900, gegen acht Uhr),
Beobachtete ich zwei junge Mädchen, die zu ihren Arbeitsstätten gingen;
Und vor einer der großen Eisenbrücken verabschiedeten sie sich,
Ihre Wege waren nicht dieselben.
Sie küßten sich zärtlich; ihre zitternden Hände
Wollten und wollten sich nicht trennen; ihre Münder
Ließen mit Schmerz voneinander, um sich gleich wieder zu vereinen,
Während ihre Augen sich unentwegt anschauten...
So verharrten sie einen langen Moment, die eine der andern ganz nah,
Aufrecht und unbeweglich inmitten geschäftiger Passanten,
Während die Schlepper auf dem Fluß dröhnten,
Und Züge zischend auf den Eisenbrücken rangierten.

III

Zwischen Cordoba und Sevilla
Liegt eine kleine Station, wo, ohne ersichtlichen Grund,
Der Südexpreß immer anhält.
Vergeblich sieht sich der Reisende um nach einem Dorf
Jenseits dieses kleinen verschlafenen Bahnhofs unter den Eukalyptusbäumen.
Er sieht nichts als die andalusische Ebene: grün und golden.
Jedoch auf der anderen Seite des Gleises, gegenüber,
Steht eine Hütte aus geschwärzten Asthölzern und Lehm.

Und beim Geräusch des Zuges kommt dort ein zerlumpter Kinderschwarm heraus.
Die älteste Schwester geht ihnen voran und kommt auf dem Bahnsteig ganz nah,
Und ohne ein Wort zu sagen, aber lächelnd,
Tanzt sie, um ein paar Sous zu bekommen.
Ihre Füße im Staub erscheinen schwarz;
Ihr dunkles und schmutziges Gesicht ist ohne Schönheit;
Sie tanzt, und durch die weiten Löcher ihres aschfarbenen Rocks
Sieht man ihre mageren Schenkel sich bewegen, nackt,
Und ihren kleinen gelben Bauch rollen;
Und jedesmal grinsen darüber einige Herren,
Im Duft der Zigarren, im Speisewagen...

Postskriptum

O mein Gott, wird es niemals möglich sein,
Daß ich diese sanfte Frau kennenlerne, dort unten in Kleinrußland,
Und die zwei Freundinnen aus Rotterdam
Und die junge Bettlerin aus Andalusien
Und daß ich mich mit ihnen verbinde
In einer unauflöslichen Freundschaft.
(Ach, sie werden diese Gedichte nicht lesen,
Weder meinen Namen noch die Zärtlichkeit meines Herzens kennen;
Und dennoch existieren sie, sie leben *jetzt.*)
Wird es niemals möglich sein, daß mir diese große Freude zuteil wird,
Sie kennenzulernen?
Denn ich weiß nicht warum, mein Gott, doch mir scheint, mit diesen vieren
Könnte ich eine Welt erobern!

Madame Tussaud's

Es kommt mir vor, als liege die ganze Weisheit der Welt
In den Augen dieser Biedermänner aus Wachs.
Ich möchte dort eine ganze Nacht lang eingesperrt sein,
Eine Winternacht lang, aus Versehen,
Vor allem im Saal der Verbrecher,
Der guten Verbrecher aus Wachs,
Mit leuchtenden Gesichtern, glanzlosen Augen, und Körpern – woraus?
Aber, ist ihnen dies wirklich ähnlich?
Warum hat man sie dann eingesperrt, auf den elektrischen Stuhl gebracht oder gehenkt,
Während ihr stummes Abbild hierbleibt?
Mit Augen, die nicht die erlittenen Schrecken ausdrücken können,
Jedoch überall Augen begegnen, ohne Ende, ohne Ende.
Schließen sie sie wenigstens bei Nacht?

Atahualpas Tod

> Pues el Atabalipa llorava y dezia
> que no le matasen ...
> *Oviedo*

O wie viele Male habe ich an jene Tränen gedacht,
Jene Tränen des höchsten Inka des so lange
Übersehenen Imperiums, auf den Hochebenen, am entfernten Ufer
Des Pazifik – jene Tränen, jene armen Tränen
Jener großen roten Augen, wie sie Pizarro und Almagro anflehen.
Davon habe ich geträumt, ganz Kind, wenn ich lange
Stehenblieb, in einer düsteren Galerie, in Lima,
Vor diesem historischen, offiziellen, entsetzlichen Gemälde.

Man sieht dort zuerst – schöne Studie von Akt und Ausdruck –
Die Frauen des amerikanischen Imperators, rasend
Vor Schmerz, fordernd, man solle sie töten, und hier,
Umgeben von Priestern im Chorhemd und Kreuzen
Und brennenden Kerzen, nicht weit von Fray Vicente de
  Valverde,
Atahualpa, auf eine abscheuliche Vorrichtung gelegt
Und geknebelt, sein brauner Körper
Nackt und sein mageres Gesicht im Profil gesehen,
Während an seinen Seiten die Konquistadoren
Beten, inbrünstig und leidenschaftlich.
Das gehört zu jenen befremdlichen Verbrechen der Geschichte.
Umgeben von der Majestät der Gesetze und den Herrlichkeiten
  der Kirche,
So gewaltig in ihrer beängstigenden Abscheulichkeit,
Daß man nicht glauben kann, sie würden nicht fortdauern,
Irgendwo, jenseits der sichtbaren Welt, ewig;
Und auf demselben Gemälde, vielleicht, verharren
Immer derselbe Schmerz, dieselben Gebete, dieselben Tränen,
Den geheimnisvollen Absichten des Herrn entsprechend.
Und ich stelle mir gern vor, in diesem Moment,
Während ich nur schreibe, verlassen von den Göttern und den
  Menschen,
In einem vollständigen Appartement des Sonora Palace Hotels
(Kalifornisches Viertel),
Ja, ich stelle mir vor, daß irgendwo in diesem Hotel
In einem von elektrischen Lampen blendenden Zimmer
Stillschweigend dieselbe entsetzliche Szene
– Diese Szene der peruanischen Nationalgeschichte,
Die man den Kindern einpaukt, dort unten, in unseren
  Schulen –,
Sich genau so verwirklicht
Wie vor vierhundert Jahren in Caxamárca.

– Ach, daß keiner hineingehe, sich in der Tür irrend!

Trafalgar Square bei Nacht

Fühlst du nicht, junge Bettlerin, daß es schön,
Daß es ein kostbares Erlebnis ist, da zu sein,
Durch diese architektonische Wüste irrend,
Mitten in der größten Stadt der Welt, unter den
Perpendikularen Sternen, schlechten Sternen, blinkenden,
Matten Straßenlaternen der Himmelsstadt?
Denke nicht mehr an deinen Hunger, sondern errate
Die hingestreckten Löwen im blauen Dunst,
Am Rand von Terrassen schwarzer Gewässer, wo
Die fahlen Reflexe der Glühkugeln stillstehen...
Komm! ich bin eine Fee, ich liebe dich, gleich
Wirst du ein für dich allein bereitetes Festmahl und Blumen in
  deinem Wagen haben;
Komm nur noch ein paar Minuten zum Nachdenken
Über das große Erlebnis der Nacht, schöner
Als die Wüsten und als das Meer, und als die Ströme der Tropen,
Die sich wälzen im Mondesglanz;
Oh, betrachte in Schweigen, dich an mich pressend,
Der Stadt geweihte Frau!

Das Unbenennbare

Wenn ich gestorben bin und bei den lieben Toten weile,
(Ob ihr, die auf der Straße meinen Ärmel streiftet,
Vorübergehende, mir euer Angedenken schenkt?)
Wird dann in diesen Versen Bildnis bleiben
Von so viel Ländern, Blicken und Gesichtern,
Wie ich im Schwall der Menge flüchtig sie getroffen?
Ich bin gewandert unter euch und bin den Wagen ausgebogen
Wie ihr, und in die Läden habe ich wie ihr geschaut.
Die Damen habe ich gegrüßt mit meinen Augen,
Der Lust bin ich, dem Ruhme zuspaziert,

Daß er erreicht sei, hat mein liebes Herz geglaubt.
Der Menge mittenein bin ich entzückt gewandelt,
Denn ihr gehöre ich, der Menge, ich und was ich wollte.
Und wenn ich, ach! ein wenig anders als ihr alle bin,
So darum, weil ich sehe:
Hier mitten unter euch als göttliche Erscheinung,
Zu der ich mich erhebe, daß sie mich berühre,
Geschmäht, verkannt, verbannt,
Zehnmal geheimnisvoll,
Die unsichtbare Schönheit.

II

EUROPA

Die Sanftmut von Europa.
Étienne Pasquier.

An Herrn Tournier de Zamble
beim Abschicken des Manuskripts von Europa *an ihn*

Noch ein Gedicht, lieber Herr
Xavier-Maxence, für die Damen;
Ein Gedicht in der Folge derer,
In denen ich meine Seelen destillierte,
Denn davon besitze ich ohnehin mehrere.

Vom Pompier imitiere ich den Stil:
Dieser Autor schrieb so schön!
Das war gewandt, das war mühelos:
Jeder fand darin das Seine wieder;
Ich bin sein gelehriger Schüler.

Mein Editor, edieren Sie mir
Diese letzte Anstrengung meiner Muse,
Die letzte (ach!), wie ich glaube,
Denn am Ende reibt das Genie sich auf,
Und der Schwan bleibt ohne Stimme zurück.

Zu viele Freuden und Schwächen
Haben mir den Geist ganz entkräftet;

Das Hotel, wo die Weiber gestrandet sind,
Habe ich mehr als dich, Delos, aufgesucht,
Und mehr das Lügenwasser als den Permessos!

I

Eine Mitternacht auf See wie so viele:
Der Cunarder mit sanftem Geräusch auf dem Meer ohne Mond.
Es wäre warm, wäre nicht dieser Wind.
Das Geräusch der Woge in nächster Nähe: ein Bespritzen;
Und die andere Woge etwas weiter weg: ein Besprühen;
Und wieder eine andere: ein entferntes Grollen;
Und eine weitere, sich umkehrend, macht „Pst!",
Und all die Wogen des Meeres murmeln lange.
Die Salons unter den Brücken sind voller Licht
Und voller Herren in Schwarz und Damen in langen Roben.
Genieße, o schwaches Herz, die Angst dieser Stunde.
Denke an nichts als deine Kindheit. Wie, du weinst?
Nein, nein, weine nicht: lausche den Zigeunern,
Die im Restaurant spielen, im Hinterschiff...
Der Dichter steht aufrecht neben seiner Gefährtin,
Die auf einen Diwan hingestreckt, unter Pelzen, im Vorschiff,
„Ein Engel, eine junge Spanierin", die zuweilen,
An ihn denkend, halblaut zu ihm sagt:
„Mein Liebling!"*
Und von neuem das indifferente Geräusch der Wogen.
Halt, ein Blitz!
Aber nein; das ist unmöglich; es ist schönes Wetter...
Und immer der Wind und das Geräusch der endlosen Fluten...
Noch einer! Dort, dort hinten, schau!
Es ist immer in der gleichen Ecke des Himmels.
Es gleitet dahin wie eine Sense durch den Hafer.

* Im Original deutsch (Anm. d. Übers.).

Halt, noch einer;
Es dauert kaum eine Sekunde. Man möchte sagen,
Daß es dreht.
Dort: es gleitet dahin!...
Ich habe das Drehfeuer gesehen; wie ein Wahnsinniger dreht der Leuchtturm
Seinen flammenden Kopf in der Nacht, ein riesiger Derwisch,
Und in seinem Lichtertaumel
Beleuchtet er die Landstraße, die blühende Hecke, die Strohhütte
Und den verspäteten Radfahrer und den Wagen des Arztes auf der Heide
Und die öden Tiefen, wo der Passagierdampfer seinem Kurs folgt.
Ich habe das Drehfeuer gesehen, und ich verstumme.
Morgen früh werden die Menschen aus dem Salon, auf die Brücke steigend,
Wo der Wind in ihre Wangen und ihre kalten Augen stechen wird,
Schreien: „Das Land!"
Und in ihren Schals in Verzückung geraten.

Europa, du bist es also, ich überrasche dich bei Nacht.
Ich finde euch in eurem parfümierten Bett wieder, o meine Geliebten!
Ich habe das erste und das vorgerückteste
Deiner Milliarden von Lichtern gesehen.
Dort, in diesem kleinen Winkel der Erde, ganz zernagt
Vom Ozean, der gewaltige Inseln
In den tausend Windungen seiner unbekannten Abgründe umfängt,
Dort sind die zivilisierten Nationen
Mit ihren enormen Hauptstädten, so leuchtend, des Nachts,
Daß auch über den Gärten ihr Himmel rosenrot ist.
Die Randviertel erstrecken sich in die brandigen Wiesen,
Die Laternen beleuchten die Straßen jenseits der Tore;

Die beleuchteten Züge gleiten durch die Schneisen;
Die Speisewagen sind voller Menschen bei Tisch;
Die Droschken, in schwarzen Reihen, warten,
Daß die Menschen aus den Theatern kommen, deren Fassaden
Ganz weiß unter dem elektrischen Licht aufragen,
Das in den milchigen glühenden Kugeln sirrt.
Die Städte machen die Nacht fleckig wie Sternbilder:
Es gibt welche auf dem Scheitel der Gebirge,
An der Quelle der Ströme, in der Mitte der Ebenen,
Und in den Gewässern selbst, wo sie ihre roten Lichter
spiegeln...

„Morgen werden alle Geschäfte geöffnet sein, o meine
Seele..."

II

Pfui über die kolonialen Länder, die nichts für sich haben
Als die Wunder der Natur und sich nicht einmal
Einen Theokrit zu verschaffen wußten.
Überdruß der in der Hängematte verbrachten Tage,
In Kleidungsstücken aus Leinen, in Städten ohne Boutiquen:
Überdruß der Jagden auf wilde Tiere, der königlichen
Residenzen Indiens und der Städte Südasiens,
Wo man nichts tun kann als an dich zu denken, durch dich,
Europa.
Denn dort, im Nebel, sind die Bibliotheken!
Oh! alles wissen, oh! alles lernen, alle Sprachen!
Alle Bücher gelesen haben und alle Kommentare;
Oh, das Sanskrit, das Hebräische, das Griechische und das
Latein!
Sich in irgendeinem Text wiederzuerkennen vermögen,
Den man zum ersten Mal sieht! und die Welt beherrschen
Durch das Wissen, von der Kulisse aus, wie man

In einer einzigen Faust die Fäden dieser bunten Hampelmänner hielte.
Fühlen, daß man so hoch ist, daß man von Schwindel ergriffen wird,
Als wenn jemand euch die Worte zuraunte:
„Ich werde dir das alles geben", auf dem Berg!

III

Europa! du befriedigst diese grenzenlosen Begierden
Nach Wissen, und die Begierden des Fleisches,
Und jene des Magens, und die unaussprechlichen
Und mehr als gebieterischen Begierden der Dichter,
Und den ganzen Höllenstolz.
(Ich habe mich manchmal gefragt, ob du nicht eine der Randprovinzen, ein Grenzkanton der Hölle seist.)
O meine Muse, Tochter der großen Hauptstädte! du erkennst deine Rhythmen wieder
In diesem unaufhörlichen Gedröhne der endlosen Straßen.
Komm, wir wollen unsere Abendkleidung ablegen,
Mir dies abgetragene Jackett, dir dieses Wollkleid anziehen
Und uns unter das gewöhnliche Volk mischen, das wir nicht kennen.
Wir wollen beim Ball der Studenten und Grisetten tanzen,
Wir wollen uns im Tingeltangel dem Pöbel gleichmachen!
Sag dir,
Daß wir hier nichts als Durchreisende sind,
Deren Spuren sich, ohne Zweifel, kaum abzeichnen
In diesem leichten und glänzenden Schmutz, auf den wir treten.
Wenn wir wollen, werden wir uns in die jungfräulichen Wälder zurückziehen.
Die Wüste, die Prärie, die kolossalen Anden,
Der weiße Nil, Teheran, Timor, die Meere des Südens

Und die ganze planetarische Oberfläche gehören uns, wenn wir wollen!
Denn wenn ich einer von jenen wäre, die hier immer
Von morgens bis abends in den Fabriken arbeitend leben,
Und in den Büros, und zu Abendveranstaltungen gehend,
Um entweder zum hundertsten Mal eine Rolle im Theater zu spielen,
Oder in den exklusiven Zirkeln, oder in den Reithallen,
Ich könnte dort nicht bleiben! und so wie ein Bauer,
Der zurückkehrt, nachdem er seine Ernte in der Stadt verkauft hat,
Würde ich weggehen,
Einen Stock in der Hand, und ich ginge, ich ginge,
Ich marschierte ohne anzuhalten auf den Äquator los.

Für mich
Ist Europa wie eine einzige große Stadt
Voll von Vorräten und allen städtischen Freuden,
Und der Rest der Welt
Ist für mich das offene Land, wo ich, ohne Hut,
Gegen den Wind renne, wilde Schreie ausstoßend!

IV

In Colombo oder in Nagasaki lese ich die Baedeker
Von Spanien und von Portugal oder von Österreich-Ungarn;
Und ich betrachte die Pläne gewisser Städte zweiten Ranges,
Und ihre knappe Beschreibung, über sie denke ich nach.
Die Straßen, wo ich gewohnt habe, sind darin eingezeichnet,
Die Hotels, wo ich zu Abend aß, und die kleinen Theater.
Das sind Städte, wo niemals Touristen hinkommen,
Und die Dinge wechseln dort den Platz nicht mehr
Als die Wörter auf den Seiten eines Buches.

Man verläßt den „Pueblo“ eines schönen Morgens; man fährt
Zur Estacion del Norte im alten Omnibus
Der Fonda de Aragon. Kleine Stadt,
Bleib ruhig, ich weiß dich treu, ich werde zurückkommen:
Indien, Japan, das ist nicht weit für mich;
Im kommenden Jahr, oder vielleicht in einigen Monaten,
Unterwegs nach Barcelona oder nach Sevilla, werde ich
(Ich werde diesen Mut haben!) den schwerfälligen Correo nehmen,
Und der Omnibus der Fonda de Aragon wird diesen Reisenden in sich tragen
Und ihn im schrillen Rhythmus der Fensterscheiben durchrütteln
Entlang der engen Straßen zwischen Häusern wie einem Bühnenbild,
Ganz als wenn er am Vormittag abgereist wäre und zurückkäme
Von einem Besuch der Nachbarstadt.

Und ihr, Häfen von Istrien und Kroatien,
Und ihr dalmatinischen Ufer, grün und grau und rein weiß!
Pola in der hellen Bucht ist voller gepanzerter
Schiffe, zwischen Bänken von grünem Rasen, beflaggter Schiffe
Mit farbenfrohen, roten und weißen Fahnen unter einem zarten Himmel.
Cherson, Abbazzia, Fiume, Veglia, neue Städte,
Oder wenigstens neu wirkende, ohne daß man weiß
Warum; Zara, Sebenico, Spalato und Ragusa
Wie ein den Fluten zu geneigter Blumenkorb;
Und die Bucht von Cattaro, wo man nicht mehr aufhören kann,
Dem Meer immer bis mitten in die Berge zu folgen,
Die mit uneinnehmbaren venezianischen Zitadellen bewehrt sind.
O Cattaro, kleiner Bau, kleine Festung, die man
Als Neujahrsgeschenk einem Kind geben möchte (es fehlt auch nicht

Die Wacht grünlicher Soldaten am Tor);
Kleiner Baukasten, aber ganz erfüllt
Mit einem Rosenduft, man weiß nicht woher.

Und, nach diesen Ländern von zugeschnittenem und angestrichenem, wohlriechendem Holz,
Das strenge und steile, schwarze Berge in Schatten und Kühle einhüllen,
Du trockene, schroffe Straße nach Montenegro, Straße der Schwindligkeit,
Von wo man die österreichischen Forts und die Schiffe sieht, unten,
Ebenso klein wie auf dem kleinen Bild im Opernglas.
(O Straße! Und montenegrinische Pferde, welche Schrecken
Habt ihr mir eingejagt, in diesem alten blauen Landauer!)
Die rote Postkutsche eilt voraus
In diesem Land aus grauem Stein, wo ein Baum
Angenehm anzusehen ist wie ein ganzer Wald,
In diesem grauen und schwarzen Land, wo man, am Grund der
Wie Brunnen in die Tiefe abfallenden Täler,
Unwahrscheinlich kleine grüne, blaue, gelbe und hellgraue Felder erblickt, umrandet von Steinen,
Wie ein Fetzen vom Trikot des Harlekin dorthin gefallen.
Aber Njeguš ist ein rotes und weißes Dorf, hell und heiter,
In einem Tal, kaum getrocknet von den Wassern der Sintflut.
Traurige Straßen der Umgebung von Cetinje (mit dem Belvédère); und manchmal,
In der reinen grauen Unfruchtbarkeit jener steinigen Abgründe,
Die an Mondlandschaften denken lassen,
Erschallt plötzlich, als ob die Steine sprächen, eine Musik,
Hart, traurig und wohlskandiert, und erfüllt
Den von Felswänden versperrten Himmel mit ihrem anwachsenden Fanfarengeschmetter.

Und die beunruhigte Seele verdüsterte sich und wußte nicht, was antworten,
Diesen wohlgeordneten, aus allen Richtungen vernommenen Stimmen
In der absoluten Einsamkeit.
Wenn schließlich an einer Straßenbiegung die ersten Glieder eines granatfarbenen und blauen Regiments sichtbar werden.
Dann nach Rijeka, wo man, wie in einer neuen Welt, den See von Scutari sieht,
Dort gibt es traurige Läden im offenen Wind, mit rotem, stark riechendem Adrianopelstoff ausgekleidet,
Und weiße Albaner mit schwarzen Borten ziehen ungezähmt vorbei,
Mit Pistolen am Gürtel...

Und während die großen Schiffe des Orients und des Pazifik
Im Schmuck all ihrer brennenden Lichter ruhen,
In dem gewaltigen Hafen des Fernen Ostens, sehe ich
Aus dem Fenster vom Speisesaal des Grand-Hotels in Cetinje
Die niedrigen und mit matten Farben bemalten Häuser,
Und die Traurigkeit der slawischen Städte, trauriger
In diesem Land verloren zu sein.
Der riesige Hund vom Grand-Hotel Vuletich – *Türke*, glaube ich –, mir scheint,
Ich sehe ihn wieder in der Sonne liegen, das gutmütige Vieh von Milchkaffeefarbe;
Es schläft in der Stille der Weiler-Hauptstadt...
Armer dicker Türke, vielleicht ist er krepiert, jetzt...

V

Wasser des Atlantischen Ozeans
In der silbernen Badewanne meines Hauses in London,
Wie ist dein Duft für mich süß und herb, während
Ich mit feuchtem Arm
Einen parfümierten Fächer vor meinem Gesicht hin und her bewege!
Oh! hier befinde ich mich endlich wohl, mit dem Ozean bei mir
Und Grosvenor Square quer durch tausend Blüten vor dem Fenster gesehen.
Mein schönes Haus! (Wie verschieden
Von jenem, wo ich geboren wurde, in Campamento,
Am Rand der Wüste von Arequipa – am Ende der Welt.)
Ach was! Ich fühle, daß diesem Vagabundenherz
Das Rütteln der Züge und Schiffe unentbehrlich ist,
Und eine Angst ohne Glück, ohne Unterlaß genährt.

VI Stockholm

Mädchen, die Zeitungen verkaufen, in kurzen Kleidern,
In hellblau mit weißen Matrosenkragen,
Da seid ihr wieder, für mich noch immer geheimnisvoll.
Man weiß nicht: ihr seid zwischen zwölf und zwanzig Jahre alt;
Man fragt sich, ob ihr Liebhaber habt;
Ihr ähnelt euch nicht nur in der Kleidung,
Sondern auch im Gesicht, schönen weißen, leuchtenden Gesichtern
Mit liebenswürdig strengen Zügen, mit scheuen und blauen Augen.
Es ist einige Jahre her, ich war verliebt in euch alle,
Wie ich in die römischen Blumenmädchen verliebt gewesen bin,
In die jungen Mädchen der Insel Marken, die man von Amsterdam aus besucht,

In die Bäuerinnen von Korfu und sogar
In eine falsche zigeunerische Drehorgelspielerin in London.
Die Verkleidung ergreift noch immer mein Dichterherz,
Und euer Anblick veranlaßt mich, mir Abenteuer auszumalen.

Djürgarden, bleiche Gärten fern der langen Kais aus grauen Steinen,
Von einem Grau so sanft, so rein und sommerlich!
Ich möchte durch diese Haine irren, entlang dieser Theater,
Das Herz ganz schwerfällig von eisgekühltem Punsch.
Ich werde in die Gärten der Restaurants gehen,
Wo betrunkene Herren auf den Tischen schlafen;
Ich werde dort die neuesten Lieder aus Berlin hören.
Und dann werde ich die wunderbaren Auslagen
Des Phonographenhändlers betrachten, der an der Ecke der Arsenalsgatan sitzt,
Und die Statue von Karl XII. wird mir zulächeln im Grün dieses schattigen und sanften Ortes,
Wo ich gelitten habe.

Stromparterren, der Ort, wo man ihn trinkt, am Rand der Gewässer,
Wie im Wasser, und unter einer Brücke, unter Laubwerk,
Abends, den heißen Punsch, und Liköre, die man nur
In Fläschchen von einem Viertelliter serviert, den es ganz zu trinken gilt!
Das ist das Süßeste an Stockholm.
Das läßt an Venedig denken und an Abende an der Themse,
Und das ist schöner als die Zeitungsverkäuferinnen...
Und um euch vor der Feuchtigkeit der Abende zu schützen,
Veranlaßt man euch, euch in eine Wolldecke zu hüllen,
Die von einem auffälligen Rot ist, so
Daß die Damen alle Rotkäppchen sind.

VII London

Nach liebevollen Blicken in die Burlington Arcade,
Komme ich den Piccadilly zu Fuß wieder herunter, gemächlich.
O Böen des Frühlings, gemischt mit Uringerüchen,
Zwischen den Gittern vom Green Park und dem Taxistand,
Wie seid ihr ergreifend!

Dann gehe ich die Rotten Row, Richtung Kensington, noch
ruhiger,
Weniger voll Poesie, weniger unter dem Zauber
Dieser Farben, dieser Gerüche und dieses Dröhnens von
London.
(O Johnson, ich schaue in dein Herz, gelehrter Doktor,
Dieses ganz von Geräuschen der Großstadt widerhallende Herz:
Der Horizont der Fleet Street genügte deinen Augen.)

O grüne und blaue Gärten, weiße Nebel, malvenfarbene Flore!
Das trübe Platin des Wassers im Becken ritzend,
Das unter dem unfühlbaren Schleier eines üppigen Nebels ruht,
Die lange Schwimmspur eines rostfarbenen Wasservogels...

Es ist die Themse, die Madame d'Aulnoy
Für „einen der schönsten Wasserläufe der Welt" hielt.
Ihre historischen Personen fuhren darauf, im Sommer,
Bei anbrechendem Abend, den weißen Widerschein
Der ersten Sterne zerkräuselnd;
Und die Barken, von seidenen Fäden gehalten, besetzt von
Fürsten
Und auf den bestickten Polstern liegenden Damen,
Und Buckingham und den Hofdamen der Königin,
Bewegten sich auf dem Wasser langsam vorwärts, wie ein
Traum,
Oder wie sich unser Herz lange wiegen würde
Zu den schönen Rhythmen der herrlichen Verse von Albert

Samain.
Die glänzende Straße, wo sich alles spiegelt;
Der vielfarbige Bus, das schwarze Kabriolett, das Girl in Rosa
Und sogar etwas von der untergehenden Sonne, möchte man sagen...
Die blanken Dächer, der bläuliche und ganz dunstige Square...
Die Wolken von angelaufenem Kupfer, die langsam aufziehen...
Windstille und feuchte Wärme, und der Honigduft des Tabaks;
Die Vergoldung dieses Buches
Wird mit jedem Moment klarer: ein Versuch mit der Sonne, ohne Zweifel.
(Zu spät, die Nacht wird sie unweigerlich wegnehmen.)
Und wie hier die Drehorgel nach dem Platzregen erschallt.

VIII Berlin

Junges Vermächtnis des größten der großen Männer,
Du breitest dich schon nach allen Seiten über die Welt aus,
Und seit meinem letzten Aufenthalt
Ist Moabit gewachsen wie eine amerikanische Stadt.
Mutter zahlreicher Kinder, fruchtbare Berolina,
Ich atme deine fröhliche und kalte, reine und großartige Luft
Mit Wonne, an diesem Abend im November.
Das ist also die Luft, die er geatmet hat, auch er,
Der Fürst mit der unter dem Dreispitz hervorspringenden Nase!
Man hat nichts geändert am alten Louis-Quatorze-Palais. Hier
Stammt alles vom König von Preußen, und nichts Wichtiges
Ist seit 1810 erbaut worden. Er könnte
Zur Stunde der Parade zurückkommen, eines strengen und blauen Morgens,
Auf den Opernhaus-Platz*, und

---

* Deutscher Name im Original (Anm. d. Übers.)

Die alten pseudoklassischen Bauten an ihrem ewigen Standort wiederfinden;
Aber rings um ihn herum,
Wie Boston, New York, San Francisco und Chicago,
Mit ihren ungeheuren Straßen und ihren riesigen Häusern an den Horizont stoßend,
Hört sie nicht mehr auf, seine Stadt!

IX

Städte und nochmals Städte;
Ich habe Erinnerungen an Städte, wie man Erinnerungen an Liebschaften hat:
Was nutzt es, darüber zu reden? Es überkommt mich manchmal,
Des Nachts, zu träumen, ich sei dort, oder auch dort,
Und am Morgen erwache ich mit Reiselust.

Mein Gott, muß man sterben!
Durch Krankheit und in den Tod wird man diesem Körper
Folgen müssen, den man nur in der Sünde und der Freude gekannt hat;
O Schaufenster der Geschäfte der großen Straßen der Hauptstädte,
Eines Tages werdet ihr das Gesicht dieses Passanten nicht länger widerspiegeln.
So viele Fahrten auf den Passagierdampfern, in den Luxuszügen,
Werden sie denn eines Tages ins Leere der Gruft führen?
Man wird das ruhelose Tier in einen Kasten legen,
Den Deckel schließen, und alles wird gesagt sein.

O! daß es mir gegeben sei, noch einmal
Ein paar geliebte Orte wiederzusehen, wie
Den Platz des Pazifik, in Sevilla;
Die kühle und von Leben erfüllte Chiaja;

Im botanischen Garten von Neapel
Die Baumfarnpflanze, das junge Baummädchen,
Das ich so liebe, und noch
Den weichen Schatten der Pfeffersträucher an der Allee von Kephissia;
Den Platz von Alt-Phaleron, den Hafen von Munichia, und noch
Die Weinberge von Lesbos und seine schönen Ölbäume,
Wo ich meinen Namen eines lyrischen Dichters eingraviert habe;
Und dann auch
Diesen chersonischen Strand in der Nähe von Sewastopol,
Wo das Meer zwischen den Ruinen steht, und wo ein Gelehrter
Liebevoll ein abscheuliches, kirgisisches Götzenbild zeigt,
Wulstlippig, mit einem idiotischen Lächeln auf den dicken Steinbacken.
Und vor allem, ach vor allem!
Charkow,
Wo ich, zum ersten Mal,
Den Seufzer der jungfräulichen Muse mein furchtsames Inneres aufwühlen spürte;
Eine Stadt für mich:
Goldene Kuppeln im Innern der Einsamkeit,
Palast in der Wüste, heiße rote Sonne hoch über dem Staub;
Und, in den Armenvierteln,
Die tausend Schilder von Kleiderhändlern:
Die niedrigen Häuser, mit blanken Mauern, bedeckt
Von dicken gemalten Biedermännern, ohne Kopf...

X

Und dich, Italia, eines Tages, auf den Knien,
Habe ich ehrfürchtig die milde Erde geküßt, du weißt es;
O Himmelsregion (bestehst du nicht aus Saphir, Azur und Silber?)
Himmelsregion, gefesselt

Inmitten der Fluten, die sich, für die Verbannte,
Einem anderen Himmel gleichmachen;
O gefesselt von den Nereiden, wie Andromeda,
In Gedanken küsse ich, von hier, noch einmal
Mit einem heiligen Schauder deinen Leib
Und deine schönen, von den Göttern befruchteten Hüften...

XI

Am Ende der kleinen, abschüssigen Straße erkenne ich
Diesen Himmel und dieses Meer wieder, und auch diesen Duft,
Und, Ufer, ich laufe auf dich zu.
O mein gesegnetes Welschland!* Sonnige Romania!
Glorreiche Misthaufen, göttliche Lumpen, da seid ihr;
Nackte Kinder, rote, Pfeife rauchende Greise,
Greisinnen mit schwarzen Händen, Backfische mit kräftigen
Stimmen,
Und du, Meer!
Laßt mich allein, laßt mich allein mit dem Meer!
Wir haben uns soviel zu sagen, nicht wahr?
Es kennt meine Reisen, meine Abenteuer, meine Hoffnungen;
Davon spricht es zu mir, während es sich
An den Molenwürfeln aus Granit und Zement bricht,
Von meiner Jugend, die es auf italienisch deklamiert.

Einen Moment lang singen und lachen wir gemeinsam;
Aber schon ist es die Geschichte eines anderen, die es erzählt.
Jetons aus Sand und Kieseln für das Vergeßliche,
Verschwinden wir!

* Deutsches Wort im Original (Anm. d. Übers.)

INTIMES TAGEBUCH

FLORENZ

Florenz, Carlton Hotel
Lung' Arno Amerigo Vespucci

11. April 190 . . .

Seit fast vier Stunden bin ich in dieser merkwürdig amerikanischen Stadt, die im Stil der italienischen Renaissance gebaut ist und in der es zu viele Deutsche gibt. Gestern morgen war ich noch in Berlin; auf dem Anhalter Bahnhof winkte Stephan mit seinem großen Taschentuch.

Im D-Zug sauste ich durch ein Deutschland, das noch, das kleine kalte Gesicht verschleiert, zwischen Winter und Frühling zögerte. Zärtlich ruhten meine Blicke auf ihm: auf Wiedersehen, mein liebes Deutschland ... Wenn ich wiederkomme, werfen die Kastanienbäume vor den Restaurants tiefe Schatten auf die Tische. Den Herbst in den Schenken der Bannmeile mag ich besonders gern. Man ist dort fast allein; auf dem Boden liegen die großen Blätter der Bäume, vor einem steht eine große Weiße, die so schön bitter schmeckt. Ist es vier Uhr, steht man auf und geht langsam fort. Über dem Ausgang hängt ein Schild aus Leinwand mit der Aufschrift: Auf Wiedersehen.

Aber erst der Winter in Zentraleuropa! Diese scharfe, würdevolle Kälte! Da ist Deutschland für mich wie eine liebe Gattin und ein warmes, gemütliches Heim. Dann erst wird mein Leben richtiges Leben; ich beschäftige mich mit ernsten Dingen; es ist die Zeit der philologischen Studien, mit Zigaretten und Küssen. Und abends läuft man Schlittschuh auf dem blauen Eise der Teiche der königlichen Gärten, bis tief in die Nacht hinein. Und durch die schneebedeckten Zweige sieht man den fernen Himmel, den die Lichter der Großstadt schwach färben.

Durch die großen Fenster meines Salonwagens habe ich alle kleinen Städte kommen und verschwinden sehen; und in jeder von ihnen hätte ich still und ruhig mein Leben zubringen mögen. Ich würde dann jeden Sonntag zur Kirche gehen, an den örtlichen Festlichkeiten teilnehmen, mit dem Adel des Landes verkehren. Dann könnte in der Welt geschehen, was wollte, mich würde es nicht kümmern.

Während des Aufenthaltes an der österreichischen Grenze bringt mir der Diener, der zum Salonwagen gehört, einen Haufen Zeitungen. Als hätte man mir ins Gesicht geschlagen! Eine große Wiener Illustrierte bringt mein Bild! Es ist sehr schlecht, viel zu jung; ich sehe aus, als wäre ich erst sechzehn Jahre alt. Darunter steht:

Mr. A. Olson Barnabooth
10 450 000 Pfund Zinsen.

Einige Seiten weiter kann man lesen, daß „ich wahrscheinlich einer der reichsten Menschen dieses Planeten", auf alle Fälle „der jüngste der großen Milliardäre" bin. Der Berichterstatter macht mich um ein Jahr älter, aber er beglückwünscht mich, Hospitäler und Asyle in Südamerika gestiftet zu haben. Dann fügt er hinzu: „Die Lebensweise des jungen Multimillionärs unterscheidet sich in nichts von der der meister Nichtstuer seiner Kreise."

Zuerst habe ich über den unverschämten Kerl geschimpft. Dann aber wurde ich traurig und fühlte mich sehr einsam in meinem Salonwagen. Auf der ganzen Welt wird niemand ungerechter behandelt als ich, kein Charakter wird mehr verkannt als meiner. Das alles war ich ja gar nicht, weder meine Träume, mein Streben noch meine Begeisterung; dieser junge Multimillionär, der Hospitäler gestiftet hatte, waren ja die „anderen".

Und Nichtstuer nennt er mich auch noch, mich, der ich das

Absolute suche. Du armseliges Schreiberlein, du bist der Nichtstuer, der Müßiggänger, auch wenn du die ganze Nacht an deinem Schreibtisch hockst.

Dann habe ich in dieser Notiz bald die feierliche Ironie gemerkt, die ich bei allen, die nur ein bescheidenes Vermögen besitzen, kennengelernt habe. Es tut mir ordentlich wohl, daß ich meine Beziehungen zu diesen Leuten immer mehr einschränke. Ohne jeden Hintergedanken, als Mensch zu Mensch, habe ich mich ihnen genähert, ganz wie wir Amerikaner es tun, voller Zutrauen. Sie aber verbeugen sich tief vor mir, und wenn sie sich verbeugen, strecken sie mir die Zunge raus. Ihr unterwürfiger Händedruck verrät mir ihre Verachtung. Sie versuchen nicht einmal, sie vor mir zu verbergen; ein Milliardär ist ja zu dumm, als daß er merkte, wie man ihm schmeichelt. Sie haben alle Weisheit gepachtet.

Anfangs habe ich geglaubt, diese Ironie wurzele im Neid. Aber ihre ersten Worte haben mich eines Besseren belehrt. Alles habe ich getan, ich habe mich erniedrigt, damit ein Armer sich mir gleich fühlte. Nein, Neid ist es nicht. Es ist die Unfähigkeit, sich von gewissen Vorstellungen frei zu machen, gewisse Tatsachen nicht zu berücksichtigen. Es ist einfach Dummheit. – „Trotz meiner 10 450 000 Pfund Zinsen bin ich nicht mehr als Sie.“ – Sie verstehen mich nicht, lachen nur über diesen dummen Protzen. Alles, was ich tue, alles, was ich sage, kommt ihnen sehr komisch vor. Ein Milliardär, der eigene Ideen hat, das stelle man sich vor!

Ich müßte etwas Großes unternehmen, irgendeine Finanzsache lancieren, wie mein Vater es tat, der in der Wall Street nur der Inka hieß, ich müßte die Weltwirtschaft in Unordnung bringen, dann würden diese kleinen Leute merken, daß sie eben noch gut genug sind, meine Werkzeuge zu sein. Und ich kann das! Aber wozu? Sie werden doch nie die Liebe fühlen, die mein einsames Herz in sich trägt, und alles übrige ist nichts ...

Wieder straft meine Erfahrung alles das Lügen, was meine

Lehrer mir sagten: feinen Geist und zarte Seelen habe ich bis jetzt nur bei den Reichen und den Großen dieser Welt gefunden.

Einen Augenblick habe ich daran gedacht, an den Wiener Berichterstatter zu schreiben: „Sehr geehrter Herr, ich bin erst dreiundzwanzig Jahre alt, aber das brauchen Sie nicht zu berichtigen. Was den Rest angeht, so bitte ich höflichst um Verzeihung, der Grund gewesen zu sein, daß Sie aller Welt Ihre Dummheit offenbarten." Aber er hätte das sicher für einen Scherz gehalten. Und doch ...

Und wie immer habe ich es fertiggebracht, meinen ganzen Groll gegen mich selbst zu kehren. An der Grenzstation Ala habe ich meinen Salonwagen verlassen und bin in ein fast besetztes Abteil zweiter Klasse gestiegen. Ehrenwerte Münchener Bürger. Ich habe mein freundlichstes Gesicht gemacht und eine ganze Stunde lang nur von meinen Schlössern, meinen Villen, meiner Jacht, meinen Automobilen, meinen „großen Gütern" gesprochen (ich sagte aber längst nicht alles, das hätte mir doch niemand geglaubt; daß ich alles verkauft habe, habe ich auch verschwiegen, kein Mensch hätte das begriffen). – Ach, ihr wollt in mir nur einen reichen Mann sehen, ihr armen armseligen Spießer mit euren 20000 Mark jährlich –! Was sagt ihr nun! Lacht, lacht über den albernen Prahlhans, über den Parvenü, der mit seinem Reichtum protzt. – Und in meinem Innern weinte ich bittere Tränen. Ich hatte Fieber; ich schämte mich in Grund und Boden. Sie aber lächelten, sahen in mir nur den ihnen so bekannten Typ des Börsenschiebers. Weiter nichts. Niemand verstand mich. Ich dachte daran, laut aufzulachen, ihnen ins Gesicht zu schreien: Ich habe Sie gründlich zum besten gehalten!

Gern hätte ich ihnen gesagt, daß die Verachtung des Armen der Anfang der Weisheit ist oder irgendeine andere Albernheit. – Aber gesagt habe ich nichts. In Verona bin ich ausgestiegen, habe die ehrenwerte Gesellschaft tief gegrüßt und bin in meinen Salonwagen zurückgekehrt.

Mir war zumute wie einem Kinde nach einer heftigen Erregung. Mein Kummer war verflogen, alles wurde wieder ruhig in mir; ich fühlte mich wieder wohl. Was man mir angetan hatte, war gesühnt, die Harmonie zwischen der Welt und mir war wieder hergestellt.

Den letzten Teil der Reise von Bologna bis hierher habe ich in einem Abteil dritter Klasse voll preußischer Pfarrer zurückgelegt. Nie werde ich vergessen, wie sie ihre Fratzen ans Fenster drängten, die ganze Dummheit eines großen Volkes auf die Landschaften Italiens ausgossen, die für sie zu gelehrt und zu einfach waren. Die fernsten Dörfer beschmutzten sie. Sie redeten natürlich über Kunst und Religion . . . „Zügellose Sinnlichkeit . . . Aberglauben . . ." Als plärrte ein Phonograph.

Und darüber das italienische Licht; das sanfte, nachsichtige, kluge, toskanische Licht, leicht und doch ein wenig traurig.

Florenz, 12. April

Viel umhergelaufen! Einen Teil des Tages damit verbracht: Via Tornabuoni, Via del Vecchietti, Via Strozzi, Piazza Vittorio Emmanuele. Mancherlei Leute getroffen (den kleinen Grafen Bettino und so weiter), ehemalige Gäste des Casino Barnabooth.

Telegramme an Poole, Charvet, Briggs, Thomas und Lock; sollen meine Sommergarderobe hierherschicken. Da sie immer für mich im voraus arbeiten, wird alles in drei Tagen hier sein.

In den Läden zahlreiche Einkäufe gemacht. Hemden, Spazierstöcke, Reiseartikel, Ledersachen, Luxuspapier. Alles liegt auf den Tischen meiner zwei Salons herum. (Ich habe im Carlton eine Flucht von zehn Zimmern mit Aussicht auf den Arno: Eßzimmer, Rauchzimmer, Badezimmer, das so groß ist wie mein Schlafzimmer; in meiner Etage hat man das Personal verdoppelt.)

Den Nachmittag und den Abend habe ich damit verbracht, diese Pakete zu öffnen. Mit der Schere in der Hand habe ich mich auf die Bindfäden gestürzt, das Packpapier auf die Teppiche geworfen, mich an dem Geruch all der neuen schönen Dinge berauscht, manches Teil sogar an die Lippen gedrückt und vor Freude im Zimmer umhergetanzt. Ich glaube, daß ich immer Luxusgegenstände werde kaufen müssen, das scheint mir fast Bestimmung. Ich erinnere mich noch deutlich, wie ich früher meine Spielsachen begrüßte, die in großen blauen Kisten ankamen, nur allerneueste Sachen aus Paris und Nürnberg. Gegen Mitte Sommer, im Dezember, kamen sie bei uns an. Diese herrlichen Sachen, die mein Vater für mich aus einer anderen Hemisphäre kommen ließ, wo man Weihnachten bei hohem Schnee feiert. Ich habe mich nicht geändert.

In einigen Tagen werde ich alles an das Personal des Hotels verteilen, denn ich habe keine Häuser mehr, in denen ich meine Einkäufe aufstapeln könnte. Und dann habe ich mir auch geschworen, nur den kleinen dalmatinischen Holzkoffer mit Linoleumüberzug und roten Kupferbeschlägen mit auf die Reise zu nehmen. In ihm liegen, geordnet nach Land und Wert, die Bündel Papiergeld, die mir meine Londoner Bank jeden Monat schickt.

Werden die Diener und die hübschen Kammermädchen des Carlton meine Geschenke zu würdigen wissen? Ich frage mich oft, was sie von einem Mann denken, der ohne Diener und Gepäck reist, dabei aber die ganze erste Etage eines Hotels mietet?

Es wird Abend! In seiner Stimmung erinnert er mich an einen andern Abend. War es in Prag oder Eupatoria?

Das Bad wird für mich bereitet. Das Rauschen des Wassers, das in die Wanne fließt, der aufsteigende Wasserdampf erwecken in mir immer wollüstige Vorstellungen.

Ich habe gebadet, dann habe ich gegessen. Herrliche Gerichte in silbernem Panzer. Ich bin mit dem Maître d'hôtel zufrieden. Heute abend gehe ich nicht aus. Draußen brennen schon die Laternen. Ich erkenne die Helle des italienischen Gases in der Klarheit der italienischen Nacht wieder. Nichts ändert sich, und das Alter der Welt wird immer bedrückender.

Florenz, 13. April

Ich bin in den tiefen und frischen Straßen spazierengegangen. Des Morgens füllen kleine Wagen, die mit duftenden Sachen beladen sind, die düsteren Gassen mit Lärm. Aus dem dritten Stockwerk läßt man an einer Schnur einen Korb hinab, so tief wie ein Mann hochreichen kann. Der Gemüsehändler legt Salat und Früchte hinein, und wenn der Briefträger vorbeigeht, legt er wohl einen Brief hinzu. Auf der Fensterbank sieht man den besonnten, nackten Arm, der die Schnur hält. Der Korb wird in die Höhe gezogen und hüpft dabei vor Freude. Arbeiter, die vorbeikommen, lachen über mich, und etwas weiter läuft ein kleines Mädchen dicht vor mir her über die Straße und ruft mit heller Stimme: Signorino! Ich öffne meine Hände der lauen Luft, lächele den Sonnenstrahlen zu, die die grauen und grünen Streifen der Perspektiven der Straßen ohne Trottoirs durchbrechen. In weiter Ferne die flachen Dächer, die aussehen wie Sonnenhüte. Sie springen ein wenig vor und werfen einen kurzen Schatten auf die Vorderseite der Häuser. Dächer mit schönen Beschlägen; alles ist wahr und schön, . . . wie ein homerischer Ausdruck. Am Nachmittag fegt der Tramontane ein wenig durch die Straßen.

Meine erste Reise als freier Mann; ich habe mich von meinen sozialen Pflichten befreit; bin der Gesellschaftsklasse entflohen, in der das Geschick mich festhalten wollte. Jetzt bin ich nicht mehr der Sklave meines Rennstalles und meiner Jagd. Am Ende all meiner Wege begegnet mir nicht mehr der Dämon Grundbesitz.

Ausflug nach Cascine, am Arno entlang zurück. Herrliche

steinerne Kais, blaßrosa und blaßgelbe Brüstung aus Back- und Sandstein; herrlich die gerade und harte Chaussee; man muß dieses Italien lieben! Was macht die Schönheit und den Reiz dieser Landschaft aus, die ich aus diesen Fenstern sehe? Die vergoldeten Felder des Arnos zwischen den Brücken, und jenseits des Arnos die blinde Masse und die gelangweilte Kuppel von San Frediano mitten zwischen alten und kahlen Häusern? Das Stückchen Land mit ein paar gelben Villen, zwischen Zypressen und kleinen zerfetzten Zedern? Hier spüre ich nichts von der alten Republik. Überall nur der vage Ärger, nicht mehr der Salon Europas zu sein, der Ärger über die Flucht des letzten Großherzogs von Toskana. Florenz ist Provinzstadt geworden, es lebt von den Erinnerungen an die leopoldinische Zeit, an das Gedränge jener fünf Jahre, als es Hauptstadt war. Früher der Karneval, die Maskeraden in der Pergola und den Uffizien, die Wagenrennen vor der Santa Maria Novella. War der Frühling damals heiterer als heute, anders als dieses sommerliche Dänemark?

Die Abendzeitungen bringen Stephans Bild, dazu Auszüge aus seiner Rede, die er beim Jubiläum des Königs von Sachsen gehalten hat. Diese berühmte Rede haben wir zusammen aufgesetzt. Ich habe dann eine Parodie auf die Rede verfaßt, und wir haben uns halbtot gelacht. – Mein armer Stephan, wann wirst auch du frei sein? . . .

Carlton Hotel, Florenz, 14. April

Ich wollte eigentlich nach Val d'Ema, das Casino Barnabooth besuchen. Aber der Wunsch, in den Konditoreien mitten in der Stadt herumzusitzen, war stärker. Ich bin nicht nach Val d'Ema gegangen. Jetzt, gegen Abend, tut es mir leid.

Ich sehe das Casino Barnabooth vor mir. Das arme Haus! Die Fensterläden sind geschlossen. Einsam steht es da in der Nacht auf den duftenden Hügeln. Es klammert sich zwischen

Wegen mit vielen unnützen Windungen an die Flanke des Hügels. Der Garten ist auf vier grauen Steinmauern terrassenförmig angelegt. Alles hatte man getan, um Schatten und Grün aus ihm fernzuhalten. Ach, meine Taxushecken, in die Löwen, Schildkröten und Perlhühner (oder auch Pfaue) geschnitten sind, ach, meine schwarzen Cantaros, die sich beugen unter dem Durst des Mittags. Und meine Fliederbüsche, die nie geblüht haben, und das Labyrinth, in dem man sich mit bestem Willen nicht verirren konnte.

Cartuyvels hat es an Terrainspekulanten verkauft, und augenblicklich steht es leer.

Cartuyvels, ja dieser treue C! Ich bin froh, durch den Verkauf meines immobilen Besitzes seiner Aufsicht endlich entronnen zu sein. Unter dem Vorwand, mein Vermögen zu verwalten, versuchte er, mein Mentor zu sein. Zwischen uns beiden herrscht ein Mißverständnis, das nur die Zeit beseitigen kann. Er glaubt, von uns beiden nähme nur er das Leben ernst. Er meint, in diesem Augenblick amüsierte ich mich nur, flitzte zu meinem Vergnügen in Europa herum und würde mir die Hörner schon ablaufen. Er sagt sich aber auch, daß das einmal aufhört und ich Vernunft annehme.

Der Eifer meiner Jugend, ihr heißes Sehnen und Suchen nach Gott ist für Cartuyvels nur „Betrieb“, den jeder junge Mann in meiner „Stellung“ kennenlernen muß. Sein erfahrenes Auge (aber nur Erfahrung, wie er sie versteht) überwacht mich, wartet, daß das entlaufene Fohlen wieder an die Raufe zurückkommt.

Ich aber denke: Armer Mann, bist du mit deinem bißchen Glück wirklich zufrieden? Du ißt, trinkst und schläfst, aber du hast noch nie daran gedacht, das Rätsel des Lebens zu lösen. Die ganze Welt hast du ärgerlich abgetan, wie man ein schweres Rebus abtut, die Routine, das tierische Leben hast du für dich gewählt . . .

Vielleicht bin ich doch zu ungerecht gegen ihn.

Der Verkauf meiner Güter, diese Flucht aus meinem sozialen Milieu hat ihn anfangs ganz niedergeschlagen gemacht. Schon glaubt er, daß ich mich ergeben, allerhand Gewohnheiten annehmen, daß meine Seele bald unter der ungeheuren Last meiner Reichtümer zusammenbrechen würde. Aber er hat sich getäuscht. Doch von dieser Enttäuschung hat er sich bald erholt. Was für mich von fast symbolischer Wichtigkeit ist, betrachtet er als einen Streich, der ein wenig toller ist als andere. Sein Blick sagt deutlich: Das kommt schon alles wieder in Ordnung!

Manchmal habe ich selbst Angst! Kommt es in Ordnung? Wird der Tag kommen, an dem ich der Sklave meines Geldes werde, an dem ich dem Absoluten den Rücken kehre? an dem mein Glück das eines Cartuyvel sein wird, das aller Welt? An dem ich allem abschwöre? Nein, nein, lieber sterben, Getreuer! Soll ich mich mit ihm auseinandersetzen? Ihm beweisen, daß er sich täuscht, ihn fühlen lassen, was und wie er ist, die Grundlagen seines Lebens in seiner Gegenwart erschüttern und ihm zum Schluß dann zurufen: „Ich verkenne dich nicht, Getreuer, und habe vor die Achtung – eine schreckliche Achtung."

Florenz, Donnerstag, 15. April

Der „Florence Herald" und die „Nazione" melden meine Ankunft hier und erinnern an das Fest, das im vergangenen Jahre zu Ehren der amerikanischen Kolonie in Florenz im Casino Barnabooth veranstaltet wurde. Die Reporter legen vor allem Wert auf die Feststellung, daß ich Amerikaner aus den Vereinigten Staaten bin. Das Datum des Festes hätte sie eigentlich nachdenklich machen müssen: 28. Mai, Tag der Unabhängigkeitserklärung . . .

In den Boboli-Gärten habe ich Maxime Claremoris getroffen. Er ist der einzige Arme, der es gewagt hat, von mir Geld zu borgen (die anderen sehen immer aus, als wollten sie sagen: Ich schulde dir nichts. Deshalb mag ich Maxime Claremoris gern). – Am Ellbogen hat seine Jacke ein Loch;

er redet mich an: „Sieh mal, Archie, mein Ellbogen schaut zum Fenster raus!"

Er will mich im Carlton besuchen. Der liebe Himmel mag wissen, in welchem Dreckloch dieser Verehrer der reinen Schönheit wohnt. Ich will versuchen, ihn zu bestimmen, eins meiner Zimmer zu beziehen.

Auf dem Wege zur Post habe ich vor der Loggia einige der preußischen Pfaffen wiedergesehen, in deren Gesellschaft ich neulich den letzten Teil meiner Reise von Berlin nach Florenz machte. Sie standen vor der Gruppe der Sabinerinnen und lachten, wie Bauern vor dem Fenster eines Juweliers. Sie führten allerhand Reden, und ich sah wohl, daß sie sie ... ha, ha ... ganz „reizend" fanden. Schade, daß das Medusenhaupt, das Perseus ihnen entgegenhielt, sie nicht in Stein verwandelte.

Mit ruhigem Gemüte sind sie dann nach den Uffizien gegangen, wo eine Gruppe von englischen Pfarrern zu ihnen stieß. Als ich mir vorstellte, daß meine Lieblingsbilder von diesen harten und dummen Augen betrachtet wurden, wurde mir ordentlich schlecht. Von diesen Augen, in denen nichts von einem Kampf zwischen Geist und Materie zu spüren ist. Ach, Angelico, die Bilder des Filippino Lippi, der heilige Sebastian des Sodoma, die Verkündigung des Leonardo, die kleine, süße Madonna Bugiardinis, die Zeichnungen Mantegnas – und das alles sollen diese Augen sehen? Ich habe ein Gefühl, als gäbe man plötzlich meine geheimsten Gedanken, mein geheimstes Sehnen dem Lachen der Welt preis.

Die meisten dieser jungen Priester sind Barbaren, die von einem respektablen Dämon besessen sind.

Für sie ist Kunst nur ein Zeichen primitiver Wildheit und das Genie eine beständige Bedrohung der Gesellschaft.

Man fragt sich, was sie in Italien wollen. Sie werden wieder abreisen, nachdem sie über alles gelästert haben. Manche glauben, ihre sogenannte Bildung bereichert zu haben, und sind mehr denn je vom Wert der mittelmäßigen Geister überzeugt, denn sie allein sind gezügelt, sie allein verdienen Achtung; sie sind die erdrückende Mehrheit, die Stimme des Volkes, der Normalmensch der Irrenärzte; sie kennen nur die Leidenschaften, die man haben darf, jede zu ihrer Zeit: Christentum im vierten Jahrhundert, vorgestern Patriotismus, gestern morgen Sozialismus, und die Liebe ohne Phrasen und Kunst und nur gemäßigte Liebe zum Gemäßigten.

16. April

Poole hat meine Sommeranzüge geschickt. Den Morgen habe ich damit verbracht, sie anzuprobieren. In allem, was dieser königliche Hofschneider macht, nichts Überflüssiges; der Schnitt ist einfach, ja ein wenig schwerfällig; hier und in Frankreich würde man ihn wenig großstädtisch finden. Wie weit ist dies alles von dem entfernt, was die Ladenmädchen für schick halten.

Am Nachmittag sind Wäsche, Stöcke, Schuhe, Krawatten, Hüte angekommen. Alles, was ich hier gekauft habe, habe ich an das Personal des Carlton verschenkt.

Was mögen die nur von mir denken? Besonders gern möchte ich die Meinung des Weinkellners kennen, der mich so vorzüglich bedient. Ob er ahnt, daß er einen Vagabunden, einen Vaterlandslosen schlimmster Sorte bedient?

Denn seit ich meinen Reichtum entmaterialisiert habe, ist mir seine unheilvolle Macht klargeworden. Oft denke ich an das Gute und Böse, das ich mit meinem Gelde tun könnte. Dann ergreift mich ein Schwindel, und das Gute – ein paar dumme Almosen, die man ohne innere Anteilnahme Leuten ohne Liebe macht – und das Gute erscheint mir dann so fade, so fern, so unmöglich, daß meine Gedanken sich kaum ernstlich damit beschäftigen. Aus meinem ungeheuren Reichtum aber scheinen alle Fehler, Laster, Grausamkeiten, schlechten Beispiele, alle Gemeinheiten ganz natürlich, wider meinen Willen, zu wachsen.

Ich habe lange eine Zwanzig-Pfund-Note betrachtet. Vor mir sah ich nur das Böse, das ich mit ihr anrichten konnte. Und diese Vision war so köstlich, so schmerzhaft-köstlich, daß leichtes Fieber mich ergriff. Das Gute aber, das ich mit ihr hätte tun können, sah ich nicht. Sobald es mich reizte, mischte sich etwas wie Grausamkeit oder Neugierde in meine Vorstellungen. Es ist klar: Von Natur aus bin ich schlecht.

Vielleicht prahle ich, vielleicht bin ich durchaus Null; eher schlecht als gut, aber doch zu schwach, irgendwie schaden zu können, und nur mein Reichtum macht mich schädlich.

Aber vielleicht täusche ich mich . . . Wenn mein teurer Cartuyvels mich in allem Respekt fühlen läßt, daß ich mich in der oder der Sache wie ein Grünschnabel benommen habe, dann nehme ich das in aller Demut hin; ich zweifle an meiner Intelligenz; ich werde mein Lebtag ein Grünschnabel bleiben. Wenn ich mir später alles ins Gedächtnis zurückrufe, dann erkenne ich erst, wie ungerecht die Vorwürfe Cartuyvels' waren.

„Ich habe mich überrumpeln lassen, aber aus freien Stücken. Das ist der ganze Unterschied. Wieder mal hast du vorbeigehauen, du Treuer! Deine Erklärung für mein Verhalten erklärt nichts.

Du müßtest dich im Gegenteil nach mir richten, dich täuschen lassen und dein Zartgefühl so weit treiben, daß es den Anschein hat, als wäre keinerlei Absicht dabei.

Alle edlen Seelen hätten getan, was ich getan habe. Der Naive bist du, wenn du glaubst, daß der Angeführte nicht trotz allem und immer die schöne Rolle spielt und so weiter."
Aber vielleicht ist mein erster Eindruck doch der allein richtige.

Bei uns Männern liegt die Gefahr ja gerade hier! Wir bilden uns ein, unsern Charakter zu analysieren, und in Wirklichkeit schaffen wir einen Romanhelden, der mit uns und unseren Neigungen nicht das geringste gemein hat. Sein Name ist das Pronomen singularis der ersten Person, und wir glauben ebenso fest an seine Existenz wie an unsere. Die sogenannten Romane Richardsons sind in Wirklichkeit verschleierte Bekenntnisse und die *Confessions* Rousseaus ein verschleierter Roman. Ich glaube nicht, daß die Frauen sich so sehr selbst täuschen.

Das Bild, das sich jeder von sich macht: wie man es auf den ersten Blick bei den reifen Männern sieht! Bei mir ist es noch nicht fertig, das ist alles, und das läßt mich an die Aufrichtigkeit meiner eigenen Analyse glauben. Aber mit den Jahren wird meine Persönlichkeit stärker werden; dann werde ich schreiben „Ich" und bilde mir ein, daß ich weiß, wer das ist. Das ist ein Verhängnis wie der Tod! . . .

Ich habe an Socorro und Conception geschrieben, damit sie wissen, wo ich bin. Am Tag vor meiner Abreise von Berlin hatte ich ihnen telegrafiert, daß ich nach Lussin-Piccolo führe. Im letzten Augenblick erst habe ich mich anders entschlossen und einen Salonwagen für den Südbrenner bestellt.

Um fünf Uhr hat mich Maxime Claremoris besucht. Er ist immer noch derselbe. Vieles beachtet er nicht, weil er nur an eins denkt: den Kult der Schönheit! Immer sehr heftig, schimpft auf die Restauration von Bildern und Denkmälern; auf Frömmelei und Kritiker.

Seine vielen Reisen und seine Kunstzeitschrift: *Le Pèlerin Passionné* verschlingen seine geringen Einkünfte. Das Zimmer im Carlton hat er abgelehnt.

„Archie, ich könnte nie in einem so geschmacklos eingerichteten Zimmer schlafen. Die früher weißen Möbel meiner Trattoria sind mir lieber."

„Ganz recht, den Stil des Parvenüs wirst du nie verstehen. Wo wohnst du?"

„Palazzo Cimiciago."

Ich habe mich gefreut, dem leidenschaftlichen Pilger wieder begegnet zu sein.

Florenz (Sonntag), 18. April

Ich habe den Gottesdienst in S. Marco verschlafen. Den ganzen Tag im Hotel verbracht. Wäre Max doch gekommen; niemand hat sich sehen lassen.

Ich habe die sonntäglich gekleideten Florentiner auf dem Trottoir gegenüber, am Arno spazierengehen sehen. Der Arno ist gelb und schmutzig, langweilig. Hin und wieder schwimmt eine leere Flasche in ihm. Als man die ersten Laternen anzündete, sind die sonntäglich schwarzen Spaziergänger müde aus Cascine zurückgekommen. Die Menge war mir unerträglich mit ihrer falschen Eleganz. Nie hat mich ein florentinischer Sonntag so an die Sonntage in den großen Städten des Nordens erinnert, wo es den ganzen Nachmittag verzweifelt nach kalten Exkrementen riecht. Man mußte genau zusehen, um zu erkennen, daß es Italiener waren. Sie alle strömten, was wohl die wahre Weisheit des Lebens ist, resignierte Mittelmäßigkeit aus.

Während ich sie betrachtete, glaubte ich, die ganze Traurigkeit und dann wieder die ganze Freude der Welt in mir zu haben. Gewissensbisse quälten mich, ich hätte alles zerschlagen, mich über alles erbarmen, alles liebevoll ans Herz drükken mögen. Ich fühlte mich sehr jung und doch auch sehr alt!

19. April

Heute morgen bin ich an der Porta Romana in die Tram nach Galluzzo gestiegen. Von Galluzzo zu Fuß nach der Kartause von Ema.

Der Blick auf das Tal der Greve ist in seinem Frieden und seinem stummen Jubel nur mit der Aussicht zu vergleichen, die man von den Hügeln hat, die die Stadt Monmouth umgeben. Aber diese toskanischen Hügel sind milder und duftender als die der Wye. Die lichtvolle Stille ist voll des funkelnden Wirrwarrs der Oliven, die Sonne verbreitet helleres Licht, und die großen Schatten sind wie durchsichtiges Wasser.

Der Mönch, der mich durch die Gänge der Kartause führte, hat mir seinen Segen gegeben. In Galuzzo hatte ich erwartet, mich würde der Wunsch erfassen, die zwei Meilen bis zum Casino Barnabooth zurückzulegen. Aber nein! Ich habe nicht einmal gefühlt, daß ein Teil meines Lebens für immer zwischen den Oliven dieses Tales eingeschlossen war. Um Mittag ging ich über den Ponte alla Carraia.

Zu Hause erwarteten mich viele Briefe. Die verdanke ich der Indiskretion der florentinischen Zeitungen. Bitten um Geld von Leuten, die ich nicht kenne, „Sie sind doch so gut zu die Armen“. Das lese ich immer wieder.

Eines Tages werde ich antworten. Ich werde schreiben, daß ich nicht gut bin; daß ich eine gemeine Seele habe (das weiß ich allerdings nicht mit Bestimmtheit); und daß man mit einer gemeinen Seele nie gut sein kann.

Und dann: gut zu den Armen! Ich werde ihnen die Wahrheit ins Gesicht schreien: Ich hasse die Armen! die gemeinen Armen! die infamen Armen! Diese Habenichtse, diese stinkende Kanaille! Ich hasse sie mit dem ganzen Haß, dessen eine Pariaseele den höheren Kasten gegenüber fähig ist. Diese Armen! Wie haben die mich getreten, mir ins Gesicht gespien! Wie hat mir ihr Lachen das Herz zerrissen, und wie schnell haben sie mich auf meine Millionen verwiesen; nie haben sie mir Zeit gelassen zu sprechen, mich ein wenig zu entschuldigen, ihnen klarzumachen, daß ich im Grund ein Mensch bin wie sie. Alles sprechen sie mir ab: die Fähigkeit zu lieben, die Dinge zu verstehen, selbständig zu denken, aufrichtige Freunde zu haben. Wie sie mir zuzurufen scheinen: Bah! Er wird sich mit seinen Banknoten trösten! – Und hätte ich das Genie eines Dante und das Wissen des Pico de la Mirandola, ich wäre für sie doch immer nur der amerikanische Milliardär, der junge, alberne, groteske, geistlose, talentlose Nichtstuer, der die Bücher und Erfindungen anderer kauft und unter seinem Namen veröffentlicht – natürlich die Bücher und Erfindungen der armen Armen. Und gäbe ich neun Zehntel meiner Einkünfte hin für Hospitäler und wohltätige Stiftungen, sie würden wieder behaupten, ich wollte mich nur populär, von mir und meinem Geld reden machen. Sie würden vielleicht sogar sagen, daß ich „geheime Ambitionen" hätte.

Wenn ich doch nur einmal alles niederschreiben, hinausschreien könnte! Könnte ich ihnen doch nur einmal sagen, wie ich vor Freude gejauchzt habe, als ich in der Zeitung las, daß eine ganze Familie Hungers gestorben ist! Dann wäre ich gerächt! Ich, der elende Mensch, der hundertfach gedemütigt wird durch diesen „Hunger", den die Armen mir immer wieder unter die Nase reiben. Wie ich mir vor Vergnügen die Hände rieb, als mein Auto einen erbärmlichen Passanten bespritzte, den Hund eines blinden Bettlers unter seinen Rädern zermalmte! Das täte gut! Das würde sitzen! Ah, meine Meister! Ihr makellosen, edlen Menschen, ihr, die ihr alles Schöne und Gute tätet, wenn ihr nur meine Zeit und Mittel hättet, und mir, dem stupiden Milliardär, deshalb alle überlegen seid an Geist und Herz. Ein wenig Dreck auf euch, ihr Herren, auf eure abgetragenen Kleider, auf die ihr so stolz seid, die ihr so arrogant mit den meinen aus Pooles Werkstatt vergleicht! Etwas von meinem Dreck auf euch! – Und nun sagt, ich hätte keine gemeine Seele!

Aber sofort erhebt sich die Frage: Habe ich das Recht, dies alles zu sagen? ... „Wir Männer aus den Kolonien." Amerikaner bedeutet nach europäischen Begriffen ja nichts anderes! Ich bin ein Mann aus den Kolonien. Europa will mich nicht, ich werde es als Wanderer ruhelos durchziehen. Das wurmt mich. Denn in Europa gibt es noch Länder, wo der Reichtum, der eine respektable Macht ist, auch respektiert wird, und wo Ladenschwengel, die sich mit Literatur und Ruskinismus befassen, die Reichen nicht verlachen. Es gibt immer noch unser Mutterhaus mit seiner bescheidenen weißen Fassade, die durch schwarze Balken in kleine Felder eingeteilt ist – England. Und dazu das heilige Spanien mit seinen großen vergoldeten

Kirchen. Und wir Männer aus den Kolonien kommen zu ihnen, als wäre die Entdeckung Amerikas erst gestern gewesen, ganz frisch sind uns noch im Gedächtnis die Indianerkriege, die Ankunft der Pilgerväter, das Landen von Villegagnon in der Bucht von Rio und die „Old Thirteen". Als wäre es gestern gewesen!

Ah! Sich an den Tisch der großen Zivilisation setzen; den Papst sehen und die Könige, die Bischöfe, einer Zeremonie beiwohnen, bei der neue Ritter geschlagen werden, oder dem Hochamt, dem Einzug des Lord Mayor in London! Die Säulen des Parthenons berühren, die römischen Ruinen von Pola und Nîmes, die Pfeiler der gotischen Kathedralen, die Bleiverglasung der bunten Fenster in den Schlössern der Tudors!

Hat der Mann aus der Kolonie alle Museen, alle Schlachtfelder besucht, dann möchte er, der reicher ist als alle Könige Europas, in der sozialen Ordnung des Mutterlandes seinen Platz haben. Er verlangt am Hofe des Kaisers den Platz, der ihm als reichem Mann gebührt. Aber siehe da: die alte Ordnung besteht nicht mehr! Das alte Haus amerikanisiert sich; der *gachupin* triumphiert in den Salons von Madrid; die neuen Ritter tragen keine Degen mehr; die Christenheit hat auf den Kreuzzug verzichtet, und niemand glaubt mehr an die Revolution. Armer Mann aus der Kolonie, du bist noch bei Washington und dem Libertador ...

Und da sollte einen der Zorn nicht packen! Denn wir sind das alte Volk!! Früher oder später merkt das jeder von uns, wenn er Europa und seine Hauptstädte kennengelernt hat. Wir denken an die ernsten Gesichter unserer Kinder, an den graden und sicheren Blick unserer jungen Mädchen; wir sehen, daß unsere Gesichter ganz seltsam denen der Porträts aus dem achtzehnten Jahrhundert gleichen. Diese Köpfe von vor 89, die in Lima und bei den Porteños, auch in Massachusetts so zahlreich anzutreffen sind. Wir sind das alte Volk, und für uns ist in Europa kein Platz, keine Zukunft in diesen jungen Demokratien, die noch im Entstehen sind und noch lange nicht den richtigen Weg gefunden haben.

Ich schreibe dieses nach meiner Rückkehr aus einem Café-Concert (dem Savonarola), wohin ich mit Maxime Claremoris gegangen bin. Ich wollte ihn ein wenig ärgern, denn er verabscheut diese Art Schauspiel, das für ihn gemein ist; im Grunde ist seine Liebe zur reinen Schönheit verkappter Puritanismus. Aber im Parterre hat er ein schönes Wesen gefunden, es während der ganzen Vorstellung betrachtet. Er hat mich zum Hotel zurückbegleitet. Es ist spät.

20. April

Bevor ich heute morgen ausging, habe ich noch mal gelesen, was ich gestern geschrieben habe. Armseliges Schülergeschwätz, man merkt sogar deutlich die Stelle, wo ich meinen Überlegungen den nötigen Dreh gebe. Aber aufrichtig bin ich doch gewesen. Mein wilder Zorn versuchte mit seinem Grollen den Aufschrei meiner verletzten Eigenliebe zu übertönen. Denn die Armen haben das Recht zu glauben, daß sie mehr Geist haben als wir Reichen. Die Not macht sie erfinderisch, der Neid schärft ihre Sinne; wenn sie aber mal eine Erbschaft machen, lassen sie ihren Geist brachliegen. Seit langem ist mir das Reich der unpersönlichen Überlegungen, des reinen Gedankens vertraut; von allem habe ich mich losgesagt. Meines Besitzes habe ich mich wie eines zu schweren Kleidungsstückes entledigt und versuche nun, das Absolute zu erkennen. Und jetzt, da ich mich freigemacht habe von meinem Grundbesitz, meinen Häusern, jetzt kann ich gegen die Armen in der Welt der abstrakten Ideen kämpfen. Ich habe jetzt ebensoviel Muße wie sie. Aber wenn ich mich täuschte? Wenn ich erst am Anfang des intellektuellen Lebens stände, wo man anfängt, das Für und Wider abzuwägen, ohne sein „Ich“ in die Waagschale zu werfen?

Es ist immer dasselbe. Ich wüte gegen mich selbst, weil ich

noch so jung bin; der Gedanke an meinen Reichtum quält mich, und ich bin eifersüchtig auf meine Milliarden, die mich und meine Würde in den Augen anderer herabzusetzen scheinen; und dann bin ich ja auch nur ein Mann aus der Kolonie, und das nimmt mir allen Mut! – – – Und doch ... Cartuyvels würde sagen: „Mit seinem Schicksal ist man nie zufrieden."

Den ganzen Tag habe ich Max Claremoris bei mir behalten. Seine Unterhaltung erfreut mich, lenkt mich von mir ab, so daß ich ein wenig werde wie er. Meine Persönlichkeit stärkt sich an der seinen. Zu Beginn unserer Beziehungen, die übrigens nicht sehr ernsthaft waren, habe ich ihn oft gemieden, da ich glaubte, daß er mein Ich beleidigte, auf mich abfärbte. Wenn ich zu ihm sprach, ahmte ich den Klang seiner Stimme nach, ich trug sogar dieselben dicken irländischen Schuhe wie er. Und darunter litt ich, denn ich war sehr stolz auf das, was ich für meine „Charakteristika" hielt! Ich habe Fortschritte gemacht. Ich fühle, daß diese Fähigkeit, einen anderen nachzuahmen, eine meiner guten Eigenschaften ist. Um einen Charakter zu verstehen, muß man ihn neu schaffen, neu formen, sich dann diesen Charakter zu eigen machen, selbst dieser Charakter werden. Bringen es die jungen Leute, die frühzeitig eine ausgeprägte Persönlichkeit haben, weit? Vielleicht suche ich in diesem Augenblick aber auch nach Entschuldigungen für meine ewige Nichtigkeit.

Während ich mich gestern abend im Savonarola am Klange der Zimbeln und Trommeln berauschte, skizzierte Max in sein Taschenbuch das Profil eines jungen Menschen, den er im Parterre erblickt hatte. So gab er mir zu verstehen, daß er an einem „niedrigen Vergnügen" nicht teilnehmen wollte. Ich schämte mich, daß ich Gefallen daran fand, und versuchte mich über meine Erregung lustig zu machen, die die patriotischen Lieder in mir weckten (ich hätte Gut und Blut für Italien hingegeben), versuchte, die großen und edlen Stimmen zum Schweigen zu bringen, die tief in meinem Innern auf den harten Rhythmus der schmissigen Lieder der neapolitanischen Sängerin antworteten.

Heute morgen noch, als wir in den Myrtenhainen von Cascine spazierengingen, hat der Pilger wieder auf die „gemeinen Vergnügungen" angespielt. Ich habe den Kopf gesenkt, denn ich fühlte mich schuldig, wenn auch nur schuldig vom Standpunkt Maxens aus; tausend Argumente erhoben ihre Stimme in meinem Innern und rechtfertigten mich. Aber wozu? Ich fühlte, daß ich für Geister wie den Pilger immer nur ein „gemeiner Geist" sein würde.

Wir haben im Cencio zusammen gefrühstückt. Max sprach die ganze Zeit: „Du glaubst gar nicht, Archie, wie Leute meines Schlages durch die Reklame leiden. Gewisse Plakate sind für meine Augen die reinste Höllenqual. Als wenn man dir alle zehn Sekunden eine dieser Formeln wiederholte: Bovril, they want more! – Try it in your bath! – Little liver pills! – Lung-tonic! – Bi-Di-Vi! und so weiter. – Hier streckt dir ein Löwe die Zunge raus, auf der man liest Volete la Salute? Das macht mich eines Tages noch verrückt. Und welch ungeheuren Platz nimmt dieser Blödsinn in unserm Leben ein! Denken wir doch nur mal an eine Begegnung, von der unser ganzes Leben abhinge; wir werden nie vergessen, daß sie in der Nähe einer Mauer stattfand, auf der ein großes gelbes Plakat prangte, das Insektenpulver anpries."

Zuerst habe ich gelacht. Dann wollte ich ihm antworten: Warum nicht? Stellte dieses Plakat, das Insektenpulver anpries, nicht die Gleichgültigkeit der Natur dar? Sagte es uns nicht deutlich, daß es andere Beschäftigungen gibt als die unseren, andere Interessen, andere Schmerzen, andere Leidenschaften? Daß alles relativ ist? Daß wenig daran gelegen ist, ob wir verderben oder nicht, wenn das Insektenpulver von Motte & Co. nur gut verkauft wird. – Aber die Worte, die mir jetzt so leicht kommen, kamen nicht. Übrigens sprach der Pilger schon von etwas anderem. Er erzählte mir, wie es ihm gelungen sei, „die Häßlichkeit ein wenig zu unterdrükken“. Er kauft allen „Heiligen-Kram“ auf, soweit seine Mittel es ihm gestatten, die heiligen Johannes und heiligen Josephs aus gebranntem Ton, die aussehen, als wären sie im Laden eines Landbarbiers entstanden. Er schlägt sie in Stücke, die er dann in die Latrinen wirft. Gerade hierüber möchte ich mal mit ihm sprechen.

Den größten Teil des Nachmittags im Gambrinus und auf der Piazza Vittorio Emmanuele zugebracht. M. hat weiter auf die modernen Architekten, das Risorgimento und die „National-Idole“ geschimpft. Sein Haß gegen Garibaldi ist grenzenlos.

„Ich habe mehr als 200 Denkmäler, Bilder und Gravüren des Ritters der Menschheit geschändet. Versteh mich recht, der ‚Ackerbauer‘ ekelt mich nicht an, nein, er hat mir nichts getan; widerlich ist mir nur dieser unwürdige Heroenkult, der sich in einer maßlos gemeinen Ikonographie äußert. Diese Vergötterung macht mich rasend. Welch schmutzige Literatur, welch Jahrmarktsrummel! Und der Ré galantuomo! Auch der ist mir teuer wegen des Denkmals, das man ihm auf dem Kapitol errichtet hat – diese Apotheose eines Feuerwehrmannes, jawohl eines Feuerwehrmannes, den man überall in Rom sehen wird, dessentwegen man sogar Paläste niederreißt, um ihn besser sehen zu können! Trauriges Symbol einer traurigen Zeit! Wann errichtet man Brandstiftern Denkmäler? Nein, die ganze Geschichte des neunzehnten Jahrhunderts müßte man nochmal machen, aber in umgekehrtem Sinne.“

Während des Essens bei Lapi, zu dem Max mich eingeladen hatte, sprach er über den italienischen Antiklerikalismus.

„Er ist der Urheber des ganzen Wahnsinns. Ein Gesetz müßte bei Todesstrafe diese Schafsköpfe zwingen, vor allen Mönchen und Priestern, die ihnen begegnen, in die Knie zu sinken.“

Er hat sein Glas auf die weltliche Macht der Päpste geleert.

Ich bin bald nach Hause gegangen, sein vieles Reden hatte mich müde gemacht.

Mittwoch

Ich lag noch im Bett, als Max erschien und mir sagte, er reise nach Rom.

„Will doch mal sehen, ob man dem Kapitol das Denkmal des Feuerwehrmannes nicht ersparen kann. Ich bin Mitglied der Gesellschaft Pro Roma, vielleicht greift die Vorsehung ein. Da dieses Denkmal eine Beleidigung des Papstes ist, kann man hoffen, daß es eines Tages im Staub zerfällt, getroffen vom Blitze des Herrn!

Räche, o Herr, deine erwürgten Heiligen, deren Gebeine... Großartig, dieses Sonett Miltons, dieser Adlerflug. Fühlst du das, reicher Mann? Ach, die Dummheit des Jahrhunderts ist unerträglich. Nieder mit dem freimaurerischen Papst! Es leben Gregor XVI. und die Jesuiten. Ich will keine italienische Einheit. – Kannst du mir 200 Lire für meine Reise in den Kirchenstaat leihen? Und einen Anzug, den du nicht mehr trägst, und zwei bis drei Krawatten, die nicht im Geschmack von Piccadilly sind, den du so liebst?"

Ich zeige auf meinen dalmatinischen Koffer und die Schränke, die er selbst nach dem Gewünschten durchsuchen mag.

„Geniere dich nicht, Pilger, nimm so viel Hundert-Lire-Scheine wie du willst. Du bist der einzige Arme, der klug genug ist, sich von mir Geld zu borgen."

„Arm! Du weißt, daß ich auf meine Armut ebenso stolz bin wie du auf deinen Reichtum."

„Warum hat der arme Mann mich eben reicher Mann genannt?"

„Beleidigt? Tausendmal Verzeihung, hoher Herr."

Bei Doney mit Max und dem kleinen Grafen Bettino, den ich gestern im Gambrinus traf, gefrühstückt. Max sprach englisch, und der kleine Graf wandte sich bei jedem Satz an mich:

„Come dice?“

Schade. Bettino hatte keinmal Gelegenheit, jene feinen und graziösen Dinge zu sagen, wie nur Italiener es können.

Im Albion mit Max allein Tee getrunken. Abendessen im Carlton, und da der Zug, den M. nehmen will, erst um zwölf Uhr dreißig abfährt, habe ich ihm einen Platz in meiner Loge im Savonarola angeboten.

„Was ist für dich eigentlich das Schöne in der Schönheit, Pilger? Du siehst, ich, der ich doch mindestens so viel bin wie du, begnüge mich mit der Häßlichkeit, der Dummheit, dem Schmutz. In gewisser Weise gefallen mir Garibaldi und der Kult, den man mit ihm treibt, sehr gut. Sieh nur mal die drei schönen weißen Mädchen; ja, ja, die englischen Tänzerinnen, die Zoten ins Lokal brüllen. Reizt dich nicht ihr gesundes Fleisch, das aus dem roten Schaum der Spitzen quillt. Reizen dich nicht der scharfe Duft der Cavours und Virginias, die lustig dröhnende Pauke, der Schrei der gepeitschten Zimbeln? Ich meine: dies alles, reizt dich das nicht?“

Er hat eine Art, mir sein „aber doch“ an den Kopf zu werfen, daß ich zwischen ihm und mir gleich wieder meine Milliarden fühle, daß ich den Altersunterschied empfinde und merke, daß mein Geist doch nur der eines unreifen, zu reichen Jungen ist.

Ich habe ihn an den Zug gebracht. Ich will mich schlafen legen.

22. April

Ich bin froh, daß Max fort ist. Ich kann mich noch nicht genug isolieren; ich sollte einfach nicht dulden, daß der erste beste so in meine Sphäre einbricht. Meine Zimmer mögen sie haben, meine Zeit will ich ihnen gern opfern, aber warum lassen sich meine Gefühle, meine Meinungen durch die Gefühle und Meinungen anderer so leicht zurückdrängen? Heute fühle ich das alles in mir angehäuft; meine Neigungen, die in den letzten Tagen arg mitgenommen wurden, erholen sich, entfalten sich von neuem.

Übrigens hat diese Reaktion schon gestern abend begonnen. Ich hatte mir den Geist des Pilgers derart zu eigen gemacht, daß ich ihn hätte überwinden können. Aber heute erst – da ich in meinem Zimmer auf und ab gehe, die Fluten des gelben Arnos sich träge zwischen den Kaimauern wälzen sehe – fällt mir ein, was ich Maxime Claremoris alles hätte sagen können. Aber wie könnte dieser Mensch, der im Leben nur Linien sieht, die Leidenschaften verstehen, die mich bewegen und leiten? Allem, was er sagt, fehlt der lebendige Inhalt, er sieht nur historische Ereignisse und Dinge, die von niemand abhängen, die Gott allein nach seinem Willen lenkt. In den Bibliotheken der kleinen Städte, in denen ich gewohnt habe, habe ich obskure Schmöker gefunden, in denen von Landpfarrern die ganze Geschichte der Menschheit geistreich erklärt und der Finger Gottes auf Schritt und Tritt verfolgt wurde. Endlose Meditationen von schmierigen Junggesellen, die keine Badewanne kennen. Die Ansichten Claremoris' erinnern mich an sie. Wie weit ist er doch von mir und meiner Auffassung entfernt! Er kennt weder die Liebe noch das Mitleid oder jene Art Wut, die mich unwiderstehlich dazu treibt, gewissen Personen Gutes oder Schlechtes zu tun – genau weiß ich das nicht. Den jungen Mann, den er neulich im Savonarola zeichnete, hätte ich gern kennengelernt – ich male mir eine heroische Freundschaft aus, sehe Abenteuer, die wir beide erlebt hätten. Eine solche Begegnung hätte meinem ganzen Leben vielleicht einen anderen Verlauf gegeben.

Ja, Max ist zehn Jahre älter als ich. Das erklärt anscheinend manches. Er ist klüger, weiser als ich. Aber worin besteht diese Weisheit? Sie verbraucht unsere Gefühle und läßt unsere Begeisterung erkalten. Oder ist sie ein größeres Quantum Weltdummheit, von der wir jedes Jahr etwas mehr absorbieren? Ist diese Gleichgültigkeit nicht auch wieder Dummheit?

Vielleicht leide ich darunter, daß Max mich verkennt. Verkennt? Eigentlich nicht genug schätzt. Auch ihm spukt im Kopf der Typ des reichen Mannes, der Kunstwerke nicht lieben, nicht verstehen kann, und ohne weiter nachzudenken, sieht er in mir diesen Typ. Zweifellos glaubt er, mir eine große Ehre zu erweisen, wenn er sich von mir Geld leiht, und daß Milliardäre wie ich nur dazu da sind, Ästheten wie ihn zu ernähren.

Ästhet! Ja, das ist es! Im Grunde ist er doch ziemlich 1880, dieser gute Pilger, der gute Freund Oscar Wildes, Mann der Kathedralen und dekadent; er ist ein Montmartrois vom Leicester Square. Alles in allem sehr beschränkt, unfähig, zu erkennen, daß ich der Künstler und er der Amateur ist . . .

Mein Ärger läßt mich dies alles sagen, und ich bin ungerecht gegen einen Mann, der zweifellos Verdienste hat. Immer wieder die Eigenliebe! Wo finde ich die glühenden Kohlen, die ich auf sein Haupt sammle?

Ich habe meine schlechte Laune gewaltsam niedergekämpft. Draußen wartet seit einer Stunde der prächtigste Frühlingsabend auf mich. Ich bin am Arno entlanggegangen von der Piazza Manini bis zum Ponte Vecchio . . . Der Abend und die Lebensfreude haben mich begleitet. Ich war wunschlos. Wie ein friedliches Tier, dem ein wenig Licht und Luft genügt, um glücklich zu sein. Die Cherubim, die Gott an den Ecken der flachen Dächer aufstellt, zeigten den Sterblichen Zipfel ihre himmlischen Gewänder. Ich fühlte mich sehr klein, sehr arm und rein. Es gibt doch noch viel Liebenswertes. Ich habe wieder Mut.

Florenz, Freitag, 23. April 19 . .

Wieder befällt mich rasende Kauflust. Unter meinen Einkäufen: Präzisionsinstrumente (Barometer, Kompasse, Zirkel und Schrittmesser), Damenwäsche, die ich unter die Kammermädchen des Carlton verteilt habe. Hemden und Hosen mit feinen Durchsätzen aus venezianischer Spitze. Es machte mir viel Freude, dies alles zu betasten und denen zu geben, denen es zukommt. Nur eine hat zu mir gesagt: „Herr, das ist zu fein für mich!“ – Wütend habe ich ihr die Sachen aus der Hand gerissen; am liebsten hätte ich sie ausgeschimpft. Welcher Dünkel! Hulda, so heißt das Mädchen, glaubt an ihre soziale Stellung und ist stolz darauf; ein Spitzenbesatz am Hemd ist zu fein für sie, ein etwas grobes Leinen nicht fein genug! Alles wegen ihrer sozialen Stellung! Ich kam mir sehr bescheiden vor, weil ich auf der Welt nichts finde, was für mich zu schön wäre, folglich auch nichts, was zu armselig wäre. Immer diese Sucht, mich zu rechtfertigen! Habe auch eine ganze Kollektion jener flachen Koffer aus Schweinsleder gekauft. Ich liebe den Ledergeruch! Ich habe viel zuviel Reiseartikel. Nach Mitternacht werfe ich alle in den Arno. Das wird ein Hauptspaß! Auf Reisen ist nichts lästiger als Gepäck.

24. April

Zufällig bei Giacosa, um die Teestunde, Bettino getroffen, der in Gesellschaft zweier Herren, die ich nicht kannte, feinsinnig über die italienischen Übersetzer Shakespeares sprach. Wir sind nur einen Augenblick allein gewesen, und auf seine Frage: „Was willst du eigentlich in Florenz?“ habe ich geantwortet: „Die Galerien besuchen.“

Ich habe gelogen; ich bin mit der festen Absicht nach hier gekommen, die Galerien nicht zu besuchen. Ich habe sie schon zu oft besucht, zu oft in mich aufgenommen. Bei meiner ersten Reise durch Europa mit Don Jean Martin und Stephan habe ich nichts von ihnen gesehen. Die Gesichter der Leute, die Straßen, kurzum das Leben lockten mich zu sehr, als daß ich für anderes Interesse gehabt hätte. Bei meiner zweiten Reise habe ich mich erst akklimatisieren, mein ganzes Wissen, das ich so mühsam erworben, von mir werfen, mich hindurchwühlen müssen durch diesen literarischen Mist, den die Kritiker seit hundertfünfzig Jahren um die Kunstwerke gehäuft haben, um mich ihnen zu nähern. Endlich die ersehnte, unmittelbare Berührung. Meine Arbeit und meine Geduld haben reichlichen Lohn gefunden. Aber weshalb verliert diese reine, harmlose Freude ihren Reiz wie alles andere? Vielleicht weniger schnell, aber sie verliert ihn. Und ein Gefühl des Unbehagens bleibt zurück, man ist versucht, die Elemente zu analysieren, die diese Freude ausmachten, das heißt versucht, zu dem literarischen Misthaufen beizutragen. Als ich neulich die Santa Maria Novella betrat, habe ich deutlich diese Versuchung gespürt: mit Ruskin über die Fresken des Ghirlandajo streiten. Ich fühlte deutlich, daß ich nach einiger Übung ganz darin aufgehen, das vergessen könnte, was mein Leben ausmacht; ich sah mich der Welt ein ungeheures Werk hinterlassen, das für mich absolut keinen Wert hat; ganz orakelhaft, ganz moralisch, aber fern aller Ehre, die es mir einbringen würde. Ein Buch, das mir sicher den Respekt Cartuyvels' und all derer verschafft hätte, die die Bücher, die sie interessieren, verabscheuen, aber die, die sie langweilen, gern haben. Wäre es mir um Cartuyvels' Achtung zu tun, brauchte ich nur ein Buch „Über den Regen im Laufe der Jahrhunderte" zu schreiben.

Ich habe gesagt: Um die Galerien zu besuchen. – Trotz allen Dichtern und allen Ästheten – Florenz wäre nichts ohne seine Galerien! Außer der Piazza della Signoria ist hier nichts, was jederzeit schön wäre. Vielleicht noch das bißchen wirkliches Land, das man jenseits des Arnos, oberhalb der traurigen und unfreundlichen Stadtviertel, erblickt. Das heißt, man muß entweder ganz aus Florenz heraus oder in die Museen hinein, um einen Eindruck von dem zu bekommen, was die Süße und Schönheit der Toscana ausmacht. Hier herrscht der böse Wind von Siena, der Regen, ein rauhes Klima: kalt oder glühendheiß, der Himmel oft grau, immer bedeckt und schmutzig, schwefelgelb und rotbraun! Fürchterliche Abende, an denen der Tramontane einen an allen Straßenecken ohrfeigt, an denen der Dom die Farbe von schlechten Zähnen hat, alles weint, sich tief im Nebel des Arnos versteckt. Dann wieder Tage, an denen man die Provinzstadt fühlt und mit ihr die Langeweile.

In Italien gibt es nur eine Stadt, in der ein Städter leben kann: Mailand. Nein, zwei: ich habe von dem Marquis de Putouarey, einem Schlemmer erster Güte, eine Karte aus Neapel bekommen. Mailand und Neapel. Der Rest ist Archäologie!

Bettino hat recht. Was will ich eigentlich hier? Ich weiß es wohl. Ein wenig intimer leben, ohne die Hast der großen Städte, aber doch nicht ganz einsam; ein wenig intimer leben, mich beobachten, schreiben; doch fühle ich, daß all dies keinen Zweck hat und ich allein bin.

Und doch, meine Neugierde ist noch dieselbe wie zur Zeit meiner ersten Reise. Ich war damals fünfzehn Jahre alt, voll dunkler Gefühle, ohne mich irgendwie selbst zu kennen. Mein Erzieher, der mir sehr lästig war, begleitete mich. Ich war ein schüchternes Bürschchen, dessen zügellose Augen alles sehen wollten, impulsiv und frech. Ein kleiner Exote, ein junger Barbar, der vor Ungeduld wie von Sinnen war und aus den Museen floh. Aber wie recht hatte ich trotz allen Kunstkritikern der Welt. Sie hätten mich nie zu diesem innigen Verhältnis zu den Kunstwerken gebracht, hätte ich nicht zuvor meinen Lebenshunger gestillt. Aber auch hier habe ich doch noch Beziehungen zum Leben. Das Glücksgefühl, endlich frei zu sein, legt sich, das Kaufen der unnützen Sachen macht mir seit einigen Tagen keinen Spaß mehr, ich setze mich auf die Steinbänke, die vor den Uffizien im Schatten der Arkaden stehen. An mir vorbei ziehen Lumpen, Männer und Frauen, krank durch den Müßiggang, entstellt durch die regelmäßige und naive Befriedigung ihrer armseligen Laster. Da eine Nase, die rot wird, ein Bein, das nachgeschleppt wird, ein Auge, das sich kaum noch öffnet. Oft, gegenüber, unter den Uffizi Corti, ruhen sich deutsche Strolche aus, ihre Gesichter sind verbrannt, rotbraun, umgeben von hellem Moos aus roten Stoppeln. Gegen ein Uhr kommen schöne Kinder, spielen auf dem mittleren Pflaster Ball. Studenten gehen vorüber. Ich höre:

Ma è lo stesso anche in Francese: ci sono dei verbi irregolari ...

Kindergeschrei:

Prepotente! lo dico: prepotente! Perchè io sono piccolo ...

Manchmal lehne ich mich an das Geländer des Arnos, blicke hinauf zu dem Stück Himmel, das durch die langen parallelen Dächer der Uffizien gleichsam kanalisiert wird, an dessen Ende der Palazzo Vecchio seinen steinernen Turm in den blauen Himmel stößt und der Marzocco sich erhebt.

Und dann die schönen Straßen mit dem Licht der Läden auf den Trottoirs und dem Duft der Trattorias. Man muß einer Straßenbahn in der engen Gasse ausweichen; ein Krankenwagen rast vorbei; in den dunklen Ecken verkauft man Blumen; ein Stückchen Straße, wo ein Mann die Mauer eng umarmt; Geschichte; ein Murmeln, das man begreifen müßte; das toskanische c; die Worte dice und insomma, die eine Art gesprochener Interpunktion sind; die ernsten und traurigen Intonationen der italienischen Sprache, ihr Eh, già, Eh, si, die so resigniert klingen; das reizende Gesicht eines Kindes und dann die Lieder im Savonarola, wo ich den Abend zubringen werde.

25. April

In San Marco. Am Ausgang habe ich Bettino getroffen. Als ich ihn vor achtzehn Monaten in der Basilicata kennenlernte, kam er mir unbedeutend, naiv vor. Ich frage mich, ob ich mich ebenso geändert habe wie er; frage mich, was ich inzwischen gelernt und vergessen habe. Wir verstanden uns sehr gut, Abend für Abend gingen wir in der Via Pretoria spazieren, kauten Pignoli, die wir bei der schönen Gemischtwarenhändlerin kauften, sprachen über Politik und Kunst, machten den Bäuerinnen freche Komplimente, Bettino veröffentlichte damals in der *Lucania* Gedichte à la Banville, auf die er sehr stolz war; er zeichnete sie mit Willy, weil Piccadilly und Regent Street, die er nie gesehen hatte, für ihn das Land aller Wunder waren.

In seiner Viktoria sind wir zwei Stunden auf der Straße nach Settignano gefahren. Er hat sich sehr zu seinem Nachteil verändert. Er spielt den Kosmopoliten, und seine Anglomanie läßt mich für ihn erröten. Um sich der ausländischen Gesellschaft zu zeigen, hatte er an der Tür der englischen Kapelle auf mich gewartet. Alles Italienische scheint ihm flach und gemein; aber was aus dem Auslande kommt, erregt sein Staunen, sein Entzücken. Er wird schließlich noch den echten Berliner Spießbürger bewundern! Neulich betrachtete er Max Claremoris voller Respekt und hielt seinen irischen Akzent für feinstes Londoner Englisch. Daß der englische Adel Provinz ist, weiß er nicht. Wie jeder Anglomane kann er natürlich kein Wort Englisch. „Oh, Willy, Willy", sagte ich zu ihm, „du bringst mich zur Verzweiflung. Wann werde ich dir gleichen? Wann werde ich deine lebhaften und doch feinen Manieren haben, deine graziöse Haltung, die feine Art und Weise, wie du etwas sagst. Kurzum, wann werde ich das Geheimnis der italienischen Eleganz, der einzig wirklichen Eleganz, besitzen? Ich zünde meine Zigaretten schon an, ohne sie in den Mund zu stecken, einen dunklen Mantel kann ich mit der nötigen Grazie über die Schulter werfen – und doch wird man mich nie für einen Italiener halten."

Bettino, für den es nur in Piccadilly Eleganz gibt, schweigt, und ich fahre fort:

„Was ich sage, gilt weniger dir. Seit wir uns das letztemal gesehen haben, bist du in London gewesen. Du bist St. James' Street vom Scheitel bis zur Sohle. Ich denke an die jungen Bürger, die wir in den großen Konditoreien treffen. Die ihrer noch nicht ganz sicher sind, sich freuen, wenn man sie für Franzosen hält, aber die wahren Löwen, die echten

Romantiker, spielen die Engländer. Bringt man sie ein wenig in Aufregung, gestikulieren sie wie verrückt, und da fange ich sie jedesmal. Ich habe einen erlebt, der von seinem „britannischen Phlegma" sprach, und dabei warf er mit einer Handbewegung drei Gläser um. Glückliche Athener, ihr allein könnt euch so verkleiden: nie wirkt ihr lächerlich.

Von den Fräulein Yarza einen langen Brief erhalten. Meine arme Socorro stirbt vor Langeweile in Leamington. Empört, daß sie eine Six-pence-Marke statt einer Zweieinhalb-pence-Marke auf den Brief geklebt hatte. Eine Aufwallung, deren ich bald Herr wurde. Aber den Vorwurf der Verschwendung machte ich ihnen doch! Spießer!

26. April

Heute morgen einen großen Blumenkorb mit roten und grünen Bändern bekommen. Die schönen Tänzerinnen aus dem Savonarola, die ich neulich Max zeigte, haben ihn mir geschickt. Vorgestern habe ich ihnen ein kleines Geschenk hinbringen lassen, und heute schicken sie mir drei papierne „Hennen" auf Veilchen und weißen Nelken. Ich habe sie schnell geöffnet. Die lieben Mädchen stellten sich mir unter poetischen Namen vor: Aschenbrödel, Schneekönigin und Herzenswunsch! Das schmeckt ein wenig nach Demimonde und leichter Literatur. Ich weiß, wer Herzenswunsch ist. Es ist die dicke Blonde, die mir am besten gefällt und mich an D. G. Rosettis Lady Lilith erinnert. Ich war blöderweise ergriffen. Ich bin in den Straßen umhergelaufen, auf der Sonnenseite, und plötzlich befand ich mich auf der Viale dei Colli, und der laue Wind spielte mir um die Schläfen. Herzenswunsch, aber das ist alles. Alles hergeben, was ich habe, mich selbst der ersten besten, vorausgesetzt, daß sie mir schön erscheint. Sehnsucht nach dem Weibe: eine neue Krise. Ich habe den ganzen Tag an die Zeit gedacht, als ich in Anastasia Retzuch verliebt war. Alles habe ich von neuem durchlebt:

meine Flucht von der Botschaft, es war an einem Septembermorgen, als ich Tassoula im Phanar treffen wollte, um sie zu entführen. Ich folgte der schlechten Straße, die von Therapia in die Stadt führt. Zur Linken dann und wann kurze, breite und traurige Straßen, und ganz hinten, wo die Häuser stehen mit ihren rosa Fassaden und Haufen Unrat vor den Türen, leuchtete, von Lichtern starrend, der Bosporus.
Und jenseits das Reich alles Blauen: Asien und der Himmel. Die Sonne stand hoch, glänzte und gleißte in der bewegten Luft. In Ortakoei begegnete ich einer Schar berittener Eunuchen. Sie trugen schwarze Gehröcke und auf dem Kopfe glänzende Zylinder. Ich sah ihre flachen, bartlosen Gesichter, hörte ihre Stimmen, und als ich mich nach ihnen umwandte, waren sie schon mit den Pferden im Schatten eines Zedernhains verschwunden. Und dann, als der Weg ein wenig stieg, ging ich hinter einem schweren, niedrigen, grau-gestrichenen Militärwagen her. Zwei kleine, buckelige Ochsen mit krummen Hörnern zogen ihn, und Trainsoldaten begleiteten ihn. Ich sehe wieder die blauen und grauen Uniformen, die braunen Gamaschen, die kupfernen Knöpfe, die in der Sonne funkelten, die roten Feze. Da der Fürst abwesend ist, wird er meine Flucht erst einige Tage später, bei seiner Rückkehr in die Botschaft, erfahren. Dann sind wir schon weit! Ich war ganz ruhig, beherrschte das Leben. Ich wollte die Tochter eines der reichsten Edelmänner des Orients entführen. (Ich las damals das pedantische Buch: Romola, das in Florenz spielt.) Im Grunde wurde ich von Tassoulas Eltern getäuscht; Kyrios Retzuch drängte mich auf diesen Weg. Aber damals (ich war siebzehn Jahre alt) hielt ich mich für einen Pfiffikus, mit dem die Welt rechnen mußte. Und ich täuschte mich nicht; denn ohne jede Berechnung, gegen meinen Willen, hinterging ich die Eltern Tassoulas.

Unsere Handlungen gleichen unbestimmten Gesten, gleichen Armen, die ins Leere greifen. Wir tun einen entscheidenden Schritt, der unser ganzes Leben ändert. Die Krisis kommt; und einige Jahre später, wenn man zurückblickt, wundert man sich, daß man so erregt war und sich doch so wenig verändert hat. Gegen die Ereignisse können wir nichts, *und die Ereignisse vermögen nichts über uns.*

27. April

Heute über die Viali um die ganze Stadt gegangen, zurück über die Zecca Vecchia und den Lung'Arno. Die Straßen im Mittelpunkt sehen traurig aus, erinnern an ein offizielles Fest. Der Tramontone fegt durch sie. Fahnen hier und da kennzeichnen die öffentlichen Gebäude, Schulen und Museen. Das Leben der Straße äußert sich stoßweise, in unregelmäßigen Abständen; ein Horn schleppt in einer einsamen Straße Töne über das Pflaster; einsamer Lärm wallt auf und bricht wieder zusammen. Auf den Hügeln, wo Getreidefelder und Oliven ihr zartes Grün entfalten und in dunklerem Grün San Miniato ein farbiges Gesicht zeigt, viel Azur, dunkelblauer italienischer Himmel und ein Sonnenuntergang, der so recht was für reiche Dilettanten ist. Alles in diesen Landschaften lockt. Aber ein echter Florentiner könnte ich nie werden, das weiß ich jetzt.

Aus ganz Europa mag man früher gekommen sein, hier zu leben, früher, als es noch die Hauptstadt eines kleinen Staates war, einer Herbst- oder Frühlings-Schweiz. Aber trotz allem ist der Salon Europas eine Durchgangsstadt, eine der ehemaligen Hauptstädte der klugschwatzenden und liberalen Bourgeoisie des neunzehnten Jahrhunderts geblieben.

Wir kommen zu spät, für uns gibt es keinen Platz mehr. Und dann wird dieser „Salon" auch nicht mehr so viel besucht wie zu jener Zeit, als der Großherzog noch lebte. Seit langem wohnen hier keine Berühmtheiten mehr; statt ihrer sieht man deutsche und französische bürgerliche Familien, die sich einige Wochen hier langweilen, um mit Hotelerinnerungen wieder abzufahren. Die Deutschen finden alles kolossal und pyramidal, und die unverbesserlichen Franzosen nennen den Ponte Vecchio Pontet-Vexiau. Und dann die Läden mit den Lederwaren und vor den Toren die kleinen Villen; die gelben und roten Straßenbahnen; alles wie in Passy!

Und noch etwas: In diesen großen Städten mit der kosmopolitischen Bevölkerung finde ich das für sie typische Leben nicht; es ist mir unzugänglich, ist in einer Tiefe, von der mich wie Erdschichten trennen: die feine fremde Gesellschaft, der ich leider Gottes auch angehöre; der Adel des Landes, der uns nachahmt, sich aber im übrigen kaum sehen läßt; die vornehme Bourgeoisie, die uns nachäfft, und dann die vornehme Welt der Künstler, Finanzmänner und Industriellen, die überall die gleichen sind.

Und doch leben wir in den Orten, wo dieses italienische Leben sich abspielt; ich atme italienische Luft, trinke italienisches Wasser, Mineralwasser aus Nozera, in allen Straßen rempelt mich das italienische Leben an; jeden Augenblick quält es mich: das anmutige Rot der Mäntel, die die Männer tragen, die jeden Freitag die Piazza della Signoria füllen; rosafarbige Wagen, die ein Pferd und ein Esel ziehen; sie tragen Decken, rote Decken mit leuchtendgrüner Borte. Das Land, das uns besucht und das wir um uns fühlen ... Und dann die Kuchenverkäuferin am Ponte Vecchio, das kranke Kind mit den schönen Augen ...

Ich denke gern an die kleinen Städte, in denen man dieses Leben in unverfälschter Reinheit findet; wo man unter Italienern ist, deren wenige Ideen man kennt und miterlebt. An der mit Fliesen belegten Hauptstraße große, schwarze Paläste mit herrlichen Toren, Cafés und Konditoreien, in denen Offiziere sitzen und ein Glas Wasser zu ihrer langen, salzig schmeckenden Zigarre trinken; in der Wintersonne sitzen die Bettler vor der weißen Präfektur. Sie lächeln traurig. Überall Virgil. Und überall herrliche Architektur. Die Menschen sind lebhaft, ihre Lebhaftigkeit scheint auf die Tiere abzufärben;

der Trab der Pferde ist lebhafter; lustiger spielen die Hunde im hellen Licht; überall wimmelt es von Ungeziefer.

Deutlich sehe ich vor mir einen Wintertag in Palmeti an der ligurischen Küste: das weite, graue Meer, unendlicher, mildgrauer Himmel; die vertrockneten Palmen vor dem Casino Municipale werfen keinen Schatten auf die Kiesel des Gartens. Pustend halten lange Züge mitten in den Feldern der Blumenhändler, in der Nähe des Bahnhofs und am Strand. Cistus und Rosmarin duften; und am Ende der einsamen Mole der kleine viereckige, schwarze Leuchtturm.

Ein Sommernachmittag in Bari fällt mir ein; in langen Streifen klatscht der Regen auf die hellen Straßen, wäscht die grünen Fensterläden der neuen, hohen Häuser und die Palmen; am Ende der Trottoirs hat man Holzstufen angebracht, unter denen das Wasser herrauscht; in dem Laden der Laterza lese ich *Le Corbeau*, der unter dem Titel: O *Kraulo* in griechisch-salentinischen Dialekt übersetzt ist.

In meiner Erinnerung verkörpert Tarent am besten das Italien, für das ich anstatt dieser tastenden Versuche eine endgültige Formel finden möchte. Ist gegen sechs Uhr abends der letzte Expreß von Neapel angekommen, dann eilt der kleine buckelige Mann von Café zu Café in der Neustadt und verkauft seine Abendzeitungen. Auf den großen Scheiben dieser Cafés (auf der Piazza Archytas, mit Aussicht auf das Mare piccolo und die Drehbrücke) prangen Aufschriften in griechischer Schrift; und gegen sie stößt der Wind eines halb afrikanischen Meeres. Die Offiziere der königlichen Marine lassen an die benachbarten Nationen denken: Griechenland, das türkische Tripolis; die Plakate des Politeama Paësiello; auf dem Pflaster eines kleinen, zu heißen Platzes Haufen von Orangen und Melonen. Die Oliven der Dünen wachsen schief, der harte, unaufhörliche Wind hat sie dazu gezwungen; ihre Äste streifen die Erde; die Kais der Altstadt über dem Ionischen Meer, diesem leuchtend blauen

Abgrund auf der anderen Seite des alten, sonndurchglühten Steinwalls.

Ist das das Wesentliche? Sind dies die Dominanten? Besteht ein Zusammenhang zwischen der Gesamtheit dieser Erinnerungen und der Geste jener neapolitanischen Bettlerin, die das Zweisousstück küßt, das man ihr zuwirft, der Farbe des Strega-Likörs und dem Geschmack des kremonischen Senfes und dem Format der großen mailändischen Zeitungen, der von Rom, Genua und Neapel und von hier und dem Duft der Virginias und der Zigaretten? Oder muß ich meiner Liste noch hinzufügen: die Sonne in den Straßen Roms, die Blumenhändlerinnen der Piazza di Spagna, das Profil der großen, flachen Dächer, die vorspringen wie lange Augenwimpern über die weißen Gesichter der Villen im Norden? Die Fassaden mit den lebhaften Farben (manchmal schaut durch ein halbgeöffnetes falsches Fenster das Gesicht einer gemalten Frau), das toskanische Land mit den glänzenden, grün-blauen Getreidefeldern zwischen den kleinen Ulmen, die einander die Weinranken reichen? Muß ich noch den Olivenbaum erwähnen, der aussieht wie drei kleine Mädchen, die mit fliegendem Haar einen Rundtanz tanzen? Auf den Hängen runden tausend Pinien gleichzeitig ihre Wolken aus Grün. Kompanien aus Zypressen bewachen die Höhen.

Und besteht ein Zusammenhang zwischen all diesem und der öffentlichen Meinung, den Ideen der Wähler des Herrn Zanardelli und dem, was die kleinen Politiker in den großen Zeitungen stammeln, was große Dichter in unbedeutenden Zeitschriften singen, den leitenden Prinzipien des Risorgimento, der Anarchie der gemeinsten Trattorias? (Aber dies ist weniger wichtig als das trostlose Rosa, mit dem die Docks in Neapel gestrichen sind.)

Nein, alles nur Worte. Das wahre Italien, das ich so deutlich fühle, habe ich nicht wiedergeben können. Bei Claude Lorrain, in den Versen Maynards und vor allem bei Malherbes finde ich ein wenig von dem, was ich fühle. Warum? Ich kann es nicht sagen. Wenn ich im Savonarola bin, wird mir vieles klarer, faßbarer. Dort verbringe ich übrigens die meiste Zeit. Es ist spät, ich will schlafen, der Tag graut, und schon ruft man: „Fieramosca!"

Florenz, 30. April 19 . . Sonntag

Seit einigen Tagen stehe ich um fünf Uhr nachmittags auf. Ich bade, ziehe mich gegen sechs Uhr an und trinke im Albion Kaffee. Um acht Uhr esse ich noch mal ein wenig, und von neun Uhr an bin ich in meiner Loge im Savonarola. Der Lärm dort tut mir gut. Gegen ein Uhr bin ich wieder im Carlton, voll der schönsten Träume. Bis zum Morgen dichte ich, das heißt ich mache Entwürfe zu Gedichten (freie Rhythmen, „Entleerungen" will ich sie betiteln, dann glaubt Cartuyvels, sie seien nicht ernst gemeint). Ich will nun mal nicht von vernünftigen und klugen Leuten vom Schlage eines Cartuyvels ernst genommen werden.

Wenn er wüßte, wie ich jetzt lebe, würde er zu mir sagen: „Sie behaupten, ein Dichter zu sein, und verachten den Tag des lieben Gottes?"

„Nein, nein, ich liebe den Tag so, daß ich die ganze Nacht auf ihn warte."

Ich habe dasselbe Empfinden wie in meiner Kindheit: ein Gefühl der Überlegenheit denen gegenüber, die die ganze Nacht geschlafen haben. Ich sagte zu der alten Lola und den Dienern des Hauses:

„Ja, ihr habt euch ausgeruht, ich aber habe gesehen."

„Lieber Gott! Was haben Sie in der Dunkelheit gesehen?"

Hierauf fand ich keine Antwort. Ich hatte so viel gesehen, so viel Schönes. Ich hatte zwanzig Feldschlachten geschlagen gegen den Schlaf, gegen die Sitte, die verlangt, daß man während der Nacht schläft, gegen alle Ideen und Prinzipien meiner Eltern, der Diener und der andern gewöhnlichen

Menschen. Und ich war Sieger; ich konnte meinen zu heißen Kopf an den kühlen Busen der Morgenröte legen.

Aber ich vernachlässige doch sehr dieses Tagebuch.

Jeden Abend, wenn die Vorstellung im Savonarola zu Ende ist, treffe ich mit „Herzenswunsch" zusammen, und oft essen wir in meinen Gemächern im Carlton. Ich fühle, daß ich ohne Schwierigkeit die letzte Gunst von ihr erhielte. Aber ... Sie verschafft mir wenigstens die Freude, sie beim Essen zu betrachten. Eine hübsche Frau in ausgeschnittenem Kleid, die mit gutem Appetit saftiges Fleisch ißt, ist immer ein reizender Anblick.

Alle diese Tage, das heißt diese Nächte werden in meinem Gedächtnis immer eng mit der Krise eines Malherbischen Enthusiasmus verbunden bleiben, die ich augenblicklich durchmache. Die Strophen der großen Oden passen so gut zu der toskanischen Landschaft, die so sehr der Provence gleicht, in der Malherbe lange lebte. Der Verfasser, den man den *Père Luxure* nannte, gefällt mir besonders; wie stolz war er auf seine Syphilis; mit welchen Keulenworten zerschlug er die affektierte Begeisterung seiner Jünger; welch hochmütigen Schutz gewährte er dem gesunden Menschenverstand, er, der sich von allem gelöst hatte; und wie verachtete er, der Vater der modernen Poesie, seine Kunst. Der edle Mensch! Der gute Arbeiter, der sich an den Ufern der Seine aus Versen seinen Louvre baute. Er, der große Künstler, der Frankreich schön gemacht. Wenn ich seinen Namen ausspreche, durchrieseln mich ehrfurchtsvolle Schauder, mich, der ich ein Fremder bin, der ich mir einfallen lasse, nach ihm noch französisch zu schreiben, nach allem, was er für mich tat. Und welche Ohrfeige versetzt das geringste seiner Worte, mit dem er sich selbst verspottet, den kleinen Propheten und Erlösern der Gegenwart!

Wieder einmal habe ich das Dunkel besiegt, habe die tiefe Nacht durchschritten und (ich spreche hier mit Malherbe):

Und vor mir färbt sich schon das Land
mit dem Safran, den der Tag mitbringt aus dem Meere.

3. Mai 19 . . .

Seit einigen Tagen vernachlässige ich dieses Tagebuch. Schade. Ich mache augenblicklich eine Gefühlskrise durch, und eines Tages werde ich froh sein, über diese Zeit Aufzeichnungen zu besitzen.

Ich werde dann wahrscheinlich meine heutigen Gefühle ganz anders beurteilen, wie ich schon mein Verhältnis zu Anastasia Retzuch anders sehe, als zu der Zeit, als Tassoula noch lebte. Aber damals war ich achtzehn Jahre alt, lebte gern von Illusionen, das heißt, ich hatte die Kunst, mir selbst gegenüber offen und ehrlich zu sein, noch nicht gelernt. Ich wollte in Tassoula, die mir ihre Eltern ohne Mitgift in die Hände gespielt hatten und der ich eine beträchtliche Rente aussetzte, nur das verliebte Mädchen sehen, das alles für mich geopfert hatte: Vermögen, Ehre und so weiter. Als der Herzog von Waydberg ihr dann den Hof machte, sah ich das nicht und tat alles, damit er sie heiratete – er hat das nie verstanden –, und zwar aus dem einzigen Grunde, mir das Vergnügen zu machen, nein, zu bezahlen, zu den intimen Freunden einer solchen Persönlichkeit zu gehören.

Wie kindisch! Ich sah damals die Welt, wie die kleinen Bürger und die Leser mondäner Romane es tun: Rasse, alte, gute Familie war für mich alles, und wenn ich einem Europäer, der einen Adelstitel vor seinem Namen trug, die Hand schüttelte, war ich stolz. Dann unser dreieckiges Verhältnis: Herzog und Herzogin von Waydberg und Señor A. O. Barnabooth, das schien mir damals doch verteufelt wichtig, mondän, europäisch! Ich bezahlte allerdings die Spielschulden des Herrn von Waydberg. Aber dafür war ich auch der Geliebte seiner Frau. Wie stolz war ich, wenn man in meiner Gegenwart vom Herzog von Waydberg sprach, wenn ich seinen

Namen in den Zeitungen las. Die kleinen Herren platzten sicher vor Neid, wenn sie daran dachten, daß sie dem Herzog nie vorgestellt werden würden; und ich, der Plebejer, hatte es in dem Alter, in dem man stolz darauf ist, ein Bürgermädchen zu verführen, fertiggebracht, daß der Herzog meine Mätresse heiratete und ich ihn obendrein noch aushielt. Damals war mein einziger Stolz, zur Gesellschaft zu gehören, mein einziger Wunsch, in ihr eine Rolle zu spielen.

Ich bin anspruchsvoller geworden. Heute will ich nur klar sehen, verstehen, was in mir und um mich her vor sich geht; ich will zum Beispiel meine Jünglingsgedanken ebenso klar erkennen wie das reine, silbern funkelnde toskanische Licht mit dem trockenen Nebel der durchsichtigen Oliven, der voll ist von silbernen Funken.

Ich habe also einen Fortschritt gemacht, und doch frage ich mich manchmal, ob ich mich jemals von meinen Visionen täuschen ließ, ob ich nicht damals alles andere ebenso genau erkannte wie jetzt. Jedenfalls habe ich mich von diesen Visionen freigemacht, und das ist schon was wert. Vor allen Dingen will ich mich also selbst erkennen, das ist mein Ziel.

Aber in mir, wie vielleicht in jedem, schlummert der Geist der Finsternis, eine Kraft, die mich die Kühnheit meines Gedankens fürchten läßt, so daß ich die erste beste all der Lügen, die bei uns im Umlauf sind, als Wahrheit hinnehme. Und eines Tages habe ich diesen Geist der Finsternis erkannt: es war meine Eigenliebe.

Bis ich mich entschloß, mich zu erkennen, lebte meine Eigenliebe in mir wie ein dicker Rentner, empfing von Zeit zu Zeit einen kleinen Stich, wie der Verkehr mit meinen Mitmenschen es mit sich brachte; aber glücklicher und friedlicher Herr meiner selbst, leitete sie mich gut. Über ihre Herrschaft beklage ich mich nicht, denn sie hat mich schließlich dahin gebracht, wo ich heute bin, sie hat mich dazu geführt, mich wütend gegen sie zu wenden. Denn in einem gewissen Augenblick habe ich folgendermaßen mit mir geredet: Die Welt findet an mir zu tadeln; sie findet mich lächerlich und hat allerlei Fehler an mir entdeckt; Cartuyvels behauptet, mir gehe jegliches Besitzgefühl ab, und Guido de S. und Valery L., die beiden Unzertrennlichen, haben mich zur Zielscheibe ihres Spottes gemacht (diese kleinen neidischen Rentner!), und jeden Augenblick straft mich das Leben Lügen. Nun wohl! Ich will mich prüfen, will mich selbst tausendmal schärfer kritisieren, als die Welt es tut. Und als ich anfing, diesen Entschluß, den mir meine Eigenliebe eingegeben hatte, in die Tat umzusetzen, war sie selbst wieder das größte Hindernis für meinen Plan.

Sie war der Feind, auf dessen Haupt ich glühende Kohlen sammeln mußte! Heldenhaft habe ich gekämpft; ich bin unerbittlich gewesen; und bin es noch. Immer noch trage ich auf dieser frischen Wunde das glühende Eisen meiner Selbstverachtung und den Höllenstein meiner unbeugsamen Innenschau. Es tobt ein Kampf auf Leben und Tod zwischen ihr und mir in dem geschlossenen Haus meiner Seele, und niemand kann hinein, um die Kämpfer zu trennen. Ich verfolge sie von Zimmer zu Zimmer, bis tief in den Keller; da packe ich sie, würge sie. – Ich ersticke meinen Stolz, sage ich, und nun will ich ...

Meinen Stolz! grinst der Feind, der wieder lebendig hinter mir steht, während ich mich abmühe, den schattenhaften Hals eines Schattens zu würgen.

Oft frage ich mich, ob es nicht besser wäre, alles durch die Flucht zu beenden. Ich würde aus dem Hause gehen, den Feind Wände und Fußboden beschmutzen lassen; sein eigener Gestank würde ihn vielleicht töten. Ja! Aus mir heraus! Die Tür schließen, den Schlüssel aufs Dach werfen. Aus mir heraus! Aber wohin?

Und unaufhörlich schüttele und schlage ich den elenden Reiter, der mir hart im Nacken sitzt. Ich habe alles getan. Ich habe Gesellschaften besucht, in denen man sich über mich lustig machte; habe alles gesagt, getan, um Stoff zu Spöttereien zu geben. Ich habe sozusagen der Verachtung den Hof gemacht. Wenn man mich verkannte, freute ich mich. Alles Schlechte, das man von mir sagen und denken kann, ist noch weit entfernt von der Wahrheit; wenn man mich als gemeinen, infamen Menschen behandelt, tut man mir noch zuviel Ehre an! Ich wünschte mir Glück, diese Formel gefunden zu haben: da fing es schon wieder an. Ich verachte mich aufrichtig und mit Recht! Gehe ich scharf mit mir ins Gericht, fühle ich, wie dumm und gemein ich bin, gemein bis ins Mark der Knochen, ganz wie mein alter Wahlspruch sagte, dieser Halbvers aus Corneille: Ein ehrloser Mensch.

Damals habe ich angefangen, meine Fehler zu entdecken; aber meine Eigenliebe beherrschte mich noch ganz, und aus meinen Fehlern wollte ich Vorzüge machen, rühmte mich sogar meiner Gemeinheit. Heute konstatiere ich diese Gemeinheit nur, ohne jeden weiteren Kommentar. Denn ich will jetzt nur eins: klar sehen!

Und nur die übergroße Eigenliebe hat mich hierzu geführt, und sie ist noch immer mein Begleiter. Während ich schreibe, beugt sich der Feind über meinen Arm und murmelt:

„Wie mutig! Das ist herrlich! Vor aller Welt fügst du dir die schlimmste Demütigung zu. Du sprichst von der Gemeinheit deines Charakters, und das allein adelt dich. Sprich von deiner Feigheit; nur die Tapferen wagen, von ihrer Feigheit zu sprechen."

„Aber du siehst doch, daß ich niederschreibe, was du mir zuflüsterst."

„Jawohl, du bist so mutig, daß du mich ausspionierst, du große Seele; du siehst, du fängst schon wieder an."

„Ja, aber ..."

Sie ist immer da: umso schlimmer. Ich will mich mit ihrer Gegenwart abfinden und versuchen, sie immer kleiner zu machen. Um die Hälfte ist sie abgemagert, seit ich sie so ärgere. Erziehung des Stolzes! Welches Programm! Ich müßte sie befriedigen, sie immer weiter treiben, bis sie Demut und vollständiges Verstehen wird. Ich will es versuchen, wenn ich Zeit dazu habe.

Ich habe diesen Umweg nur gemacht, um zu zeigen, wie unerbittlich ich die Gefühlskrise analysieren will, in der ich mich befinde. Zum Teufel! Ich bin kein sentimentales Weib, ich will der Wirklichkeit kühn gegenübertreten, ohne mir die Nase zuzuhalten, wenn sie stinkt. Das will ich übrigens schon lange. Ich erinnere mich, daß ich meinen Kinderbüchern schon immer einen Mangel an Wirklichkeit vorwarf. Es fehlte so mancherlei in ihnen. Man sagte zum Beispiel nie, wann Alice aufs Klosett mußte; wann Chapelier verstopft war, und das war er doch sicher auch mal. Warum wurde das nicht auch berichtet?

Dieses alles ging mir vor einigen Augenblicken durch den Kopf, als ich in meinen Gemächern im Carlton mit „Herzenswunsch" soupierte. In Wirklichkeit heißt „Herzenswunsch" Florrie Bailey. In Gedanken schrieb ich schon alles nieder, suchte nach Ausdrücken, baute feine Sätze und überlegte die Absätze. Florrie, die aus den Kulissen des Savonarola allerlei pikante Histörchen mitbrachte, war erstaunt, mich so in Gedanken zu sehen. Ziemlich lebhaft warf sie mir vor, ich langweilte mich mit ihr. Das hat mir mißfallen: Frauen, die nicht verstehen, daß ein Mann in ihrer Gegenwart ernst sein kann, hasse ich. Sie hören nicht auf das, was man zu ihnen sagt. Ihre Gedanken sind anderswo. Lacht der Mann, sieht er zufrieden aus, sind sie zufrieden. Auch noch anderes mißfällt mir an ihr; bis jetzt habe ich mich ihr gegenüber immer als Freund gezeigt (sie scheint erstaunt darüber), und doch nennt sie mich schon „my boy" und „silly man". Über ihr Betragen auf der Straße kann ich nicht klagen. Ganz wie eine Dame. Dreimal bin ich mit ihr ausgegangen. Aber wenn sie mit mir allein ist, legt sie ihre Frauenwürde so sehr ab, daß es mir wehtut. Jedesmal, wenn sie sich vor mir erniedrigt, um mir zu gefallen, möchte ich mich ihr zu Füßen werfen, sie anflehen, vor sich selbst mehr Achtung zu haben, sich so zu achten, wie ich sie achte.

Ja, ja, das Leben der Armen hat dich nach seinen Gesetzen entstellt. Dein Körper hat nicht gelitten, aber wohl deine zarte, reine Seele, die ich in deinen Kinderaugen sehe. Nichts will ich von dem wissen, das du getrieben seit deiner Kindheit mit weißem Lätzchen, mit rotem Mützchen bis zu diesem Augenblick, wo du vor mir sitzt mit strahlend weißer Brust. Wenn du mir aber hiervon erzählst, will ich dir zuhören und dich dann noch mehr lieben. Deine Fehler will ich mit dir beweinen, dein Leid mit dir tragen. Komplimente, hinter denen die Verachtung lacht, beleidigende Zärtlichkeit, die Küsse der Reichen, der Offiziere, der feinen Herren, alles, was du erlebt und erlitten! Wie will ich dich hierfür anbeten, dich lieben, du, mein Weib. Wie soll ich dich entschädigen für die schrecklichen Jahre deiner Vergangenheit? Wie dir wiedergeben, was die Menschen meiner Gesellschaftsklasse dir an Reinheit und Freude genommen haben, diese gräßlichen Reichen, die in dir nur ein Mittel sahen, sich zu vergnügen. Diese unsühnbare Vergangenheit ...

„Warum so traurig? Langweile ich dich, sage es nur. Nein, nicht böse werden. Lache doch mal. Endlich!"

Ich lächele ihr zu, aber ohne Überzeugung. Wie man beim Schreiben einen fertigen Ausdruck gebraucht und sich sagt, daß man keinen besseren finden kann und nie das geringste Talent haben wird. Sie ist zufrieden. Sie sind wie Ammen; die sind auch untröstlich, wenn bébé nicht lacht. Ich spreche sogar, mache ihr in viel zu aufrichtigem Ton ein Kompliment, aber innerlich spreche ich weiter: Ein großes Unrecht muß wieder gutgemacht, ein menschliches Wesen gerettet werden. Nur zärtlicher Schutz, liebevolle Hingabe können das Unrecht wieder gutmachen, das das Leben dir zufügte, mein süßer Herzenswunsch.

Ich betrachte sie über die Gläser und Blumen, die silbernen Schüsseln, die innen vergoldet sind, hinweg. Die gezähmte

Plebejerin: meine Blicke liegen auf ihren großen, starken Gliedern, die anmutsvoll in der durchsichtigen Seide ruhen, die sich gleichsam bescheiden zurückzieht vor dieser leuchtenden, rosigen, mit Grübchen bedeckten Haut. Die beiden langen, blauen Strahlen fließen nach den Schläfen, berühren den oberen Teil der Wangen, sehen mich an, als suchten sie etwas. „Etwas Krebssoße?" Und ich komme dem Kellner zuvor und reiche sie ihr.

Ja, iß noch, ich habe keinen Hunger. Deine Gegenwart genügt mir. Der Gedanke, daß ich dir zu essen gebe, ist mir ein Genuß. Mein Geld ist plötzlich geadelt, da es einem so schönen Zweck dient. Ich, ich Armer, nähre diesen herrlichen Körper. Ich sehe alle Mädchen von Warwickshire vor mir, und aus ihnen habe ich diese Florrie Bailey (welch schöner, plebejischer Name) ausgesucht, für mich, die ihnen gleicht, wie eine Rose andern Rosen gleicht. Für mich bist du erblüht, englische Rose, groß und kräftig.

Die beiden blauen Strahlen konzentrieren ihr Licht auf mich, die kostbaren Ellbogen stützen sich auf das Tischtuch; die runden, ein wenig hohen Schultern beugen sich vor, und der kleine Kopf mit dem rosigen, sich darbietenden Mund ruht auf den verschlungenen Fingern.

„Now listen . . ."

Ich war darauf gefaßt. Man wirft mir vor, daß ich so viel Geld für Blumen ausgebe. – „Eine ganze Loge voll Blumen für ein armes Mädchen wie mich."

Arm, ohne Schutz, der Verachtung preisgegeben. Nur deshalb liebe ich dich. Nie habe ich meine Pflicht klarer vernommen – die sanfte, weiche Stimme, die mir sagt: Du mußt sie reich und glücklich machen, mußt ihr Achtung verschaffen. – Das will ich für dich tun. Lohn verlange ich nicht.

Als ich sie durch die Salons zurückführte, die zu erleuchten man vergessen hatte, zog sie mich plötzlich an sich:

„– Let's have a kiss, dear."

Am liebsten wäre ich ihr entschlüpft, um so ihre Schamhaftigkeit gegen sie selbst zu schützen. Die Furcht, lächerlich zu erscheinen, hielt mich zurück; aber wie traurig war der Kuß!

5. Mai

Siebenundzwanzig Stunden ohne Schlaf. Meine einzige Erholung ist ein kaltes Bad, eine Abreibung gewesen, heute morgen, in aller Frühe. Und um acht Uhr war ich auf dem Wege nach Signa, ritt neben Bettino her.

Ich habe ihm alles erzählt. Er mißbilligt natürlich meine Liebe. Auch er hat mir mancherlei erzählt. Aber immer wieder finde ich das heraus, was ihn am meisten beschäftigt: Eleganz und Eitelkeit. Ich fühle deutlich, daß er unrecht hat. Aber er beurteilt meine Stellung von einem so erhabenen Standpunkt aus.

Paradoxe Laune eines Weltschmerzlers! Byron in Venedig! Eine kleine Blume, die man im Vorbeigehen pflückt, Laune eines Abends! Aber um sie zu pflücken, muß man sich tief bücken ... und jetzt habe ich nicht mehr den Mut, ihm zu sagen, daß ich verliebt bin, daß ...

Und da fange ich an zu lügen, denn ich will in seinen Augen nicht lächerlich erscheinen, spiele die Rolle, die er mir zuweist.

„Du weißt doch, daß ein französischer Dichter gesagt hat, man müsse mit seiner Liebe tief hinabsteigen, um wahrhafte Freude zu empfinden."

So achte und schütze ich die, die ich liebe.

Das kann ich nur wieder gutmachen, wenn ich öffentlich erkläre, was ich für sie empfinde.

Von ganzem Herzen hasse ich Bettino. Er gleicht all den jungen Leuten, die aus Florrie das gemacht haben, was sie war, als ich sie traf, was sie für diese wenigen Tage noch ist. Er gleicht den elenden Reichen, die ihr für ihre kindlichen Zärtlichkeiten nur Verachtung gegeben haben. Ja, Bettino im Frack erinnert mich an die Herren, wie man sie auf Bildern wie: le Foyer de la Danse – oder: Dans le coulisses sieht. Gelbe, aufgedunsene Gesichter, rotblonde Koteletten, die reinsten Bankbarone! Ich weiß, daß im Grunde die Tänzerinnen sich über sie lustig machen. Aber triumphieren tun sie doch, sie verachten, bezahlen und heiraten nicht; für den kleinen Bürger, der es nie lernen wird, repräsentieren sie das „große Leben". Wer weiß, vielleicht ist Bettino in den Kulissen des Savonarola, während ich im Fiaker am Eingang warte. Doch nein, er würde sich nie so wegwerfen, zu einer Tänzerin eines Café-Konzert Beziehungen zu unterhalten. Oh! Ich muß mich rächen! Ich brauchte nur eine Bewegung zu machen und der alte Marchese, der Vater Bettinos, gäbe mir mit Freuden eine seiner Töchter. Nie hätte er an eine so glänzende Partie auch nur gedacht. Nun, an dem Tage ... Mein Reichtum erlaubt mir alles, kann ich da auch nur eine Sekunde zögern? Auf dem Nachhauseweg begegnete uns ein geschlossener Wagen. Ich habe Cartuyvels zu erkennen geglaubt, sah deutlich sein starres, rasiertes Gesicht mit der goldenen Brille. Ich kann mich aber auch getäuscht haben.

Und da kommt Florrie.

7. Mai

Heute morgen, um halb zwei, habe ich mich ihr erklärt. Ich habe das Ungeheuer, das Andromache bewacht, regelrecht herausgefordert, der Gesellschaft, die eine Frau vernichten wollte, den Handschuh ins Gesicht geworfen. Nun bin ich mit den Armen versöhnt: ich heirate eine der ihren. Meine Deklassierung, die mit dem Verkauf meiner Güter begann, das Aufgeben meiner Rolle als Weltmann war ohne diesen Schritt unvollkommen. Nun werde ich mich wohler fühlen.

Es war nach dem Abendessen; wir waren allein in meinem Rauchzimmer, saßen im Schaukelstuhl, Florrie kaute an einer Muratti, die sie nicht anzündete.

„Liebste", sagte ich zu ihr, „ich habe Ihnen etwas sehr Wichtiges mitzuteilen. Hören Sie zu: ich heiße Archibaldo

Olson Barnabooth, aus Campamento, bin dreiundzwanzig Jahre alt, habe ungefähr 10 Millionen 860 Tausend Pfund Sterling Zinsen jährlich. Meine Familie, die aus Schweden stammt, siedelte sich im Anfang des achtzehnten Jahrhunderts im Hudsontal an. Mein Vater, der noch jung war, wanderte nach Kalifornien aus, ging dann nach Kuba und endlich nach Südamerika, wo er reich wurde. Ich bin Waise, habe weder Bruder noch Schwester, kann leben wo und wie ich will. Ich bin reich, vollkommen unabhängig und aus anständiger Familie. So wage ich denn, Sie zu fragen: wollen Sie meine Frau werden?"

Sie lachte laut auf und klatschte in die Hände. Sie hatte nie etwas so Lustiges gehört.

Es kostete mich viel Mühe, ihr klarzumachen, daß es durchaus kein Scherz war. Ohne ein Wort zu sagen, das sie hätte verletzen können, sprach ich ihr gegenüber alle Gedanken aus, die ich ihrer Armut, Jugend und Schönheit verdankte. Sie glaubte schließlich an den Ernst meines Vorschlages. Aber ich war über die Maßen erstaunt, als sie mir mit allergrößter Ruhe antwortete, mein Antrag ehrte sie sehr, sie wollte sich die Sache überlegen und mir in vierundzwanzig Stunden Bescheid geben. Jetzt erst empfand ich, daß ich mit einem Freudenausbruch, überströmender Dankbarkeit gerechnet hatte; ich warf mir meinen Egoismus vor. Im Grunde gefällt mir ihre Zurückhaltung sehr.

Wir haben lange dagesessen, ohne ein Wort zu sagen, wir wagten nicht einmal uns anzublicken. Immer wieder ging mir dieser Gedanke durch den Kopf: Du hast nun für jemand zu sorgen, bist nicht mehr allein. Dein Leben hat die Verantwortung für ein anderes Leben übernommen. Und dieses andere Leben! Lieb und stark, schlank und schön ist das junge Mädchen, und wenn sie lacht, zeigt sie blendendweiße Zähne. So ist meine eigene Welt größer geworden durch dieses Wesen aus einer anderen Rasse, einer anderen Kaste, das sich mir hingibt, damit ich es ernähre, schütze und liebe. Ich überlegte alle meine neuen Pflichten: Ich mußte ihr wieder die Achtung der Welt erringen (ich rechnete mit mindestens einem halben Dutzend Duellen), dann wollte ich ihr Schmuck, Kleider und Aussteuer kaufen, wie sie nur die reichste Frau der Welt hat. Paris muß herhalten, und vor allem die Rue de la Paix. Dann muß das Heim eingerichtet werden.

Einen schweren Kampf würde ich gegen sie zu kämpfen haben, um sie ihrem Milieu und ihren Gewohnheiten zu entreißen. Doch ich denke, mit Geduld und Geld werde ich das zuwegebringen.

Nun also sollte mein Leben beginnen! Ich war nicht mehr der unnütze Reiche, den man mit Recht verachtet. Angesichts dieser neuen Interessen kamen mir meine liebsten Beschäftigungen frivol und langweilig vor: Empfänge, Polo, Lektüre, die Ruhe der kleinen Städte, das Herumstöbern in den Läden, selbst die „Blähungen", die ich gedichtet hatte! Wie werde ich sie lieben!

Sie begann von meiner Vergangenheit zu sprechen. Ich schäme mich, schon eine Vergangenheit zu haben. Sie hatte allerlei über meine Beziehungen zu dem Herzog von Waydberg und Anastasia Retzuch gehört. (So ist das außerhalb der Gesellschaft doch bekanntgeworden.) Ich erzählte ihr von dem letzten Nachmittag dieses schönen Abenteuers: eine Woche vor der Operation und vierzehn Tage vor dem Tode der armen Tassoula.

Deutlich sah ich die Spazierfahrt in den Bois de Boulogne vor mir, wie wir auf dem Rückwege in der Rue de la Paix vor Cuvillier hielten, um einen Flakon mit Salzmandeln zu kaufen. Es sollten die letzten sein, die sie aß. Bleich saß sie in den Kissen der Viktoria, und der Diener, der auf dem Trottoir stand, deckte sie mit einer graublauen Pelzdecke zu; und der graue Winterhimmel, der hinter der Oper erstarb, paßte gut zu diesem Todeskampf in großem Luxus.

Auch von den Fräulein Yarza hat sie gesprochen. Sie weiß genau Bescheid, das muß ich sagen. Ich habe ihr die Wahrheit gesagt und hinzugefügt, daß sie ganz beruhigt sein könnte, in diesen beiden, die ich von fern beschützte, keine Rivalinnen zu sehen brauchte.

Wenn sie es will, werde ich die beiden verheiraten, sie beide gut ausstatten, sobald die ältere zwanzig Jahre alt ist. Ich denke an die beiden nur noch wie an Puppen, deren Kleider zu wechseln mir viel Vergnügen bereitete.

„Wenn sie jetzt hier wären, würde ich sie wie Leute aus Lima anziehen: kurzer Rock aus schwarzer Seide, rosa Strümpfe, weitausgeschnittene Schuhe mit großen schwarzen Schleifen. Dazu die schwarze Mantille und das kleine Hütchen, das man tief in die Stirn setzt. Sie glauben gar nicht, wie schön das aussehen kann. Sie könnten ganz ruhig bei uns bleiben: sie sehen in mir nur den älteren Bruder. Sie sind beide mit allem zufrieden und führen ein rein innerliches Leben: Ay, nosotas pobdas mujedes ..."

Ich hätte sie gern nach ihrer Vergangenheit gefragt. Warwick, wo sie geboren ist, kenne ich nicht. Ich stelle mir diese Stadt vor wie Saint Albans, Canterbury, wie all diese kleinen Landstädte, die ich fünf Minuten lang mit dem Lärm meiner Automobile gefüllt habe. Leere Straßen zwischen kleinen Häusern, wo die Leute alle so tugendhaft sind, und wo man ihre Tugend in frommen Sprüchen auf Kartons, die an den dreiteiligen Fenstern stehen, lesen kann. Am Sonntag singt die ganze Familie fromme Lieder, sitzt um den Tisch im Salon mit den viktorianischen Möbeln. Die älteste Tochter sitzt am Klavier, die anderen singen, und ihre Seele ist versunken in den dumpfen Sonntag und die Ewigkeit. Die alte, graue, von den Jahrhunderten benagte Kirche schlummert inmitten des gepflegten Kirchhofs, wo die Grabsteine ihren flachen Kopf aus dem Rasen erheben und die großen hinkenden Grabmäler ihre ungleichen Hörner in die Luft recken.

Im Sommer gießen Kuppeln aus Weißdorn runden Schatten auf den Gottesacker, und der Bohnenbaum weint schwere goldene Trauben auf ihn herab. Und sonntags steht an jedem

Grab ein kleines Mädchen mit weißem Kleid und schwarzen Strümpfen. Auch du warst da, und alle frommen Lieder klangen in deinem Herzen. Um die Kirche die alten Häuser, und in ihren langen und niedrigen Fenstern sieht man, was man in ihnen kaufen kann. Mochtest du gern die leuchtend rot und weißen Kuchen mit Kokosnuß?

Die Giebel der Häuser sind niedrig, die weißen Fassaden von scharzen Balken durchzogen. Da steht das Wirtshaus zur Rose und das zur Krone. Und die „Rose" ist grünbraun und die „Krone" widerlich rosabraun gestrichen. Die goldenen Buchstaben sind dicht unter dem Dach. Und das Büfett hat Türen aus unechtem Mahagoni, auf den Spiegeln sind große weiße Zeichnungen, auf den Regalen Geräte aus Kupfer. Und dann die Straßen mit den neuen blutroten Backsteinhäusern. Des Morgens scheuern die Mädchen mit dem glänzenden schwarzen Strohhut auf dem Kopf die Schwelle. Und dann das arme Viertel, aus dem du stammst, wo abends der fettige Fleck eines roten Vorhangs schimmert und die Hausfrauen in weißer Schürze und Haube auf der Schwelle der Tür auf ihren „lieben" Mann warten. – Du warst in der Nebenstraße. Zwei kleine Jungen spielten ein trauriges Krikket im Hintergarten des Nachbarn. Eine Stimme rief: Florrie! Das warst du. Du liefst davon, hieltest einen Augenblick auf deinen langen Beinen, um dein Strumpfband zu befestigen, und sagtest zu dem langsamen kleinen Bruder: Come on! Deine Stimme klang scharf und hallte wider an den roten Mauern. Du hast Tage gekannt, an denen das Leben so schwer war, daß man sich umsonst tagaus, tagein abmühte, es zu erleichtern.

Seltsam, wir wurden beide den ganzen Abend nicht warm. In vierzehn Tagen werde ich sie vielleicht den Schwestern Bettinos vorstellen. Alle illustrierten Zeitungen der Welt werden unser Bild bringen. Welches Ereignis für den Leicester Square! Ich möchte lieber, man spräche nicht davon, aber das ist wohl unmöglich. Auch das gehört zu ihrer Rehabilitierung. Aber doch, welcher Theatercoup! Cartuyvels wird toben und auf den Ruinen seiner zusammengebrochenen sozialen Vorurteile delirieren. Aber man bedenke: Eine Frau glücklich machen! Welches Geschick! Und wenn ich weiter im Leben nichts erreichte, das allein wäre genug.

Florenz, 10. Mai

Die Krise ist überstanden, ich will unparteiisch berichten. Vorgestern morgen erwartete ich in meinen Gemächern im Carlton die Antwort von Florrie Bailey, als Cartuyvels sich melden ließ. Er tritt ein, macht die schönste Verbeugung (die hat er früher am Hofe von *** gelernt, als er erster Kammerdiener und Vertrauter des verstorbenen Monarchen war), setzt sich in den Sessel, den ich ihm hinschiebe.

„Geht es gut, Cartuyvels?"

Mir fällt ein, daß ich ihn in den imaginären Unterhaltungen, die ich mit ihm führe, immer duze. In Wirklichkeit behandle ich ihn mit einer heuchlerischen Ehrfurcht, denn ich fühle, daß er alles, was ich tue, mißbilligt.

Nein, er wollte mit mir nicht über geschäftliche Angelegenheiten sprechen. Er weiß, daß mich das langweilt. Er ist im Begriff nach Neapel zu fahren, wo sein Neffe Tournier de Zamble mit dem Dampfer ankommt. Er wollte Florenz nicht verlassen, ohne mich zu begrüßen.

Was soll der kleine Lederkasten, den er auf den Tisch gestellt hat? Sicher enthält er persönliche Papiere . . .

Bedächtig setzt er die goldene Brille mit den viereckigen Gläsern auf die lange, schmale Nase. Ich betrachte seinen kahlen Kopf und sein glattrasiertes Gesicht. Er ist so ruhig, so zufrieden, erinnert mich an das Gesicht einer alten Ziege, die keine Tücken mehr hat. Seine grauen Augen sind milde. Sein Mund ist fein geschnitten. Er beginnt zu sprechen. Sein Akzent ist englisch-flämisch, seine Sätze werden von manchem „hm" unterbrochen. Das ist bei ihm kein Unvermögen;

eine Angewohnheit, eine Art Schnörkel, den er jedem Wort, das er mit leicht zitternder Hand schreibt, anhängt.

„Ich war kürzlich in Dresden, wo ich Seine Hoheit traf."

„Stephan?"

„Ja, es geht ihm gut. Er sähe Sie gern wieder. Reisen Sie im Sommer nach Rußland? Er hat mich darnach gefragt. Er war ebenso erstaunt wie ich, daß man Sie dieses Jahr nicht beim Polo in England gesehen hat. Die Mato-Suarès haben zweiundvierzig Ponys von ihren Gütern in Corrientes mitgebracht, um mit dem Herzog von Christminster, dem Prinzen von Xaintrailles und Lord Molland zu spielen. Alle Ihre Landsleute sind jetzt da; die Santa-Pau, Pablo Barnevo, Ladislao Saenz, José Maria O'Rourke. Die Peña-Taratt haben ihr Hausboot unter der Terrasse von Richmond festgemacht, und das von Lord Worley (Ihr alter „Hooligan", den wir ihm verkauft haben) liegt in Hampton Court. Eine reizende Gesellschaft. Mehrere Hausboote haben eine Auto-Garage an Bord, und die Herren jagen die Themse entlang, von einem Hausboot zum andern. Einige haben Dampfboote und nehmen den Wasserweg, um sich gegenseitig zu besuchen. Es tat mir wirklich weh, als ich Ihren Hooligan sah; er war ganz weiß, an den Fenstern der beiden Etagen standen Blumen, auf seiner Terrasse lagen junge Damen in Hängematten, die zwischen den Säulen der Pergola gespannt waren. Ich mußte an die herrliche Zeit denken, als das Boot Ihnen gehörte. Aber Sie wollten ja alles verkaufen. Ich kann das heute noch nicht begreifen. Sie wissen zur Genüge, wie ich darüber denke. Ihr Rennstall war in doppelter Hinsicht ein schlechtes Geschäft. Da Sie ihn nicht im ganzen verkaufen wollten, mußten wir auf das vorteilhafte Angebot Vanderbilts verzichten und Braïla II und Anade mit Verlust verkaufen. Doch das interessiert Sie wenig. Aber ein anderer Punkt dieses Geschäftes wird Sie, wie ich hoffe, mehr interessieren. Der Eindruck, den der Verkauf des Stalles Barnabooth in der Finanzwelt machte, ist geradezu verheerend gewesen. Einige Zeitungen haben natürlich die Gelegenheit benutzt, beunruhigende Nachrichten zu bringen: Der Verkauf des Rennstalles Barnabooth ist Beweis genug, sagten sie. Das hat eine gewaltige Aufregung in der Lombard Street zur Folge gehabt. In dichten Haufen standen die Leute vor unseren drei Banken.

„Sie hätten das nur mal erleben sollen! Die Gesichter der alten Frauen, die ihr ganzes Geld in Anden-Papieren angelegt hatten! Scotland Yard mußte Leute schicken, um den Verkehr vor den Gebäuden sicherzustellen. Die Straßenhändler haben durch das Vermieten von Klappstühlen feine Geschäfte gemacht."

„Diese Angsthasen dachten also doch noch daran, bequem zu sitzen. Umso besser für die Straßenhändler von London. Mir verdanken sie diese reichen Tage."

„Ganz recht. Aber die kleinen Sparer verdankten Ihrer Laune sehr schlechte Tage. Und das umso mehr, als einige skrupellose Blätter die Angst ausbeuteten, und wir wissen auch, für wen. Nach dem Rennstall Barnabooth verkaufte man das Privatschloß Mayfair; zwei Tage später die Jachten „le Parvenu" und das „Narrenschiff"; dann wurde das Haus in den Champs-Elysées und das in Florenz verkauft; dann die Villen Mustapha und Lussin Piccolo; alles, sogar die Automobile. Man sprach sogar von den Juwelen Eurer Majest ..., ich meine von Ihren Juwelen. Ein Mann, der sein ganzes Vermögen, 200 000 Pfund Sterling, in Anden-Papieren angelegt hatte, hat sich vor unserer Hauptbank eine Kugel vor den Kopf geschossen. Aber regen Sie sich nicht auf, der Schuß ging fehl. Hier sind übrigens einige illustrierte Zeitungen mit Ihrem Bild."

Aus dem Lederkästchen nimmt er ein paar englische Zeitungen; auf einmal begreife ich. Diese Photographien sagen mehr als Cartuyvels langweiliges Gerede: *Szenen vor den Bureaux der Anden-Gesellschaft*, 7. und 8. April 190 ... Während ich mit Stephan von den Kneipen in der Bannmeile von Berlin poetischen Abschied nehme! Ich sah sie vor mir, die kleinen Sparer, wie sie in langen Reihen in dieser feuchten Luft, die die matte Sonne kaum erwärmte, auf dem Trottoir standen. Ich sah sie wieder, diese kleinen Sparerinnen, deren Kleider nach Lavendel riechen, deren Handschuhe abgenutzt sind, mit Kapotthütchen und den vertrockneten Gesichtern, mit dem armseligen Lächeln, der gewölbten Stirn, auf der alle Weisheit prangt. Sie standen da, genau in der Reihe, wie die Polizisten es befahlen. Ich mußte an Battersea, Clapham, an alle anständigen, mittelmäßigen Viertel denken, die weit vom Zentrum liegen. Ich kenne diese Stadtteile nur oberflächlich, da ich nur durch sie gefahren bin. Ach, ihr armen kleinen Sparer, meinetwegen habt ihr Battersea verlassen, meinetwegen habt ihr diesen starren Blick, in dem nur Unglück liegt. Vielleicht habt ihr meinetwegen graue Haare bekommen. Wie soll ich das wieder gutmachen? Ich will nach London fahren, mich bei einem Gesindevermietungsbureau melden und dann umsonst in eure Dienste treten und die ekelsten Arbeiten verrichten ... Ich habe Cartuyvels gefragt:

„Dachten alle diese Leute an mich?“

„Wahrscheinlich, sie erfuhren ja Ihren Namen, als sie vom Rennstall Barnabooth lasen.“

„Sie haben mich sicher verflucht.“

„Nein, sie dachten viel zu sehr an ihr Geld. Von Ihnen wußten sie nur, daß sie ein ruinierter Amerikaner waren.“

„Dann hatten sie wohl Mitleid mit mir?“

„Nein, sie dachten nur an ihr Geld, an ihr bedrohtes Leben, an nichts anderes. Versetzen Sie sich mal in ihre Lage.“

„Das will ich gar nicht. Ich will lieber die Photographien betrachten. Wie lustig sie aussehen! Schade, daß ich nicht in London war, ich hätte ihnen Klappstühle vermietet. Ja, sie haben recht, was gehe ich sie und was gehen sie mich an? Sie hatten kein Mitleid mit dem ruinierten Amerikaner. Weshalb sollte ich Mitleid mit ihnen haben? Ich bedaure nur, daß der Mann, der sich mir zu Ehren die Kugel vor den Kopf schoß, nicht tot ist. Aber die andern – ich freue mich jetzt, daß ich alles verkauft habe. Welch glückliche Folgen hat dieser Verkauf gezeitigt. Betrachten Sie doch nur den Kopf der alten Jungfer in der ersten Reihe. Das allegorische Bild der betrogenen kleinen Sparerin! Ich hätte sie beinahe beklagt. Aber ich denke an ihre moralische Unsauberkeit: dieser verkniffene Mund und diese gierigen Augen. Ich kenne dieses herrliche Geschöpf. Die verkörperte Tugend, aber Verleumdung und Heuchelei gehen neben ihr. So ist es ja immer. Sie trägt das Geschwätz ihres Viertels von Haus zu Haus. Laut jammert sie über die Verirrungen des Nächsten, freut sich aber im geheimen, daß sie einen Konkurrenten weniger auf dem Pfade der häuslichen Tugenden hat. Nach ihrer Ansicht haben die andern immer unrecht, und ihr armes Dienstmädchen hat's nicht leicht. Ich kenne dieses Weib. Was sie über alles schätzt, ist das Verwerflichste, das es gibt: die soziale Ordnung. Alle Mitglieder der königlichen Familie sind Heilige oder Genies; der Adel hat alle Tugenden und Talente, und sie selbst, die kleine Sparerin, ist das Vorbild des Lebens, wie es gelebt werden soll; geht sie nicht jeden Sonntag zur Kirche und verachtet sie nicht aus Herzensgrund alle Sünder, die nicht hingehen, alle Verschwender, die nicht sparen? Ich denke vergeblich nach, um irgend etwas zu finden, wodurch ich mir ihre ganze Verachtung zuzöge. Oder besser noch: Tartuffe! Durch scheinbare Tugendhaftigkeit und Frömmigkeit will ich ihre Achtung gewinnen, will ebenso unschuldig erscheinen, wie sie zu erscheinen glaubt, dann aber plötzlich auf sie springen, ihr die Fetzen vom Leibe reißen und sie schallend auslachen. –

„Wie hat diese Komödie geendet?“

„Man hat in der Presse einen Gegenfeldzug unternommen und vierzehn Tage lang an den Kassen jeden Betrag ausgezahlt. Das Publikum beruhigte sich und brachte sein Geld wieder. Haben Sie während der letzten zwei Monate keine Zeitungen gelesen?"

„Was kümmern mich die Zeitungen? Hätte ich nur eine Ahnung gehabt, ich hätte die Zahlungen einstellen lassen und Konkurs angemeldet. Nur um die kleinen Sparer zu ruinieren, um sie zu zwingen, an mich zu denken. Man hätte mich zum Schein zu einigen Jahren Gefängnis verurteilt, denn Scotland Yard hätte mich nie verhaftet. Warum haben Sie mich nicht benachrichtigt, Cartuyvels? Ich will verachtet werden, will aus den wenigen exklusiven Klubs, denen ich noch angehöre, ausgestoßen werden. Die Gelegenheit wäre günstig gewesen. Welch herrlicher Abgang aus der Welt der Geschäfte und der Klubs. ‚Neueste Nachrichten! Millionenkrach! Barnabooth auf der Flucht!' und so weiter. Geschäfte, welche Gemeinheit! Ich halte Gefängnistrafe für weniger entehrend! Auch das ist eine Maxime der kleinen Sparer: Alles, was den Handel fördert, ist gut. Und die Prostitution hebt das Geschäft. Geschäft ist Prostitution. Ich bin Geschäftsmann und damit ein Mensch ohne Ehre."

„Um diese philosophischen Fragen handelt es sich jetzt nicht. Die Direktoren der Anden- und der Pazifik-Gesellschaft haben alles zu Ihrem und des Publikums Besten geregelt."

„Gut, daß ich mich nicht darum zu kümmern brauchte. Aber, Cartuyvels, ich glaube, Sie sprechen doch von Geschäften."

„Unser Gespräch brachte das mit sich. Ich möchte Ihnen nur noch nebenbei sagen, wie gefährlich es oft, wie gewagt es immer ist, freiwillig die soziale Stellung aufzugeben, in die uns das Schicksal gestellt hat. Um aus Ihrer Klasse ausgestoßen zu werden, hätten Sie beinahe tausend andere unglücklich gemacht."

„Reden wir nicht davon. Keinem ist auch nur ein Haar gekrümmt worden. Ich aber bin froh, daß ich den Dämon los bin, dessen Sklave ich war: mein immobiles Vermögen. Immobiles Vermögen, welcher Dreck! Ein großer Haushalt, Luxus, soziale Stellung: wie lächerlich ist das alles für einen alleinstehenden jungen Mann.“

Cartuyvels sah jetzt aus wie eine traurige Ziege, der irgendein Unglück zugestoßen ist. Kein Spott in seinen Augen. Ich glaube das wenigstens, denn hinter den goldumrandeten, viereckigen Gläsern kann ich sie schlecht sehen. Was denkt er von mir? Er weiß, daß ich nicht verrückt bin und weniger kindlich als das, was ich sage. Die Ausfälle gegen soziale Ordnung, Tugend, bürgerliche Wohlanständigkeit kümmern die Schlauköpfe nicht, denen Geld alles ist. Geld, und ich ende mit einer letzten Kinderei, die ich in kindlicher Vermessenheit kühn finde:

„Cartuyvels, mein Vater muß doch ein arger Industrieritter gewesen sein, daß er mir ein so großes Vermögen hinterlassen konnte?“

Cartuyvels sagte zuerst nichts. Dann antwortete er: „Ich freue mich, Sie bei so guter Laune zu finden. Man hat mir erzählt, daß Sie heiraten wollen.“

„Sie lassen mich beobachten, Cartuyvels. Das habe ich schon längst vermutet.“

„Ich lasse Sie nicht beobachten, ich wache über Ihre Sicherheit. Seit Sie allein reisen, mit einem Koffer voller Banknoten, ohne Waffen, habe ich für Ihre Sicherheit gesorgt, das ist alles. In Bosnien entführt man vor den Augen der österreichischen Gendarmen die Reisenden, um Lösegeld von ihnen zu erpressen.

In einem Dorfe des Apennin hätten im vergangenen Monat die Bauern Vanderbilt beinahe totgeschlagen; sie behaupteten, sein Auto habe ein Kind überfahren. Das Ganze war natürlich erfunden, er sollte nur gehörig zahlen. Übrigens merken Sie nichts von Ihren Wächtern. Sie haben sie bis jetzt noch nicht zu sehen bekommen.“

„Sie liefern Ihnen aber Berichte über mein Privatleben.“

„Ein junger Mann in Ihren Verhältnissen, der überall hingeht und mit dessen Leben so vieler Interessen verbunden sind, befindet sich, selbst beim strengsten Inkognito, ständig in Gefahr. Es ist meine Pflicht ..."

Ich sage kein Wort mehr. Ich lasse Cartuyvels tun, was er will. Der junge verrückte Milliardär darf sich nicht frei bewegen! Und dabei hatte ich geglaubt, der Vormundschaft Cartuyvels durch den Verkauf meiner Güter ledig zu werden.

„Cartuyvels, Sie sind Mentor und ich bin Telemach, ein sehr ungehorsamer Telemach. Sie werden sich doch nicht plötzlich in Minerva verwandeln? Sagen Sie mir das vorher. Und noch eins, seit wie lange ‚schützen' Sie mich?"

„Seit Sie Berlin verließen, bis in die letzte Zeit. Herr Maxime Claremoris hat hiermit aber nichts zu tun."

„Ich hatte ihn nicht im Verdacht, Cartuyvels. Wer folgt mir?"

„Zwei Detektive, zuverlässige Leute, die Sie nicht kennen."

„Ich hätte sie doch sehen müssen."

„Schon möglich, aber beide haben mir versichert, daß sie Ihnen bisher nicht aufgefallen seien."

„Sie sind mir jeden Tag überallhin gefolgt?"

„Ja, heute der eine, morgen der andere. Das heißt nur bei Tage."

„Und des Nachts?"

„Dann beobachtete Sie jemand anders. Eine Frau."

„Eine Frau? Das hätte ich wissen sollen. Sie war vielleicht hinter den Vorhängen meines Schlafzimmers versteckt?"

„Nein, versteckt hat sie sich nicht. Sie haben sie gesehen und mit ihr gesprochen. Vor vierundzwanzig Stunden haben Sie sogar um ihre Hand angehalten."

„Florrie Bailey?"

„So ähnlich. Auf alle Fälle ist sie mit Ihnen unter dem Namen ‚Herzensfreude' oder ‚Herzenswunsch' bekannt geworden. Genau weiß ich das nicht, irgend so ein blöder sentimentaler Quatsch."

„Das ist gelogen."

Diese Worte habe ich gebrüllt. Von ganzem Herzen wünschte ich, es wäre gelogen.

Cartuyvels ließ sich durch meine Heftigkeit nicht einschüchtern, mit aller Vorsicht fuhr er fort:

„Diese junge Frau ist mir sehr nützlich gewesen. Sie ist eine Prostituierte, gerissen und dabei ziemlich hübsch. Aber ich brauche sie Ihnen ja weiter nicht zu beschreiben."

„Unglaublich! Sie ist wohl die Detektivin, die auf der letzten Seite der Zeitungen annonciert? Sobald man wußte, daß ich hier war, hat Ihre Privatpolizei sie nach hier geschickt. Bald nach ihrer Ankunft hat die Detektivin dann erfahren, daß ich im Savonarola verkehre, sie hat sich als Tänzerin engagieren lassen, sie kann natürlich alles, wie alle Detektivinnen der Kriminalromane. Wie aber hat sie es angestellt, daß ich gerade sie wählte? Sie sehen wohl, daß die Sache nicht stimmt."

„Allerdings. Die Sache ist viel einfacher. Sobald meine Leute merkten, daß Sie Interesse für die Tänzerin hatten, haben sie sich mit ihr verabredet, und sie war gegen Bezahlung natürlich bereit, ihnen zu helfen."

„Falsch! Sie hat Sie getäuscht. Ich habe den sicheren Beweis. Es entbehrt nicht der Komik, daß sie auf diese Weise zu Ihrem Gelde kam. Ich werde es Ihnen ersetzen. Und der beste Beweis, daß sie Sie gründlich an der Nase geführt hat, ist, daß ich sie heirate."

„Nein, Sie heiraten sie nicht."

„Wollen Sie mich daran hindern?"

„Ich kenne meine Pflicht Ihnen gegenüber. Nie würde ich Ihren Wünschen entgegen sein. Aber diese Person hat mich beauftragt, Ihnen die Antwort auf Ihren Antrag zu überbringen; sie ist negativ."

„Und der Beweis?"

„Hier. Dieses Schreiben wurde von ihr geschrieben und unterzeichnet. Nach Erhalt der genannten Summe verpflichtet sie sich, Florenz und Italien innerhalb von vierundzwanzig

Stunden zu verlassen. Ich brauche sie weiter nicht, ich bezahle und entlasse sie. Ihrer Diskretion glaube ich sicher sein zu können.“

„Cartuyvels, Sie sind der Stärkere. Aber wer beweist mir, daß diese Quittung von der fraglichen Person unterschrieben wurde? Wer beweist mir, daß Sie sie ihr nicht durch Drohungen abgepreßt haben? Und schließlich könnte das alles ja auch von Ihnen erfunden sein.“

„Sprechen Sie mit ihr.“

„Eins bleibt mir unerklärlich: Wie hat sie darin einwilligen können, Ihnen zu dienen auf die Gefahr hin, mir zu mißfallen, wo ich ihr doch tausendmal mehr biete als Sie? Ich bin immerhin die größte Chance, die sie je im Leben hat. Ist es nicht verrückt, daß sie zwischen uns beiden schwankt? Sie sind ihr Geliebter.“

„Ach, Herr Barnabooth, vergessen Sie mein Alter nicht.“

„Ich werde sie überzeugen. Ich will sie zum Altar führen, sie heiraten, und wäre auch alles, was Sie mir sagen, wahr.“

Ich fühle, daß ich mich festrenne; daß die Partie verloren ist oder vielmehr, daß von einer regelrechten Partie überhaupt nicht die Rede sein kann, denn von vornherein hat man sich über mich lustig gemacht, mich betrogen. Ich fühle, daß ich unrecht habe und mit jedem Wort das Unrecht größer und mich lächerlicher mache. Aber eine böse Macht läßt mich weitersprechen.

„Sie wollen sie heiraten? Ich besitze einige Photographien von Frau – Florrie Barnabooth in den seltsamsten Stellungen. Wollen Sie sie . . .“

„Zeigen Sie sie vor.“

Das also enthielt der kleine Lederkoffer. Schrecklichstes! Ich durchblättere das Album, mir brennt der Kopf. Arme Geliebte, wie hast du nur so tief sinken, deine Schande so öffentlich machen können?

Leise sagt Cartuyvels: „Sie hat sie mir geliehen. Auf Reisen hat sie die Bilder immer bei sich. Andenken.“

Das also ist die schreckliche Vergangenheit, die ich ihr so gern verzieh, ihr auch jetzt noch verzeihe. Die Hölle und ihre Verdammten! Auf den Mist geworfene Liebe! Bespiene Seele! Wie schön ist doch die Keuschheit. Wenn dir der Tod auch alle Unschuld wiedergäbe, dies bliebe doch.

„Diese Photographien finden reißenden Absatz", sagt Cartuyvels. „Sie sehen wohl, daß diese junge Dame außer ihren choreographischen und detektivischen Talenten auch über eine Spezialität verfügt, über die ich nicht weiter sprechen möchte. Sie ist die richtige Gattin für einen anständigen Mann."

Der erste beste darf also ungestraft über sie spotten. Wie leid sie mir tut! Ich möchte vor Mitleid sterben. Vor so viel Gemeinheit schäme ich mich meiner Naivität. Wie gern teilte ich mit ihr die Verachtung der Welt. Ich kann es nicht ausdenken, daß, während mich die Welt achtet, alle Zeitungen Europas den geringsten meiner Schritte berichten und ich, O. A. Barnabooth, der Sohn des Inkas, der wohlbekannte, reiche Mann, der beliebte Sportsmann bin, diese Seele, meine Schwester, der Geilheit aller Vorübergehenden dient.

„Cartuyvels, Sie sollen sie mir verheiraten. Ich heirate sie, verstanden, und zwar auf der Stelle."

„Mir soll es recht sein, wenn sie will. Sprechen Sie mit ihr. So beenden wir am schnellsten diese peinliche Angelegenheit."

„Ich gehe zu ihr."

„Sehr gut. Nehmen Sie das Album mit. Ich weiß nicht, was ich damit soll, und ein Mann, der etwas auf sich gibt – halt, ich vergaß, daß sie Sie ohne ein Wort von mir nicht empfängt. Hier ist meine Karte."

Ich bin fast zu ihr gelaufen. Ich ließ Cartuyvels allein an dem gedeckten Tisch.

Ich dachte nicht mehr ans Essen. Sie war zu Hause und empfing mich.

„Verzeihen Sie, wenn ich neulich von Ihrer Vergangenheit

und Ihren Freundinnen hören wollte. Aber ich konnte kein anderes Thema finden. Die Wahrheit konnte ich Ihnen nicht sagen, auch nicht, welche Rolle ich Ihnen gegenüber spiele. Hoffentlich habe ich Sie ein wenig zerstreut, vielen Dank für die herrlichen Soupers. Wir haben uns im ersten Stock des Carlton die Zeit ganz nett vertrieben."

Lächelnd nahm sie mir Hut und Album aus der Hand.

„Ziemlich gemein", sagte sie, auf den Inhalt des Albums anspielend.

Am liebsten hätte ich ihr ins Gesicht gelacht. Ich sagte ihr, daß ich käme, um die Gründe ihrer Absage kennenzulernen, daß ich von ihr eine offene Erklärung erwartete.

„Mein lieber, dummer Junge, was soll ich anders sagen, als daß ich keine Lust habe, zu heiraten. Ich will nicht heiraten, will eine gräßliche alte Jungfer werden, die eine Brille trägt, keine blonden Locken und keinen Tanz in Holzschuhen mehr kennt. Seien Sie doch nicht so traurig, das kann ich nicht ansehen. Wollen Sie die ganze Wahrheit wissen? Sehen Sie, es gibt zwei Sorten von Verliebten: die gute und die schlechte. Ich habe gleich gewußt, daß Sie zu der schlechten Sorte gehören, denn Sie lachen nie, wenn ich bei Ihnen bin. Aber die, die lachen, gehören zu der guten Sorte: Männer, die zu Frauen unseres Schlages kommen, um zu lachen, die Sorgen zu vergessen: alte Geschäftsleute und junge Offiziere auf Urlaub, verheiratete Männer, die das Leben kennen. Und ein paar junge Leute, die im täglichen Leben sehr viel arbeiten, sehr ernst und zu ehrgeizig sind, sich in Mädchen, wie wir es sind, zu verlieben. Ja, nur diese sind lustige und fröhliche Gefährten. Manche begnügen sich damit, für unsere Garderobe zu sorgen, uns mit Schmuck zu behängen, um ihren Reichtum zu zeigen – und uns eine Freude zu machen. Sie zeigen gern, daß sie reich sind. Sollte man sie deswegen tadeln? Nur um mit solchen Männern zu verkehren, bin ich ein *gaiety girl* geworden.

Mein Temperament gleicht dem ihren: Lachen, Soupers,

Champagner, Küsse, kurz die Sonnenseite des Lebens, auf der man keine Sorgen kennt. Wir genießen das Leben, so gut wir können, scheuen jedes unnütze Gefühl. Bei mir vergißt der verheiratete Mann das mürrische Gesicht seiner Frau. Ich tröste ihn, und deshalb ist er bei mir froh, deshalb schenkt er mir die Augenblicke, in denen ihn die Freude beherrscht. Auch ich habe eine soziale Mission. Was kümmert mich die Verachtung der Dummen und der Heuchler! Mein lieber, lieber Junge, ich will Ihnen sagen, was Ihnen fehlt: Sie gehören einfach nicht zu dieser Sorte Männer. Sie sind kein Leichtfuß. Man hatte mir erzählt, Sie reisten mit einem Harem. Ich fand das durchaus in Ordnung bei einem so reichen Mann. Es gibt ja so viele Reiche, die nur an Pferde und Spiel denken, und die armen Mädchen gucken sich vor den Schaufenstern der Juwelierläden die Augen aus. Nun, ich wäre sehr gern Ihre Haremsdame geworden. Ich hätte mich mit den anderen Frauen meines Sultans sehr gut vertragen. Aber was mußte ich sehen! Sie können ja nie einen Harem haben, dazu sind Sie viel zu ernst in Ihrer Liebe. Sie suchen bei uns kein Vergnügen, sondern Langeweile und Pflichten. Nein, lassen Sie mich weitersprechen. Sie wissen nicht, was Sie wollen; ich aber weiß es: Sie suchen eine Frau, und das erste beste Mädchen soll sie werden, das heißt, ich. Ich kann aber nie Ihre Frau werden. Ja, ich brauchte meinem Herrn nur zu gefallen? Aber dazu ist vor allem ein ordentlicher Haushalt erforderlich. Ich soll eine Haushälterin haben? Wer wird diese überwachen? Ich kann nicht einmal den kleinen Haushalt der einfachen Tänzerin in Ordnung halten. Nein, mein Lieber, das ist unmöglich. Lieben will ich Sie wohl, Sie armer Schulbub. Aber heiraten? Sie können ebensogut von mir verlangen, ins Kloster zu gehen.

Und wenn ich Ihnen sagte: Kommen Sie mit mir, aber ohne Trauung. Sie würden kommen, mit mir von Stadt zu Stadt reisen, würden wie ein braves Kind im Saale sitzen, während ich mich mit den Freundinnen hinter den Kulissen halbtot lache. Das wäre für mich schon verlockend, wenn ich an das Geld denke. Aber immer würde ich Ihre Eifersucht und Ihren Kummer fühlen. Sie würden alle Tage über mein Schmetterlingsleben Tränen vergießen. Ich habe Männer gekannt, die viel härter waren als Sie und doch um ihr kleines Mädchen täglich bittere Tränen weinten. Und das würde mir, offen gesagt, wenig Freude machen. Und doch würden Sie mit mir kommen, weil Sie immer noch hoffen, mich zu heiraten. Ich müßte auf das Theater verzichten, dann auf dies und dann auf das, und das geht so weiter, bis ich Ihre Frau geworden bin, die kleine Frau mit dem verhärmten Gesicht der verheirateten Frau. Nein, das habe ich einmal durchgemacht. Auf das Geld pfeife ich. Wenn ich nur an jedem Ersten des Monats eine Anweisung an meine alte Mutter nach Warwick schicken kann, das genügt mir. Ich bin Künstlerin, und alles andere ist mir egal. Soll ich Ihnen für all die schönen Geschenke einen guten Rat geben? Diesen Rat möchte ich übrigens gern allen jungen Leuten geben, die keinen Ehrgeiz haben und Müßiggänger sind wie Sie: Suchen Sie keine Liebe bei den *gaiety girls*. Heiraten Sie ein Mädchen aus Ihren Kreisen. Wer arbeitet und schuftet, um im Leben weiterzukommen, sucht auch Vergnügen: für die sind wir da. Wer sich aber nur amüsiert, sucht Lasten. Sie sollen sich ein Mädchen aus Ihren Kreisen nehmen. Wenn Sie in fünfzehn Jahren noch Junggeselle sind, fragen Sie wieder bei mir an, vielleicht sage ich dann ja."

„Sie haben sich alles überlegt?"

„Was soll ich überlegt haben? Was Sie mir bieten, kann mir auch ein anderer bieten, Sie sind nicht der einzige reiche Mann auf der Welt. Und muß ich Ihnen denn noch sagen, daß ich lieber arm und frei als reich und abhängig bin? Und nun, mein Lieber, addio. Ich reise nach Österreich. Vielleicht sehen wir uns wieder, aber legen Sie es nicht darauf an. Sie werden von mir hören. Durch die Zeitungen und anderswie."

„Wieso?"

„Abwarten. Das habe ich mir schon seit Jahren überlegt. Eine famose Sache, eine große Sache, die so vieles ändern wird. Ich werde wieder interessant, scheint's. Daran hat noch kein Mensch gedacht. Sehr gut, sehr einfach, und alle werden zufrieden sein. Aber Sie können nicht verlangen, daß ich Ihnen als erstem mein Geheimnis anvertraue. Erst muß ich längere Zeit in Deutschland leben. In vier Jahren, vielleicht auch schon in zwei. Das kann ich unmöglich wissen. Die Welt ist dafür noch nicht reif. Ja, ja, und nun addio! Florrie Bailey! Vergessen Sie meinen Namen nicht. Er wird eines Tages in aller Mund sein."

„Wahrscheinlich auf sozialem Gebiet?"

„Ich sage nichts. Und nun müssen Sie gehen, meine Koffer sind noch nicht gepackt, und um sechs Uhr geht mein Zug."

Sie hielt meine Hand in der ihren.

„Let's have a kiss, dearie", sagte sie leise und zog mich an sich wie an jenem Abend im Carlton. „Hundert, zweihundert Küsse, so viel man sich in einer Stunde geben kann. Ich werde meine Koffer hernach ein bißchen eiliger packen. Sie sind so gut zu mir gewesen."

Sie lächelte, ihr Blick war starr, die Oberlippe leicht gehoben. Ich ging an ihr vorbei, ohne sie zu küssen. Sie ekelte mich an. Eben noch sah ich sie auf einer der großen Variété-Bühnen einer Hauptstadt, vor 10 000 Zuschauern. Plötzlich hört auf ihren Wink das Orchester auf zu spielen, und sie sagt mit lauter Stimme einige Worte, die alle in grenzenloses Staunen versetzen: Sie gibt die Lösung aller Probleme, ein wahnsinniges Glück. Jetzt aber sah ich in ihr nur die Dirne; die obszöne „Masseuse", die schmutzige Ringkämpferin; der Gestank ihres Lebens benahm mir den Atem. Ihr Zorn antwortete prompt auf meine Verachtung. Laut krachte hinter mir die Tür ins Schloß.

Cartuyvels hatte mit dem Frühstück auf mich gewartet. Seltsam, ich fühle mich in seiner Gegenwart wohl. Kommt das daher, daß Cartuyvels mir gesellschaftlich nähersteht als

Florrie Bailey? Ich war wie erleichtert. Cartuyvels triumphierte nicht; er war nach wie vor voller Respekt, er war so ruhig, als wenn er Modell gesessen hätte.

„Meine verdammte Ähnlichkeit mit dem älteren Cato hat mir wieder mal eine glatte Abfuhr eingebracht. Ich glaube, ich heirate nie."

Cartuyvels war nicht darauf gefaßt, mich so vergnügt zurückkommen zu sehen. Vielleicht beunruhigte ihn noch etwas anderes.

„Ja", erklärte ich, ganz wie in meiner Geschichte vom armen Hemdenmacher: „Herr Barnabooth liebte die Tochter des armen Hemdenmachers schon nicht mehr." Ja, Unbeständigkeit unserer Liebe, Geheimnisse des menschlichen Herzens und so weiter. Vielleicht schreibt jemand eine Burleske über diese Begegnung zwischen Tänzerin und Milliardär mit unveröffentlichten Reden des armen Reichen und widmet das Ganze Gaëtan de Putouarey.

„Ich bin froh, daß Sie sich jede Neigung zu dieser unwürdigen Person aus dem Herzen gerissen haben."

„Unwürdig? Warum? Vielleicht bin ich ihrer nicht wert: nicht Plebejer genug. Durch meine Erziehung ihrer niederen Herkunft zu fern. Kurzum, ich kann sie nicht mehr verstehen."

„Nein, nein", fiel Cartuyvels ein, und jetzt wurde zum erstenmal sein glattes und hartes Gesicht etwas lebhafter, „vom moralischen Standpunkte aus ist dieses Mädchen ein Tier, und sie selbst hält sich für unwürdig, Ihre Gattin zu werden. Eins hätte ich Ihnen vorhin gleich sagen sollen: schon am zweiten Tag ihrer Begegnung war sie die Geliebte eines der Männer, die über Ihre Sicherheit wachen."

„Das ist noch nichts. Sie hat sich mir angeboten, um mich für das zu belohnen, was sie meine Güte nennt."

„Sie ist wie alle Dirnen: mit ihrer ‚Liebe' bezahlen sie."

(Wie richtig das ist! Wir bilden uns ein, das Leben entdeckt zu haben, und wenn wir dann sehen müssen, daß ältere Leute es auch kennen, sind wir über die Maßen erstaunt.)

„Cartuyvels, ich strecke die Waffen. Sie sind stärker. Ich komme mir Ihnen gegenüber vor wie seinerzeit meinem Lehrer Don Jean Martin. Wie Sie das alles gedeichselt haben. Anstatt mit Moral zu kommen, lassen Sie das Leben selbst sprechen. Sehr gut. Ich bin Ihnen Achtung schuldig. Ich will es Ihnen nun endlich sagen! Sie gefallen mir, Cartuyvels. Ich weiß, daß Sie meine literarischen Versuche verachten. Widersprechen Sie nicht. Es war in London. Sie warteten in meinem Arbeitszimmer auf mich. Ich war im Rauchzimmer, die Tür war nicht zu. Um auf meinem Schreibtisch für die geschäftlichen Papiere, die Sie mir brachten, Platz zu schaffen, schoben Sie das Manuskript meiner ‚Blähungen', das ich damals abschrieb, verächtlich beiseite und sagten dabei: ‚Seine Gedichte, seine herrlichen Gedichte!' Ich habe das so deutlich gehört, als wäre ich im Arbeitszimmer gewesen. Ich sagte mir: Er versteht das nicht. – So denkt jeder Autor, den der Kritiker verreißt. Aber trotzdem war ich damals böse auf Sie und kam zu dem Schluß, daß Sie für mein Leben kein Verständnis haben konnten. Und da mein Leben durchaus in Einklang stand mit meinen ‚Blähungen' und meinen ‚Entleerungen', so lautet der Titel meiner nächsten Gedichtsammlung, mußten Sie es mißbilligen. Und ich habe recht. Was ich sage oder schreibe, im geheimen sind Sie nicht damit einverstanden. Und doch sage ich jetzt zu Ihnen: Cartuyvels, ich mag Sie gern. Was Sie tun, geschieht nur zu meinem Besten. Mein Leben ist verächtlich und grotesk, voller Widersprüche, Schande und Dummheiten, im Bann der Dämonen der Sinnlichkeit, des Stolzes und der Sentimentalität. Ihr Leben aber ist bewundernswert. Nichts als Treue und Hochachtung und abermals Treue und Hochachtung. Nachdem Sie für den alten Kaiser gelebt haben, leben Sie jetzt für den jungen Milliardär – ohne Begeisterung, treuer Diener, ohne allzugroße Verleugnung, ohne Ideale, aber mit der ganzen Schlichtheit Ihres Herzens. Wie sehr müssen Sie mich verachten."

„Sie verachten, weil Sie das alles sagen?"

„Nein, wegen meines ganzen Lebens, wegen des Verkaufs und dieser Weibergeschichte."

„Im Gegenteil, meine Achtung ist nur gewachsen. Was man will, soll man gründlich wollen. Und diese Weibergeschichte hat mir das Ritterliche Ihres Charakters, das mir bisher unbekannt war, offenbart. Sie sind erst dreiundzwanzig Jahre alt. Wenn Sie erfahrener sind und diesen starken Altruismus ..."

„Da sind wir wieder, wo wir immer enden. Ich mag das Wort Altruismus nicht. Nein, reden wir von was anderm. Werden Sie mich noch weiter beobachten lassen?"

„Wenn ich nein sagte, würden Sie es nicht glauben. Und wenn ich ja sagte, würden Sie zweifeln. Nun?"

„Immer besser. Mir fehlt die Erfahrung. Und wenn Sie mir ritterliche Gefühle beilegen, tun Sie mir zuviel Ehre an. Gemeine Sinnlichkeit, weiter nichts. Und Florrie Bailey hat schon recht, wenn sie sagt, es sei weiter nichts als der Wunsch, zu heiraten. Als ich meine Wagen und Autombile noch hatte, betrachtete ich immer den leeren Platz neben mir. Und merkwürdig, mir steht der Sinn immer nach Mädchen aus dem Volk. Den Frauen unserer Kreise ziehe ich ein Mädchen aus der bürgerlichen Gesellschaft vor, weil sie dem Volke näher ist. Was wollen Sie dagegen sagen? Führen Sie meine Wahl auf einen Mangel an Erziehung zurück? Die Journalisten, die sich in ihren Berichten oft wundern, daß ich noch nicht verheiratet bin, und Florrie Bailey, die mir rät, eine Frau aus meinen Kreisen zu heiraten, ahnen kaum, daß die kleinen Prinzessinnen, die ich haben könnte, mir alle egal sind, während der Blick der kleinsten Popolona, des schmutzigsten Schmutzfinks in den Straßen von Florenz mein Herz in Aufregung bringt."

„Sie müssen aber doch zugeben, daß es bezüglich der Intelligenz, der Güte, der Milde ebenso Unterschiede gibt wie bezüglich der Statur, der Schönheit?"

„Ja, da haben Sie recht. Eine Reihe von Komplikationen. Ich hatte von vornherein das große Prinzip gefunden: alle Menschen sind gleich, oder besser, dies unfaßbare, verborgene Etwas, die Seele, ist in allen Menschen gleich. Und daß alles andere: Genie, Wissen, Intelligenz, gute Manieren, nicht mehr ist als ein Busch auf dem Hang des Himalajas. Nein, das war eine einfache, allgemeine Idee, und an sie wollte ich mich halten. Aber nun verlangt das Leben, daß ich diese Leiter aus Unterschieden bis in die feinsten Nuancierungen als wichtig anerkenne. Für viele Menschen verschwindet sogar diese ursprüngliche Gleichheit unter diesen Unterschieden, selbst unter denen in der Erziehung. So subtil sind die Menschen. Anstatt Florrie Bailey ebenso zu achten wie sich selbst, verachten sie sie. Nein, ich kann das nicht fassen. Genug davon. Was ich deutlich erkenne, ist dieses: die Frauen meiner Kreise langweilen mich, ich brauche sie nur anzusehen, um mich moralisch verpflichtet zu fühlen, eine arme Frau zu heiraten."

„Merkwürdige Gedanken."

„Nein, Cartuyvels, ich bin König auf dem Jahrmarkt der Eitelkeiten. Wenn ich wollte, könnte ich morgen König sein (Sie wissen ja wo; jeden Tag fordert man mich auf, mich an die Spitze der Rebellen zu stellen). Und dann dürften Sie mich auch Majestät nennen. Ich möchte die allerärmste Frau der Erde finden und mit ihr meinen königlichen Glanz teilen. Wenn das doch nur einmal wahr würde, daß ein König eine Hirtin heiratet! Daß der König Cophetua die junge Bettlerin heiratet! Sehen Sie, oft habe ich Lust, in die schmierigste Bude zu gehen, mir dort meine Frau zu holen, sie schlafend und noch betrunken an den Altar zu schleppen. Vielleicht aber würde ich mir wieder einen Korb holen."

„Schon möglich. Es gibt eine Art Indolenz ..."

„Der Herzen?"

„Ganz recht, und die bewirkt, daß das Gros der Menschen die Mittelmäßigkeit, an die sie gewöhnt sind, dem Reichtum, der diese Gewohnheiten ändern würde, vorzieht. Alle Dirnen sind so. Soll ich Ihnen eine Geschichte aus meiner Jugend erzählen, mit der ich die Ehre hatte, Seine Majestät eines Tages zu zerstreuen?"

„Ja."

„Nehmen Sie keinen Anstoß daran, wenn Sie solche Worte aus dem Munde eines alten Mannes hören. Es war unter dem zweiten Kaiserreich. Ich hatte in Paris eine Mätresse. Sie war ein Kind des Volkes, eine Grisette. Oft saßen wir zusammen in ihrem Zimmer. Einfaches Essen, das mir viel reizvoller erschien als die Küche des Herzogs von Morny, dessen Kammerdiener mein Vater war. Kurzum, ich brachte meiner Geliebten eines Tages eine kleine Ölflasche aus Porzellan mit, ihre, unsere war bei der letzten Mahlzeit zerbrochen. Kaum sah sie mein Geschenk, als sie böse wurde und mir nur kurz dankte. Den ganzen Tag war sie schlechter Laune. Ich wollte wissen, weshalb. Sie sagte zu mir: Für mich ist das Ding zu schön, verwahre es für das Bürgermädchen, das du heiraten wirst. – Ich bestand darauf, daß sie das Fläschchen behielt, aber nie habe ich es auf unserm Tisch gesehen. Und als wir uns entzweiten, schickte sie mir mit meinen Briefen das Ölfläschchen zurück. Verzeihung, wenn ich Ihnen solche Albernheiten erzähle."

„Eine ganz reizende Geschichte."

„Seine Majestät lachte sehr darüber."

„Ich möchte lieber vor Rührung weinen. Deutlich sehe ich das Ölfläschchen aus Porzellan vor mir. Sehe das Mäulchen der kleinen Französin, wie sie den Kopf senkt und die Schultern in ihren weiten Ärmeln hängen läßt. Sie hätten sie heiraten sollen: dann hätte sie das Ölfläschchen behalten können."

„Sie war mir weiter nichts als eine Laune."

„Merkwürdig. Ich sehe als Endziel nur die Heirat. Der

Gedanke an eine sogenannte Liaison ist mir nie gekommen, und wenn die Herzogin von Waydberg nicht tot wäre ..."

„Haben Sie schon vom Tode Seiner Exzellenz gehört?"

„Bodo ist tot?" – „Die Zeitungen von gestern waren voll von Nachrufen für den Herzog von Waydberg. Hier das Wiener Tageblatt. Man munkelt, daß er im Kabarett starb, in Gesellschaft von ... Mit siebenundsechzig Jahren."

Ich habe nichts erwidert. Vor mir tauchte die Vergangenheit auf. Armer Bodo! Er war aus einer andern Schule. Für ihn bestanden die Realitäten des Lebens in Soupers, Festen, Pferden, kurz in Vergnügen. Und dennoch spricht man von seiner Karriere. Er hatte viel geleistet. Er hatte den Krieg zwischen zwei großen Nationen verhindert. Jeden Tag arbeitete er von morgens sieben bis mittags. Seinem Lande und seinem Herrscher hat er große Dienste geleistet. Was habe ich im Vergleich zu ihm geleistet? Ich, der ich mich in sittlicher Beziehung für reiner halte als ihn. Was er aus seinem Leben gemacht hat, entschuldigt tausendmal seine Vergnügungen, während meine teure, moralische Reinheit tausendfach durch meine Nutzlosigkeit verdammt ist. Das ist die Wahrheit.

Cartuyvels hat das Schweigen respektiert, in das mich diese Gedanken versenkten. Ich hätte gern Florrie gegen ihn verteidigt und von dem berühmten Geheimnis gesprochen. Ich habe es nicht gewagt. Cartuyvels hat sein Gläschen Zubrowka geleert und ist dann gegangen. Unser Abschied war ziemlich kühl. Er ist am selben Abend abgereist und sitzt jetzt sicher mit Xavier-Maxence auf der Terrasse der Galleria Umberto I. Er erzählt ihm die Geschichte mit der Tänzerin, und der kann sich nicht halten vor Lachen im Gedanken an meine Naivität. Er ist nämlich einer jener Schlauen, die nur viel Geld heiraten, einer dieser Ehrgeizigen, wie sie Florrie Bailey gefallen. Und wenn er recht hätte? Wenn das Bedürfnis nach Liebe nur Dummheit wäre? Ich habe die ganze Nacht geschrieben, ohne auch nur einmal aufzublicken. Ich wollte fertig werden. Ich bin fertig. Ich gähne ...

FLORENZ, SAN MARINO, VENEDIG

Florenz, 12. Mai

Ich habe die Krise, in der die Gefühle alles waren, überstanden und fange wieder an, für meine Umgebung Interesse zu haben; meine Wände und Möbel erhalten ihre Realität wieder. Das Zimmer, in dem Florrie Bailey mich empfing, hatte ich nicht gesehen. Ich habe mich vergeblich darauf besonnen und habe jetzt eine schwache Vorstellung von bläulichen Wänden und teilweise abgeblätterter Decke. Das Zimmer muß mit Fliesen ausgelegt gewesen sein, ich erinnere mich an Hartes unter meinen Füßen und das Gefühl der Kälte an den Knöcheln. So finde ich denn alles wieder wie es war und ist: die Florentiner Straßen mit ihrem harten und trockenen Pflaster, bei dem man an eine Erde denkt, die ganz und gar Besitz des Menschen geworden ist und die er nach seinem Willen geebnet und geformt hat. Ich finde auch meine Lieblingsläden wieder. Die Läden mit den Reiseartikeln artikeln in der Via Calzaioli, die Buch- und Wäscheläden, die Konditoreien in der Via Tornabuoni, die Läden in der Via Cerretani, Martelli, Cavour. Auch die Läden der Stoffhändler interessieren mich wieder.

Gestern, Donnerstag, habe ich mich von dem langen Schreiben ausgeruht. Ich bin über den Arno nach Boboli gegangen. Es ist sehr schwer, diesen Massen von trockenem Grün, die durch Alleen und runde Beete mit trockenem Sand eingeteilt sind, Geschmack abzugewinnen. Hier merkt man den Wechsel der Jahreszeiten nicht. In diesen grünen Vierecken – Weißbuchen, Oliven und Efeu – sucht man vergeblich ein Zeichen des Frühlings. All diese schönen Bäume – selbst das kleinste Grashälmchen macht keine Ausnahme – scheinen seit langem tot, durch eine chemische Substanz konserviert zu sein, erinnern an einen zusammengeleimten Puppengarten. Als ich an einer Stelle die Zweige auseinanderbog, hatte ich den Eindruck, als wären die Alleen lange Kaskaden mit heißem Sand, der ohne Unterbrechung aus dem heißen, blauen Himmel, der stellenweise mit dicken, schmutzigen Wolken bedeckt ist, herniederrieselt. Und als ich über die Via Maggio zurückkam, schien mir der Arno das Kunstwerk eines Goldschmiedes: smaragdgrün waren seine Fluten, die bernsteinhelle Kais und Paläste einfaßten, und Brücken aus altem, mit Silber, Aquamarin und Gold eingelegtem Elfenbein schwangen sich über ihn.

Während ich nur an Florrie dachte und in nutzlosen Diskussionen mit Cartuyvels meine Zeit vertat, existierte dies alles weiter, und ich sah es nicht. Nein, ich habe die Krise noch nicht ganz überstanden; ihre Ursache ist noch nicht behoben. Hier draußen fühle ich, daß mein Blick sich nur mit Mühe von den Frauen losreißt und ich nach wie vor mit derselben Unruhe meine Frau suche. „Tutte le femmene!“ heißt es in einem neapolitanischen Lied. Vor allem die Frauen aus dem Volk. Cartuyvels gegenüber habe ich getan, als wäre alles erledigt, aber meine Sehnsucht nach der Frau aus dem Volk ist neuesten Datums. Zuerst zog ich die Mantilla dem Hut, und jetzt ziehe ich dem Hut das unbedeckte Haar vor. Ich schließe die Augen und sage mehrere Male wie im Rausch: le donne, als wenn in dem Klang allein etwas Weibliches läge. Ja, die Frauen reizen mich, nicht die Damen. An Florrie gefielen mir ihre großen, blebejischen Glieder. Will ich mir denn noch immer vormachen, daß ich eine soziale Ungerechtigkeit wieder gutzumachen habe? Da fällt mir eine alte Geschichte ein, an die ich lange nicht gedacht habe. Cartuyvels hat sicher auch daran gedacht, als er mein Abenteuer mit Florrie hörte. Er kennt die Geschichte, Jean Martin hat sie ihm erzählt. Es ist die Geschichte mit Marika; mein erster galanter Versuch. Ich will sie hier niederschreiben. Vielleicht vergehen Jahre, ehe sie mir wieder einfällt.

Als ich sechzehn Jahre alt war und mit Stephan das Schloß W. in der Nähe von Charkow bewohnte, verbrachten wir einen Monat unserer Ferien in Konstantinopel. (Während dieses Aufenthaltes lernte ich Anastasia Retzuch kennen.) Ich war meine Unschuld, auf die ich absolut keinen Wert legte, derer ich mich schämte, gründlich leid und hatte den Entschluß gefaßt, nur mit einer Geliebten nach Rußland zurückzukehren. Aber Jean Martin, mein Erzieher, der uns begleitete und dem der Fürst unsere ständige Beaufsichtigung ans Herz gelegt hatte, war ein fast unüberwindliches Hindernis bei der Verwirklichung meines Planes. Wir mußten während der Nacht unsere Zimmer im Pera-Palace verlassen, durch die Gassen von Galata laufen und jeden Augenblick gewärtig sein, daß man uns umbrachte. Und während wir so umherirrten, sagten wir uns, daß jeden Augenblick der Lärm der sich beißenden Hunde oder die Rufe der Wächter unsern Mentor wecken konnten. Wir sahen ihn, wie er aufstand, an unsere Türen klopfte, keine Antwort erhielt, das Zimmer betrat und wach blieb, um auf uns zu warten. Und dann erwartete uns Schreckliches, denn der Fürst konnte maßlos werden in seinem Zorn. Abenteuerliche Nächte. Stephan, der sieben Jahre älter war als ich, ging seine eigenen Wege. Aber wir kamen zusammen zurück. Wir trafen uns am Anfang der Pera-Straße, gegenüber dem Tore der „kleinen Gärten". (Ich denke an einen Morgen, als er auf sich warten ließ und ich im werdenden Licht des Tages voller Angst dastand, wie mich Infanterie-Patrouillen, die aus Stambul kamen, neugierig ansahen.) Endlich fand ich, ich weiß nicht mehr wie, ein Mädchen aus Smyrna. Sie war zwanzig Jahre alt. Ihr Gesicht war golden, als würde es von unten von einer Flamme erleuchtet. Sie hieß Marika und war bereit, mich nach Rußland zu begleiten. Die Vorbereitungen waren aufregend. Sie sollte sich als *baba* verkleiden, den weißen Schleier tragen. Ich kaufte alles Notwendige. Marika war entzückend in ihrem groben Gewand. Sie war auf einmal nicht mehr das Straßenmädchen aus Galata, das ich vor kurzem noch gesehen hatte. (Ja, Florrie hat wieder einmal recht: auch bei dieser ersten hätte ich den Gedanken, sie eines Tages zu heiraten, nachdem ich sie von ihrer Vergangenheit gereinigt, nicht von mir gewiesen.) Solange wir in Konstantinopel waren, rührte ich sie nicht an.

Ich hatte für sie auf dem Schiff, mit dem wir nach Sebastopol zurückfuhren, eine Kabine zweiter Klasse bestellt. Durch die Luken unseres Privatsalons sah ich sie an Deck kommen. Es war also Tatsache: ich hatte eine Geliebte. Und weder mein Mentor noch Stephan wußten es! Endlich hatte ich mein eigenes Leben und so etwas wie ein Liebesabenteuer.

Nach dem Essen hatte ich schnell Marikas Kabine gefunden; ich trat ein und unterdrückte einen Freudenschrei. Mein „kalisperis“ beantwortete sie mit einem Stöhnen. Ich hatte nicht an die Seekrankheit gedacht. Die ganze Nacht pflegte ich sie, und diese „Pflege“ widerte mich an, aber trotzdem war ich froh, und immer wieder kam mir der Gedanke, daß das Leben zwar ein wenig grob, aber doch vernünftig sei. Marika, die ihre Schamhaftigkeit und Koketterie abgelegt hatte, war bald mein, bald verfluchte sie mich, daß ich sie zu dieser Reise verleitet, rief nach ihrer Mutter und beschwor alle Heiligen des orthodoxen Kalenders. Ich wußte nur wenige Worte Neugriechisch, und so war unsere Unterhaltung ständig voller lächerlicher Mißverständnisse. Endlich leuchtete der blaue Schild des Tages an der Wand der Kabine; von dem Bett über dem Marikas sah ich das Meer ruhig daliegen; es war müde, nachdem es die ganze Nacht Wellen, Turbinen, Transmissionsriemen und elektrische Klaviere angetrieben hatte. Das Lid der Morgenröte öffnete sich weiter. Im Wasser schwamm ein grüner Kürbis. Der Nebel verschwand, ich sah den Kreidestreifen einer nahen Küste. Ich sagte zu Marika:

Wir sind gleich da. Ich sah ihr Gesicht und ihren fast nackten Oberkörper, bleifarbig beide, mit grünen, schattenhaften Flecken. Ich war müde, in der Kabine stank es entsetzlich, Marika widerte mich an. Ich empfand kein Mitleid mit ihr. Das war mir interessant. Das Stoßen des Schiffes hörte auf, und während das Meer um uns zurückflutete, ertönte eine Glocke. Ich mußte sie fast auf den Knien bitten, aufzustehen. Als sie endlich soweit war, waren wir an der Grafskaïa Pristan, unter der monumentalen Treppe, vor Anker gegangen. Jean Martin suchte mich schon überall, ich mußte schnell eine Ausrede finden.

Nun wieder fürchtete ich, sie würde nicht früh genug zum Zuge kommen, in dem Jean Martin, Stephan und ich bereits saßen. Ihr Paß war in Ordnung, und mehr als einmal hatte ich ihr gesagt, wie sie sich bei der Ankunft zu verhalten hätte. Ich sah sie schon in Sebastopol umherirren, sah sie in den Kneipen am Hafen verschwinden, für immer für mich verloren. Als die Glocke zum zweitenmal läutete, erschien sie auf dem Bahnsteig. Sie war die letzte, drum fiel sie auf. Ebenso auffallend war aber ihre Haltung. Lachend machten sich einige Offiziere in weißer Mütze und Dolman auf sie aufmerksam. Man dachte sicher: Sieh da, die kleine Griechin verirrt sich in den Norden. Ich sah sie einsteigen. Da hörte ich Jean Martins Stimme hinter mir; ich glaubte, die Besinnung zu verlieren. Er sagte: „Seien Sie unbesorgt, wir fahren ohne sie nicht ab."

Ich wandte mich um und stammelte: „Wer sie?" Aber mein Mentor antwortete nicht, sondern blies eine dichte Rauchwolke gegen die große Lampe an der Decke. In diesem Augenblick brachte uns der Diener Tee. Die fünfzehn Stunden Bahnfahrt waren für mich Höllenqual. Immer wieder sagte ich mir: Martin weiß alles, unsere nächtlichen Eskapaden, alles; und wenn er bisher nichts gesagt hat, so will er mir eine umso strengere Lehre erteilen. Ich werde sicher morgen, wenn ich den Salon betrete oder mit Seiner Hoheit zu Tisch sitze, Marika sehen. Ich stellte mir die Wut des Fürsten vor und empfand schon jetzt das Lächerliche, in das mich die Situation brachte. Am liebsten hätte ich mich sofort entschuldigt. Ich verleugnete Marika; ich war ganz krank vor Angst. Ich tat aber, als läse ich mit großem Interesse Zolas eben erschienenen Roman: *Rome,* den ich mir am Abend vorher in Pera gekauft hatte. Ich fand in dem Buche nichts, das meiner Angst gleichkam; seine Worte las ich, den Sinn faßte ich nicht. Dann wieder hatte ich Mut. Schließlich, so sagte ich mir, weiß Jean Martin nichts Genaues. Er hat vielleicht bemerkt, daß ich die kleine Griechin nicht aus den Augen ließ, und hat nur scherzen wollen. Auch sagte ich mir: so schlimm wird's ja nicht werden, den Hals kostet es auf keinen Fall.

Ich hätte Marika gern gesagt, daß wir entdeckt wären, und daß es besser wäre, sie bliebe einige Tage in Charkow im Hotel, bevor ich sie abholte. In Simferopol stieg ich aus und versuchte, meine kleine Freundin zu sprechen. Unmöglich: die Glocke ertönte, aus dem Trichter der Lokomotive ertönte ein trauriges Hu! – und ich mußte in mein Abteil zurück. Am Büfett in Alexandrowsk konnte ich Stephan ins Vertrauen ziehen. Er riet mir, mich ganz ruhig zu verhalten, und versprach mir seine Hilfe. Martin war bald bei uns. Hier wieder kaufte ich, um meine Unbefangenheit zu dokumentieren, irgendein albernes, unanständiges französisches Buch. Marika kam nicht ans Büfett. Wir stiegen wieder ein, und der Zug eilte über die russische Erde, die aussieht wie abgenutztes Billardtuch, und brachte uns mit jeder Minute dem Zorn des Fürsten näher.

Zwei Tage nach unserer Ankunft kam Stephan früh in mein Zimmer und sagte mir, daß alles über Erwarten gut gelungen und Marika vorläufig in der Wohnung einer der Gärtner, gleich am Eingang zum Park, untergebracht wäre.

„Bei Demetrius' Frau, weißt du. Nach dem Frühstück lassen wir die Pferde satteln und reiten hin.“

Demetrius' Frau war die einzige von allen Frauen auf

W.s Ländereien, für die ich etwas wie Zuneigung empfand. Ich liebte sie aus der Ferne, mit Achtung und Keuschheit. Wenn ich den Vers las:

Alles an Esther atmet Unschuld und Friede,

dachte ich an Demetrius' Frau. Wenn ich las, daß die Tugend liebenswert ist, sah ich Demetrius' Frau vor mir; und sie war liebenswert mit den beiden Kindern, die zu ihren Füßen spielten. Eines Tages hatte ich sie bei einem Feste gesehen; sie trug eine leuchtende Haube, ihr Kleid war steif von Stikkereien und goldenen Litzen. Ihr sauberes und mildes Gesicht strahlte mehr als ihre Haube, aber schöner als ihr Kleid waren ihre Arme, die man in den weiten, offenen Ärmeln sah. Sie war die Reinheit selbst. Es widerstrebte mir, sie in diese Geschichte verwickelt zu wissen.

Wir machten uns auf den Weg. Ich kam mir vor wie ein General, der über das Schlachtfeld reitet. Vielleicht beobachtete man uns.

Als wir abstiegen, empfing uns die junge Frau mit einer tiefen Verbeugung. Stephan fragte sie etwas. Ich hörte sie miteinander plaudern, verstand aber nichts. Das ärgerte mich, auch wollte ich möglichst schnell Marika sehen. Stephan wandte sich zu mir und sagte französisch: „Sie ist fort. Man hatte sie in dem für sie bereiteten Zimmer untergebracht. Das war vorgestern. Gestern hat die kleine Theodora gesehen, daß die Tür weit offen stand und das Zimmer leer war. Man hat sie überall gesucht, aber vergebens."

„Hat man denn in der Nacht kein Geräusch gehört?"

Stephan übersetzte meine Fragen. Nein, sie hatten nichts gehört.

Zehn Minuten später fuhren wir in Demetrius' Wagen nach Charkow. Drei Stunden jagten wir über das weglose Billardtuch, umweht von dem Wind, den die zwei großen, schwarzen Pferde entfesselten. Endlich erhoben sich am Horizont die grünen Dächer und vergoldeten Kuppeln. Vor dem Hotel Prosper stiegen wir ab. Die Kleine aus Smyrna hatte niemand gesehen. Herr Prosper riet uns, aufs französische Vizekonsulat zu gehen. Ich lief hin. Ein Sekretär, der mich mit herrlichster Grobheit empfing, wurde erst höflich, als er hörte, daß ich kein Franzose war. Ja, er hatte das junge Mädchen am Tage vorher gegen Mittag gesehen. Ein Mönch hatte den Dolmetscher gespielt. Sie hatte ihren Paß visieren lassen, denn für sie waren die französischen Konsulate in der Türkei zuständig, da sie in einem katholischen Kloster erzogen worden war. Nach endlosem Gerede, durch das der Herr Sekretär seinen „esprit" dokumentieren wollte, was mich im höchsten Maße ärgerte, erfuhr ich, daß Marika sofort Charkow verlassen hatte. Ich rannte zum Bahnhof. Ja, am Tage vorher hatte sie ein Billett nach Sebastopol gelöst. Auf der Polizei hätten wir noch Genaueres erfahren können. Aber keiner von uns, weder Stephan noch ich, wagte sich hier zu erkundigen.

Am folgenden Tage, in der Früh, waren wir wieder in W. Ich gab an, ich hätte in der Stadt Bücher gekauft. Jean Martin spannte mich geradezu auf die Folter, er wollte absolut die Bücher sehen. Nie sagte er ein Wort über das Abenteuer. Hatte er vielleicht Marika heimlich fortgeschickt? Oder war sie geflohen, erschreckt durch den Anblick des Landes? Traute sie meinen Versprechungen nicht, oder fürchtete sie den Zorn derer, von denen ich abhängig war? Vielleicht hatte sie einen Wagen gefunden, der sie in die Stadt brachte. Als wir Konstantinopel verließen, hatte ich ihr ziemlich viel Geld gegeben, damit konnte sie das Retour-Billett bezahlen. Die Wahrheit würde ich wohl nie erfahren. Das Ganze kam mir vor wie ein Traum. „Hab keine Angst, ohne sie fahren wir nicht ab." Manchmal glaube ich, daß Martin nie diese Worte gesagt hat. Zwanzigmal war ich nahe daran, es zu einem Krach kommen zu lassen, ihn um eine Erklärung zu bitten. Aber ich wagte es doch nicht. Für ihn und mich war es besser so. Cartuyvels hat sicher an diese Geschichte gedacht. Mein Abenteuer mit Florrie war nicht weniger „jungenhaft".

Ich hatte eigentlich keinen Grund, Marika nachzutrauern.

Ich kannte sie nicht. Ich hätte sie nur sehr gern kennengelernt. Sie sollte mich in die Psychologie der Liebe einführen. Sie war gerade die, die, wie Laforgne sagt (ich lernte ihn später in Paris kennen), *mich mit dem Weibe bekannt machen sollte.* Ganz instinktiv hatte ich mich an eine käufliche Person gewandt, aber um ehrlich zu sein, in meine Neugierde mischte sich ein gut Teil Sentimentalität. Ich kaufte sie, und sie anbetend, wollte ich das Geschenk des Weibes empfangen.

Im Grunde war ich froh, die elende Geschichte vom Halse zu haben. Ich versetzte mich künstlich in eine poetische und verzweifelte Stimmung. Ich fing sogar eine Elegie an: O *Mädchen aus Smyrna mit dem goldenen Antlitz.* Bei diesem ersten Vers ist es geblieben.

Einige Zeit später ging ich mit Stephan wieder in Demetrius' Haus, und wieder begrüßte uns die schöne Baba zum Zeichen ihrer Hochachtung mit einer tiefen Verbeugung. Was sie das erstemal gesagt hatte, wiederholte sie Wort für Wort. Ich war überzeugt, daß sie von der ganzen Geschichte wußte. Sie fügte einige Worte hinzu, wobei sie lächelnd den Kopf unter ihrem weißen Schleier neigte. Ich glaubte verstanden zu haben, als Stephan übersetzte:

„Sie meint, es sei nicht der Mühe wert, Frauen von so weit mitzubringen, da es hier genug gäbe. Du weißt, was sie meint. Ich gehe jetzt. Demetrius ist im Dorf."

Aber schon galoppierte ich nach dem Schloß zurück. Stephan folgte mir und rief: „Reite doch langsamer, du Narr!"

Die Worte der Baba hatten mich tief erschüttert. Wie schlau und gerissen war ich mir vorgekommen, als ich Marika mit nach W. brachte. Und diese junge Familienmutter, die ich von weitem als das Bild der Keuschheit und ehelichen Treue angebetet hatte, zeigte mir ein Herz, das hundertmal verderbter, hundertmal leichter dem Bösen zugängig, hundertmal schlechter war als meins. Als ich im Bett lag, kamen mir die Tränen. Ich schämte mich meiner Naivität, meiner Unschuld. Ich Unschuldslamm glaubte, die Sünde wäre so selten und so außergewöhnlich, daß man sie von weither holen müßte. Nie wieder näherte ich mich des Demetrius' Haus. Ich traf die Frau einmal im Dorfe, ich warf ihr den strafenden Blick des Moralisten zu. Sie wurde rot. Ich hätte sie am liebsten in meiner Gegenwart auspeitschen lassen. Ich verehrte sie immer noch!

Ja, die Krise ist gemildert, aber sie dauert fort. Während ich diese Worte niederschreibe, wird der Wunsch in mir wach, diese zwei Frauen wiederzusehen. Marika muß jetzt siebenundzwanzig Jahre alt sein, Demetrius' Frau zweiunddreißig. Nie wieder habe ich ein Gesicht gesehen wie das des Mädchens aus Smyrna; selbst im hellsten Sonnenschein hatte es eine innerliche Helle, die fast tragisch und feierlich wirkte. Aber beide haben das kleine Liebeslicht, das mir im Herzen brannte, verachtet. Die eine, indem sie sich einfach von mir trennen ließ, die andere, indem sie sich mir so leicht anbot, als wollte sie mir Ersatz sein für die andere.

14. Mai

Bettino hat mich besucht. Wir haben im Rauchzimmer gesessen und den Arno betrachtet, den der Wind blau färbte. Der Himmel ist grau und blau, und traurig sieht die Kuppel von San Frediano aus; traurig die jenseits des Arnos liegenden Hügel, deren Olivenbäume so zart sind wie Farn und Grün, mit dem man die Tafel schmückt. Wir haben geplaudert. Auf dem Trottoir gegenüber geht eine dicke Dame vorbei.

„Quanta carne“, sagt Bettino.

Ich erzähle ihm von den Eindrücken, die ich meiner Krise verdanke. Er wird grob; das passiert ihm nicht oft.

„Nun, mein Lieber, wenn du es so eilig hast, wozu ist denn das Savonarola da? Kannst für mehr Geld auch was Besseres finden.“

Das Ende meines Abenteuers mit Florrie Bailey kennt er nicht.

„Wenn ich so leicht zufriedenzustellen wäre, würde ich dir dies alles nicht erzählen, täte ich es doch, würde ich nicht mehr Aufsehens davon machen als von dem Genuß, den ich meinem morgendlichen Bad verdanke. Nein, ich brauche was anders als dieses ewige Suchen, als diese groteske und schändliche Jagd. Deine Haltung in dieser Frage ist gemein."

Nun werde ich auch grob. Es gibt Leute, mit denen man einfach über gewisse wichtige Dinge nicht sprechen kann. Ich wußte es.

Willy hat seinen schlechten Tag. Seine zarte, deutliche Stimme, die durch ihren Klang jedem Wort einen besonderen Wert verleiht, hat nichts Lustiges gesagt. Ich habe ihn nicht zum Essen dabehalten. Ich bin lieber ein wenig in den belebten Straßen um die Piazza Vittorio Emmanuele und die Arkaden spazierengegangen. In Casana ist ein Rennen gewesen. Die Zeitungsverkäufer schrien: Al galoppe! Al galoppe!

Ich bleibe gern am Rand eines Trottoirs stehen, in dem sich bewegenden Schatten der Spaziergänger; ich sehe gern allem Schweren auf der Straße zu, während in der Ferne aus Weiß und Schwarz ein Teil des Doms aufsteht.

15. Mai

Nun ist die Krise endgültig überstanden. Heute habe ich einen sehr schwungvollen und schmeichelhaften Brief einer Mutter erhalten, die Seine Hoheit, „den großmütigen Beschützer der Künste" (das bin ich), bittet, mit seinen Geldmitteln ein außergewöhnlich begabtes Mädchen, das aus Mangel an Geld seine Gesangstudien nicht fortsetzen kann, zu unterstützen. Und diese Mutter, die sich meiner Hoheit ergebenste Dienerin nennt, hat ihren Namen und die Adresse nicht vergessen: Ich brauche nur über den Arno zu gehen, dann nach rechts, bis ans Ende des Ponte alle Carraia, hinter der Piazza di Castello. Hier wartet das junge Mädchen auf die Antwort, die über ihr Schicksal entscheiden soll. Gestern noch wäre ich gegangen, ein mittelloses Mädchen, eine Künstlerin! Ich habe den Brief zerrissen, habe so vielleicht die große Chance meines Lebens verpaßt.

Ich bin durch die tiefen Straßen geeilt bis zu den Viali, die mich immer wieder in das Innere der Stadt treiben. Im Weibe sehe ich nur noch die Quelle aller Bitterkeit. Mir kam folgender Vergleich, mit dem ich zufrieden bin: Wie von Natur aus der König die Quelle der Ehre, so ist das Weib die Quelle aller Tugend. Das aber ärgert mich: Tugend ist so untätig, monoton und fade.

Man mag sagen, was man will, die Frau ist nicht für das Vergnügen geschaffen. Bei einem Diner mag man für kurze Zeit den Eindruck haben, daß sie das Vergnügen liebt wie wir. Sobald aber ein Mann in ihr tägliches Leben eintritt, findet er bald unter den wenigen guten Augenblicken, wie langweilig die Frau innerlich ist –, schwarze Erde unter Blumen. Der Mann, der mit einer Frau zusammenlebt, wird bald „ordentlich". Tournier de Zamble, der das Leben einigermaßen kennt, sagte mir eines Tages: „Mit Champagner fängt es an und endet mit Kamillentee." Und dieses verlangsamte Tempo im Leben des Mannes, das er den Gewohnheiten verdankt, ergreift auch den Geist. Er geht abends nicht mehr aus, er reist nicht mehr und so weiter . . ., hat auch keine Sehnsucht mehr nach der Wahrheit. Das hängt alles eng zusammen. Er hat seine Bequemlichkeit, ein mittelmäßiges Wohlbehagen – und weiß nicht, daß es armselige Lügen sind. Aber die Frau scheint immer wieder zu sagen: Bin ich nicht die Wahrheit? – Nicht ganz, meine Teure, antwortet der Mann, der, die Lippen in dem duftigsten Haar, sich überrascht, wie er an Nietzsche, den Pragmatismus, an die neue Theologie denkt. Die Frau ist immer eine Beschränkung, die uns sogar oft das verweigert, weswegen wir sie überhaupt dulden.

Sie ist wie ein Buch, dessen erstes Kapitel neue Wahrheiten, genaue Bilder, richtige Gedanken, Musik enthält; aber dann kommen 600 Seiten seichte Moralpredigten, Wortspiele, Küchenabrechnungen und Gedichte, die ein sentimentaler Gendarmeriehauptmann verfaßt haben könnte. Und dieses Buch müßte ich zu Ende lesen, nachdem ich einmal den verhängnisvollen Eid geleistet hätte.

Seltsam: was man gemeinhin Tugend nennt, ist mir ekelhaft. Ich muß das mal genau untersuchen. Ich habe eine große Neigung zum Laster. Die Tugend scheint mir negativ und leicht. Das Böse dagegen positiv und schwer. Und weshalb sollte ich mich nicht für das Böse entscheiden? Es ruft mir immer zu: Faulpelz, komm zu mir; du fühlst wohl, daß du dich überwinden und tausend Ängste in dir töten, tausend Vorurteile und Millionen Hemmungen wegräumen mußt, um dich bis zu mir zu erheben. Ich bin schwer zu erreichen! Doch komm, es wird sich lohnen!

Ich werde rasend bei dem Gedanken, daß das schläfrigste Mädchen im Carlton mehr Willen zum Bösen hat als ich. Ja, ich will des Lasters höchste Stufe erreichen.

Florenz

Ich habe den Versuch gemacht. Es war sehr einfach. Ich betrat eine Papierhandlung in der Via Cerretani, wo man schauderhafte, aber teure Andenken an Florenz verkauft. Auf einem Tisch standen kleine Glocken, deren Griff eine rote Lilie darstellte. Ich hatte einen Vorwand: Löschpapier verschiedener Farbe wählen. Ich trat ganz nahe an den Tisch links. Ich sprach mit der Verkäuferin über das Wetter. Ich nahm mein Taschentuch aus der Tasche.

„Nein, nicht das grüne, lieber das hellblaue."

Ich mache mit der rechten Hand eine plötzliche Bewegung, während die linke das Taschentuch auf den Tisch fallen läßt, auf dem die Glöckchen stehen. Die große Angst: Wenn sie nur keinen Ton von sich gibt. Während die Verkäuferin meinen Fünf-Francs-Schein zur Kasse bringt, hebe ich mit der Linken ganz sachte das Taschentuch auf, wobei der Mittelfinger den Klöppel der kleinen Glocke festhält, stecke alles in die Tasche: Glocke und Taschentuch, ohne einen Muskel der gekrallten Finger zu bewegen.

Der Blick der Verkäuferin, die jetzt zurückkommt, fällt auf die Stelle, wo die Glocke stand. Der Augenblick ist schön. Aber sie hat nichts gesehen.

„Sonst noch was, mein Herr?"

Ich warte einen Augenblick, überlege, scheine zu zögern.

„Nein, weiter nichts, danke."

Dann bin ich langsam hinausgegangen, bin einige Augenblicke vor dem Schaufenster stehengeblieben. Ich bin sicher, daß man nichts gemerkt hat. Aber den ganzen Abend hatte ich in den Läden, die ich besuchte, das Gefühl, ohnmächtig zu werden, sobald ein Kunde eintrat. Als ich ins Carlton zurückkam, fragte ich den Portier, ob man nach mir gefragt hätte. Nein, niemand war dagewesen.

Ich könnte doch nun zufrieden sein. Ich habe mich überwunden und das Böse getan. Ich frage mich, ob Florrie Bailey den Diebstahl auszuführen gewagt hätte. Ich könnte stolz sein. Ich habe mir eingeredet, daß ich es bin. Aber nein: Freude hat mir die Sache nicht gemacht. Diese kleine Glocke – sie steht neben dem Heft, in das ich schreibe – begehrte ich nicht. Wenn ich sie sehe, habe ich keinerlei unangenehmes Gefühl. So ist es mir nicht einmal gelungen, mir eine kleine Gewissensqual zu verschaffen.

Erstens habe ich mir die Gefahr viel größer vorgestellt. Man hätte sicher von der Sache kein Aufsehen gemacht. Ich hätte einfach bezahlen müssen und alles war erledigt. Mein Name, meine Referenzen, schon meine Adresse im Carlton allein hätten bewiesen, daß ich kein gewöhnlicher Dieb, sondern ein Kleptomane bin. Und wenn die Verkäuferin mich gesehen hat? Ein Haus, in dem ich für 3000 Francs Papierwaren im Monat gekauft habe! Ich habe geglaubt, einen Diebstahl zu begehen, und es war nur eine alberne Kinderei.

So also verwende ich meine Zeit, die Zeit des freien Mannes, der keinerlei Zwang dulden und seinem Tätigkeitsdrang keinerlei Fesseln auferlegen, der sich alles erlauben will? Nein, ich kann mich nicht überwinden, und das Böse ist für mich viel zu schwer; denn ich fliehe nicht nur den Zwang, sondern die Anstrengung. Ich bin nur die Beute einiger niedriger Gefühle, die sich den Besitz meiner Seele streitig machen, und Angst und Faulheit sind die stärksten unter ihnen. Ich stehe nicht jenseits von Gut und Böse! Ich stehe darunter.

Ich habe eine englische Familie, die mich unter den Arkaden der Piazza Vittorio Emmanuele nach Or San Michele zur Assunta geschickt. Ich hätte vielleicht besser daran getan, selbst zur Assunta zu gehen. Das war gemein. „Sie können das Tier schlagen, es ist angebunden." Aber der physische Widerwille war zu groß.

Ich will an den Gefängnisdirektor schreiben. Er soll mir den Besuch des Gefängnisses gestatten. Ich will sehen, wie die Diebe dort leben.

Dienstag

Ich weiß nicht warum, aber ich habe wieder angefangen. In andern Läden. In derselben Weise, mit dem Taschentuch, derselbe Erfolg. Wenn ich so weiter trainiere, kann ich bald einen Juwelenladen ausrauben. Und der Erfolg? Bei jedem neuen Versuch wird meine Erregung geringer. Ich zittre nicht mehr.

Im Grunde ist alles Unsinn. Aus lauter Langweile ein kleiner Diebstahl in einem Laden, dann eine Wagenfahrt nach Cascine, Tee bei Doney, Bummel auf der Piazza Vittorio Emmanuele und Abendessen bei Lapi. Gertrud Hansker nennt das den Sport par excellence, und ich hatte mir allerhand davon versprochen. Nein, nein, es beeindruckt mich nicht, eine ganz gleichgültige Handlung (nur nicht für den Kaufmann), ich empfinde kein Bedauern. Hätte ich einen Diener im Carlton angebrüllt, das würde mir leid tun; meine Stehlerei raubt mir meine Ruhe nicht; aber beim Anblick der gestohlenen Gegenstände versuche ich pflichtschuldigst zu erröten. Langweile, Niedergeschlagenheit, Ekel vor mir selbst. Keinen Freund, keinen Feind (ausgenommen einige Neidlinge, die mich nicht kennen). Ich möchte mich vor einen der großen Spiegel im Salon stellen und mich stundenlang ohrfeigen. Aber wozu? Ich brächte dadurch nicht ein Tausendstel meiner Selbstverachtung zum Ausdruck. Ohne Wunsch, ohne Leidenschaft, ohne Willen, die Schnauze im Trog ... Ist das das Leben des freien Mannes?

Donnerstag

Im Gefängnis von V. Der Direktor hat mich im Automobil abgeholt. Ein Mann mit Manieren wie ein Signore. Durch die toskanische Landschaft gefahren. Fand hier den Stoff zu einem kurzen Gedicht „Ein Sonntag im März", und doch steht hier alles im Frühlingsschmuck.

Mußte mich sehr beherrschen, dem Direktor meine Diebstähle nicht zu gestehen. Hätte gern seine Ansicht gewußt. Er hätte es sicher als Kleptomanie bezeichnet. Der echte Dieb muß arm sein. Ich habe mir eine regelrechte Theorie hierzu zurechtgelegt und hätte sie gern den Gefangenen, die ich sehen würde, auseinandergesetzt. Aber das Gefängnis ist ganz anders, als ich es mir vorgestellt hatte.

Kaum habe ich seine Luft geatmet, als ich wußte, daß die Gedanken, die mich bewegen, dort nicht leben. Die Rede, die ich vorbereitet hatte, stand in keiner Beziehung zur Wirklichkeit. Im Gefängnis war kein einziger Dieb, kein einziger Verbrecher, es waren nur Gefangene. Fast Soldaten, nicht ganz Kranke. Im Zimmer des Direktors hing ein Bild „Gewissensbisse" (ein fast nackter Herr, dem die Augen aus dem Kopfe treten wollen). Sonst fand ich nirgendwo in der Anstalt etwas von Gewissensbissen. Ob wohl einige dieser Seelen sich in Qualen verzehrten und sühnen wollten? Nun, deswegen war man ja hier. Die anderen zählten die Tage und Monate, aber es war Idealismus. Unterdessen nahmen sie alles ruhig hin, Tage, Monate, Nahrung und täglichen Spaziergang; eine kleine Abwechslung in ihrem Leben, weiter nichts.

Durch das vergitterte Fenster in der Tür habe ich hundertmal dasselbe Bild gesehen: Der Gefangene, in gelb und grün gestreifter Sträflingskleidung, lehnt an einem Tischchen unter einem Rechteck aus hellblauem Licht. Die Strafe scheint mir nutzlos und noch nutzloser die Tat, die bestraft wurde. Das Leben hatte ganz einfach diese Form angenommen, das war alles. Das Leben selbst war nutzlos.

Beim Abschied wollte ich dem liebenswürdigen Gefängnisdirektor sagen: ich habe einen Freund, der in den Läden stiehlt. Ich hätte ihm dann meine Heldentaten erzählt. Ich habe es nicht getan. „Ich habe einen Freund, der mit einer kleinen Arbeit über die Gefängnisse beschäftigt ist", habe ich gesagt.

„Ich will ihm gern unseres zeigen."

30. Mai

Den ganzen Tag habe ich die sonntäglich schwarz gekleidete Menge betrachtet, die unter meinen Fenstern am Kai längs des rosafarbenen Streifens des Gitters spazierengeht. Spaziergang der Gefangenen der täglichen Arbeit. Resigniert? Nein; arme verschüchterte Seelen, die keine Forderungen ans Leben stellen und wütend werden, wenn andere es tun; die arme, dumpfe Menge der Mittelmäßigen, die mit dem Finger auf den zeigen, der das Leben genießen will, der unregelmäßig lebt, den Künstler. Ich freue mich, daß ich von ihnen getrennt bin, daß mein Reichtum mich für ihre traurigen Augen unsichtbar macht. Sie wären sonst imstande, über mich herzufallen. Zugunsten meiner Freunde im Gefängnis von V. kann man wirklich allerlei anführen. – Nein, nichts kann man anführen, das zugunsten von irgend etwas spräche. Der murrende Schritt dieser Menge bestätigt es.

Früher, in Zeiten meiner größten Traurigkeit, ärgerte es

mich, eine gewisse Befriedigung zu finden. Und das wurde noch komplizierter durch eine gewisse Befriedigung, die ich empfand, weil ich konstatierte, daß ich mich über eine gewisse Befriedigung, deren Quelle meine Traurigkeit war, ärgerte. Aber heute nachmittag, als ich unter mir zwischen den Brükken die grünen Felder des Arno und das Wehr sehe, das den Fluß diagonal durchschneidet und über das hart das Wasser in einer Rundung gleitet, wo ich mir gegenüber die Kuppel von San Frediano mit den traurigen Fenstern erblicke, heute bin ich mir meiner Nichtigkeit bewußt wie in der Nacht, als ich das *„Geschenk seinerselbst“* schrieb. Ach! Mein ganzes Leben ist für den Egoismus geschaffen, ich will nur immer mir gefallen, und ich liebe mich nicht, ich liebe niemand.

Vielleicht fehlt mir körperliche Bewegung? Ein wenig Hockey bringt alles wieder ins Gleichgewicht. Ich will ausgehen und mich unter die Menge mischen, aber ich will feine Kleider tragen, viel Schmuck und den Spazierstock mit dem goldenen Griff nicht vergessen. Das soll die kleinen Bürger reizen. Ich möchte wissen, ob ich der einzige Milliardär bin, der weiß, wie sehr unser Luxus die Seelen der Spießer aus der Fassung bringt (das Volk, das sich so leicht nichts versagt, versteht und bewundert). Bei den Geizigen finde ich oft zornige Verachtung.

Florenz, 2. Juni

Anderen werfe ich Unentschlossenheit vor, und dabei bin ich heute, am 2. Juni, noch immer in Florenz.

Aber ich bin wenigstens gerettet; für den Augenblick gerettet. Während ich diese einleitenden Worte in mein Tagebuch schreibe, schnarcht der Marquis von Putouarey in einem meiner Zimmer. Ich habe wieder einen Menschen um mich. Es war die höchste Zeit.

Putouarey hat mich ins Hotel zurückgebracht. Allein wäre ich nicht wieder hingegangen. Ich war verzweifelt bis zum Wahnsinn, irrte seit drei Tagen umher, wusch mich nicht mehr, schlief ein oder zwei Stunden in der Droschke, irgendwo in der Umgegend, ging in ein Restaurant, rührte von den bestellten Speisen nichts an, ging wieder fort und trieb mich umher, ganze Nächte hindurch, sog wie eine kranke Fledermaus in den dunklen Straßen an den Brüsten der Nacht. Vorzugsweise auf der Piazza Cavour hat man mich gesehen. Dieser Platz paßte in seiner Häßlichkeit so gut zu meiner Gemütsverfassung.

Ich erinnere mich jetzt, daß ich den Sommer in Florenz habe einziehen sehen, wie er bis in die dunkelsten Gassen drang, wo den verstümmelten Häusern mitten am Tage der kalte Schweiß auf der Stirn steht, wo sich alte Brunnen aus zerfressenem Stein verbergen, die an Schandpfähle und Marterinstrumente erinnern und keuchend ein schmutziges Wasser ausspeien. Besonders in diesen Gassen zwischen den Lungarni und dem Borgo SS. Apostoli und hinter San Firenze bin ich herumgelaufen, in der Via Filippo und der Via Borgognona, wo das Pflaster durch Erdbeben aufgerissen zu sein scheint, wo aus den offenstehenden Türen kalter, feuchter Schatten seibert, während hohe Fenster mit Rahmen aus schwarzem, behauenem Stein, wie man sie an Palästen findet, teilnahmslos auf dieses Elend herabblicken.

Ich erinnere mich, daß der Sommer in die Stadt einzog, trotz den Tagen, an denen der Himmel von Wolken zerrissen war und der Wind aus Siena das trockene Pflaster ohrfeigte und den Staub in alle Richtungen trieb. Die Eishändler stehen in der Nähe des Bahnhofs, hinter der Santa Maria Novella. Der Passant, der sich bei dem kalten Luftzug aus einer düsteren Tür umdrehte, sah jenseits der Gitter aus geschnitztem Holz und der Glastüren das sonnendurchflutete Herz des schwarzen Palastes, den inneren Garten, in dem die Blätter zitterten, das Licht flutete und das Wasser rauschte. Die Kutscher haben die roten Wolldecken ihrer Pferde durch gelbe oder rosa Leinendecken ersetzt. Auf den Terrassen des Gambrinus und der Giubbe Rosse hört man kein Englisch oder

Russisch mehr. Man weiß, auf welcher Seite der Straße der Schatten ist, morgens und abends, und dort hält man sich auf.

Und eines Morgens ist Bettino ins Carlton gekommen und hat mir in einem kleinen Drahtkäfig ein lebendiges Heimchen gebracht. Er hat mir erklärt, daß es Himmelfahrtstag wäre und daß an diesem Tage jeder ein Heimchen kaufte, daß schon am frühen Morgen die Florentinerinnen nach Cascine gingen, um das *grillo canterino* zu kaufen. Dann war der Savonarola-Tag: Die in das Pflaster der Piazza Signoria eingelassene Bronzetafel wurde mit einer Blumengirlande umgeben, die bald verwelkte. Daneben stand ein Straßenhändler, der irgendeine Medaille verkaufte. Dann noch andere Feste: am 28. Mai der Erinnerungstag an eine Schlacht, und gestern, am ersten Sonntag im Juni, das Nationalfest. Das war wieder ein langer Tag voll Traurigkeit und Mittelmäßigkeit. Kümmerliche Illumination einer Kaserne in der Nähe des Piazza d'Azeglio, und auf den öffentlichen Gebäuden verblichene Fahnen.

Aber in den Gassen, in die ich mich geflüchtet hatte, habe ich plötzlich den florentinischen Sommer mit furchtbarem Gesichte kommen sehen. Es war ein altes Gesicht, wie das eines Gefängniswärters, rot und blau; hinter grünen Vorhängen. Und unter dem Gesichte der Körper, der dazugehört, die schweißtriefenden Schultern und die nackten Arme eines dicken Weibes. In allen Gassen dasselbe Gesicht und dieselben Arme im Fenster – die Wäscherin, die Lastträgerin, die ihre Mieder ausgezogen hatten, um weniger zu schwitzen. Und wenn ich vorbeiging, immer wieder dieselbe Stimme, die auf mich niederfiel aus der Höhe: *Venga!*

Hier irrte ich tagelang umher und dachte dabei an die ähnlichen Viertel in Hamburg und Kopenhagen. Von einem Gewölbe ins andere, von einer Pißecke in die andere, hin und her, sog den Gestank in mich, schluckte dann und wann einen mundvoll lauer, fetter Luft. Nur die Angst vor Ungeziefer hielt mich zurück, sonst wäre ich dem Ruf der blauen und roten Gesichter hinter den Vorhängen gefolgt. Warum sollte ich mich nicht in einem dieser Zimmer häuslich niederlassen, in dem der Gefangenenwärter mit den nackten, schwitzenden Brüsten zu Hause war? Vielleicht hätten wir uns sehr gut vertragen. Schließlich waren sie die einzigen, die mir *„venga"* zuriefen, und ich hatte doch so sehr das Bedürfnis nach Menschen. Die Galerien? Auch daran habe ich gedacht, als meine Langweile ihren Höhepunkt erreicht hatte. Aber diesen Gedanken habe ich schnell wieder aufgegeben. Das war vor drei Stunden. Ich schleppte mich durch eine endlose dunkle Straße hinter der Santa-Croce, als ich plötzlich an einer Biegung die Lichter eines großen Automobils sah, das mitten in einer kleinen Straße stand.

Das soll mich von meiner Langweile befreien, dachte ich; wenn ich es nicht gleich in Gang bringe, bekomme ich vielleicht einen Schuß in den Bauch.

Ich wollte mit der Maschine zum Carlton fahren, meinen dalmatinischen Koffer, eine Decke und mein Tagebuch holen und dann nach Genua oder Mailand fahren, von wo ich dem Direktor des Carlton einen Scheck schicken würde. Mit dem Eigentümer des Wagens würde ich mich schon einigen, falls seine Reklamation mich überhaupt erreichte. Kurz, es war etwas Neues. Und so konnte ich auch den Detektiven Cartuyvels einen Streich spielen; sie würden sicher meine Spur verlieren.

Ich war Feuer und Flamme für das Abenteuer. Als ich mich dem Wagen näherte, kam er mir bekannt vor. Es war eine Riesenlimousine, ein Ausstellungsstück, gelb mit dunkelblauen Streifen. Die kleine Fahne auf dem Kühler und die Wagenschläge trugen Wappen, die ich schon einmal gesehen hatte. Ich setzte mich ans Steuer und sah auf einer goldenen Plakette am Steuerrad den Namen des Autos eingraviert. Donnerwetter, es war mein früherer Wagen, der „Kilometerfresser". Im vergangenen Jahr hatte ich ihn dem Marquis von Putouarey verkauft.

Das Haus, vor dem der Wagen hielt, war das Haus, in dem Madame Assunta im Kreise ihrer Nichten die ganze Nacht hindurch ihre Freunde empfängt. Daß ich das Haus nicht gleich wiedererkannt hatte! Einige Sekunden später stand ich im Salon.

„Da bist du ja, mein kleiner Guano-Händler, mein süßer Milliardär mit den dunkelgrünen Augen!“ rief Assunta.

Putouarey erhob sich aus einem Sessel, in dem er nicht allein saß, und sagte:

„Lieber Graf, welch glücklicher Zufall!“

Ich ließ mich in die Kissen eines Diwans fallen und verlor das Bewußtsein. Eine leichte Ohnmacht. Ich erwachte inmitten eines Beetes aus schönen Gesichtern, in denen dunkle Augen funkelten. Es waren Assuntas Nichten. Sie klopften mir die Handflächen und kühlten mir die Stirn mit nassen Taschentüchern. Ich erhob mich mit Mühe und zog Putouarey auf die Straße.

„Das Resultat von Überanstrengung und Hunger“, sagte ich. „Sie kommen gerade recht. Ich vertraue mich Ihnen an. Ich weiß wahrhaftig nicht mehr, wohin. Eine Dirne, die ich um Gastfreundschaft bat, wies mich höhnisch ab. Sie wollte nicht verstehen, daß ich wirklich sehr arm war, mich unendlich elend fühlte. Sie sagte, sie hätte nicht die Mittel, eine Nacht zu verlieren. Und ich hatte doch ein solches Bedürfnis, eine Hand in der meinen zu fühlen, meinen Kopf auf eine Schulter zu legen. Die dumme Gans! Als ich fortging, ließ ich ihr einen Scheck da; sie kann damit ein sorgenfreies Leben führen.“

Putouarey sah mich erstaunt an. Ich offenbarte ihm etwas von meinem Wesen, was ich unter andern Umständen nicht getan hätte. Aber ich war am Ende meiner Kraft. Alle Ursachen meiner Verzweiflung, alles, was seit einer Woche heimlich an mir nagte, überkam mich, überflutete mich: der Rückschlag meines Verkaufs auf Tausende von Menschen; mein lächerliches Abenteuer mit Florrie Bailey, die Lehren, die mir Cartuyvels, vielleicht ganz unbewußt, gegeben hatte. Ich sah, daß meine Zukunft diesen Anfängen gleichen würde; meine Niedrigkeit, meine Dummheit, meine Schande, mein Ekel vor mir selbst, alles lastete zu schwer auf mir. Und ich hatte nicht einmal mehr die Kraft zu sagen: Verzeihung für alles, was ich, seit ich auf der Welt bin, getan, gesagt, geschrieben oder gedacht habe. Ich werde nicht wieder anfangen. Was soll ich tun, sagen Sie es mir, ich werde gehorchen. Ach, ich möchte weise und rein, möchte tot sein.

„Mein lieber Graf, Sie sind sehr müde", sagte Putouarey. „Sie haben doch sicher irgendwo ein Bett. Jetzt bringe ich Sie ins Carlton, wo ich morgen früh absteigen wollte."

Er packte mich in den Wagen, und so sitze ich denn wieder in meinem Arbeitszimmer. Ich habe gut zu Abend gegessen. Es geht mir schon besser.

3. Juni. Carlton

„Cospetto; Sie waren gestern nacht ja in einer herrlichen Verfassung, lieber Graf. Sie haben also eine Dirne um Gastfreundschaft gebeten? Ist das wahr? Das will ich doch auch mal versuchen. Toller Einfall!"

Putouarey hat einen Pyjama aus chinesischer Seide an, in jeder Hand eine Bürste mit goldener Decke und bürstet sich vor dem Spiegel das Haar. Er will nicht glauben, daß ich nicht spaße. Seine Lebendigkeit, seine Sicherheit und Zufriedenheit als reicher Mann stecken mich an, und ich fange an zu glauben, daß ich wirklich ein lustiges Abenteuer erlebt habe.

Von meinem Bett aus betrachte ich den Marquis. Sein französischer Kopf gefällt mir. Er hat leuchtende, sprechende Augen (vielleicht ein wenig zu sehr). Sein kleines Gesicht ist würdig und spöttisch zugleich (ich glaube, Putouarey markiert Heinrich IV.); sehr gepflegtes Haar. Der schwarze Bart endet in zwei Locken. Blumen an allen Fenstern und ein reizendes Lächeln. Er ist ein wenig klein und bemerkt deshalb bei jeder Gelegenheit, daß er Reserveleutnant der Kavallerie ist. In seiner Gegenwart schäme ich mich meines knochigen Gesichts und meines rötlichen Haares. Gott sei Dank bin ich einen Kopf größer. Und welche Lebhaftigkeit! Wenn wir zusammen durch die Straßen gehen, habe ich ein Gefühl, als hielte ich ihn in der Hand. Wie ein Hampelmann kommt er mir vor.

„Nennen Sie mich nicht immer ‚lieber Graf', Putouarey."

„Aber Sie sind doch Graf von Aquibajo."

„Ich habe diesen Titel gekauft wie so manches andere auch. Der degenerierte Spanier, von dem ich ihn kaufte, hat ein besseres Geschäft gemacht als ich. Das Wappen, die Krone, der Name (man hatte mir eine Auswahl von Adelsprädikaten vorgelegt) haben mich bestimmt. Bald sah ich mein Wappen oder meine Krone überall, auf den Hanteln, dem Zigarettenpapier, den Pferdedecken, der Schale der Früchte, die man mir servierte. Nach einem Monat konnte ich es nicht mehr sehen. Aus reiner Eitelkeit übrigens. Barnabooth, dieser goldschwere Name, klingt immer noch besser als Graf von Aquibajo oder Aquirriba."

„Ganz wie Sie wollen, mein lieber Gr . . ., mein lieber Freund."

Putouarey tröstet sich bei dem Gedanken, daß es doch schmeichelhaft ist, zu einem Milliardär „lieber Freund" sagen zu können. Ich mag diese bescheidene Eitelkeit gern bei Leuten, die auf ihre Beziehungen, ihr Geld, ihre Adelstitel, ihr Wissen, ihre Talente stolz sind. Ich finde das rührend. Ich selbst habe den Gipfel der Gleichgültigkeit seelenfrisch erreicht. Ich sehe gern, wie Menschen sich durch Äußerlichkeiten des Lebens imponieren lassen. Es gibt also doch Menschen, die, weil sie adelig sind, die andern verachten? Weil sie gelehrt sind, sich den Unwissenden überlegen glauben? Weil sie reich sind, sich mehr dünken als die Armen? Warum bin ich nicht wie diese Kinder? Wie gern wäre ich der Krämer, der den Krämer von gegenüber aus ganzer Seele verachtet, oder

der reiche Kaufmann, der so gern von seinem Nachbarn, dem Schloßherrn, empfangen würde, oder der Schriftsteller, der sich für wichtig hält, weil man von seinen Büchern spricht! Aber ist die große Eitelkeit, der Stolz, den ich empfinde, daß ich hoch über all diesen kleinen Eitelkeiten stehe, nicht auch rührend?

„Ich wundre mich, lieber Freund, daß Sie diesen Herbst nicht in England beim Polo waren. Auch sah ich Sie im März nicht an der Riviera. Ich war dort mit dem Fürsten von Xaintrailles, dem Herzog von Christminster, dem Fürsten d'Aunis und Lord Molland. Viele Ihrer Landsleute waren da: Mato-Suarès, Pablo Barnevo, die Santa-Pau, Ladislao Saenz . . . tolle Kerle!"

„Ich weiß es. Und wo kommen Sie her, Putouarey?"

„Aus Neapel. Sie lächeln? Sie erraten, welches Leben ich dort bei den Assuntas in der Nähe der Piazza Plebiscito führte. Ja, ich habe meine Sammlung von Frauenandenken um einige interessante Stücke vermehrt. Frauen aus Neapel und Salerno . . ."

„Keine aus Capri?"

„Doch, eine; aber sie war eine Deutsche. Jetzt Schluß. Wir haben ernstere Dinge zu besprechen."

„Und welche?"

„Ich will die Republik San Marino, diesen kleinen runden Fleck, den man auf den Karten sieht, die Rosette, die Italien im Knopfloch trägt, besuchen."

„Um dort die Frauen zu studieren?"

„Nein, das Land kennen lernen. Sehr ernste Sache: Ich will das Land besuchen, das Gestein untersuchen, einige Proben mitnehmen und meinen Freunden Postkarten schicken. Auch meine Sammlung neuer Briefmarken vervollständigen. Wollen Sie mit? Wir fahren mit dem „Kilometerfresser". Ich habe einen ausgezeichneten französischen Chauffeur, der in einer Stunde einen Motor auseinandernimmt und wieder zusammensetzt. Es ist zu heiß, um dimorare qui molto di più."

„Haben Sie Ihr Italienisch bei den Neapolitanerinnen gelernt?"

„Ja", erwiderte Putouarey unruhig.

„Donnerwetter, Sie sprechen es wie Dante. Gut, ich komme mit nach San Marino. Dort gibt es wenigstens keine Kunstwerke. Hier habe ich das Gefühl, als trüge ich sämtliche Museen auf den Schultern."

„Wir fahren morgen früh los."

„Das dauert mir schon zu lange. Warum nicht gleich?" habe ich Putouarey gefragt.

„Die Straßen über den Apennin sind nicht bequem, und bis Rimini, unserer ersten Station, haben wir hundertachtzig Kilometer."

Wer ist eigentlich dieser Putouarey? Vieles an diesem ungebildeten Bourgeois stößt mich ab. Als Lebemann ist er nur mittelmäßig, eingebildet und stolz auf seine Marquiskrone, auf sein Geld. Wenn ich an ihn denke, sehe ich nur einen Dummkopf, der mir die Zeit vertreiben soll. Und doch mag ich ihn lieber als Maxim Claremoris, der alle Kulturen kennt. Bei Putouarey fühle ich mich wohler. Noch ein paar Worte an die Fräulein Yarza, daß ich abreise.

Dann gehe ich zu Bett.

Noch einen Blick aus meinem Fenster: Der Kai ist leer, und die Laternen werfen ihre Strahlenbündel in das schwarze Wasser.

Rimini, Albergo del Risorgimento, 4. Juni

Alle Freude lebt in mir. Verdanke ich sie der frischen Luft, der Schnelligkeit oder den vertraulichen Mitteilungen des Marquis? Kurzum, ich fühle mich wie neugeboren.

Um sechs Uhr haben wir Florenz verlassen. Ich wäre gern sofort abgefahren, um die Wachsamkeit der Agenten Cartuyvels zu täuschen (wenn er mich überhaupt noch „schützen" läßt). Aber Putouarey mußte noch auf die Hauptpost, und ich wollte mir noch ein Heft kaufen, in das ich meine letzten

Gedichte schreiben will. Ich bin nach dem Papierladen in der Via Cerre Lani gefahren, wo ich die kleine Glocke gestohlen habe. Ich kann Putouarey diese Geschichte nicht erzählen, und das spricht nicht zu seinen Gunsten. Als ich das Heft gekauft hatte, fragte die Verkäuferin: „Weiter nichts? Vielleicht eins dieser florentinischen Glöckchen?"

Es war die Verkäuferin von damals; sie deutete auf den mir wohlbekannten Tisch. Ich verlor meine Sicherheit, stammelte „nein" und saß bald im Wagen neben Putouarey. Man hatte mich also beobachtet. Dann wieder sagte ich mir, daß die Frage der Verkäuferin ganz harmlos gewesen wäre. Sie wollte nur die Glöckchen verkaufen. Die Wahrheit werde ich wohl nie erfahren.

Auch bezüglich der Detektive Cartuyvels werde ich nie ins klare kommen. Als wir Florenz verließen, folgte uns niemand. Als wir den Apennin überquerten, wurden wir hinter Rocca San Casciano, wo wir gefrühstückt haben, von einem Auto in voller Fahrt überholt. „Das sind sie", sagte ich zu Putouarey. „Wer sie?" Ich habe ihm erklärt, was der „Getreue" unter meiner Leibwache versteht. Das andere Auto war schon weit. In der Nähe von Forli haben wir es eingeholt – Reifen-Panne. Wir haben ihnen unsere Hilfe angeboten. Sie wollten nicht. Einer der Männer schrie uns an, daß sie in dreiviertel Stunden in Ravenna wären. Kurz darauf jagte in einer Staubwolke das Auto über die Kreuzung der Chausseen nach Ravenna und Rimini. Das alles war ganz natürlich. Aber sie können umkehren und uns nach Rimini folgen oder auch Rimini auf einem anderen Wege erreichen. Heute abend habe ich vergeblich auf den Straßen nach ihnen gesucht. Aber die beiden Männer trugen während ihrer Fahrt Schutzbrillen aus Glas und Leder. Also?

Auch der rätselhafte Putouarey will das Leben kennenlernen. Oft verstehe ich ihn nicht. Ich glaube, er war im Begriff, wegen eines braunen Mädchens in der Via Mezzocannone in Neapel allerlei Dummheiten zu machen. Er wollte sie sogar mit nach Frankreich nehmen, wo sie Hausdame bei seiner jungen Frau werden sollte. Er erzählte mir diese Geschichte mit der ihm eigenen Lebhaftigkeit. Da er seine Worte mit Handbewegungen nicht begleiten kann, seine Hände halten das Steuerrad, tut er es mit den Schultern, dem Kopf, den Augen, ja selbst mit den Ohren, alles ist Bewegung an ihm.

Kaum waren wir aus Florenz, als Putouarey selbst fahren wollte. Wir beide sitzen nebeneinander auf dem Vordersitz; der Chauffeur, den wir nicht brauchen, sitzt in der luxuriösen Einsamkeit des Wagens. Und der Marquis sprach, sprach in einem fort, unbekümmert um den Lärm des Motors, das Knarren beim Schalten, in den Luftwirbel hinein, den wir entfesselten.

Er sprach zuerst über Florenz und Kunst, wollte mir so eine gute Meinung von seinem Geschmack beibringen.

„Raffael, Tizian, Perugino und Giotto. Als Ruskin ...“

Erstens hat er nie Ruskin gelesen, und da ich merke, worauf er hinauswill, verachte ich ihn und konstatiere, daß, in bezug auf Kultur, ich ein großer Europäer und er nur ein kleiner Spießer ist. Und doch möchte ich gerade das nicht fühlen. Putouarey ist hundertmal mehr wert als ich. Er soll mir nur die Seite seines Wesens zeigen, durch die er mich überragt. Ich bin es leid, mich zu bewundern.

„Reden Sie doch nicht. Haben Sie lieber den Mut, offen zu sagen, daß Sie der Quatsch furchtbar langweilt. Ich schätze diese Dinge vielleicht ein wenig mehr als Sie, aber seit langem hängen sie mir zum Halse heraus. Was man darüber reden hört, ist nur Unsinn. Nein, machen Sie mir doch nicht weis, daß Sie diese Kultur der Handbücher und Reiseführer bewundern. Sie besitzen sie ja nur in dem Maße, wie sie das Milieu besitzt, in dem Sie geboren wurden. Das ist der Witz. In den Salons in Paris reden Sie begeistert über Berlioz, Saint-Saëns und Debussy, und wenn Sie wieder in Putouarey sind, amüsieren Sie sich über Théodore Botrel. Und das ist gut so, weil Ihnen das gefällt. Und was die Literatur und Malerei angeht, so ist es dasselbe. Ich sehe vor mir die Bibliothek in Putouarey. Voltaire, Rousseau und andere gelehrte Bücher, die der Vorfahr liebte, sind zusammen mit andern altmodischen Schmökern auf den Boden gewandert, und auf den Regalen steht heute diese seichte, unanständige, langweilige Literatur, die Sie auf Veranlassung Ihres Buchhändlers gekauft haben. Nein, mein lieber Freund, wegen Ihres künstlerischen Geschmacks verkehre ich nicht mit Ihnen. Ich mag Sie gern, weil Sie über gesunden Menschenverstand verfügen und das Leben von einer Seite auffassen, die mir gefällt, weil ich es so nicht kann. Auch gefällt mir Ihr feiner französischer Kopf. Putouarey, den Weiberfreund, Putouarey, den Ehrlichen, den mag ich gern. Über Ruskin oder Florenz wollen wir nun kein Wort mehr reden.“

„Ja, ja, Sie haben recht. Und jetzt kann ich mich ohne Hintergedanken über Botrel freuen. Seine Lieder gefallen mir. Ich habe große Sympathie fürs Volk, wie jeder echte Edelmann. Um so schlimmer für die hohe Literatur, Musik und Malerei; ein bißchen Chemie, Geologie und – das schöne Geschlecht. Das ist mein Fall. Ein herrliches Weib, diese Angiola. Via Mezzocannone! Erinnern Sie sich?“

(Ich sehe den neuen grausamen Boulevard vor mir, auf den die Sonne brennt, daß einem die Haut platzt. Wie die gemeinste Straße in Marseille; Senegambien in Groß-Griechenland; die kleinen, trockenen Straßen rechts von der Piazza Municipio riechen nach Dachboden und schmutziger Wäsche; rechts von der Piazza Municipio, dem Standbild dessen gegenüber, den Max den Feuerwehrmann nennt.)

„Ein Zimmer mit Steinfußboden, in dem drei Eisenbetten und sechs Strohstühle stehen. Ein Kupferbecken mit Glut; die Kinder blasen hinein, um so ein wenig die Luft zu erwärmen. Der Nordpol! Auf einem Stuhle sitzt eine Katze und schnurrt. Das arme Tier will sich vormachen, es fröre nicht. Kennen Sie ein Land, in dem man im Winter mehr friert als in Italien?“

„In Griechenland, Spanien und einigen Teilen Islands."

„Angiola war die jüngste der sehr zahlreichen Familie. Die Mutter war dick, so dick, daß sie sich kaum auf der Straße sehen lassen konnte. Angiola war verheiratet, sie war zwanzig Jahre alt und hatte bereits zwei reizende Kinder. Aber ihr Mann, der seine kostbare Zeit nicht in der Kaserne verlieren wollte, war am Tage nach der Musterung, auf der er für tauglich befunden wurde, nach Argentinien ausgewandert, um dort sein Glück zu versuchen. Und sie will ihm mit den Kindern folgen, sobald er das Geld für die Überfahrt in der zweiten Klasse geschickt hat."

„Wie haben Sie diese Angiola kennengelernt?"

„Durch einen jener Männer, die die Fremden unter der Galerie Humbert I. anreden. Meiner hieß ‚Don Pasquale'. Ich bat ihn, mich mit einem jungen Mädchen aus dem Volk bekanntzumachen. Galanterie gibt es in Neapel nicht. Vor meiner Heirat, als ich noch nicht reiste, hatte ich mir ganz außerordentliche Vorstellungen von der Unmoral des Südens gemacht. Aber Neapel ist moralischer als Lyon oder Liverpool. Wenn die Fremden nicht wären, wüßten die Neapolitanerinnen nicht, daß Liebe käuflich ist. In einer jener Salità auf dem Wege nach Posilippo redete ich eines abends eine junge Frau an, die zu warten schien. Sobald sie merkte, was ich wollte, stieß sie mich zurück und machte das Zeichen des Kreuzes.

Es gibt zwei oder drei Häuser, wie das der Assunta in Florenz. Hier findet man Familienmütter und Hausfrauen von Torre del Greco und Piedigrotta, armselige Weiber, die versuchen, den Engländern von den Schiffen eine Vorstellung von der Ausschweifung zu geben, indem sie ohne innere Überzeugung die gräßlichsten Flüche ausstoßen. Es dauerte lange, bis Don Pasquale gefunden hatte, was ich suchte. So etwas Furchtbares hatte noch niemand von ihm verlangt. Endlich, sagte er zu mir: Es ist soweit. – Das Rendezvous sollte in der andern Galerie stattfinden, wo wir ungestörter wären. Als ich in das kleine Café kam, waren Don Pasquale, das Mädchen und die Mutter mit den Riesenbrüsten bereits da. Beide hatten schwarzseidene Kleider an, trugen viel Schmuck, runde goldene Ohrringe, schwere Armbänder und Broschen, alles ein wenig schmutzig, aber schwer und alt, vielleicht aus der Zeit der Bourbonen."

„Oder aus der Zeit der ersten französischen Besetzung."

„Lachen Sie nicht. Vor diesen zwei Frauen in den schwarzseidenen Kleidern habe ich verstanden, was Geschichte ist. Ja, die Tradition, die Fortdauer des Lebens einer großen Hauptstadt; das lag in diesen Gesichtern, diesem Schmuck und diesen Kleidern. Sie ahnen nicht, wie eng dies mit dem Begriff „Hauptstadt" verbunden ist. Eine Stadt, deren Einwohner, selbst die allerärmsten, Herren und Damen waren, und die ein Recht auf schwarze Seide hatten, wie die römischen Bürger auf die Toga. Und welche Hauptstadt! Nein, die Bürgerinnen der Pariser Vorstädte und die Damen des Londoner East-End kamen mir mit ihren Pelzkrawatten, die sie jeden Sonntag, selbst im Juli, tragen, vor wie Bäuerinnen, verglichen mit den zwei neapolitanischen Signoras, die mich im Café erwarteten. Ich selbst kam mir für einen kurzen Augenblick in Gegenwart dieser alten städtischen Kultur vor wie der Vertreter einer bäuerlichen Zivilisation. Ja, in diesem Augenblick standen sich zwei Völker gegenüber. Dann trat die soziale Hierarchie zwischen uns, trennte uns als Individuen, um uns als Mitglieder der menschlichen Gemeinschaft zu vereinigen. Don Pasquale erledigte alles prompt. Aber es wurde mit solchem Ernst und solcher Feierlichkeit verhandelt, die dicke Mama lächelte zu jedem meiner Blicke, daß ich zu Pasquale sagen wollte: Aber wohl verstanden, von Heirat ist keine Rede. Aber Angiola war ja verheiratet und ich nicht weniger. Nein, wenn man die Sache so ernst nahm, dann nur, weil es sich um Geld handelte.

Ich hatte versprochen, der jungen Frau während meines Aufenthaltes in Neapel eine kleine Pension zu zahlen. Man gab sich nicht einmal die Mühe, die Sache ein wenig zu bemänteln, zum Beispiel durch italienische Stunden, wie ich es Pasquale vorgeschlagen hatte. Im Vordergrund der Verhandlung stand die Frage, wieviel ich monatlich zu zahlen gedächte. Von dem Augenblick an, wo ich Geld bot, hatte ich das Recht, zu jeder Tages- und Nachtzeit in die Wohnung in der Via Mezzocannone als Angiolas Beschützer oder Vize-Gatte zu kommen. Das war eine Familienangelegenheit. Sie hatten sich wahrscheinlich am Abend vorher oder am selben Morgen noch zusammengefunden, um meine Vorschläge zu diskutieren und die Zusammenkunft vorzubereiten. So viel Umstände hatte man sicher nicht gemacht, als die Ragazza heiratete. Denaro, roba, risparmio waren die Worte, die ich immer wieder aus dem Munde Angiolas hörte. Ich hatte Pasquale gesagt, er sollte mit 150 Francs anfangen und höchstens bis 250 Francs steigen. Die dicke Mama verdrehte die Augen, als sie 200 hörte. Aber sie sagte doch mit vollkommener Höflichkeit und einem reizenden Lächeln zu mir:

„E poco, egregio Signore, veramente poco . . ."

Die Familie käme mir sehr entgegen, würde mich sehr gern kennenlernen, aber so arm wäre sie doch nicht . . . Ich hätte die „Ware" natürlich schlecht machen können, aber Angiola war wirklich wundervoll. Lilienweißes Fleisch mit tiefbraunen Tönen im Nacken, eine jener großen Frauen, die aus Flammen und Schatten zu bestehen scheinen und an die Kriegsengel erinnern. Und alles wurde in ihrer Gegenwart verhandelt. Sie hörte mit verächtlichem Gesicht zu wie eine Prinzessin, die man in die Sklaverei verkauft. Zehnmal war ich im Begriff, eine Handvoll Banknoten auf den Tisch zu werfen und sie alle zum Teufel zu jagen. Aber Angiolas Augen! Wenn sie sie schloß, war sie nur ein kleines, braunes Geschöpf, nervös und mager; öffnete sie sie aber, gewann das Leben einen neuen Sinn, es waren zwei lebende Tiere, deren Spiel man unablässig zusehen mußte. Um die unwürdige Szene abzubrechen, willigte ich in alles.

Auch Sie würden mich sicher für den gröbsten Lümmel halten, hätte ich am selben Abend noch Gebrauch von dem mir zustehenden Rechte gemacht. Nein, ich wollte durch mein Zartgefühl aus dem Geiste Angiolas die Erinnerung an den entwürdigenden Handel auslöschen. Ich schrieb ihr sogar einen vier Seiten langen Brief in ziemlich korrektem Italienisch, wie ich glaube, in dem ich versicherte, daß ich sie sehr liebte. Das ging natürlich ein wenig auf Kosten der Wahrheit. Ich brachte ihr selbst den Brief. Sie las ihn und sagte: ‚Molto bene.'

Für sie war der Brief sozusagen eine Schulaufgabe, und sie gab mir eine gute Note. Aber bald verstanden wir uns besser. Ich beschäftigte mich sogar mit den Kindern, um ihr willkommener zu sein. Und endlich . . . hatte ich erreicht, was ich wollte."

„Nach allem, was sich bisher ereignet hatte, war damit zu rechnen."

„Wir wurden Freunde. Wir gingen zusammen aus. Ich ging mit ihr in den kleinen Saal des Gambrinus am Eingang der Chiaja. Hier haben wir zwischen Herrn Joseph Chamberlain und Herrn Coquelin dem Jüngeren gefrühstückt. Gott sei Dank war Angiola schön, ich hätte mich unsterblich blamiert, wenn sie nur hübsch gewesen wäre. Sie prahlte mit mir, aber das nahm ich ihr nicht übel. Ich hatte sie neu gekleidet. Für mich gibt es nichts Schöneres als eine Frau in die Läden zu begleiten, wo sie sich ihre Kleidungsstücke kauft. Wenn man allein einen Laden betritt, in dem junge Mädchen und Frauen sind, ein Wäschestück für eine Frau verlangt und seinen Auftrag herunterleiert wie ein Schuljunge seine Aufgabe, dann sieht man, wie die Verkäuferinnen hinter der vorgehaltenen Hand lachen, man ist ein wenig linkisch, aber man ist doch stolz, in die süßen Geheimnisse eingeweiht zu sein."

„Das gehört zu Ihrem Wesen. Schade, daß Frau von . . . . darauf verzichten muß."

„Ich war verliebt. Ich wollte sie sogar als Hausdame mit nach Frankreich auf Schloß Putouarey nehmen. Warum nicht? Nun, unterdessen wohnte ich in der Via Mezzocannone. In mein Hotel auf dem Corso Vittorio Emmanuele ging ich nur, um meine Post abzuholen. Um nicht zu frieren, hatte ich vier oder fünf Scaldini und zwei Dutzend Strohfächer gekauft, und ich gab den Kindern einen Franc für die Stunde, damit sie das Feuer den ganzen Tag unterhielten. Angiola sang den ganzen Tag: Pè tutta Napole; la Frangesa; Carmé, Carmé; Fior di Zucca ... Wenn die Kinder auch brüllten, sie sang. Sie antwortete singend auf das, was man sie fragte. Selbst wenn wir zusammen auf der Straße, im Toledo waren, trällerte sie ein Lied; das war peinlich, man merkte gleich, woher sie kam. Schadet nichts! Ich denke sehr gern an diese Zeit zurück, obwohl es mir, dem leicht frierenden Mann aus der Bourgogne, ein wenig lästig war, daß die Mädchen des Südens die Angewohnheit haben, beim Schlafen die Arme nicht unter die Decke zu stecken. (Verzeihung, aber Sie brauchen nicht zu erröten.)

Aber auf die Dauer war es doch nichts. Darüber, daß sie jeden Abend die Heiligenbilder, die sie tagsüber auf der Brust trug, unter die Kopfkissen legte, sagte ich schon nichts mehr. Mich beleidigte das, denn ich bin sehr religiös erzogen. Wir fingen an, unsere Gedanken zu erraten, uns für dieselben Dinge zu interessieren. Aber ich fühlte deutlich, daß ich sie nie ganz für mich gewinnen würde. Mit einer Deutschen, Engländerin, Französin wäre das wohl möglich gewesen, trotz den sozialen Unterschieden und der ewigen Geld- und Kleiderfrage. Angiola war mir untertan. Selbst in der Öffentlichkeit bezeigte sie mir jene Achtung, die eine Gattin ihrem Herrn und Gebieter schuldig ist. Aber sie machte sich im Grunde nichts aus mir. Waren wir allein, dann war ich ihr Gaetanino, aber für die Familie war ich nur il Forestiere, der Fremde. Man betrachtete mich bald als Mitglied der Familie, und zwar als das reichste, das den andern helfen muß. War ich mal für eine Stunde in meinem Hotel, kam sicher einer, der mir einen schönen Gruß von der dicken Mama bestellte und mich um Hilfe bat. Zuerst gab ich aus Schwäche nach, dann, weil ich eine Szene im Hotel fürchtete. So war dieser Stamm der Cacace-Cacaché, Sie verstehen; sie hieß Angiola Cacace. Und jeden Tag lernte ich einen neuen Cacace kennen. Alle Typen des neapolitanischen Volkes habe ich bei mir gesehen, sie waren alle Cacace. Alle. Der falsche Sohn mit steifem Hut, einer schwarzen Samtkrawatte als Kragen um den Hals, in sehr abgetragenem, sehr schmutzigem, zu kurzem Anzug, der von weitem noch ganz gut aussieht. Er trug neue gelbe Stiefel, von denen der eine im Oberleder ein viereckiges Loch hat, wegen eines dicken Hühnerauges, das mit einem weißen Lappen verbunden ist. Er sagte, er wäre Maler. Verdammt! ... Dann der kleine unrasierte, rotbackige Händler mit der roten Weste. Er trägt viel schmierigen Schmuck. Und der Alte! Jedes Wort, das er sagt, begleitet er mit Gesten und Seufzern, während seine blauen Triefaugen lachen. Sogar ein Albino gehörte zur Familie. Die Drahtseilbahn des Vomero fuhr nur noch für die Cacace, die zu mir ins Bristol kamen, um mich zu rupfen. Mir riß die Geduld, und ich sagte Don Pasquale und Angiola, daß ich nach Paris fahren wollte, um Frau Putouarey auf die neue italienische Hausdame vorzubereiten. Angiola sollte nachkommen. Sie schien zufrieden. Paris war für sie, was Neapel für die Vorstadtbewohnerinnen von Paris ist. Paris lockte sie. Paris sehen und sterben!

Jetzt aber änderte sie ihr Verhalten mir gegenüber. Das Geld spielte für sie eine immer größere Rolle. Wenn wir spazierengingen, blieb sie vor den Läden stehen und wiederholte öfter als sonst: Kaufe mir doch das ...

‚Comprare' war das einzige, was sie noch sagte. Allem Anschein nach behauptete Pasquale, ich hätte mich verpflichtet, der Ragazza viele Geschenke zu machen. Und von der Mutter getrieben, verlangte das Mädchen jetzt die Geschenke.

Ich kaufte sie, wenn auch nicht gern, so doch ohne mit der Wimper zu zucken. Alle Kleider, die ich ihr zu Beginn unserer Verbindung gekauft hatte, wurden nicht gerechnet. Sie gefielen ihr nicht, und wenn sie sie getragen hatte, so nur deshalb, weil sie mich nicht kränken wollte. Jetzt, da sie selbst wählen durfte, verwirklichte sie ihre Begriffe von Eleganz, und ich mußte zahlen. Sie kleidete sich wie eine Pariserin. ‚Chic' und ‚Chichezza' führte sie beständig im Munde. Wo war das Kleid aus schwarzer Seide, das auf mich damals einen so tiefen Eindruck gemacht hatte?

Eines Abends wollte sie mit mir ins Theater San Carlo, wo man *Sibérie* spielte. Sie hatte ihre neuen Sachen angezogen. Sie trug einen beigefarbenen Mantel. Mein Geld hatte in ihren Händen so groteske Formen angenommen, daß ich errötete, als hätte man mich verhöhnt. Ihre Schönheit verging von Tag zu Tag. Ob die Kleider oder das üppige Leben, das sie dank meines Geldes führte, daran schuld waren, weiß ich nicht. Vor allem fand ich in ihren Augen nicht mehr, was ich früher in ihnen gefunden hatte. Es waren keine Menschenaugen mehr, sondern Tieraugen, ausdruckslose Tieraugen.

Als wir in der Loge saßen, hob ich das Gitter unter dem Vorwande, daß man mich aus dem Parterre sehen könnte. Ich sagte Angiola, sie sollte die Augen schließen. Sie tat es, ich betrachtete sie aufmerksam.

Sie sah aus wie eine alte Schlampe, die sich wie eine Dame angezogen hat. Ich brauche Ihnen nicht zu sagen, daß es nun aus war. Aber ich wollte aus Trotz dieses klägliche Abenteuer bis zum Ende erleben. Ich war diesen Cacace nichts schuldig. Aus dem Mädchen hatte ich eine Dame gemacht, ihre Brüder, ihre Schwestern hatte ich vom Kopf bis zu den Füßen neu gekleidet. Selbst die massige Mama hatte ich nicht vergessen. Den Cacaces der beiden Sizilien hatte ich Geld gegeben. Ich vermute, daß selbst der Mann Angiolas in Argentinien von meinem Geld erhielt. Ich konnte also ganz ruhig gehen. Aber ich wollte doch das Ende erleben. Ich sagte, daß wir morgen nach Paris führen, daß ich bereits zwei Fahrkarten gekauft hätte. Um mir die Tränenströme der Familie zu ersparen, hatte ich gesagt, daß wir getrennt zum Bahnhof gehen wollten. Aber ich hatte eine Ahnung. Ich blieb auf dem Bahnsteig. Sie kam nicht. Der Zug fuhr ab, und ich ging wieder ins Hotel Bristol.

Ich wollte das Abenteuer nicht von neuem beginnen, aber ich wollte Gewißheit haben. Ich bestellte den Kutscher, der uns öfter in die Umgegend gefahren, auf diesen weißen Wegen, an deren Rand in irgendeiner Kneipe am Hügelhang den ganzen Nachmittag über Musik ertönt. Dieser Kutscher versprach mir, sich zu erkundigen. Er hat aber sicher auch die Cacaces benachrichtigt. Durch ihn erfuhr ich allerhand. Die dicke Mama, die seit zwölf Jahren verwitwet war, hatte noch sechs- oder achtjährige Kinder. Wieder geheiratet hatte sie nicht. Don Pasquale war der Mann einer Schwester der Mama, mithin Angiolas Onkel. Jetzt erinnerte ich mich. Eines Tages hatte Angiola Pasquale ‚*Zio*' genannt, sich dann aber ganz verwirrt zu mir gewandt und gesagt, sie mache nur einen Scherz. Warum hatte man mir das verheimlicht, und welche Rolle spielte der ‚Zio' in der Geschichte?

Zehn Tage blieb ich im Hotel. Ich ging nicht aus. Ich fürchtete, einem der Cacace zu begegnen. Sie wußten natürlich, daß ich nicht abgereist war. Warum ließen sie mich jetzt auf einmal in Ruhe?

Endlich brachte der Kutscher Angiola in Person zu mir. Ihre Rolle in meinem Leben war ausgespielt. Ich hatte geglaubt, ich würde sie nicht wiedersehen – und nun saß sie wieder vor mir. Sie kam wie ein Geist, auf unwirkliche Weise, wie ein Bild, das aus dem Rahmen tritt. Wir verbrachten zwei Stunden in meinem Hotelzimmer, ohne daß die Cacaces anscheinend etwas davon wußten. Aber ich konnte nichts Genaueres aus ihr herausbringen. Sie widersprach sich oft. Aber ich hatte den Eindruck, daß sie nicht nur mich, sondern sich gegenseitig belogen und betrogen hatten. So hatte

Pasquale behauptet, er hätte weder einen Centesimo noch einen Anzug von mir bekommen. Und dabei hatte ich ihm seine schmierige Brieftasche mit Banknoten gefüllt und ihm alle Winteranzüge, die ich im Koffer hatte, geschenkt. Ich habe mir seitdem die Sache oft überlegt und glaube, auf der richtigen Spur zu sein, wenn ich annehme, daß Pasquale alles darauf anlegte, mich bei den Cacaces in Mißkredit zu bringen, daß er ihnen erzählte, ich wäre ruiniert und wollte das Mädchen nun mit nach Frankreich nehmen, um Kapital aus ihr zu schlagen. Aber warum hatte er das getan? Glaubte er wirklich an meinen Ruin, weil ich ihm ganz kategorisch jedes weitere Geldgeschenk abschlug? Angiola verstrickte sich in neue Lügen, glaubte auch mir kein Wort mehr und behauptete, ich hätte eine andere Geliebte, die ich im Hotel versteckt hielte.

Ja, sie wäre gern mit mir nach Paris gefahren, aber die dicke Mama wollte nichts davon wissen. Immer wieder redete sie von einer Wallfahrt zur Madonna di Montevergine. Ich fragte mich, ob sie nicht religiöse Gewissensbisse hätte. Nein, die hatte sie nicht, das wurde mir beim Abschied klar.

„Addio, Gaetanino mio! Wir wollen uns wenigstens schreiben." Sie weinte. Um sie zu trösten, gab ich ihr fünf Goldstücke, die sie sorgfältig in ihr Taschentuch wickelte. Ich rief einen Wagen, und sie fuhr ab. Heute morgen habe ich postlagernd diesen Brief erhalten.

Der Marquis hob eine Hand vom Steuer und reichte mir einen etwas schmutzigen Briefumschlag. Ich las:

Adorato Gaetano,

Non puoi credere come sono cattiva dache sei partito. Piango sembre perlatua lontananza. Ma spero che verrai più presto possibile eche saremo insieme e che non mi lascerai più. Ti facio sapere che io sono andata a perdere il fazzoletto e o perduto lire quaranta in oro dentro la vettura e così sono molto trista.

Vieni subito e scrivemi. Ti mando mille baci. La tua per sembre e così

Cacace Angiola.

„Was sagen Sie dazu?“ fragte Putouarey. „Man weiß nie, welches der Endbuchstabe ist: a, e, o? cattivo, insiema, molte. Und das Schwanken zwischen p und b. Drollig! La tua per sembre. Der reinste Hohn!“

„Glaube ich nicht. Sie hat es immer noch auf Ihr Geld abgesehen.“

„Die verfluchte Alte treibt sie dazu. Angiola wäre, sich selbst überlassen, eher uneigennützig. Aber welche Reihe von Fallen bietet in einer gewissen Tiefe das italienische Leben! Man hat den Eindruck, als machten sie es mit Absicht durch ihre Lügen kompliziert, und in Schönheit leben heißt für sie den Nächsten ebenso betrügen wie sich selbst. Und was haben sie erreicht? Sie haben mich ihnen entfremdet, wo ein wenig Offenheit für sie von viel größerem Nutzen gewesen wäre. Sie sind schlechte Diplomaten. Das verraten auch ihre Gesten, man weiß gleich, was sie wollen. Ich war verliebt wie ein dummer Junge. Ich war das große Glück für das Mädchen. Aber sie prellten mich, schwindelten mir immer wieder Geld ab, und als sie glaubten, ich säße auf dem Trockenen, gaben sie mir den Laufpaß. Der Brief macht Ihnen Spaß? Behalten Sie ihn. Ja, ich werde darauf antworten. Ma chè? Ich muß doch meine poverina ragazza molto cattava über den Verlust von so viel denaro in oro trösten. Aber dann ist Schluß!“

Ich wollte Putouarey die Geschichte mit Florrie Bailey erzählen. Aber ich konnte einem Mann, der nach Florries Theorie zu der guten Sorte gehörte, nicht von meinem Heiratsantrag berichten. Ich fing also an zu lügen, erzählte, ich wäre der Geliebte Florries gewesen. Ich log dabei das Blaue vom Himmel herunter. Ich wurde dann weniger ausführlich und kam auf das berühmte Geheimnis zu sprechen.

„Was ist Ihrer Meinung nach das Geheimnis Florries?"

„Vielleicht geht sie mit ihrem Tarif runter."

Ah, nun ist er wieder der Reiche, den ich liebe und bewundere, der das Leben mit Geschmack und Methode genießt, den Kopf nicht verliert und dem die Temperatur des Weins, den man ihm serviert, wichtiger ist als eine hübsche Frau, die ihn für einen Augenblick zerstreut. Ich bin beschämt. Wie jungenhaft ist doch meine dumme Sentimentalität, verglichen mit diesem schönen selbstsichern Egoismus.

Ich habe mich rächen wollen, und in Cesene mit dem Marquis den Platz gewechselt. Ich habe gesteuert. Eine rasende Fahrt. Der Marquis bat mich flehentlich, ihm wieder die Führung des Wagens zu überlassen. „Sie fahren wie ein Cowboy. Fürchterlich." Ja, er ist vorsichtig. (Ein Punkt für Putouarey, der, seit wir in Rimini sind, von Franceska nicht gesprochen hat.)

San Marino, Albergo Repubblicano, 6. Juni

Ich mag diese dumpfen und feuchten Zimmer in den kleinen Herbergen gern. Die dunkle Tapete mit den kleinen Blumen, die plattierten Mahagonimöbel, die längst ihren Glanz verloren haben und vor Häßlichkeit und Müdigkeit in den Fußboden sinken. Das Hotel ist ebenso wichtig wie das Rathaus, das immer dieselbe Bedeutung hat, sei es nun das Rathaus in Bremen oder die kleinste Bürgermeisterei des winzigsten französischen Dorfes. Und deshalb wohnen heute im Albergo Repubblicano Putouarey und ich, die beiden bekanntesten Gäste der großen Hotels der Welt.

Im Saal hat man „Kilometerfresser" untergebracht. Die meisten Straßen sind zu eng. Wir wagten es nicht, ihn auf dem Pianello, dem einzigen Platze der Città, wo er bequem untergebracht werden konnte, stehenzulassen. Es ist wahrscheinlich die erste Limousine auf dem Titano, und ganz San

Marino ist herbeigeeilt, ihn zu betrachten. Auf der Piazetta, vor dem Hotel und in dem Laden des Apothekers spricht man nur von dem Wagen.

Selbst der Wirt, er stammt aus Salerno, hat Angst vor uns. Er bedient uns mit den gefälligen Manieren des Südens und ist voller Respekt. Wir fragen ihn in korrektem Italienisch, er antwortet aber immer wieder in sehr schlechtem Französisch. Als wir zu Bett gingen, ging er voran und leuchtete, hielt in jeder Hand eine brennende Kerze.

Putouarey fällt der Alte auf die Nerven. Er nennt ihn „dieser aufgeblasene Kammorrist" und tut, als verstünde er sein gebrochenes Französisch nicht.

„Ich verabscheue die Leute des Südens, die nicht braun sind. Halten Sie sie nicht für blond. Sie haben sich nur entfärbt."

Im ersten Stock haben wir zwei Zimmer, die auf eine kleine, steil ansteigende Straße hinausgehen, die plötzlich eine Biegung macht, und außerdem ein kleines, leeres und frisches Zimmer mit gemalter Decke. Hier haben wir gegessen; Putouarey wollte nicht wieder im Saal der Schenke speisen, in dem der Wagen untergebracht ist. Er konnte den Geruch nicht vertragen. Der Wirt bediente uns wieder selbst mit einem wahren Hofzeremoniell.

Bei jedem Befehl verbeugte er sich tief. Die Hauptmahlzeit besteht aus einem undefinierbaren Etwas, das er „Stockfisch" nennt.

Eine alte Schenke. Die Korridore sind lang und zu hoch. Die weißen Wände, die mit dünnen blauen und grünen Ranken spärlich bemalt sind, blättern ab. Als ich vorbeiging, verkrochen sich Insekten hinter einem Bilde Garibaldis. Alles ist so nackt und kahl, daß die Wärme als Eindringling empfunden wird. Aber auch hier wieder finden wir diese unausgesprochene Freude, die vertrauende Seele Italiens. Etwas sagt uns: So viele Jahrhunderte einer ununterbrochenen Zivilisation ... Und immer noch diese Bewegung der Menschen und das kleine rote Feuer, das nie in seinem Erzbecken erloschen ist ... Anderswo hat die Zeit die Welt umgestaltet. Da mag man besser aufgehoben sein als hier. Aber es ist neu. Bleibe, sei zufrieden mit dem, das ich dir biete: es ist sicher. Anderswo ist man nicht sicher ...

Ich hätte gern Rimini besucht. Gestern abend habe ich lange, gepflasterte Straßen ohne Trottoire gesehen, auf denen das elektrische Licht lag. Große, von niedrigen Arkaden umgebene Plätze und etwas weiter die Fronten echt römischer Paläste und solcher aus der Zeit des Risorgimento. Aber P. hatte es eilig. Um sechs Uhr stand er auf und studierte die Wegekarte, um acht saßen wir wieder im Wagen. Der Chauffeur schlief im Innern. Fünfmal ließ der Marquis die Hupe ertönen. Die Jungen, die den Wagen umstanden, liefen davon, und wir fuhren langsam los.

Wir fuhren durch eine kahle, neue Vorstadt, machten eine scharfe Biegung und waren dann im Freien.

„Ebenso bevölkert und bebaut wie der Kanton Genf", sagte der Marquis. „Aber keine Ähnlichkeit mit der Toskana. Sehen Sie, was fehlt? Die Zypressen; als Grenzen und Einfassungen verwendet man hier Ulmen. Fast ebenso reich wie die Toskana. Die Getreidefelder und Wiesen sind von Bäumen umgeben, an denen sich Wein emporrankt. Und doch sieht alles ein wenig trocken aus. Der letzte Ausläufer der lombardischen Ebene, aber schon auf Felsen, und so geht das sicher weiter bis nach Ancona. Ich möchte gern wissen, wie das weiterhin aussieht. Im Grunde gefällt mir diese Landschaft kaum: ein wenig durcheinander, nicht die Ordnung wie in der Toskana. Der Hügel von Fiesole mit seinen Reliefs, Bildern und Terrassen; und die Kartause von Ema inmitten der schwarzen Zypressen, die sie bewachen. Das ist doch was anderes. Und die Menschen! Betrachten Sie diese groben, rosa-orangefarbenen Gesichter in den bunten Tüchern; alle Frauen barfuß, um zu sparen. Die Mädchen sind nett und rundlich, haben aber nicht die Feinheit der toskanischen Mädchen. Sie erinnern mich an die Sibylle von Dingsda, Sie wissen ja, in den Uffizien, in dem Barocci-Saal, nicht die große, die rechts, der schöne Kalbskopf mit dem himmelblauen Tuch. He, aufgepaßt! Verflucht!"

Die Hupe schrie. Er fuhr fort: „Sie sprechen eine drollige Sprache. Sie klingt rauh für den, der aus der Toskana kommt. Während Sie gestern abend schrieben, bin ich ein wenig durch Rimini gebummelt und kam unterwegs ins Gespräch mit einem tollen Kerl, Gepäckträger oder Zeitungshändler. Ich sagte ihm, ich wollte nach San Marino. Er erinnerte sich gleich eines Vetters, den er dort hätte, der Kutscher wäre und mich sicher für wenig Geld in seinem neuen Wagen spazierenfahren würde. Ich würde mit ihm zufrieden sein, er würde mich gut bedienen. Wissen Sie, wie er mir das sagte: *Chara ben chervito, chignore.* Ich meinte, ich wäre in Volvic oder la Tour d'Auvergne."

Der Weg wurde schwieriger, und der Marquis schwieg. Ich dachte: er kennt die Uffizien besser, als ich glaubte. Auch ist sein Italienisch nicht so schlecht: diese Unterhaltung mit einem Mann aus dem Volk. Seinen Akzent mag ich nicht. Ich spreche sicher auch nicht rein ... Außerdem fährt er vorzüglich ... Es war kein schlechter Gedanke, mich ihm anzuvertrauen.

Wir fuhren an einem rosagestrichenen Haus vorbei, auf dem stand: Caffè Repubblicano.

„Haben Sie es gemerkt, Putouarey? Wir haben eben die Grenze passiert und sind in dem kleinen Land."

„Als wir vor zwei Minuten über die Brücke fuhren, ging's über die Grenze. Wir sind zehn Kilometer von der Hauptstadt. Ich bin ganz erregt: ein neues Land, in das ich komme, ein Staat, ein Land mit Traditionen, einer eigenen Fahne und Briefmarken. Hier sind schon die ersten Häuser von Serravalle, der zweiten Stadt der Republik nach San Marino. Hier halten wir. Ich muß hier abgestempelte Karten schicken.

Die sind für Sammler ungeheuer wertvoll. Wir sind gerade über eine Grenze gefahren, Sie verstehen."

„Wir sind in Italien, und Ihr Serravalle ist ein italienisches Dorf."

„Nein, so einfach ist das nicht. Sie empfinden doch sonst so richtig. Daß Sie die kleinen Staaten nicht mögen, ist mir unverständlich. Ich sammle sie geradezu, das heißt die offiziellen Zeugnisse ihrer Existenz: Briefmarken, Münzen, Fahnen, Wappen. Auch die Enklaven. Ich habe schon Llivia, Andorra, Monako, Luxemburg, alle kleinen deutschen Staaten, Schweizer Kantone, Campione, Samos . . ."

In Serravalle haben wir gehalten. Der Marquis eilte auf die Post. Ein ruhiger Flecken, rosa und weiß, eine weiße Straße zieht sich hindurch. Hier und da die graue Fassade einer Kirche, ein altes Stadttor, über dem ein Steinwappen prangt. Eine Stadt, die historisch edler ist als Liverpool.

„Das ist noch nicht alles", sagte der Marquis, der ganz erschöpft war. Er hatte 200 bis 300 Briefmarken aufgeklebt. „Jetzt müssen wir das *grillo canterino* befreien, das Ihnen der italienische Graf schenkte und das so gut zirpt. *Ma guarda!* Glauben Sie, ich überließe das Tier der Dienerschaft? Ich habe es hierher mitgenommen. Baptiste, den kleinen Käfig in dem Koffer, in dem das Manicure-Necessaire ist. Ich will einen kleinen Bürger von San Marino draus machen. Kommen Sie mit?"

Ich ließ ihn allein bis ans Ende der Straße gehen. Dann sind wir weitergefahren.

„Was Schreckliches ist passiert. Ja, das Heimchen. Ich hielt die Tür des kleinen Käfigs offen. Ich stand am Rande der Böschung. Wie es kam, weiß ich nicht. Es wollte gerade heraus, als die Tür zuklappte und ihm die kleine Brust zerquetschte. Ich wollte die Tür öffnen, da schnappte sie wieder zu. Ich Esel. Da fiel es ins Gras auf den Rücken. Die Beinchen gefaltet. Es schien mir zu sagen: siehst du, was du angerichtet hast? – Es hatte eine große Wunde unter dem

Schenkel, aus der eine schreckliche Flüssigkeit tropfte. Ich hätte mich schlagen können. Ich stellte es auf die Beine; es schleppte sich durchs Gras und verkroch sich dann unter einem Busch Minze. Armer kleiner schwarzer Prinz mit der sauberen, feinen Rüstung. Voriges Jahr hatte ich auch eins in Florenz. Ich sah ihm oft zu, wenn es in seinem Käfig Salat fraß: die gewölbte Stirn, die hörneren Augen und die tadellos arbeitenden Freßwerkzeuge. Es sah aus wie ein Gelehrter, der ein Problem löst. Vielleicht ist Ihres doch nicht verloren."

Plötzlich, an einer Wegkrümmung, sahen wir den Titano; er überragt Ebene und Meer, steht fest auf einem Sockel aus brauner Erde. Und über uns springen aus einer Wolkeninsel die drei Gipfel, hängen im freien Himmel und strecken ihre Steinmuskeln ins Licht. Der Himmel war gleichsam hochgezogen wie der Vorhang im Theater, und was man sah, war dies: ein Vorgebirge des Himmels.

„Donnerwetter", sagte Putouarey ergriffen. Seit Cesene hatte ich ihn schon gesehen, aber als blaugrauen, zerrissenen Abdruck auf himmelblauem Hintergrund. Hierauf war ich nicht gefaßt. „Kilometerfresser, mein Lieber, jetzt klettern wir in die andere Welt."

Die Wolken hatten sich geteilt. Ein heller, weißer Schein erhob sich allmählich hinter dem hohen Gipfel, als strahlte er. Und der Fels zeigte sich ohne Scham in seiner ganzen Nacktheit, seiner ganzen Größe. Ganz oben sah man die Türme der drei Gipfel, Mauern und ein Stück runden Daches. Sie sahen aus wie Schiffchen aus Papier auf dem Kamm einer ungeheuren Woge. Aber das war noch nichts. Was man vor allem sah, das war die aus Erde wachsende Erde, die höher in die Luft ragte, als ein Vogel fliegen kann; und die massige Steinwand stand so einsam da, so gänzlich ohne jede Beziehung zu den menschlichen Sorgen und kleinen Gedanken.

Wir waren durch den Borgo gefahren, hatten seine Terrassen, seinen Markt gesehen, auf dem die Bäume mit ihren

Schatten sich aneinanderreihen, seinen Platz mit den düsteren Arkaden, seine Kais am Himmel. Wir haben die Geschwindigkeit geändert, „Kilometerfresser“ frißt die Straße weniger schnell, aber er kaut besser, fahren im Schatten der Berge. Der Marquis liegt auf dem Steuer, er nimmt die Kurven wunderbar. Dann waren wir plötzlich in der Sonne, und unser Riesenwagen warf für kurze Zeit seinen Schatten auf die Ebene, die 500 Fuß unter uns liegt. Bald fuhren wir, schnaufend vor verhaltener Kraft, in das Tor der Città ein. Es war ein ehrwürdiges, graues Tor, mit einer Art mit Schießscharten versehenen Balkons, und darüber ein schweres, steinernes Wappenbild. Die Città stammt aus einer Zeit, als man das Leben ernster lebte als heute; die Straßen sind eng, steil, düster und ziemlich kühl. Ich glaube, daß während acht Monaten ein kalter Wind, der nicht spaßt, sie durchweht. Die Steine, aus denen die Häuser gebaut sind, hat man im Gebirge gebrochen, so bilden beide in ihrer rosa-grauen Farbe fast ein Ganzes, wie der Ameisenhaufen, der von dem Waldboden, der ihn umgibt, nicht zu unterscheiden ist. Die Città erinnert auch sonst an einen Ameisenhaufen, kompakt, fast wie eine geschlossene Faust.

„Eine kleine Nation, aber ein großes Volk“, sagt Putouarey. „Betrachten Sie nur diese Plakate: Wir wollen das allgemeine Wahlrecht“. Man sollte es ihnen geben, sie sind nicht sehr zahlreich, und das würde die Sache kaum komplizierter machen. Wenn ich könnte, gäbe ich ihnen das allgemeine Wahlrecht.“

Der Marquis sah sich um und warf einen Blick auf seine schönen Koffer ...

„Sie wissen wenigstens, was sie wollen. In Putouarey ist es anders. Man kann sich gar nicht vorstellen, daß man nicht mehr in Italien ist und daß in dieser Luft frei die blau-weiße Fahne einer Republik flattert. Mein lieber Archibald, ich glaube, meine Freude kommt Ihnen sehr kindlich vor. Sie sind mir doch nicht böse, daß ich Sie nach hier geschleppt habe?"

„Nein, die frische und leichte Luft tut gut nach der Hitze der Emilia."

Ich werde diese Nacht schlafen. Gestern, in Rimini, habe ich bis Tagesgrauen geschrieben, ich war zu erregt, als daß ich hätte schlafen können. Ich habe das Gefühl, als wäre ich hier in einem großen Schiff mit tausend Luken, das unbeweglich in dem hohen Luftmeer steht.

P. führt kein Tagebuch. Er will aus. Auf Wiedersehen!

Er steckt seinen schönen und spöttischen Kopf durch die halbgeöffnete Tür: „Ciaô, bel faccin!"

Ich freue mich, daß ich ihn getroffen habe. Er reißt mich mit. Ich lerne ihn besser kennen als früher: seine Eigenarten, sein Mitleid mit dem Heimchen. Er soll mir noch mehr erzählen.

San Marino, 7. Juni

Ich habe den ganzen Morgen auf dem Pianello zugebracht. Er ist eine große, mit Steinplatten gepflasterte Terrasse und einem Gitter aus Stein. Er beherrscht ein wildes Durcheinander von Bergen: den Zentralapennin mit all seinem Gerümpel: seinen Schemeln und Tischen, seinen Pulten und Kanzeln aus Marmor, seinen Domen, seinen großen Polygonen aus nacktem Stein: die mittelmäßigste der Gebirgsketten: kalt ohne Schnee, öde ohne Majestät, verdrießlich kleinlich: die armen Verwandten der Alpen. Im Nordwesten erhebt sich ein gewaltiger Felsblock, der von einer tiefen Spalte zerrissen wird, die Arbeit einer verschwundenen Art von Lebewesen, die vor uns auf der Erde waren und sie anders gebrauchten; unerklärliche Pforte, Endstation irgendeiner interplanetaren Verbindung. Man blickt immer wieder hin, in der Erwartung, daß ein Engel in Waffen durch die Luft kommt, sich hier niederzulassen. Im Süden, am Horizont, liegt scheinbar ein großer Würfel aus blankem Stahl, er neigt sich zur Seite und lehnt sich mit einer Ecke an den Himmel. Ein breites, graues Flußbett, in dem nur wenig Wasser rinnt, umfaßt die ganze sichtbare Landschaft in seiner bleichen Umarmung. Und darüber hinaus bilden Luft, Erde, Meer nur einen einzigen, schmutzigblauen Nebel.

Wir sind lange zwischen dem schattigen Tor des Palazzo Governativo und dem kleinen Postgebäude auf- und abgegangen. Letzteres hat einen grauen Turm, das Zifferblatt der Uhr hat keine Zeiger mehr; unter den parallelen Linien der Aichmaße, die in die Mauer eingelassen sind, steht eine Steinbank. Eine Reihe von grauen und nackten Häusern mit blaßgrünen Läden begrenzt den Platz. Eins ist ein Café. Vom frühen Morgen an werfen sie auf die Steinfliesen einen Schattenstreifen, der bis Mittag immer kleiner wird. In der Mitte des Pianello steht ein Brunnen, auch er ist alt und grau. Er trägt eine neue und sehr konventionelle Statue der Freiheit.

„Eine Deutsche hat sie gestiftet", sagt P., . . . „man hat ihr dafür den Titel einer Herzogin von Acquaviva verliehen. Kein Hohn, es gibt hier ein Dorf, das so heißt. Und der Palazzo? Noch ein wenig zu neu; aber doch erträglich: der letzte Nachkomme des Palazzo Vecchio. Sehen Sie nur die Schießscharten, den Turm, die Wappenschilder und die an den Fassaden angebrachten Plaketten."

Dann haben wir am Ende der Straße, die zwischen den niedrigen Eisentüren des Palazzos und der Häuserreihe herführt, am anderen Ende des Pianello, den Cantone entdeckt. Es ist ein kleiner Platz aus gestampfter Erde, mit einigen Akazien bepflanzt. Seine steinerne Brustwehr hängt an der Flanke des Felsens, über den roten Dächern und weißen Straßen des Borgo, das 300 Meter unter uns liegt.

P. reicht mir sein Zeißglas. – „Sehen Sie", sagte er, „die Postkutsche von Rimini verläßt gerade Serravalle. Da drüben, wo die Straße durch das Gebüsch führt. Man sollte nicht glauben, daß sie überhaupt bis hierher kann."

Der Wind zaust die Weißbuchen und Dornen, die den

Felsen bedecken. Es ist ein Ostwind, der den Duft der Adria mit sich führt. Stoßweise, mit plötzlichen, ungeduldigem Umspringen. Ein Mann geht über den dreieckigen Platz des Borgo: wie ein kleines Insekt auf einem Blatt weißen Papiers. Er verschwindet in der schwarzen Höhle der Arkaden.

„Auf der Post liegt sicher ein Brief für mich", sagt P.

Nach fünfzig Schritten waren wir da. Ein Brief war für ihn angekommen.

„Aber, das ist doch Ihre Schrift, Putouarey. Schreiben Sie sich selbst?"

„Immer, wenn ich die Stadt wechsele. Dann habe ich das Gefühl, als würde ich erwartet. Auch sehe ich meine Handschrift gern."

Ich habe ihn gefragt, was er sich schreibt, und schließlich hat er mir auf mein Drängen den Brief gezeigt:

„Hast du alter Obskurant eine gute Reise hinter dir? Tut mir leid. Wann endlich wirst Du Dir auf Deinem Hundertpferdigen den Hals brechen? Umsonst verbirgst Du Deine wahre Meinung unter dem Mantel des unabhängigen Republikaners. Die Demokratie läßt sich nicht betrügen. Du bist ein sozialer Parasit, ein nutzloser Lebemann . . ."

„Was soll das bedeuten, Marquis?"

„Ich wußte nicht, was ich schreiben sollte. Das sind einige der Liebenswürdigkeiten, die man mir letzten Januar sagte oder schrieb. Ich hatte mich, um meiner Frau und ihrer Familie einen Gefallen zu tun, bei den letzten Wahlen zur Legislative in Putouarey als Kandidaten aufstellen lassen."

„Erzählen Sie."

„Da ist nicht viel zu erzählen. Der konservative Deputierte, der in den Senat kam, mußte ersetzt werden. Ehe ich die Sache überhaupt angefangen hatte, hatte ich schon genug davon. Dennoch berief ich eine öffentliche Versammlung ein, zu der ich auch meinen Gegner, den Lehrer von Putouarey, Rabot, den sozialistischen Kandidaten, eingeladen hatte. Ich habe den Wählern gesagt, daß sie sich keinen Illusionen hingeben sollten, daß ihre Abstimmung an der bestehenden sozialen Ordnung nichts ändern würde. Daß es sich für die Leute nur darum handelte, Orden, Tabakläden, Stipendien, Gehälter und so weiter zu bekommen, und daß ich durch meine Beziehungen in Paris mehr für sie tun könnte als mein Gegner, wenn er gewählt würde. Ich würde alles für sie tun, falls ihre Wahl auf mich fiele. Und dann gab ich ihnen auch zu verstehen, daß, wenn es sich um etwas sehr Wichtiges für das Land handelte, zum Beispiel die Konzession der Schmalspurbahn, ich unbedenklich mit der Mehrheit stimmen würde, selbst gegen die Grundsätze meines Programms.

Das war doch klar und vernünftig. Aber, heilige Jungfrau! Sie meinten, ich wollte sie und ihre Republik verhöhnen, und hörten nur noch auf Rabot, der ihnen tausend Dummheiten vorschwatzte und alle Gemeinplätze auftischte, die seit hundert Jahren die Dummheit der großen Dyspeptiker erfunden hat.

Da nannte man mich sozialen Parasiten, und alle frommen Bürgersfrauen und bigotten Freidenkerinnen waren derselben Meinung. Natürlich hatte ich die Geistlichkeit, den Adel und damit den gesunden Menschenverstand auf meiner Seite. Diese Damen waren ja nur wütend, daß sie im Schloß nicht empfangen wurden. Sie sagten, seit seiner Heirat hätte der Sohn der Putouareys sich nicht mehr im Land gezeigt, und er vertäte seine Zeit in Paris mit Festen. Ich glaube, die guten Leute stellten sich unter ‚Festen‘ das vor, was sie in den illustrierten Zeitungen sahen: Maxim und den Herrn im Frack mit einer Dame auf jedem Knie; leere Champagnerflaschen unter dem Tisch. So dachten sie wahrscheinlich von mir. Ein Mann, der ein solches Leben führte, hatte natürlich von nichts eine Ahnung. Die Anspielungen auf Maxim und Champagner wurden in den Reden meines Gegners immer häufiger. Armer Rabot! Armes Schulmeisterlein! Ich hätte ihn zu gern mal mit zu Maxim genommen. In seinen Augen war ich der ‚brute‘, der Anti-Intellektuelle, der Sohn aus guter Familie, der durch Orgien und Müßiggang heruntergekommen ist. Schließlich behauptete er sogar, ich hätte von Orthographie keine Ahnung. Noch ein paar Tage dieses Kampfes zwischen Fortschritt und Obskurantismus, und ich hätte nicht mehr schreiben noch lesen können.

An dem Abend, an dem er gewählt wurde, triumphierte ich. Es war also zu Ende, und zwar so, wie es zu Ende gehen mußte. Nur die Schloßbesitzer hatten mir ihre Stimmen gegeben. Sie kamen alle vor das Schloßgitter und pfiffen mich gründlich aus. Ich war froh. Es waren Leute darunter, die ich gern mochte: vor allem der Wagenschmied Travaillot, das schwarze Schaf des Pfarrers. Er behauptet, er sei Anarchist, hat aber den feinsten Kopf im Lande und nimmt kein Blatt vor den Mund. Ich war besiegt. Der Fortschritt war nicht mehr aufzuhalten.

Du hast es gewollt, sagte ich zu meiner Frau, die ein wenig blaß war und die langen Zähne aufeinanderbiß. Ich bin zufrieden. Es lebe Rabot, und nieder mit Putouarey!

Ich war wirklich froh, daß Rabot die 900 Francs jährlich und die Reisen erster Klasse umsonst bekam. Wenn das seinen Horizont erweiterte und das Pariser Leben ihn ein wenig manierlicher machte, dann schadete es nichts. Ich ging ins Badezimmer, wo ich mich wusch und drei Stunden lang duschte. Als der Morgen graute, saß ich im „Kilometerfresser" und sauste nach Dijon. Den ganzen Tag jagte ich durch die Landschaften an der Saône und Rhône, und am Abend rauchte ich meine Jagdpfeife auf der Cannebière. Lieber Gott, es gab doch noch schöne Tage für mich in meinem Leben."

„Und dann sind sie nach Neapel gefahren?"

„Einen Monat war ich an der Riviera, bald in der Jacht, bald im Auto unterwegs.

In Genua ließ ich das Auto auf die Jacht bringen und bin dann nach Neapel gefahren, mit Landung in Portoferrajo ... Ma scuca, ich habe noch allerlei zu erledigen: den Palazzo besuchen, einige Gesteinsproben sammeln ..."

„Und 10 000 Freimarken auf ebensoviel Postkarten kleben ... Ich komme mit in den Palazzo."

Wir haben den kleinen Palast aus grau-rosa Stein besichtigt, dessen lange, offene Fenster auf dieses Luftmeer hinausgehen, dessen Grund mit seinen Dünen, seinen Hügeln und seiner wilden Vegetation durchscheint. Wir haben den Sitzungssaal des Rats besucht mit seinen zwei Thronsesseln für die beiden Regenten, die blaue und die weiße Urne gesehen und auch die Kugeln, deren man sich bei der Abstimmung bedient. P. war ganz ergriffen, als er ein Bild des Marschalls Mac-Mahon sah; ein furchtbares Etwas aus schreiendem Rot und Blau.

Wir haben die Hauptkirche besucht, die Pieve; ihr Stil ist traurig, klassisch ohne Überzeugung. Sie steht auf einem hübschen, kleinen Platz, von wo man auf das Dach des Palazzo herabsieht.

„Hier stand früher eine Kirche aus dem fünften Jahrhundert; leider hat man sie abgerissen." P. weiß das alles. Bevor er nach San Marino fuhr, hat er sich eine ordentliche Sammlung von Büchern über das Land zugelegt, hat sogar die Ricordi Storici des Marino Fattori gelesen. Zwischen hohen Häusern aus rohem Stein steigen steil die Straßen auf; in den Mauern sind kleine Türen, die einen Blick in die Gärten gestatten. Via Bramante. Dann sind wir auf die Piazzetta hinuntergegangen, über die lange abschüssige Via Omerelli, an der das Museum, eine große Schule und eine Kirche in dem emphatischen Stil der Jesuiten stehen. Ein Kloster ist noch da und Paläste und dann plötzlich hinter einem schiefen Geländer aus altem Stein wieder der Abgrund.

P. wollte unbedingt alles sehen; als wir in unserm „Salon" den Stockfisch aßen, sagte ich zu ihm:

„Sie sollten sich naturalisieren lassen."

Ich hatte all dem Wissen, über das der Marquis verfügte, Tür und Tor geöffnet. Und mußte es über mich ergehen lassen: Unter welchen Bedingungen man sich naturalisieren lassen kann, den Ursprung der Republik, ihre Geschichte, die ihrer Verfassung, ihres Rechts und tausend andere Dinge: vom Consiglio grande, dem Consiglio dei Dodici, den beiden Regenten, die alle sechs Monate neu gewählt werden, von denen der eine adelig, der andere bürgerlich ist, und daß sie im zwölften Jahrhundert den Namen Konsuln führten, wie sie in den Inschriften im Palast auch heute noch genannt werden. Dann sprach er von den Einwohnern eines gewissen Bezirks, die lange keine Stadtrechte hatten, sondern als erobertes Volk betrachtet wurden. Ich lächelte.

„Lachen Sie nicht, Archibald, hier haben wir noch alte Reste der echten römischen Republik. Nur hier, in dieser kleinen, in die Wolken verbannten Republik. Und die Armee von San Marino ...“

„Nein, Gaëtan, die von Monako genügt mir.“

Aber ich mußte mir die Uniform und die Zusammensetzung der Armee beschreiben lassen: Edelgarde, Miliz. Als er den Wirt fragte, ob man die Soldaten nicht in natura sehen könnte, brachte dieser gleich Ansichtskarten, auf denen sie in Farben dargestellt waren.

„Lebendige kann man also nicht sehen?“ fragte P. enttäuscht. „Verkaufen Sie diese Karten?“

Dann war er auf und davon. Seine Manien ließen ihm keine Ruhe: Sammeln von Briefmarken, Mineralien, Münzen, Zigarettenpäckchen, kleinen Fahnen.

„Wenn es mehr solche Leute gäbe wie Sie, wäre San Marino bald der Hauptort für Briefmarkensammler. Seine Münzen wird man zum dreifachen Preis als Seltenheit in den Läden verkaufen, und der Wirt der Albergo Repubblicano wird bald die Leute so schröpfen, daß San Marino unbewohnbar wird.“

Bald ist er wieder da. In der einen Hand hat er einen kleinen Sack mit Kieselsteinen, in der andern ein blau-weißes Fähnchen. Wir gehen auf den Pianello und rauchen dort.

„Wo, zum Teufel, rennen Sie immer rum, sozialer Parasit? Man sieht Sie nie mehr. Ich genieße Ihre Gesellschaft nur noch beim Stockfischessen. Der Sohn der P. schneidet mich."

„Sie wollen ja nie mit."

„Auf den Pianello steigen ist schon eine ganz nette Arbeit. Und wenn ich oben bin, unterhalte ich mich mit dem diensttuenden Carabiniere und rauche Zigarren."

„Ich habe ihn in seiner Uniform fotografiert. Aber ist der graue Dolman mit dem roten Kragen nicht eine Sommeruniform? Das ist sehr wichtig ... Wollen wir etwas trinken? *Senta, padrone: c'è alkermes?*"

„*Nelépa monsié.*"

„Schade. Mit frischem Wasser ist die Alkermes etwas Hervorragendes. Dann nehmen wir eine Strega. *Va bene, ci da due Streghe.*"

„*Biennemonsu, ielaporte soubite.*"

Ich fragte den Marquis, was Alkermes wäre.

„Was? Sie sind in Florenz gewesen und haben das nicht probiert? Das kommt davon. Sitzen im Carlton und haben nicht den Mut, in das florentinische Leben hinabzutauchen. Sie hätten besser bei der Assunta und ihren Nichten gewohnt. Sie haben so begeistert von den Vagabunden an den Uffizien geredet, aber in nähere Beziehungen zu ihnen sind Sie natürlich nicht getreten. Mir ging es genau so, als ich mich zum erstenmal im europäischen Leben zeigte: Faulheit und auch ein wenig Widerwille. Privat wollen Sie nicht wohnen, weil Sie Angst vor dem Ungeziefer haben. Ohne Zentralheizung und Teppiche geht es natürlich nicht. Das Palast-Hotel ist Ihnen wertvoller als der Palazzo. Und das Bad muß in nächster Nähe des Schlafzimmers sein."

„Ich lege auf Luxus nicht so viel Wert. Hier zum Beispiel. Und anderswo auch. Allerdings in Florenz ..."

„Ja, in Florenz gibt es aber auch noch etwas anderes als

Museen. Auch das florentinische Leben verdient einige Aufmerksamkeit. Und was einem alles auf der Straße begegnet! Am Besten sind Sie vorbeigegangen. Und welche Gelegenheiten hat man, wenn man privat wohnt, man muß nur genug Geld geben, daß alles anständig hergeht. Die Florentinerinnen sind ja das Feinste, das es in Italien gibt. Ihr Fleisch hat die Farbe des reifen Getreides; und dazu die fetten kleinen Kuchen aus heißer Polenta. Ich will hoffen, daß Sie sie wirklich genossen haben. Und wie sie gebaut sind, alles wie aus einem Guß! Wie die kleine frische Erbse aus der Schale. Das klassische Fleisch. Ich muß immer an Vergil denken und an den Abbé Vernet, unter dessen Aufsicht ich ihn las: Corpora lectissima matrum. Wer diese herrlichen Früchte in der Hand gehalten hat, muß Italien lieben.

Salve, magna parens frugum, tibi, tibi . . .

Ich weiß nicht, wie es weitergeht. Und erst der Nacken! Haben Sie den mal betrachtet? Die edle Zerbrechlichkeit, tiefbraun und heiß unter der flammenden Krone des schwarzen Haares. Wie können Sie nur an allem vorbeigehen, an diesem herrlichen Leben, das ich von Herzen liebe? Haben Sie wenigstens einmal in einer echten florentinischen Trattoria gegessen, haben Sie Lotto gespielt, ungeduldig auf die Estrazione des Samstagabends gewartet? Ich will jetzt noch einmal in den Palazzo. Das Gerichtsgebäude auf der rechten Seite der Straße, die nach der Pieve ansteigt, haben wir auch noch nicht besichtigt. Kommen Sie mit?“

9. Juni

Ich habe den Marquis nach dem Borgo begleitet. Unter den Arkaden des dreieckigen Platzes, den wir so klein vom Cantone aus sahen, sind wir eine Stunde spazierengegangen. Wir haben in einer Art Trattoria, die in einer eiskalten Höhle eingerichtet war, Wein getrunken.

Die Läden des Borgos sind weniger arm als die in der Città.

„Eiskaffee mit Sahne", murmelt P. und leert sein Glas roten Chianti. „Ob wir das in Rimini finden?"

Ein Gewitter bedrohte den Titano. Der Donner grollte schon. Als wir nach der Città hinaufgingen, fielen die ersten Tropfen. Der gepflasterte Pfad geht am Felsen fast steil in die Höhe und endet in ein niedriges Gewölbe, am Ende der Via Omerelli. Am Abend sind wir noch einmal hingegangen. Wir haben uns auf den Rand der Bastion gesetzt und gesehen, wie in der fernen Ebene große Städte zitterndes Licht atmeten.

10. Juni

P. war heute morgen sehr enttäuscht: Er hatte gehofft, bei der großen Messe in der Pieve die beiden Regenten in vollem Ornat auf dem Thron zu sehen. Er tröstet sich mit dem Gedanken, daß morgen, am Montag, Versammlung des Großen Rates im Palais ist. Heute nachmittag überredete er mich, mit auf die Festung auf dem Rocca, dem ersten der drei Gipfel, zu gehen; die Città krallt sich fest auf dem Kamm einer Welle aus Stein. Über den Grat, zwischen Steinbrüchen, in denen der Hammer ohne Unterlaß mit vollem und mildem Ton erklingt, zieht sich eine schmale Straße hin bis zu dem gewaltigen Tor der Festung. Anscheinend ein Gefängnis, und P. hat sicher die Erlaubnis zum Besuch erhalten. Man hat uns über den Rondenweg geführt.

„Achthundert Meter über dem Meer! Trinken Sie diese jungfräuliche Luft, die hier tost wie das Wasser eines Wildbachs, betrachten Sie die Küste, wo die Adria eine kleine, weiße Geste macht, und etwas sagt, das man nicht hört, und dann das so beängstigend ruhige Land unter dem weiten Himmel, wie der Schlund einer geladenen Kanone. Sehen Sie die trockene Marecchia, die ihre Straße aus grauem Sand bis ans Meer vorstößt. Und wie nutzlos erscheinen diese Wege, und doch kommen sie mit all ihren Windungen auf uns zu."

Wir sind wieder hinuntergestiegen; hatten alle Berge zu

unseren Füßen. Als wir uns umwandten, sahen wir die drei Türme; aufrecht am Rande des Abgrunds; klein, grau, viereckig, mit ihrem fast flachen Dach aus Ziegelsteinen; jeden überragt eine kleine Eisenfeder, um an das in „penna“ liegende Wortspiel zu erinnern, das sowohl Feder als auch Gipfel bedeutet.

Heute abend haben wir auf dem Pianello unsere *pour la noblesse* geraucht, sind dann bis zum Cantone gegangen, wo tausend Leuchtkäfer funkelten. Als hätte die Luft plötzlich ein großes Geheimnis verraten und ihre wahre Feuernatur offenbart. Für ein paar Augenblicke erloschen sie, um gleich wieder zu funkeln. Als würde ein großer schwarzer Schleier mit tausend Goldplättchen geschüttelt. In der Höhlung eines Steines, am Rande eines Weges, dessen Pflaster von Gras überwuchert war, leuchtete still für sich ein einzelner Käfer, wie ein verirrter Mondstrahl. Flüsternd strich der Meerwind um die Felsen und durch die Blätter.

11. Juni

Als ich vor dem Franziskus-Tor auf und ab ging und mit mehreren Jungen, einem der beiden Carabinieri und einer alten Frau auf die Ankunft der Postkutsche wartete, kam der Marquis ganz außer Atem angelaufen.

„Archibald, wenn Sie Soldaten in San Marino sehen wollen, dann kommen Sie mit. Der Palast ist voller Uniformen. Wegen des Großen Rates. Kommen Sie schnell.“

Wir klettern auf den Pianello. Gerade ging ein Herr in schwarzem Gehrock, dem ein Diener in silberblauer Livree und einem Hut mit Kokarde folgte, an uns vorbei, überquerte den Platz und betrat den Palazzo.

„Einer der Regenten“, sagte P. „Wir hätten ihn grüßen sollen. Wir können hineingehen. Mir sagt man nichts.“

(Er fängt an, bekannt zu werden.)

Ein Dutzend großer Kerle in marineblauer Uniform mit orange-gelben Aufschlägen und Schnüren, mit marineblauen

Zweispitzen mit blau-weißen Federbüschen auf dem Kopf und dem Degen an der Seite gingen in der Vorhalle des Palazzo auf und ab.

„Archibald, haben Sie je an den moralischen Wert der Uniform gedacht? Sie macht uns physisch sichtbarer und verbirgt unsere Persönlichkeit besser als jede andere Verkleidung. Sie erspart einem jede Erklärung. Sieh da, bon giorno. Lei sta bene?"

„Haben Sie Freunde bei der Edelgarde? Ich habe mir gleich gedacht, daß Sie bei der Aristokratie des Ortes Besuch machen würden."

„Ja", sagte P. ein wenig verlegen. „Es ist der Ritter Landolfi. Ich wußte nicht, daß er bei der Garde ist... Alle die Kerle sind also adelig? Meinesgleichen und auch Ihresgleichen. Verzeihung, daß ich das vergaß. Meinen Adel hat man mir oft genug vorgeworfen. Nicht nur in Putouarey. Es gehört nach allem, was ich erlebt habe, wirklich Mut dazu, ihn zu tragen – und deswegen trage ich ihn. Und wie stolz war ich früher darauf, als ich noch in der Provinz lebte. Er unterschied mich von den Spießern. Graf Aquibajo, wissen Sie, was Adel, Geburtsadel ist? Sie kennen das französische Sprichwort: Noblesse oblige. Das ist die einzige Definition des Adels. Er verpflichtet, und weiter nichts. Früher verpflichtete er den Träger, nur Besitzer seiner Ländereien und Vasall seines Lehnsherrn zu sein. Heute ist es genau dasselbe. Als wenn wir überhaupt keinen Namen hätten. Der Besitz gibt uns seinen unzerstörbaren Namen, und nach uns wird er auf andere übergehen, sei es durch Erbfolge oder durch Heirat. Keine Hoffnung, uns einen Namen zu machen: man hat ihn schon für uns gemacht, er ist lang und kompliziert, so daß man nicht weiß, wohin damit; in der modernen Welt ist für ihn kein Platz. Eine schwere Rüstung, in der wir den Lebenskampf bestehen müssen. Sie sprechen von der bedauernswerten Lage der Milliardäre, aber auch wir könnten allerhand erzählen. Die Bürgerlichen haben wenigstens einen eigenen

Namen, der mit ihrem Fleisch und Blut zusammenhängt und erlischt, wenn ihre Nachkommenschaft erloschen ist. Sie kämpfen nackt, ohne irgendwelchen Zwang. Sie können sich einen Namen machen, wenn sie das Zeug dazu in sich haben. Mich erregt es immer wieder, wenn ein Herr, den nichts als ein Name kennzeichnet, einen Salon voller Menschen mit hohen Titeln betritt. Ich beneide ihn. Er wird sofort die interessante Minderheit, die Elite der Elite. Wenn einer von uns sich durch seinen persönlichen Wert zu den höchsten Höhen der Menschheit erhebt, verliert er gleich seinen Titel; man sagt: La Rochefoucauld, Saint-Simon, Vigny ... Aber uns, das Gros des Adels, verpflichtet unser Adel nur. Gehorsam, Zurückhaltung, Opfer. Das hat mir den ganzen Adel meiner Provinz verekelt. Sie haben keine Idee von dieser Verpflichtung. Ihr Adel macht sie nicht zu Helden. Wie der Parvenu sich nicht an seinen Reichtum gewöhnen kann, können sie sich nicht an ihren Adel gewöhnen. Man muß sie nur über ihre bürgerlichen Nachbarn, die in ihrer Dummheit stolz auf ihr Geld sind, reden hören. Sie verachten sie. Ich habe den Sinn, den mein Wappen und meine Krone haben, verstanden. Und mein armer jüngerer Bruder Jean, der mit dreiundzwanzig Jahren am Tschad-See fiel, ich habe eine Fotografie von ihm als Senegal-Spahi in meinem Koffer, er wußte es auch, wußte besser als ich, wozu der Adel verpflichtet. Ruhm? Nein! Einige Zeitungen veröffentlichen das Bild dessen, der für sein Vaterland starb, in den Nachrichten aus der Gesellschaft – dann tiefes Schweigen. Eine Sängerin aus dem Café-Concert wird besser behandelt. Er wollte wie ein Adeliger leben und tat es auch. Auch ich möchte endlich leben wie ein Adeliger und etwas Besseres tun als in Europa herumreisen und meine Zeit vergeuden. Wissen Sie, daß ich wirklich etwas Besseres vorhabe? Ja, auch ich habe etwas wie innere Bestimmung, und ich brauche nur anzufangen. Aber: dann müßte ich auf alles andere verzichten, was mir Manie geworden ist. Ich müßte sozusagen auf die Welt verzichten.

Das ist schwer, wenn einem alles erreichbar ist. Oh, Jean, die Dezembersonne an der Riviera, die Schnelligkeit, die Welt, die ihre Täler, Städte, Nahrung und Küsse darbietet ..., und eine Kugel in den Kopf, am Tschad-See!"

12. Juni

P. ist zufrieden. Gestern ist er nach der Sitzung des Großen Rates von einem der Regenten (dem nichtadeligen) in Audienz empfangen worden. Er kam ganz aufgeregt nach Hause. Heute morgen habe ich zu ihm gesagt:

„Was tun wir eigentlich noch hier? Sie haben alle neuesten Briefmarken und alle Postkarten in den Papierläden gekauft. Was haben Sie mit Ihren Freunden von der Edelgarde vor? Sie wissen doch: die Demokratie läßt sich nicht täuschen."

„Sie wollen also fort?" fragte der Marquis entmutigt.

„Nein, wenn Sie gern noch bleiben wollen. Es ist ganz nett hier. Ich habe nirgendwo etwas zu tun. Ich möchte nur wissen, wann es weitergehen soll."

„Ich habe an meinen Bankier in Frankreich telegraphiert, daß er mir Geld schickt. Sobald der Wertbrief da ist, fahren wir ab. Heute muß ich noch einige Postkarten verschicken; eine alte Serie, die ich beim Krämer gefunden habe."

Wir haben überallhin Karten geschickt. P. an ungefähr dreißig junge Frauen, die sich auf fünf oder sechs Nationen verteilen. Er hat Angiola Cacace natürlich nicht vergessen. Ich an Stephan, Cartuyvels, Tournier de Zamble; Maxim Claremoris. Schade, daß ich die Namen der beiden nicht weiß, die mir im Auftrage Cartuyvels folgen. Vielleicht beobachten sie uns jeden Tag auf dem Pianello.

Als wir auf dem Cantone unsere *pour la noblesse* rauchten, sagte ich zu P.: „Seit einiger Zeit lerne ich Sie erst richtig kennen, und ich will Ihnen offen gestehen, daß ich nicht immer eine gute Meinung von Ihnen hatte."

„Wieso?"

„Ich habe bei Ihnen mancherlei entdeckt, das ich nach unseren ersten Begegnungen nicht ahnte."

„*Capito!* Das wußte ich, und was Sie mir jetzt sagen, freut mich. Die Schuld tragen meine Manien, meine Sucht, über alles zu lachen, und meine Liebesabenteuer. Sie sahen in mir nur den groben Genießer. Das habe ich gefühlt. So haben mich auch der Herzog von Waydberg und Prinz Stephan eintaxiert: ein französischer Junker, der Geld genug hat, sich ein wenig bei den großen Europäern umzutun; ein Franzose des Café-Concert, kurz ein kleiner Provinzler unter euch, die ihr im Schlafwagen lebt."

„Nein, Putouarey, nein."

„Gewiß. Ebenso falsch beurteilten mich die bigotten Freidenkerinnen in Putouarey ... Sie selbst haben mir eines Tages gesagt: Jedesmal wenn Sie Frankreich verlassen, machen Sie neue Fortschritte. Es scheint, Sie frühstücken jeden Morgen mit dem Herzog von Christminster."

„Sie kennen kein Erbarmen. Ich wollte nur sagen ..."

„Nein, das war doch sehr deutlich. Aber keine Beleidigung. Ich war wirklich der idiotische Spießer, dem es zu Kopf stieg, daß er denselben Schneider hatte wie der König von England. Und so manches andere Mißverständnis. Sie waren von der Richtigkeit Ihres Urteils so überzeugt, daß Ihnen nicht einmal der Gedanke kam, ich könnte Ihre Spötteleien merken. Deswegen bin ich nicht böse geworden, und weil ich Sie auch anders sah als Sie sind: oberflächlich, linkisch, noch nicht ganz au fait mit dem Leben. Das war zu entschuldigen: ich bin dreißig Jahre alt, zwischen uns beiden ist ein Altersunterschied von sieben Jahren. Ja, ich kenne das: Es ist sehr peinlich, sehr demütigend, wenn man sein erstes, kühnes Urteil korrigieren muß. Ist einem das aber einmal passiert, passiert es so leicht nicht wieder. Wenn doch, ist nichts mehr zu retten."

„Aber Gaëtan, so habe ich Sie nie verkannt. Und uns mit den Bürgerinnen von Putouarey zu vergleichen, ist hart für uns, die wir im Schlafwagen leben! Es ist wahr, ich hatte mich getäuscht. Und Ihre galanten Abenteuer waren schuld daran. Sehen Sie, was mir unverständlich ist bei einem Mann wie Ihnen, der über Klugheit und Zartgefühl verfügt, ist diese grobe Sucht nach physischer Sensation in ruhmlosen Liebesaffären, die dazu noch Geld kosten.“

„Sollte in Ihnen nicht doch noch ein Rest von Puritanismus schlummern, der sich empört, wenn ich von Angiola erzähle?“

„Auf alle Fälle schienen mir Ihre Liebesgeschichten verlorene Zeit und vergeudete Energie.“

„Das will nichts sagen. Und die Sucht nach der „physischen Sensation“! Sie sind auf dem Holzwege. Unter uns, das geht über meine Kraft . . . Das alles ist so schwer zu erklären. Ihr Urteil über mich berührt sich mit dem der Bürgerinnen von Putouarey enger als Sie glauben. Wo soll ich anfangen? Sie lieben doch das Volk. Sie selbst haben mir gesagt, daß Sie die Frauen des Volkes den Damen der Gesellschaft vorziehen. Genau wie ich! Was uns Edelleute vom Bürger unterscheidet, ist, daß wir mit den Leuten aus dem Volk sprechen können. Für uns sind sie Männer und Frauen wie wir, mit unsern Fehlern, unsern Schwächen, unsern Eigenschaften. Wir verstehen sie. Für den Bourgeois aber sind es Maschinen und Kinder, die man schützen, und hinterlistige Tiere, vor denen man sich in acht nehmen muß. Wenn in Putouarey die Frau des Steuereinnehmers ausgeht, muß das Dienstmädchen vier Schritte hinter ihr hergehen. Sie fürchtet, man könnte das Mädchen für ihre Freundin halten. Das ist bezeichnend für die ganze Bourgeoisie. Habe ich etwa Angst, daß man mich für einen Freund meines Chauffeurs hält? Schon an der Art und Weise, wie ich gehe, sieht man, daß ich ein Gentleman bin. Und wenn man mich für den Kameraden von Baptiste hielte, was wäre dabei? Auf alle Fälle halte ich es hier mit Ihrem amerikanischen Dichter: Den Wilden und den Herrn behandele ich gleich. Denken Sie an die Bonnen aus unserer Kindheit? Ihre waren vielleicht Negerinnen und Rothäute. Ich denke heute noch an Marie-Bonne, ein dickes Mannweib aus Sombernon, im Gebirge. Sie war voll von Geschichten und Weisheit. Wie sehr waren uns diese Mädchen aus dem Volk überlegen! Sie waren viel weiter, sahen weiter und besser als wir und hatten in sich alle Poesie des Wahren, vor dem wir nur Ekel zu empfinden vorgaben. Als wir homo, dies und manus deklinieren konnten, hielten wir uns für sehr klug und haben ihnen gleich unsere neue Weisheit aufgetischt. Aber sie wußten doch mehr als wir; über wichtigere Dinge wußten sie Bescheid, und unser Latein kam uns bald sehr erbärmlich vor. Als ich siebzehn Jahre alt war, habe ich Marie-Bonne wiedergesehen. Ich hatte gerade das Gymnasium absolviert und wollte nach Paris. Sie war mir immer noch überlegen. In Sombernon habe ich sie dann einige Jahre später noch einmal getroffen. Das war nach meinen ersten Reisen. Ich war verheiratet, ich hatte gelebt, aber wieder mußte ich vor ihr die Segel streichen. Sie weiß soviel wie das Leben ...

So habe ich denn begriffen, daß es unnütz ist zu kämpfen, und daß das Volk doch immer mehr wissen wird als wir. Die „physische Sensation"? O nein. Dich, Marie-Bonne, alle Marie-Bonnes aller Länder suche ich und werde sie finden, ich suche ihre schönen Geschichten, ihre grenzenlose Weisheit und Güte, die keinen Hintergedanken kennt, und das Vertrauen und obendrein die Majestät des Volkes.

Sie halten das vielleicht für eine nachträgliche Erklärung. Eine Rechtfertigung durch rhetorische Mittel. Es klänge vielleicht wahrscheinlicher, wenn ich Ihnen sagte, dies wären Erinnerungen an eine Frau, weiter nichts. Zum Teil wäre das richtig. Aber vor allem ist es das Bedürfnis, mit dem Volk in Berührung zu kommen, die Sehnsucht nach Marie. Wenig schmeichelhafte Abenteuer? Nun, ich habe nicht immer mit Cacaces zu tun gehabt. Man hat mich sogar geschätzt. Und ist es nicht recht, wenn ich dem Volk wiedergebe, was es mir gegeben hat? Die Kenntnis seines Herzens und Lebens?

Durch mein Abenteuer mit Angiola habe ich Neapel besser kennengelernt als aus allen Romanen der Frau Serao. Ich habe noch keine einzige vergessen: die dicken Spanierinnen mit der orangefarbenen Haut, die Deutschen, unter deren Küssen man erstickt, die Ungarinnen, die einen alten Traum für uns Wirklichkeit werden lassen, und die kleinen russischen Kokotten, die Italienisch stammeln ... Et mores et studia, wie der Abbé Vernet sagte. Sähe der alte Mann das Leben, das ich führe, er wäre zu Tode traurig. Auch er würde nicht begreifen, daß es sich um Studia et mores handelt. Auch er würde glauben, daß ich nur die grobe Sensation suche. Aber in Wirklichkeit studiere ich mit Eifer nur Mores et studia. Ich will das Lehrgeld auch bezahlen. Und wenn ich den Cacaces auf diese Weise für kurze Zeit ein gutes Leben verschaffe, umso besser. Ich würde mir ewig Vorwürfe machen, wenn ich eine Jungfrau verführte und so Zwist in die Familie brächte. Ich will lieber den Poverini helfen. Sie sind nie schlecht, und dann macht es ihnen so viel Vergnügen.

Ich gebe den Cacaces lieber tausend Francs, als daß ich beim Poker hundert an meine Nachbarn, die Herrn de Cudeboeuf verlöre. Die reden immer nur von Märkten und kommentieren so dumm wie möglich den Leitartikel der *Gazette de France*. Gibt es Leute, für die die Frau eine Zerstreuung, ein Vergnügen ist? Einige Rohlinge. Für mich ist sie ein Studium, ein langes, ernstes Studium. Wie die Chemie, aber komplizierter, und verlangt viel weniger Egoismus. Und nun bilden Sie sich über mich und meine galanten Abenteuer Ihr Urteil. Was wissen Sie über ein Land, wenn Sie dessen Volk nicht kennen, und was wissen Sie vom Volk, wenn Sie mit ihm nicht in Berührung gekommen sind? Die Berührung, Mund auf Mund ... aber schon wieder verletze ich Ihre Gefühle ...“

Ich hätte ihm gern gesagt, was mir gerade in den Sinn kam: „Sie leben wie Montaigne und Stendhal, nur größer als beide, denn Sie verachten es, zu schreiben." Aber so etwas sagt man nicht.

13. Juni

Nach dem ersten Frühstück gehen wir in dem Schattenstreifen auf dem Pianello auf und ab und setzen unser Gespräch von gestern fort.

„Sagen Sie mir, Gaëtan, wie kam es, daß Sie ein solches Leben führen?"

„Erwarten Sie nicht, daß ich Ihnen mein Leben erzähle ... Ich verstehe Ihre Neugierde. Im allgemeinen ist das Leben, das wir Angehörigen der herrschenden Klasse führen, im voraus fertig, wir brauchen es nur so zu leben, wie man es für uns zurechtgemacht hat. Früh werden wir darauf vorbereitet, wir werden nicht gerade kastriert, aber schlimmer als eine Verkrüppelung der Füße ist es doch; wir bekommen Scheuklappen und brauchen nur noch mit unseresgleichen den vorgeschriebenen Weg zu gehen. Sie fragen, wie es kam, daß ich ein „Luderjan" wurde. Ich meine nicht die Reisen, die machen andere meines Standes auch. Wir machen sogar die Hochzeitsreise nach Japan und den Quellen des Nils. Das Luderleben beginnt damit, daß ich ohne meine Frau reise, und seine logische Fortsetzung ist der Besuch der Leute in der Via Mezzocannone.

Mein Leben war also von vornherein festgelegt und bestimmt. Meine Eltern sind früh gestorben. Ich wurde von meiner Großmutter mütterlicherseits in Putouarey erzogen. Sie trennte mich gleich von meinem Bruder, mit dem ich bis dahin mein Leben geteilt hatte. Er wurde nach Paris in ein Collège geschickt, das er dann verließ, um in St. Cyr einzutreten. Ich war körperlich zart, und meine Großmutter hatte über die Erziehung der ältesten Söhne ganz bestimmte Ansichten. Alles verlief genau nach ihrem Programm. Ich wuchs auf zwischen meinem Lehrer, dem Abbé Vernet, der meinen Geist bildete, und unserm Piqueur Ducourage, bei dem ich

Fechten, Reiten und Jagen lernte. Als ich in Paris mein erstes Examen machte, fuhren Vernet und die Großmutter mit. Um mich auf das zweite vorzubereiten, kam ich als Externer in ein Pariser Collège. Aber Vernet und die Großmutter holten mich jeden Tag nach Schulschluß ab, und Ducourage war mein Begleiter auf den Spaziergängen im Bois. Sie haben mit mir gemacht, was sie wollten. Von der Schule kam ich auf eine Universität in der Provinz, aber ich empfand bald einen derartigen Widerwillen, daß ich es darauf anlegte, mein juristisches Examen nicht zu bestehen. Dann kam ich zum Regiment, ein Jahr früher als ich eigentlich mußte. Großmutter, immer die Zukunft im Auge, hatte für alles gesorgt. Sie bewohnte in meiner Garnison ein Hotelzimmer. Nun verbrachten unsere Vettern Carancy einige Zeit in diesem Hotel. Sie wollten die Stadt besuchen, von der man sagt, sie sei eine Kunststadt. Als meine Dienstzeit um war, wurde ich mit Marie-Candide de Carancy verlobt. Ich verließ die Kaserne, um gleich zu heiraten. Im folgenden Jahre starben kurz hintereinander der Abbé Vernet und meine Großmutter.

Aber auch ich hatte mit dem Gedanken an eine schöne Zukunft gelebt. Als ich neulich in einer alten Kommode auf dem Boden des Schlosses herumkramte, fand ich den Atlas, den ich als Kind benutzt hatte. Hier fand ich alle imaginären Reisen, die ich damals gemacht und mit meinem Rotstift eingezeichnet hatte. Auch die Namen der Städte, die ich unterstrichen hatte. Neben dem der Republik San Marino hatte ich ein großes Fragezeichen gemacht. Auch ich lebte in der Zukunft, und für alles war gesorgt, wenn auch nicht bewußt. Ich wußte nur, daß die Zeit kommen würde, in der man mir mein Leben wiedergab und ich mit ihm machen konnte, was ich wollte. Ich kann nicht sagen, daß ich sehr unglücklich war, während ich auf die Zeit wartete, zu der ich selbst bestimmen konnte.

Aber die alte, liebe Dame und der gute Abbé hockten gleichsam auf mir, ich konnte mich nicht erheben. Sie brüteten auf mir. Ich hatte wirklich diesen physischen Eindruck: Auf allen Fotografien aus dieser Zeit bin ich ein wenig geduckt, und im „Stanislaus“ nannte man mich den Buckligen. Sie hockten auf mir, aber sie waren doch sehr leicht ... Und dann sollte das ja auch nicht immer dauern. Selbst die Freunde, die sie mir aussuchten, waren nicht für ewig. Ich wartete geduldig, bis ich selbst bestimmen konnte. Das Fragezeichen neben San Marino sollte nicht bedeuten: Werde ich hinkommen? Sondern: Ist es der Mühe wert, dorthin zu fahren? Ich war damals vernünftiger oder ein weniger leidenschaftlicher Sammler als heute. Aber da fällt mir ein: in jenen Jahren der Vorbereitung habe ich mit dem Abbé Vernet eine Reise nach Italien gemacht. Fünfundzwanzig Tage auf Rundreisebillett. Was ich damals sah, war nicht Italien, überall merkte man Putouarey. Diese Reise zählt also nicht mit, wie überhaupt mein ganzes damaliges Leben nicht zählte. Es gehörte nicht mir, sondern Großmutter, Vernet und Ducourage. Als guterzogener Mensch ließ ich mir diesen Diebstahl gefallen, ohne ein Wort zu sagen. Diese Jahre gehörten eben der Großmutter, und denke ich heute an diese Zeit, ich suche mich vergeblich in ihr.

Ja, die Sache ist sehr delikat ... Hochmütig und kalt, ja, aber denken Sie nichts Schlechtes über Madame de Putouarey. Ich allein habe Unrecht. Es war ein trauriger Irrtum. Meine Großmutter hatte sich eine Stellvertreterin gewählt, eine neue Bruthenne, nur daß sie jünger und kräftiger war. Und ich benahm mich wie ein Schuljunge, der das Dienstmädchen seiner Mutter verführen will. Ich trug eine Brutalität, ein herrisches Wesen zur Schau, das gar nicht in meinem Charakter liegt. Ich schäme mich, wenn ich daran denke ...

Es war ein Glück, daß mich im folgenden Winter, in Paris, eine Frau unserer Kreise, eine Pensionsfreundin meiner Frau, unter ihre Fittiche nahm. Aber der Irrtum war nicht wieder gutzumachen. Vor allem hatte ich gefühlt, daß ich frei war. Eine Februarnacht ist mir unvergeßlich. Ich war allein in meinem Zimmer und fühlte zum erstenmal in meinem Leben, daß ich allein war. Meine Zeit war also endlich gekommen. Ich zitterte vor Glück. Zärtlich küßte ich die Bilder der Großmutter und des Abbés: Ich dankte ihnen, daß sie mir diese große Freude möglich gemacht hatten, und bedauerte nur, daß sie nicht an ihr teilnehmen konnten. Wie mögen die beiden Alten in dieser Nacht in ihrem Grabe geweint haben! Ihr Lebenswerk zerfiel. Aber es war ebensowenig meine wie ihre Schuld.

Ich blickte um mich. Nur zufriedene Bürger, zufrieden wegen ihres Geldes; nur zufriedene Adelige, stolz auf ihren Adel. Man hatte mich für einen dieser Kategorie gehalten. Ich war ganz nach ihrem Muster und für die Provinz gebildet worden. Aber nun war meine Zeit gekommen, und ich war nicht zufrieden. Auf allen Seiten krachte die Form und gab meinem plötzlichen Wachsen nach. Nirgendwo ein Hindernis. *Sie* hatte sich freiwillig in das Zimmer zurückgezogen, das ich, seit sie es bewohnte, nicht mehr betreten hatte ... Ach, schnell, andere Formen, andere Ideen, etwas, das hinausragte über diese blödsinnige Selbstzufriedenheit. Anders werden, anders denken.

Ich hatte früher einmal für kurze Zeit eine deutsche Gouvernante gehabt. Als der Morgen gekommen war, sagte ich meiner Frau, daß ich am Abend allein nach Karlsruhe führe, um mich im Deutschen zu vervollkommnen. Sie sagte nichts. Übrigens war mein Entschluß gefaßt. Am Abend stieg ich am Obstbahnhof in einen Schnellzug. Das war der erste Tag des Jahres eins meiner neuen Zeit.

Eine Woche später kam ich wieder nach Putouarey, besiegt. Ich hatte die Erfahrung gemacht, daß die Gouvernanten zu nichts nütze sind, und daß man nichts ohne Mühe erlernt. Besiegt, aber nicht verzweifelt. Ich wußte vor allem, daß die Tür des Käfigs, in dem ich bis jetzt gelebt hatte, offen war. Sie hätten mich sehen sollen, Archibald, wie ich das Jahr in Putouarey verbrachte. Das war heldenhaft. Meine Tage und

Nächte, wie ich mir die Zeit vertrieb; Grammatik, Geschichte, Chemie. Bis in die Nacht hinein habe ich gearbeitet. Ein deutsch-französisches Lexikon und eine billige Ausgabe des *Wilhelm Meister*. Die Worte ... Bei jedem neuen Wort, das ich lernte, merkte ich, daß ich die Stäbe meines Käfigs ein wenig mehr durchgefeilt hatte. Ich liebte diese Worte, ich verschlang ihr Leben. Manchmal wußte ich nicht genau, wie sie ausgesprochen wurden, aber wie einen kostbaren Schatz häufte ich sie, Buchstaben für Buchstaben, in meinem Herzen. Sie verstehen ja wohl, daß es nicht allein der *Wilhelm Meister*, noch die deutsche Literatur oder Philosophie war; es war Übung des Geistes. Wie soll ich mich ausdrücken? Die Berührung mit andern Geistern, die Tore der Gedankenwelt, die ich endlich sprengte. Auf einem andern Tisch im Zimmer stand gepackt mein Koffer.

Ein Jahr. Wieder saß ich in Deutsch-Avricourt im Zuge. Es war mir, als hätte ich einen neuen Sinn in mir entdeckt. Ich verstand, was man um mich her sagte. Ich ließ mich in Berlin bei der Philosophischen Fakultät immatrikulieren. Das war was anderes als die blöden Examen, die man mich hatte machen lassen. Was ich dazu alles hatte lernen müssen, stand in direktem Widerspruch zu der religiösen Unterweisung, die man mir gab ... Und seitdem habe ich jeden Tag einen neuen Sinn in mir entdeckt. Ich habe ein wunderbares Interesse an meinem Leben. Ich wachse, dehne mich, entfalte mich nach allen Richtungen. Man hat zu lange auf mir gehockt. Mir ging es wie dem niedergetretenen Grashalm. Er wird wieder lebendig und richtet sich langsam auf. Ich gewinne meine Kindheit wieder; manchmal glaube ich, wieder gut zu werden. Und wenn es so weiter geht, werde ich noch ein treuer Gatte und ein Vater, der seine Kinder streng erzieht.

Schluß. Ich muß einen Brief schreiben. An eine Frau. Ich will auf diese Anzeige in der Zeitung schreiben."

Und der Marquis reicht mir eine Zeitung aus Rom. Die Anzeige lautet:

Attraversando triste periode, signora, giovane, simpatica, finemente educata, prega facoltoso gentiluomo per piccolo aiuto. Riconoscentissima. Scrivere A. X. Z. 24, fermo posta.

14. Juni

Der Tag ist so leer. P. ist nicht da, der ihn mit seinen Worten füllen könnte. Er ist mit dem Wagen unterwegs, will die Castelli der Republik besuchen. Ich wollte nicht mit, es ist mir zu heiß. Über die Via Omerelli und die Bastionen bin ich bis zu dem kleinen Kapuzinerkloster gegangen. Eine ungeheure Spinne saß unter dem Portikus in ihrem Netz. Bin noch einmal im Museum und dem Hospital gewesen. Beide verdanken den Fremden sehr viel. Ich habe die Liste der Spender durchgelesen: einige berühmte Bankleute (London, New York und Paris); ich habe nur eine Handvoll Goldstücke in den Opferstock der Kapelle geworfen.

In einer Anthologie zeitgenössischer deutscher Dichter geblättert. Von ungeheurer Sinnlichkeit. Jede Strophe war eine junge Huri unter duftenden Schleiern.

Ich habe an P. gedacht, der auch „die Pforten zur Welt der Gedanken“ sprengt. Sieben Jahre älter als ich, genau wie Stephan . . .

Jetzt kommt das kleine Mädchen, das alle Laternen in der Hauptstadt anzündet; in der einen Hand hält sie die lange Stange mit dem Lichttropfen am oberen Ende, mit der andern zieht sie ihre kleine ungekämmte Schwester hinter sich her.

15. Juni

Wir sind wieder auf dem Cantone gewesen und haben dort unsere *pour la noblesse* geraucht. Die Leuchtkäfer schimmerten. Ich sagte zum Marquis: „Selbst hier fühlt man, wie den

Duft einer verborgenen Blume, die Süße des italienischen Lebens. Jeder Fremde empfindet ihn anders, je nach seiner Heimat und seinem Charakter. Sie als Franzose müssen ihn besonders stark empfinden.“

„Nein, nicht besonders. Wir Franzosen kommen mit unsern französischen Begriffen und Vorstellungen nach Italien. Wir genieren uns weiter nicht, wegen der Fratellanza, kommen singend angezogen, wie Rekruten, die Dirnen besuchen. Und dann merken wir allmählich, daß es doch anders ist, daß nicht alle Italiener aus dem Süden sind, und daß manches weniger schön ist, als man es sich vorgestellt hatte. Blauer Himmel, Liebe, Sorglosigkeit, zügellose Leidenschaft ... das hatte ich für echt italienisch gehalten, und mußte nun sehen, daß ich das alles aus Frankreich mitbrachte in einigen Gedichten von Musset und Gautier. Sie sind viel praktischer und weniger leidenschaftlich als wir. Ich frage mich oft, ob sie, als Masse betrachtet, nicht weniger Freude an der Wollust und der Kunst empfinden als wir. Vielleicht ist der Gedanke eine Lästerung. Ich kenne ihre Literatur nicht. Ich vermute, daß sie sich in einem andern Sinn entwickelt haben. Ohne große Begeisterung, darauf möchte ich wetten. Denken Sie nur daran, mit welcher Ruhe sie die gemeinsten Flüche aussprechen. Aber wir Franzosen setzen Ausrufezeichen dahinter. Und die traurige und rudimentäre Ausschweifung in den Chiassi ist sicher nicht die Liebe, die wir hier zu finden hofften. Das Geld beherrscht hier alles. Sie erinnern mich oft an die Menschen der klassischen Komödie, denen man eine Börse in die Hand drückt, und die dann rufen: Ja, wenn Sie mit solchen Gründen kommen. – Das Geld rechtfertigt in ihren Augen mancherlei, und sie brauchen doch so wenig. Und was die berühmte italienische Leidenschaftlichkeit anbetrifft, so gipfelt sie in folgenden Ausdrücken: Tu sei mio bimbo; tu sei mio piccino. Ma, mi piaci, sai. – Das ist, weiß Gott, nicht viel. Aber schließlich bin ich mit diesem wenigen zufrieden. Das war aufrichtig, und ich verdiente so viel nicht.

Lieber Gott, schon elf Uhr. Ich gehe schlafen. Wenn morgen mein Geld kommt, will ich Abschiedsbesuche machen und all diesen Leuten das ausgeruhte Gesicht eines französischen Edelmanns zeigen."

16. Juni

Der Geldbrief ist da. Morgen fahren wir weiter. Es ist Zeit. Der Pianello und der Cantone sind ganz angenehm, aber oft wünscht man sich doch ein wenig mehr Platz für seine Spaziergänge. Wir wollen die Bewohner von San Marino ihren politischen Streitigkeiten überlassen, sie mögen sich weiter an ihren dunklen Straßen, den Leuchtkäfern und dem Wind erfreuen.

P. ist zufrieden von seinen Besuchen zurückgekommen. Ich las das in seinen Augen.

„Sie sollten der Regierung die diesjährige Ernte ihres Gutes in Putouarey anbieten und dafür den Titel eines Fürsten von Bonvino verlangen, Gaëtan."

Er lachte ein wenig verlegen.

Vom Pianello haben wir ein letztes Mal gesehen, wie die Sonne langsam in einem braunroten Nebel unterging, in den sich die Berge einer nach dem andern, wie Fabeltiere, zum Schlaf niederlegten.

„Gaëtan, erzählen Sie mir doch noch eins Ihrer Liebesabenteuer."

„Damit Sie wieder verletzt sind! Diese Seite des Lebens wollen Sie ja nicht sehen. Sie mögen noch so sehr Europäer, nur noch Amerikaner honoris causa sein, man stammt nicht ungestraft von schwedischen Kolonisten aus dem Hudson Tale ab. Man hat eben nicht umsonst drei Großtanten, die Quäkerinnen sind: Glaube, Hoffnung, Barmherzigkeit."

„Sie sind gewaltig auf dem Holzwege."

„Sollten Sie noch bei den ersten Anfängen sein? Wie der Schuljunge, der sich in die Tochter des Schuldieners verliebt? Lieber Freund, Sie wissen doch, daß die Liebe nicht von dieser

Welt ist. Wenn Sie so gern eine Geschichte wollen, hören Sie zu.

Kennen Sie Birmingham? Nein? Große Industriestadt, sagen die Geographen, und ich glaube es ihnen. Ich kenne nur einen kleinen Teil: Colmore Row, wo mein Hotel war, gegenüber einer mürrischen Kirche, die von einem Kirchhof umgeben ist. In den großen Scheiben der Restaurants und der Banken auf der anderen Seite der Straße spiegelten sich der Rasen und die Gräber. Alles dies mitten zwischen den elektrischen Bahnen, den Cabs und dem großen Verkehr. Colmore Row und einige verglaste Passagen, in denen ich meine Tage zubrachte. Es gibt deren ein ganzes Netz, mit duftenden und erhellten Seitengängen: über einer mit Fliesen belegten Straße ein Glasdach, zu beiden Seiten Glaswände, man denkt an Italien. Und hinter diesen Glaswänden die Früchte der Antillen, alle seltenen Blumen, Haufen von Spielwaren, in andern wieder alle Leckerbissen, Grotten aus Erdbeereis, Ströme von Mandelmilch. Und in der ersten Etage, auf den grünenden Balkons, das heiße englische Baiser – Sie kennen ja den etwas bitteren Honig-Geschmack –, das immer fertig neben der Teetasse liegt.

Um ungenierter zu sein, hatte ich über der Probierstube eines Wirtshauses, in der Nähe dieser Passagen, ein Zimmer gemietet. Sie kennen das doch sicher auch: das große Gepäck im besten Zimmer des besten Hotels, in das man nur geht, um seine Briefe abzuholen, und die Handkoffer in einem Wirtshauszimmer, in dem man lebt. Ich bin schlauer geworden: Jetzt steige ich einfach im Wirtshaus ab.

Was habe ich alles in dieses Zimmer gebracht! Nichts, was nach „Sensationslüsternheit“ schmeckt. Nein. Unterhaltungen für ein paar Stunden, die ich bezahlt habe. Berührung mit andern Menschen. Ich lernte mit viel Geduld. Sie fühlten sich alle schnell wohl bei mir. Hier habe ich weder Zeit, Geld noch Energie verloren oder vergeudet. Von jeder habe ich etwas gelernt. Ich fühlte es: meine Spottsucht wurde geringer.

Ich glaube: das beste Zeichen des Verstehens ist, nichts lächerlich zu finden. Arme Mädchen, sie wußten, mit wem sie zu hatten, und sagten mir alles. Der „zarte Norden", wie Sie sagen, ein Bedürfnis nach Liebe, eine süße Schwäche. Hier gibt es so etwas nicht: der Süden ist hart. So weit bin ich aber doch gekommen: ich sehe das Lächerliche, verstehe es und denke gar nicht mehr daran, darüber zu lachen.

Ma guarda! Was erzähle ich Ihnen da! Ich rede von dem Wirtshauszimmer und hatte es noch nicht gemietet, als sich zutrug, was ich Ihnen erzählen will.

Ich glaube, es war am nächsten Abend nach meiner Ankunft in Birmingham. An der Ecke einer dunklen Straße stieß ich mit ihr zusammen. Sie war groß und sauber gekleidet: Ein langer Mantel bedeckte ein dunkles Kleid, auf dem Kopfe hatte sie ein großes Tuchbarett. Als Antwort auf meine Entschuldigungen sagte sie: „Ich bin unglücklich."

„Was kann ich für Sie tun? Haben Sie Hunger?"

„Nein. Nehmen Sie mich mit, wohin Sie wollen."

Ich wagte nicht, sie mit in mein Hotel in der Colmore Row zu nehmen. Ich stieg mit ihr in einen Wagen, befahl dem Kutscher, uns in ein kleines Hotel zu bringen. Wir waren eine ganze Stunde unterwegs, bis er endlich vor einem kleinen Gasthaus in der Nähe eines Vorstadtbahnhofs hielt.

„Wie heißen Sie?"

„Winifred. Man nennt mich Winnie."

„Sie sind von hier?"

Am Abend vorher war sie aus Wellington, Neuseeland, hier angekommen. Sie wollte in Birmingham einen Verwandten, ich glaube einen Onkel, besuchen. Sie hatte gleich erfahren, daß er vor mehreren Jahren bankerott gemacht hatte und verschwunden war, ohne eine Adresse zu hinterlassen. So war sie ganz allein in Birmingham.

Die Neugierde, vielleicht eine Art Sadismus, die der Spießer, der sie in sich fühlt, für Güte halten würde, weckte in mir den Wunsch, diesem verlassenen Mädchen zu helfen. Ich ergriff ihre Hand, sie erwiderte den Druck und sagte: „Habe ich einen wirklichen Freund gefunden?“ Dabei näherte sie ihr Gesicht dem meinen.

Ich hatte verstanden; sie roch nach Whisky; sie war betrunken. Aber ich wollte sehen, wie sich die Sache weiter entwickelte.

Ich schrieb in das Fremdenbuch: Smith und Frau, bezahlte im voraus und ging in das kleine Zimmer, in dem sie auf mich wartete. Sie kniete vor dem Bett, das Gesicht in den Händen, und betete. Ich blieb neben einem Tisch stehen. Man brachte ein Glas Whisky, das sie bestellt hatte.

„Der Whisky wird Ihnen nicht bekommen.“

Sie schien mich nicht gehört zu haben. Nach einem Augenblick wandte sie mir ihr tränenfeuchtes Gesicht zu:

„Gehen Sie hinaus, ich will mich zu Bett legen.“

Und als ich zögerte:

„Sie können auch bleiben.“

Ich trat ans Fenster und sah in die Nacht hinaus. Die Bettfedern knarrten.

„Sie wollen jetzt zu mir kommen?“ sagte sie. „Deswegen haben Sie mich hierhergebracht; Sie wollen die Befriedigung haben, ein junges Mädchen zu entehren, das allein und unglücklich ist und morgen nichts zu essen hat, wenn Sie sie für die Nacht nicht bezahlen. Warum warten Sie noch? Sie sehen doch, wie ich bin. Das wird nicht lange mehr dauern. In sechs Monaten haben Trunk und Elend mich ruiniert. Ich bin dann nur noch ein Haufen Lumpen, den man achtlos mit dem Fuße beiseite schiebt, ein Sack Knochen, den selbst die Bettler nicht wollen. Benutzen Sie die Gelegenheit. Ein gut und fromm erzogenes Mädchen finden Sie nicht alle Tage. Zögern Sie nicht. Es erfährt keiner. Wer würde Sie wegen einer solchen Handlung tadeln? Die reinste Komödie. Ein Mädchen, das die Spröde spielt, nachdem man sie auf der Straße aufgelesen hat.“

Sie richtete sich auf und trank einen Schluck Whisky.

„Mir tun die Füße weh. Ich glaube, ich habe schon jahrelang Schmerzen in diesem Fuß. Die beiden letzten Tage bin ich zu viel gegangen nach der wochenlangen Bewegungslosigkeit auf dem Schiff. Nachts habe ich oft an die armen Opfer der Inquisition gedacht. Lächerliche Fußschmerzen. Der Stiefel drückt den ganzen Tag, und am folgenden Tage drückt er wieder an derselben Stelle, bei jedem Schritt, den man tut. Wenn ich nur die Kraft hätte. Wollen Sie mir die Füße waschen?"

„Lachen Sie, wenn Sie wollen, ich konnte ihr diesen Dienst nicht abschlagen. Sie setzte sich auf den Bettrand. Sie war noch sehr jung, und das Leben, welcher Art es auch sein mochte, hatte sie in keiner Weise gezeichnet. Sie war eine jener großen blonden Frauen mit etwas rötlichem Teint, mit blaßgrünen, überraschten Augen. Ich wusch ihr die Füße, so gut ich es konnte. Dann legte ich ihr ein nasses Handtuch auf die Stirn. Sie sollte sich beruhigen, um mich anhören und verstehen zu können.

„Winifred, ich hoffe, daß Sie mir keine Komödie vormachen; Sie können ganz und gar auf meine Achtung rechnen. Aber erzählen Sie mir, wie alles gekommen ist. Vorgestern sind Sie hier angekommen und haben dann das Verschwinden und den Ruin Ihres Onkels erfahren. Und dann? Wo sind Sie die letzte Nacht gewesen? Sie sind doch nicht ohne Gepäck von Neuseeland gekommen. Wo ist es? Verzeihen Sie meine Indiskretion. Ich möchte Ihnen helfen, falls es möglich ist. Ich vermute, daß Sie, um sich auszuruhen, in ein Café gegangen sind, dann in ein anderes und so weiter. Sie trifft keine Schuld. Morgen ist alles vorbei. Rechnen Sie auf mich. Sie verstehen mich doch? Ich sagte, Sie sollten Vertrauen zu mir haben."

Sie sah mich an, ohne mir zuzuhören. Sie hing andern Gedanken nach; der Blick, mit dem sie mich betrachtete, war voller Verachtung und Ekel. Plötzlich sagte sie mit tiefer Stimme:

„So also hast du mich verlassen, nach all den Jahren, in denen ich mich im Schutz deiner Arme glaubte; in den grünen Wiesen, längs der ruhigen Wasser. Und wird der gute Hirt nicht jetzt seine Herde verlassen, um das verirrte Lamm heimzuholen? Zehntausend mal zehntausend, aber nicht einmal mehr. Sie brauchen kein Mitleid mit mir zu haben, aber beten Sie für mich zu unserm Herrgott."

Sie schluckte. Ich sagte:

„Winnie, versuchen Sie doch, zu verstehen. Hören Sie mich hinter der Mauer, hinter der Sie sind? Fühlen Sie nicht, daß ich nur Ihr Bestes will? Haben Sie Vertrauen, fassen Sie Mut."

Ich schrie fast. Sie sah mich immer noch verächtlich an. Nie werde ich diesen Blick vergessen. Sie schien in mir zu sehen, was ich nicht sehen wollte, hinter all meinem Mitleid, meiner Zärtlichkeit – die unwürdige Angst, betrogen zu werden. Auch viel Langweile las ich in dem Blick, eine unendliche Überlegenheit. Und immer wieder der Gedanke: eine betrunkene Dirne.

„Küssen Sie mich", sagte sie plötzlich mit klarer Stimme. „Kommen Sie näher. Wie Bruder und Schwester. Ich weiß, daß Sie jetzt das Böse nicht tun werden."

Ich beugte mich über ihre Stirn, sie machte eine plötzliche Bewegung, und unsere Lippen fanden sich. Der Whisky gibt den Küssen einen Geschmack von frischer Milch.

Ihr Kopf sank wieder auf das Kissen, in die Fülle ihres hellen, wirren Haares. Sie schlief gleich ein. Ich blieb und überlegte noch einmal jede Geste, jedes Wort, jeden Klang, ohne zu einem Schluß zu kommen. Dann kam ich mir auf einmal lächerlich vor. Ich war müde. Ich saß immer noch in dem Sessel, nahe dem Bett, zwei Schritt von der Waschschüssel, in der ich dem Mädchen die Füße gewaschen hatte. Und draußen wartete der Kutscher auf sein Geld.

Ich schrieb schnell ein paar Zeilen: Liebe Winnie, hiermit können Sie bis morgen fünf Uhr leben. Ich werde unter der Arkade des Great Western auf Sie warten. Ich bitte Sie inständig, zu kommen. Seien Sie überzeugt, daß Sie in mir einen wahren Freund haben. – Ich legte das Papier mit einem Goldstück auf den Tisch. Dann ging ich hinunter. Niemand sah mich, ich war bald in Colmore Row.

Kaum war ich im Bett, als es mich wieder hinaustrieb. Ich konnte Winnie in diesem Zimmer, in das jeder ungehindert hineinkonnte, nicht allein lassen. Das war Verrat. Ich war für das Mädchen moralisch verantwortlich, wenigstens bis zum nächsten Morgen. Ich ging hinaus und rief eine Droschke, aber ich hatte vergessen, mir die Adresse des kleinen Hotels aufzuschreiben. Ich versuchte, den Kutscher wiederzufinden, der mich hingefahren hatte. Dann verzichtete ich darauf. Am folgenden Tage war ich unter der Great Western Arkade. Sie kam nicht, auch nicht am nächsten, nicht am übernächsten Tag.

Ich suchte verzweifelt nach dem Hotel.

Wenn ihre Geschichte wahr ist, ist der Sovereign längst ausgegeben; sie hat Hunger.

Stundenlang fuhr ich umher, mußte mir allerhand gefallen lassen, Spott und Verachtung. Endlich, am dritten Tage, fand ich das Hotel, dem Vorstadt-Bahnhof gegenüber. Ich mußte warten, bis die Frau kam, die den Nachtdienst versah. Sie erinnerte sich sehr gut an Herrn und Frau Smith. Die Dame war am folgenden Morgen fortgegangen, ohne ein Wort zu sagen. Das Glas Whisky war noch nicht bezahlt.

„Hat man im Zimmer nichts gefunden?" fragte ich.

Man ließ das Zimmermädchen kommen. Ich wiederholte ihr meine Frage. Sie machte ein merkwürdiges Gesicht. Ich wagte ein offenes Wort:

„Wenn Sie den Sovereign, der auf dem Tische lag, genommen haben, sagen Sie es ruhig. Hier sind fünf für Sie, aber sagen Sie mir, ob Sie den einen genommen haben."

Sie schwor, nichts gesehen zu haben und nicht zu verstehen, was ich wollte. Ohne zu danken, nahm sie das Geld, das ich ihr reichte. Dann sah sie mich an, als wollte sie sagen: Bist du ein Ehrenmann?

Ein Kellner brachte mir auf einem Tablett die Rechnung für den Whisky. Ich bezahlte. Mit argwöhnischen und erstaunten Blicken sahen sie mich immer wieder an. Ich sollte also nichts erfahren. Das Leben hatte also gerade dann den Vorhang heruntergelassen, als es von so großer Wichtigkeit war, noch zu sehen ... Eine Sekunde der Schwäche in dem kalten düsteren Wasser, ich fühlte, wie die armen Hände mich losließen, fühlte, wie ein Gewicht im Strudel unterging ...

Ich will jetzt schlafen, Archibald. Morgen fahren wir frühzeitig weiter."

„Wohin?"

„Ich weiß noch nicht. Vielleicht Montenegro oder Liechtenstein. Auf alle Fälle schlafen wir morgen abend in Venedig. Nach Venedig will ich mir einen Brief voller Beleidigungen schicken."

Venedig, Splendide Hotel, 17. Juni 190 ...

Mit dem letzten Schnellzug hier angekommen. In Padua haben wir das Auto verlassen; der Chauffeur fährt weiter bis nach Triest, wo wir wieder einsteigen. Der Marquis fürchtet, daß man es auf dem Schiff nicht vorsichtig genug behandelt.

Heute morgen um acht Uhr haben wir San Marino verlassen. Wir haben den ganzen Weg im Innern des Wagens gemacht und die Landschaft durch die große Schutzscheibe in uns aufgenommen. Wir fuhren die schon bekannte Straße, weiter durch den Borgo, über Windungen und Hänge nach Serravalle. Unter uns dehnte sich die Emilianische Ebene, das Land der Fülle, von wo alle Genüsse der Welt uns winkten, sich unsere Ankunft meldeten, und große unbewegliche Freuden uns entgegenblickten. Wir ließen uns in dieses grenzenlose Blau hinab, glitten ohne Stoß längst der Brustwehren des Himmels dahin.

Der Marquis fürchtete, mir gestern mit seiner keuschen Geschichte sentimental erschienen zu sein. Heute ist er besonders zynisch und behauptet sogar, das Elend sei die Würze seines Lebens. Ich wollte ihn übertrumpfen und sagte mit der gleichen, etwas nervösen Heuchelei:

„Oh, welche Lust, zu den Armen grausam zu sein."

(Ja, ich fühle in mir diese Grausamkeit; ich beherrsche sie, verachte sie, aber sie ist doch da, neben dem unanständigen Mitleid, sogar mit diesem Mitleid eng verwandt.)

„Gaëtan, ich habe für Ihre Birminghamer Geschichte eine Erklärung gefunden. Etwas Furchtbares . . ."

„Und sie lautet?"

„Setzen wir den Fall, dieses Mädchen hätte tatsächlich fünf oder sechs Monate einer mala vita mit Whisky und so weiter hinter sich. Daß sie zu Fall kam, genau wie sie Ihnen sagte, aber sechs Monate vor ihrer Ankunft aus Neuseeland, und Ihnen sozusagen eine zweite Darstellung ihres Falles gab, dieses Mal mit den Worten, allen Gefühlen, die endlich klar zum Ausdruck kamen unter Schluchzen, Fetzen von frommen Liedern und Gebeten, die die Trunkenheit in ihrem Gedächtnis wach werden ließ."

„Capito, nicht übel und sehr feinsinnig. Aber das macht nichts. Ich bleibe bei meiner Meinung, daß sie mir die Wahrheit gesagt hat. Ich hatte sie gerettet. Sie hat lange geschlafen. Das verlogene Dienstmädchen hat an die Tür geklopft, keine Antwort erhalten, ist dann aus Neugierde ins Zimmer getreten, hat das Geld gesehen und den Zettel, in dem von dem Geld die Rede war. Sie hat nicht lange gezögert. Mit aller Gemeinheit der Anständigkeit hat sie sich gesagt, daß es kein Diebstahl ist, wenn sie das Geld nimmt, das ein Wüstling einer betrunkenen Dirne gab. Und Winifred hat nicht gewußt, daß sie gerettet wurde."

„Die Armen haben kein Mitleid mit den Armen. Dieses

Dienstmädchen! Ein Kind des Volkes; wo bleibt die zärtliche Liebe, die Majestät des Volkes, Marquis?“

„Das ist kein Argument. Ja, überhaupt das Volk. Sie glauben, daß es Klassen gibt. Scheint Ihnen diese Einteilung nicht sehr künstlich?“

„Was bedeutet für Sie der mystische Begriff: Volk?“

„Ist nicht leicht zu erklären. Potentiell? Dynamisch? Ach, ich weiß es selber nicht. Sagen wir: Volk ist alles, was nicht mittelmäßig ist. Wir sind moralisch kastriert, sie dagegen sind ganz.“

Wir fuhren gerade an dem Caffé Repubblicano vorbei.

„Jetzt sind wir wieder in Italien. Wie können Sie diese große Nation ohne Tränen verlassen?“

„Ich nehme mit, was ich dort holen wollte“, rief begeistert der Marquis und lachte froh. „Wo ist mein Necessaire? Ja, das große, goldene. Cospetto, endlich habe ich es.“

Er öffnete es, durchsuchte den ledernen Papierkasten, der so köstlich duftet.

„Caro Archibaldo! Hier ist das Patent, der Orden und auch das Band.“

„Das hatte ich mir gedacht. Herzlichen Glückwunsch. Wieviel hat Sie das gekostet?“

„Fünfundzwanzig Francs im Palais-Royal. Ja, der Orden und das Band. Gekauft hatte ich beide schon längst.“

Er sieht im Spiegel uns gegenüber, wie ich lächle.

„Das Patent? Natürlich nichts.“

„Und der Geldbrief?“

„Hat nichts damit zu tun. Ein paar Scheine, die ich dem Ospedale geschenkt habe. Allerdings große Scheine.“

„Also eine Bereicherung Ihrer Ordenssammlung.“

„Ja, die Kosten muß ich in Frankreich bezahlen, und mir obendrein von Leuten wie Rabot vorwerfen lassen, daß ich mit mehreren ebenso seltsamen wie ausländischen Orden geschmückt bin. Glücklicherweise habe ich noch andere Leidenschaften, die mir mehr Vergnügen machen. Mein Laboratorium, meine Reagenzgläser, meine Retorten, meinen Ofen und den scharfen Geruch .... Wissen Sie, was ich augenblicklich tue? Ich fliehe mein Laboratorium. Etwas beschäftigt mich immer, ein Problem, an das ich dauernd denken muß, ob ich will oder nicht. Inmitten meiner Steckenpferde bin ich wie ein Sultan in seinem Harem. Ich weiß nicht, wie ich meine Gunst verteilen soll, ohne Eifersucht zu erwecken. Und ich fürchte, daß eine doch die Oberhand und mich ganz für sich gewinnt."

Durch Rimini und über die schattige Straße bis ans Meer, wo wir in der Nähe einer Terrasse aus Brettern und Leinwand das ewige Rauschen und die ewige Gebärde des Meeres wiedergefunden haben. Die schweren Wellen warteten aufeinander, nahmen ihren Anlauf, und mit lautem Getöse entluden sie ihre Last aus Schaum auf den dunklen Sand. Gegenüber standen die Boote mit den hohen, roten Segeln zwischen Wasser und Himmel.

Wir sind an der Küste entlanggefahren, an den Sümpfen und dem fieberschwangeren Fichtenwald. Ich liebe die Fichten. Der nackte Baum reckt sich, und nur das Ende seiner Zweige trägt ein Kleid aus Nadeln. So bieten sie sich in schwarzen Massen dem Seewind dar zwischen der harten Linie der Adria und dem Himmel, den roten Erdschollen und dem zahllosen Rohr. Eine Landschaft ohne Ordnung und Form, in die der Mensch erst Ordnung bringen mußte; er mußte die verirrten Flüsse vereinigen, ihrem Bett eine Neigung geben, die Wege eindämmen und die Wiesen befestigen.

In Ravenna haben wir gefrühstückt. P. hat alles in die Hand genommen. Er fand die billige Trattoria, wo wir ausgezeichnet gegessen haben, er, Baptiste und ich. Der Kellner wollte uns um sechs Soldi betrügen, er hat es nicht geduldet. Dann hat er unter den Arkaden eines in greller Sonne liegenden Platzes das beste Café entdeckt.

Dann haben wir das Baptisterium und San Vitale noch einmal besucht. Das Baptisterium ist eine armselige Scheune aus Backsteinen und enthält alle Wunder des Meeres, alle Feste des Himmels, Athen bei Sonnenaufgang und tausend Sommermorgen. Und die kaiserlichen Festzüge und große, goldene Vögel in einer Unermeßlichkeit aus Azur und Ultramarin ...

„Archibaldo, sollte man glauben, daß dieses kleine Gebäude dies alles enthält: diese wundervollen Bilder und dieses riesenhafte, schmucklose Grabmal, das so schwer auf der Welt zu lasten und uns aus der Tiefe der Jahrhunderte zu verhöhnen scheint. Und was stellt das dar? Wahrscheinlich einen Bischof, der auf diesem Rost ein arianisches Buch verbrennen will. Er zeigt die vier orthodoxen Evangelien, die in diesem kleinen Schrank stehen. Sie glaubten fest, daß das Feuer geschaffen sei, um die Bücher der Ketzer zu verbrennen, und dann erst, um die Speisen der Menschen gar zu machen und uns zu wärmen."

Dann sind wir weitergegangen.

„Das ist der Palast Theoderichs", sagte der Marquis. „Bei meinem ersten Besuch habe ich mich sehr dafür interessiert. Ich habe ihn genau mit dem Mosaik in San Apollinare Nuovo verglichen, das ihn angeblich darstellen soll. Wissen Sie, woran mich Ravenna immer erinnert? An einen Satz in unserer katholischen Litanei: Per gaudia tua ... durch Deine Heilige Freude. Es würde mir übrigens schwer fallen, die Beziehungen näher zu erklären. Ja, es liegt reine Freude in diesen Ozeanen aus Farbe, in diesen Seen aus Mosaik. Diese kleine Stadt ist wirklich eine der Hauptstädte der Welt und hat nicht einmal eine Straßenbahn."

„Glauben Sie, daß Rabot Ravenna empfinden könnte, wie Sie es tun?"

„Spotten Sie nicht über Rabot. Wer weiß? Vielleicht kommt er auch mal hierher. Ich habe Interesse an seiner Laufbahn. Ich fühle bei ihm den ehrlichen Willen, vorwärtszukommen. Wenn ich ihm helfen könnte ... Ich bin nicht böse auf ihn ... Im Gegenteil, Madonna, im Gegenteil. Ich bin viel lieber hier als im Parlament."

Venedig, 18.

Ich habe mich auf den Markus-Platz gewagt. Die Sonne scheint, keine deutschen, französischen und amerikanischen Hochzeitsreisenden. Er ist nicht mehr das Anhängsel von Wilmersdorf oder Passy. Ganz einfach: eine große italienische Provinzstadt. In der weißen Leere vergnügen sich die Tauben damit, ihren Schatten von den Dächern fallen zu lassen und ihn wieder unter ihren zusammengelegten Flügel einzufangen, wenn sie die Erde berühren.

Aber die Merceria leuchtet in ihrem engen Labyrinth durch alle Läden, sobald die Nacht gekommen ist. Ermutigt durch P.s Beispiel, habe ich tausend überflüssige Sachen gekauft, auch ein neues Heft, in dem ich morgen dieses Tagebuch fortsetzen will. Jetzt habe ich wieder ein Dutzend Koffer.

Ich habe daran gedacht, Maxim Claremoris eine Kiste mit venezianischen Sachen zu schicken: Spiegel mit bunten Glasrahmen, Statuen von lachenden Negern, die rote, grüne, gelbe, violette Ringe und Armbänder tragen, kurz all dieses barbarische Zeug, das die reisenden Bürger so gern kaufen. Das wäre sein Tod gewesen.

„Dies alles hätten Sie gekauft, Marquis, wenn Sie sich nicht selbst befreit hätten, wie Sie mir erzählt haben. Sie sehen also, wie weit Sie es schon gebracht haben."

Aber ich sehe nicht ein, warum ich das Zeug nicht kaufen sollte. Liegt nicht auch etwas wie Tugend in der Hinnahme des Häßlichen, besonders aber in der Tatsache, weder Abscheu noch Haß vor Äußerlichkeiten zu empfinden? Zwischen diesen Negern und Spiegeln arbeiten, leben, lieben ... welche Kraft, welches Selbstbewußtsein, welche Herausforderung an die Welt! Über jedem Milieu stehen können ...

Ich will mir eine ganze Wohnung mit diesen Sachen einrichten und Max zur Einweihung einladen.

TRIEST, MOSKAU, SERGHIEVO

Auf See, 19. Juni 190 . . .

An Bord des Triester Dampfers. Vor Mitternacht geht er nicht in See. Ich habe noch zwei Stunden zum Schreiben. Putouarey ist in den Calli Venedigs auf Abenteuer aus. Wir haben früh im Casino am Lido gefrühstückt, den Nachmittag am Strand verbracht, im heißen Sande gelegen und die Arme tief hineingebohrt; erst dann fühlt man die tiefe Frische. Dann kam uns plötzlich zum Bewußtsein, daß wir Italien verließen. Putouarey fing an:

„Es ist allerhand dafür und dagegen zu sagen . . .“

„Nein, für oder gegen Italien ist nichts zu sagen: es ist einfach viel zu sagen. Ich kann mir sehr gut den Dummkopf vorstellen, dem nichts paßt, aber auch sehr gut den andern, der alles bewundert. Darüber sind wir hinaus. Im Grunde ist Italien das liebenswerteste Land der Erde. Aber wie soll ich diese Vorliebe begründen? Politisch interessiert mich die italienische Nation nicht, wie mich überhaupt keine europäische Nation interessiert. Ich verlange nur, daß man mich ungeschoren läßt und den Zoll für die Luxuszüge und die Automobile über fünfzig PS abschafft. Und das Volk? Ich hätte fast gesagt, daß kulturell das italienische Volk an der Spitze steht. Dummes Zeug. Ich mag es gern und damit basta. Und jetzt wollen wir das alles verlassen: die gepflasterten Straßen, auf denen innerhalb von drei Tagen die Füße der Reisenden hart werden, die Straßen, in denen hinter gehobenen Vorhängen schöne Augen einem nachsehen, und die Hügel, die in den blauen Himmel ragen wie die

Banner einer Prozession. Wir haben vielleicht gelästert und uns getäuscht und die Bequemlichkeiten des deutschen Lebens für die große Zivilisation gehalten. Wir werden den Unterschied sehen, wenn wir in den Ländern sein werden, wo diese Zivilisation sich weniger reich verbreitet: Deutschland, wo der Geist nur in den Büchern lebt: England, wo wir auf den öffentlichen Plätzen weder Neptun noch David in ihrer Nacktheit sehen. Arme, kleine, bäuerliche Nationen! . . . Aber nein, ich spreche jetzt wie Maxim Claremoris und rede dummes Zeug."

„Auch ich liebe das italienische Volk", sagte P. überzeugt. „Vor zwei Jahren habe ich drei Wintermonate in Florenz zugebracht. Schnell hatte ich die höchste Gunst der Tochter meiner Wirtsleute gewonnen. Es war ein herrliches Mädchen, kastanienbraun, mit grau-grünen Augen. Sie kennen diesen Typ mit dem breiten und guten Kinn. Sie hieß Roma del Prato. (Ihr Großvater, der ein begeisterter Republikaner war, wollte, daß sie Roma hieß.) Nach Verlauf von vierzehn Tagen, als man wußte, wie unser Verhältnis aussah, stand ich mit der ganzen Familie so gut, wie ich es mir nur wünschen konnte, und als ich nach Livorno abfuhr, vergossen Mutter, Tante und Schwester heiße Tränen an meiner Brust. Man trug mir Grüße an einen Zweig der Familie del Prato in Marseille auf. Hier lebte nämlich eine Francesca del Prato, die mit Giambattista Fanfani, Inhaber einer Kneipe, Via Rossa, Marsiglia, verheiratet war.

Beinahe hätte ich meinen Auftrag vergessen, denn kaum war ich in Marseille, als ich mich mit einem Mädchen einließ, das Amerikaner aus dem Sudan mitgebracht hatten. Sie ist übrigens die einzige Schwarze, mit der ich ein Verhältnis hatte, und das hat mir offen gestanden genügt. Eines Tages fand ich in einer Weste, die ich aus dem Koffer nahm, den Zettel, auf dem die Adresse der Kneipe stand. Via Rossa? Ganz instinktiv ging ich in das Quartier St. Laurent und fragte. Eine Rue Rossa kannte man nicht. Als ich die Via

Rossa in Rue Rouge übersetzte, hatte ich die Straße bald gefunden: eng, tief, stinkend; eine jener Straßen, in denen man wohnen müßte, um eine schwere Schuld zu büßen, in denen man den Wechsel der Jahreszeiten nicht wahrnimmt, und deren ödes Pflaster einen anstiert. Ich fand bald ein Haus, über dessen Tür der Name Fanfani stand. Es hatte keine Fahne, wie die andern italienischen Kneipen in Marseille, es sah aus wie ein Haus, das kürzlich gebrannt hat und von dem das Wasser noch heruntertropft. Gegenüber stand ein geschundenes Haus, aus dessen Fenstern die Finsternis grinste. Es hatte keine Tür zur Straße hin, sondern einen Abfluß. Es war eine griechische Schenke. Auf einem schwarzen Schild stand in weißen Buchstaben: Xenodokion Hellenikon. Die Pension betrug nur eine Drachme pro Tag. Sehen Sie, das sind unsere Antipoden, die Kosmopoliten des Elends. Und man lebte da wie wir in unseren Palästen.

Kaum war ich eingetreten, als die *bambina*, die die Schenke bewachte, eine dunkle Treppe, die ich nicht sehen konnte, hinauflief. Nach kurzer Zeit kam sie mit ihrem *babbo* wieder. Herr Giambattista hatte nach meinen ersten Erklärungen gleich verstanden, was mir Roma gewesen war.

„Cecchina, vieni presto!"

Frau Françoise Fanfani, geborene del Prato, kam. Sie war honigblond. Sie hörte zu, verstand gleich, umarmte mich ohne weiteres und sagte:

„Ich bin Romas Tante. Nicht möglich, die kleine *bimba* ist also schon Frau."

Ich gehörte zur Familie. Fanfani lud mich zu einem Glase Wein ein. Es war ein peinlicher Augenblick. Aber ich hatte die Geistesgegenwart zu sagen: *Gazzosa*.

Ein bißchen Limonade würde sie nicht ruinieren. Ich fühlte mich von der Achtung und der Sympathie der Fanfanis umgeben. Große Gefühle lebten in diesem niedrigen und düsteren Raum: Gastfreundschaft und die Bande, die Liebe, Verwandtschaft und Freundschaft knüpfen. Signora Fanfani schien stolz auf meine Beziehungen zu Roma zu sein. Ich wurde den beiden kleinen Mädchen vorgestellt. Sie kamen zu mir, das kleinste saß mir bald auf den Knien, um meinen Bart besser bewundern zu können. Das ältere hatte die Haare aufgesteckt, wie die kleinen Mädchen in Florenz das so oft haben. Vier Zöpfe, deren Enden man zusammenbindet, und die so eine Art Henkel bilden, an dem man die kleinen, süßen Dinger halten kann. Ja, ich war in Florenz, und mit Freude dachte ich an die Santa Maria Novella.

Dann bin ich fortgegangen. Herr Fanfani begleitete mich bis zum Quai de la Tourette. Er schien mit Marseille ganz zufrieden, auch schien seine Kneipe zu florieren. Im Gefühl gegenseitiger Hochachtung schüttelten wir einander die Hand. Es mag lächerlich sein, aber ich war gerührt. Diese braven Leute! Ich hatte mich für kurze Zeit als Italiener gefühlt."

Jetzt, wo es heißt, Italien verlassen, fühle auch ich, daß ich ein wenig Italiener geworden bin, und zwar auf diesem Schiff, auf dem alles schon deutsch ist. Eine Gondel kommt näher, zwei Mandolinen ertönen. Und eine nette kleine Frauenstimme erklingt zitternd zu der bebenden Melodie. In der lauen Nacht verborgen, sagt uns Italien Lebewohl. Und ich finde in mir hundert warme Abende in der engen Hauptstraße der Provinzstädte, deren Häuser so hoch sind, daß den Abend der Schwindel befällt und er nicht wagt, sich in sie zu stürzen. Den Oberkörper leicht gebeugt, gehen die Männer in ihrem Mantel vorbei. Die kleinen Mädchen haben sich eine Tüte mit Fichtenkernen gekauft, die sie von Hand zu Hand gehen lassen, während sie weitergehen. Ihre gestreiften Röcke bewegen sich im Takt. Damen in Schwarz, von Offizieren begleitet, deren Augen unter den Mützenschirmen funkeln, nehmen die ganze Straße ein. An den Fenstern der Läden leuchten die rauchenden Lampen wie Sonnen, und alle plaudern so viel und so gut, daß man sich im Salon, während der Pause zwischen zwei Tänzen glauben könnte.

Triest, Adria Palace, 20. Juni

Ich schreibe (das Heft, das ich hierfür gekauft hatte, habe ich verloren) diesen „poetischen Erguß" ohne jede Interpunktion noch einmal ab. Ich habe ihn in der vergangenen Nacht auf See, in meiner Kabine geschrieben, unter einer Reklametafel auf glänzendem Karton, die in ungarischer, deutscher und italienischer Sprache allerlei nutzloses Zeug anpries.

HOFFNUNG

Die weite Wüste mit den hunderttausend Falten
die große schwarze Spinne einer Palme in den Sternen
die gefurchten Böschungen wo auf dem Staub
das bleiche Ungeheuer schläft
halb Tier halb Pflanze
die Gärten unter blauender Luft wo die Barke
des Windes kentert inmitten der stöhnenden Wogen
wo in ewiger Inbrunst
die gleitenden stürzenden Wasser glucksen
während jenseits der Rasen
ein Bahnhof singt das Nest rauchender Lokomotiven
die zögernden Wälder der Berge um einen See
ihr Schweigen in das die Amsel ihren schweren Schrei läßt
fallen

Pulsschlag des Glücks und des reifenden Sommers
die letzten Niederlagen der Sonne im Herbst
wenn die letzten Strahlen Widerstand leisten
angelehnt an die Stämme der Bäume und die andern
schon längst im dunklen Rasen sterben
Ach die süße Hoffnung ist süßer als all dieses
sie umgibt mich mit warmem Vertrauen
die ganze Nacht werde kein Auge sich schließen
sie werden die Helle des Morgens wachsen sehen
erleben wie Aurora langsam den Himmel füllt und das Meer.

Ich bin gern in Triest, der Hauptstadt der Adria; es ist ebenso italienisch wie Venedig, uns aber doch verständlicher, es ist roher, neuer, was uns merkwürdig berührt, nachdem wir in Städten gelebt haben, wo das Leben durch den jahrhundertlangen Gebrauch wie in gutgeölten Scharnieren, wie auf gutgeölten Schienen läuft; Florenz, San Marino, Ravenna ... Auf den Plätzen, zwischen den großen blaßgelben Palästen, regnet es Tauben. Das Gemisch der italienischen Straßennamen, der slawischen Bezeichnungen auf den Schildern, den deutschen Inschriften auf den Denkmälern, der grellblauen österreichischen Uniformen gibt ein Bild der politischen Situation und läßt uns an den Süden denken, an Tarent, Bari, Patras, wo auf großen, öden, neuen Plätzen große, neue und öde Cafés ihre Spiegelscheiben den Winden des Meeres darbieten. Wie weit ist das alles von der Bond Street!

Schöne Wiener mit bleichem und feinem Gesicht, das durch gut gepflegte Koteletts länger erscheint, gehen vorbei. Montenegriner, die zu sehr an ihre Nationaltracht gewöhnt sind, als daß sie sich in den europäischen Kleidern wohlfühlen könnten. Ihre Kriegergesichter erscheinen bäuerisch unter den schwarzen steifen Hüten, die sie verschlingen. Ich habe die Hauptstraße besucht. Sie ist sicher die am besten beleuchtete Straße der Welt. Das elektrische Licht ist rosa. Auch das Hotel trägt Spuren aller Zivilisationen: Die großen Flure sind mit Steinplatten belegt wie in Italien, die Zimmer erinnern mich mit ihrer nüchternen Ausstattung und den schwarzweißen Streifen, die an Kellerluft und Notenpapier erinnern, an Wien. Die hübschen Dienstmädchen aber stammen sicher aus Ungarn.

Putouarey schleppt mich in einen Zirkus.

Freitag abend, 21. Juni

Der Abend fing gut an. Putouarey hat mir allerhand erzählt. Ich bin etwas von ihm abgerückt, ich habe gemerkt, daß er im Grunde doch ein wenig verrückt ist. Wieder eine Illusion weniger. Ich hatte Putouarey immer für einen Mann gehalten, der leicht mit dem Leben fertig wird, der als reicher Mann das Vergnügen genießt, wie es sich ihm bietet, ohne erst groß und mühsam danach zu suchen. Ich hielt ihn für so stark und sicher, daß ich mich ihm gegenüber meiner sentimentalen Schwäche, meiner Unruhe, meinen Abneigungen und meiner Schüchternheit schämte. Für nichts in der Welt hätte ich in seiner Gegenwart das Geringste getan, das mein Ich verletzt hätte. Und nun macht er sich plötzlich die bittersten Gewissensbisse.

Als wir aus dem Zirkus kamen, gingen wir zum Essen, ich hatte Hunger. Ich bestellte eine Suppe und kaltes Fleisch. Nach Wiener Zeit war es zwölf Uhr dreißig. Der Marquis sagte:

„Seit einer halben Stunde ist Freitag. Ich esse kein Fleisch."

Als er dem Oberkellner seine Bestellung in diesem Sinn gemacht hatte, schien er sich entschuldigen zu wollen.

„Mein lieber Gaëtan, das ist ganz natürlich! Ich bin Agnostiker und gehe jeden Sonntag in die englische Kapelle, weil sich das so gehört. Daß Sie gewisse religiöse Äußerlichkeiten beobachten, ist weiter nicht schlimm, besonders weil uns das von denen unterscheidet, die mit Absicht auf das verzichten, was sich gehört. Und es ist doch immerhin noch etwas, in kleinen Dingen treu zu sein, wo man es in großen nicht sein kann."

Ich lächelte.

„Und Sie reden so? Archibald, ich muß Ihnen etwas Wichtiges sagen. Sobald wir im Hotel sind . . ."

„Nun", sagte ich, als wir im Salon des Adria Palace saßen . . .

Putouarey wäre am liebsten gegangen.

„Sie hatten mir also nichts zu sagen, Marquis."

„Sie werden mich verachten."

„Mehr als mich selbst auf keinen Fall."

„Also, Archibald, nehmen wir an, dieser Mythus wäre wahr.“

„Welcher Mythus?“

„Die Gebete, die wir gelernt haben und ... all das andere.“

„Bevor Sie fortfahren, will ich offen mit Ihnen reden. Wir beide haben uns über manches lustig gemacht. Von diesem Mythus haben wir nie gesprochen, weil wir, ohne zu wissen warum, zwei verschiedenen Sekten angehören. Aber, wahrhaftig, ich frage mich, wer darauf noch hereinfallen kann. Sie sehen: der Modernismus, die Esperanto-Kongresse mit Ihren Bischöfen als Vorsitzenden, die armselige Konkurrenz, die man dem Sozialismus macht, unser Erwachen, die Heilsarmee, und da fragt man sich doch, wie das mal enden wird.“

„Ich wollte nur, Sie könnten mich überzeugen. Aber Sie treffen die Sache nicht ganz. Trotz Lächerlichkeiten, Albernheiten und allen Esperanto-Kongressen bleibt die Wahrheit wahr. Und wenn der Mythus die Wahrheit wäre? Meine Vernunft sagt nein und abermals nein. Aber meine Erziehung . . . Ich bin sehr unglücklich, Archibald, das schwöre ich Ihnen. Eins steht fest: ich glaube nicht. Aber ich zweifle, und mein Zweifel neigt zugunsten des Mythus. Wie habe ich Sie belogen! Zum Beispiel als ich Ihnen erzählte, daß es mich empörte, wenn Angiola in Neapel ihre Heiligenbilder unter unser Kopfkissen legte. Ich habe das so erzählt, weil ich glaubte, daß ich Ihnen, der Sie dem Namen nach Protestant und der Tat nach Agnostiker sind, die Sache so darstellen müßte. Aber diese Heiligenbilder in dem Bett, in dem Ehebruch begangen wurde, waren immerhin noch Treue im Kleinen; es war besser als nichts. Sie kennen die Frau, die sagte: Wenn ich nur den Saum seines Mantels berühren kann ... Ein moralischer Unterschied zwischen mir und Angiola bestand nicht. Trotz all meinen Tollheiten habe ich mich nie von meinem Rosenkranz getrennt. Eine Gewohnheit, ein Aberglaube – aber auch mein Zweifel hat mich nie verlassen. Ich habe ihn bekämpft, das können Sie mir glauben: Ich habe alle Bücher gelesen, die als besonders gefährlich galten: Renan, Haeckel, Nietzsche. Haeckels Hypothese interessiert mich, aber sie ist nur Hypothese, eine Erklärung ohne Beweise. Dazu findet man in dem Buche preußische Scherze über die Frauen Heinrichs VIII. Huxley, wieder Erklärung und kein Beweis. Allem fehlt die wissenschaftliche Grundlage ... wie dem Mythus ... und schließlich sind sie alle, die Neuesten und die Größten, doch nicht weiter gekommen als Aristoteles und Plato. Das genügt mir nicht; meine Vernunft und das Zeugnis meiner Sinne sagen mir mehr als alle verbotenen Bücher. Ich bin ein Freund der Klarheit. Warum antwortet Gott nicht auf die Frage? Schade, so muß ich es ohne ihn versuchen. Wenn nun aber doch ... und stärker kommen die alten Zweifel wieder (ich habe niemals das besessen, was man Inbrunst nennt): wenn die geistige Welt nun doch mit einer ganzen Hierarchie, mit Arten und Orten die materielle Welt überschattete, wie bei einer fotografischen Platte mit zwei Aufnahmen, auf der man ein Stück Spitze oder jemand, der an einem Tisch sitzt, inmitten einer großen Straße mit Trambahnen und Passanten sieht. Wenn die Geistigkeit, der Geist unabhängig wären von der Materie und das bildeten, was wir gemeinhin den Himmel nennen? Und die Behauptung von der Universalität der physischen Gesetze ... Wenn wir in uns eine vollständigere, vollkommenere Welt trügen als die reale Welt, die uns umgibt? Unser Unvermögen und unser Widerwille, uns das Jenseits vorzustellen? Wie sehr ekeln uns schon die uns umgebenden Realitäten an, die Grundbedingungen dieses Lebens sind: Verdauung, Niederkunft, Tod. Aber wozu diskutieren? Ich kann nichts daran ändern, Haeckel auch nicht, noch sonst jemand; ich bin genau wie die Heldin der kleinen Geschichte aus Birmingham, die ich Ihnen in San Marino erzählte, und die Sie fade fanden. Diese Winifred. Das bin ich. Oh, sie hat wirklich existiert, aber Strich für Strich fand ich mich in ihr wieder. Und wie habe ich mich Ihnen gegenüber als Roué aufgespielt. Selbst in meinen Abenteuern ist nicht das, was ich Ihnen erzählt habe; nein, seltsam, aber ein Gedanke an den Mythus mischt sich in das, was ich auf den Straßen suche. Ein Bedürfnis, barmherzig zu sein, die Hoffnung, den Hunger nach Liebe zu stillen, den ich in mir spüre. Und dann einem andern Wesen helfen, und wenn es am tiefsten gesunken wäre, einen Augenblick die Last seines Lebens tragen. Solche Wesen habe ich getröstet, ich gestehe es beschämt, habe sie gepflegt, habe mit ihnen mein Bett geteilt. Besonders in dem Wirtshauszimmer in Birmingham. Lily, Ethel, Annie, arme, friedliche Mädchen, die traurig fragten: Muß ich mich ausziehen? Wie das klingt? Manchmal fielen sie um vor Müdigkeit, dann zog ich sie aus und legte sie ins Bett, ganz sachte. Und ohne das zu tun, was Winifred das Böse nannte. Ich würde mich also nicht zu Bett legen, um so schlimmer. Ich vertiefte mich dann in die Geheimnisse des Schwefels und des Chlors; leiden und arbeiten ist unsere Devise. Es war wenig genug, aber doch tat mir der Gedanke wohl, daß einige Schritte von mir eine Frau unter meinem Schutze schlief, daß ich zwischen ihr und der Welt stand. Es war weiter nichts als das bißchen Mitleid von Marie-Joseph-Gaëtan Fontbon Marquis von Putouarey, dem Bruder dieser verlorenen Mädchen. Aber, lieber Freund, manchmal war auch der Teufel stärker, dann bin ich unterlegen. So, nun sprechen Sie, sagen Sie, daß Sie mich verachten."

„Nein, ich beneide Sie um diese arbeitsreichen Nächte, die Sie bei dem gefallenen Mädchen, das Sie aufgelesen hatten, verbrachten."

„Das ist die schöne Seite. Aber Sie glauben gar nicht, wie gemein man dabei werden kann. Nachts durcheile ich die Straßen und suche Dirnen, bete dabei aber meinen Rosenkranz, daß ich keine finde. Ich müßte doch diese Spießermoral verachten. Ein Edelmann, der weiß, was Ehre ist, sollte konsequent sein. Gewisse Zucht auf der einen Seite entschuldigt kleine Fehltritte auf der andern. Und wenn man ein Ehrenmann ist, kann man hinter der Dirne herlaufen, das schadet niemand, und abgesehen von der Beleidigung, die man Gott zufügt, ist man doch der Ehrenmann. Doch wozu alle diese Reden, es ist alles umsonst. Ich bin ein Schwein, das glaubt, ihm könnten Engelsflügel wachsen. Wenn das wahr wäre, wenn es genügte, den Geist auf das Absolute zu richten, an all dem Unwichtigen vorbeizugehen, ohne sich darum zu kümmern, wenn das genügte, um in den Allgeist einzugehen, wo alles, was man will, geschieht, wo man alles weiß, und das Leben ein ewiges Reich in grenzenlosem Lichte ist? Torheiten, nicht wahr? Dummheiten, da wir doch sehen, daß in diesem Leben alles auf den Tod und nichts auf ein ewiges Leben hindeutet. Ja, Archibald, dieses Bekenntnis war ich Ihnen schuldig. Ja, selbst nach allem, das ich Ihnen gesagt hatte, waren Sie über mich doch im Irrtum. Sie sahen in mir den Mann, der weder Unruhe noch Gewissensqualen kennt. Nun können Sie zufrieden sein. Sie wissen jetzt, was mich quält. Sie werden nicht darüber sprechen. Niemals! Das soll unter uns bleiben. Ja, ich gehe jetzt. Eine der Kunstreiterinnen erwartet mich, die kleine Blonde im blauen Sweater. Ich muß unbedingt hin, aber ich komme bald wieder. Bis gleich.“

Seine Worte haben ihn zuerst in meinen Augen verkleinert und lächerlich gemacht. Darauf war ich am allerwenigsten gefaßt. Jetzt tut es mir leid, daß ihn diese Theologie so quält, und ich frage mich, ob meine innere Unruhe, die ich höher einschätze, im Grunde nicht der seinen gleicht. Dieses Bedürfnis, mit mir selbst in Frieden zu leben, dieser Hunger nach dem Absoluten. Wenn das wäre? Aber nein. Niemand auf der Welt hat also Gewißheit? Oder ist das Glück, die Fähigkeit, alle Dinge des Lebens und des Geistes zu genießen, nur das Vorrecht der groben Naturen? Ich war schon bei Putouarey in die Schule gegangen und hatte mich gern seinem Einfluß hingegeben. Ich wollte in mir alles entwickeln, was

Putouarey glich, und nun gähnt plötzlich der Abgrund unter mir, ich erkenne eine Seele, die des Schmutzes gewahr wird, in dem sie steckt, und bei den Anstrengungen, aus ihm herauszukommen, immer tiefer versinkt. Und das soll eine religiöse Seele sein? Soll das Reinste sein, das es gibt? Ich kann sagen: Auch meine Seele sieht ihren eigenen Schmutz, aber sie bemüht sich nicht, aus ihm herauszukommen, sie fühlt sich wohl darin, und ihre Kruste aus Irrtum, die Lüste, unter denen sie leidet, die Niedrigkeit, halten sie warm. Schon nistet das Gewürm darin. Nun, mag sie noch so schmutzig sein, wenn ich dabei nur auf meine Kosten komme.

Sonnabend

Kilometerfresser ist während der Nacht angekommen. Heute morgen haben sich Putouarey, der Chauffeur und der Wagen auf dem „Grafen Wurmbrand" eingeschifft. In zwei Stunden wird er sie am Kai von Zara absetzen. Der Marquis zögert: Liechtenstein? Montenegro?

„Fahren Sie dahin, wo Sie am meisten Aussicht haben, Ihre Bänder-Sammlung zu vermehren."

„Im Stanislas kannte ich einen montenegrinischen Prinzen. Hoffentlich ist er noch in Cetinje. Also, ich fahre nach Montenegro. Es ist sehr gebirgig, und so werde ich nicht zu sehr schwitzen. Kommen Sie doch mit."

Auch ich habe einen Augenblick gezögert. Vor mir sah ich das deutsche Schiff, wie es auf den glücklichen Inseln landete: Lussim piccolo, Spalato, Sebenico und Ragusa und weit dahinter, wenn der kleine weiße Dampfer nur noch eine Taubenfeder ist, die in den schwarzen Abgründen der Berge und der Wasser versinkt, den Aufstieg in die Tsernagora, in das Chaos mondhafter Landschaften, wo man glauben kann, die Erde habe das Jahr 10 000 erreicht, wo die vertrocknete Erdkruste nur noch ein paar feuchte Stellen hat und die kleinen Felder wie ein Fleckelteppich aussehen.

Dann die Ruhe in Cetinje, die frische, slawische Luft, der niedrige Himmel, die Schönheit der kleinen grünen Ebene, wo die wenigen Bäume und der Rasen den Menschen der Ebene anheimeln, der hier ein Stück seines Vaterlandes wiederfindet ... Dann aber dachte ich gleich an das reiche Leben in Wien, dachte, daß, nachdem ich in den Läden auf dem Kohlmarkt viel unnützes Zeug gekauft hätte, ich mir Serbien und Bulgarien genauer ansehen könnte, durch die ich einmal im Orient-Expreß gefahren war, und von denen ich nichts anderes in der Erinnerung habe als große, weite, traurige Rosenfelder mit noch traurigerem Duft, und Berge von großer Wildheit, in denen sich aber ein zartes Leben verbirgt. Auf den kleinen Bahnhöfen sah ich junge Männer und Frauen in reizenden Trachten, sie begleiteten große bunte Wagen mit vollen Rädern; so stellte ich mir die Wagen in den Gesängen Homers vor. Und inmitten dieser großen, drohenden Wildheit des Landes die neuen, frischen Städte mit den rosafarbenen Ziegeln und dem von der Sonne beschienenen Weiß der Steine. Ich erinnere mich auch an ein Kavallerie-Regiment, blau und rot, in den Straßen von Nisch, sauber und neu wie Bleisoldaten, die zum erstenmal ihre Schachtel verlassen. Und wie anmutig war mir vom Zug aus Sofia erschienen: wie eine weißverschleierte Baba aus Klein-Rußland.

„Nein, Gaëtan, ich fahre nach Wien."

Vom Deck des „Grafen Wurmbrand" sahen wir, wie „Kilometerfresser" im Zwischendeck verstaut wurde. Als der Wagen festgemacht und verkeilt war, rief ich den Chauffeur, gab ihm ein Trinkgeld und sagte zu ihm: „Baptiste, Sie wissen ja, die Straßen in Montenegro sind gefährlich, plötzliche Biegungen und steile Abhänge; auch blenden die von der Sonne beschienenen Steine. Sorgen Sie dafür, daß der Marquis nicht selbst fährt, er ist so nervös."

Ich war um Gaëtan besorgt. Familien aus Graz und Wien kamen an Bord. Die Sirene heulte, verschlang alle anderen Geräusche, ihr Schrei drang uns bis ins Mark der Knochen.

Ich sah Putouarey an. Das war also der Mann, der sich mir anvertraut, mir sein Innenleben entschleiert hatte. Wahrhaftig, in diesem stolzen, spöttischen Kopf gab es hierfür keinen Platz. Wie kühn er den Bart vorstreckte. Aber auch vom Studium, von den über den Chemiebüchern verbrachten Nächten konnte man in diesem Gesichte nichts lesen. Wie schön ist doch die menschliche Natur, daß sie diese Torheit und dieses Gleichgewicht neben all diesen Widersprüchen enthalten kann. Ich nahm Putouarey wie er war und fühlte, daß ich ihn trotz allen Sonderlichkeiten und Lächerlichkeiten sehr gern hatte. Wir hatten Lust, uns zum Abschied zu umarmen. Ich Schaf habe es nicht gewagt!

Vom Kai aus sah ich, wie der „Graf Wurmbrand" in See ging. Der Marquis stand auf Deck und winkte.

„Ende August in Schottland oder zur Moorhuhnjagd bei Worley."

„Vielleicht. Sie mit dem Ordensband des Heiligen ..."

Die Sirene verschlang unsere Stimmen. Und bald waren der Marquis und sein Taschentuch nur noch eine Schöpfung meiner Phantasie. So habe ich mich von dem galant homme getrennt. Ich war weder zufrieden noch traurig.

Zurück ins Adria Palace. Der Gedanke an den Besuch der Balkanländer hatte in mir die Wißbegier wachgerufen, die mich zuweilen überfällt. Die Bücher, und vor allem Wörterbuch und Grammatik, riefen mich. Meine Hände bereiteten sich schon auf die Bewegungen vor, die sie tragen, öffnen und die Seiten wenden. Soll ich mit Serbisch oder Bulgarisch beginnen? Wäre es nicht besser, endlich mal mit dem modernen Russisch Ernst zu machen? Zwei Stunden lang habe ich in den Buchhandlungen von Triest nach einem Buch von Tolstoi oder Dostojewski und einem anständigen Wörterbuch gesucht.

Ich habe nur einen tschechischen Text und ein kleines Wörterbuch gefunden. Da fiel mir ein, daß ich von der *Divina Commedia* erst die beiden ersten Gesänge gelesen habe. Ich habe mir *Il Paradiso* in einer spärlich kommentierten Ausgabe gekauft und mich gleich darein vertieft. Und ich wäre noch bei der Arbeit, hätte ich nicht auf dem Wege von meinem Zimmer zum Eßzimmer Gertrud Hansker getroffen. Wir erkannten uns fast gleichzeitig.

„Archie!"

„Gertie!"

Ich freue mich, in Gesellschaft dieser schönen, kastanienbraunen Frau gesehen zu werden, die so groß ist wie ich und mit siebenundzwanzig Jahren noch nie ein Korsett getragen hat. Sie lächelt, zeigt ihr volles Gebiß und verrät mir durch einen Händedruck das Maß ihrer Kraft. Ich fühlte gleich, daß wir unsern Flirt, den wir vergangenes Jahr im Tennis-Klub in Cannes begannen, fortsetzen würden. Als ich sie fragte, wie es Herrn Hansker ginge, der irgendwo in den Staaten ein bekannter Geschäftsmann ist, sagte sie, daß sie es nicht wüßte.

Was habe ich vor kurzem noch über die Frauen, als ich von einer Tänzerin des Café-Conzert berichtete, geschrieben? Daß sie uns hindern und lästig sind? Dummes Zeug. Das verschwindet vor Gertrud Hanskers Lächeln. Andere Frauen mögen so sein: ein sehr schweres Gewicht im Leben eines armen Mannes, die Materie, die ihn bald von allen Seiten umgibt, die ewig sitzende, die näht und singt, wie jemand, der eingesperrt ist. Aber Gertrud Hansker aus Santa Ana ist eine Amazone, die zehn Stunden hintereinander im Herrensattel reitet. Man hat mir erzählt, daß vor drei Jahren die Krämer von Bristol an den Tagen des *early closing* nach Clifton gingen um zu sehen, wie sie als Cowboy durch die Downs galoppierte. Sie ist keine Grenze, sondern schwer zu erobern, und wenn sie erobert ist, schwer zu behalten. Sie ist so schön, so frei und so schrecklich, daß sie gar nicht reich zu sein brauchte. Sie kann nicht gedemütigt werden, denn sie zeigt der Welt ein anbetungswürdiges, ruhiges und doch keckes Kindergesicht. Arme Florrie Bailey, wie richtig empfandest du deine Niedrigkeit. Und wie wenig paßte das

Abenteuer mit der Tänzerin zu mir. Ich meine oft, nicht ich hätte es erlebt, sondern ein anderer. Jetzt, da Gertrud Hansker wieder in mein Leben getreten ist und ich fühle, daß sie bereit ist, mich anzuhören, erscheint mir die Geschichte mit Florrie noch lächerlicher, noch unverständlicher als selbst Cartuyvels. Ich verleugne sie jetzt vollständig. Vor diesen großen, wilden Augen, die mir vorkommen wie wilde Seevögel, vergesse ich sie.

Wir haben uns allerhand erzählt. „Was ist aus der Compagnie des Indes et du Pacifique geworden? Und weshalb hat man Sie nicht in England beim Polo mit Lord Melland und dem Herzog von Christminster gesehen?"

Auch vom Verkauf meiner Häuser in Europa haben wir gesprochen.

„Sollten Sie etwa die Absicht haben, Europa zu verlassen? Archie, Sie sind ja so wenig für Amerika geschaffen. Sie sind Europäer. Denken Sie noch manchmal an die Jahre, die Sie drüben verlebt haben?"

So haben wir beim Frühstück geplaudert. Ich fühlte, wie mich alle Männer beneideten und bewunderten.

„Archie, laß uns französisch sprechen."

Sie will, daß wir uns duzen, und deshalb besteht sie auf Französisch. Ich stelle mich, so gut ich kann, auf die Sprache Molières ein. Mein Tagebuch und meine Unterhaltungen mit Putouarey haben dafür gesorgt, daß meine Kenntnisse dieser Sprache nicht einrosten.

„Ja, die französischen Worte sind solide, ein wenig schwer, aber ernst, pomphaft und vor allem europäisch."

„Sieh mal, wie man mich anstiert. Das ist lästig."

„Ich begreife sie, o junge, weiße Bärin, o schöne Lilie aus Irland."

„Archie, sei artig. Sieh doch mal, wer mich immer anstarrt. Da hinten, in der Ecke."

Ich drehe mich um. Ah! wir sind in germanischem Land. Alle vernünftigen Wesen schienen mir zuzurufen, die schöne irische Lilie zu pflücken und die junge, weiße Bärin in meine Arme zu schließen.

„Du bist ein Esel, wenn du es nicht tust."

Ich prüfe mich heimlich, während Gertie dabeisitzt. Wie lange habe ich weder Polo, noch Golf gespielt, noch weite Touren gemacht. Ob ich es mit ihr werde aufnehmen können? Ich erinnere mich, wie gern ich sie neben mir fühlte, wenn sie mit langen, geschmeidigen Schritten elastisch über die Lawns in Brighton ging. Das war, bevor irgend etwas zwischen uns angefangen hatte. Wie heute war sie damals ganz in Weiß gekleidet; die ein wenig steife Leinwand des Kleides machte ein angenehmes Geräusch, und die weiche und duftige Leinwand der Bluse ließ ein wenig die Arme und das sehen, was das hohe Hemd nicht bedeckte, die harte Brust und den Nacken. Der Gedanke an das, was sie mir geben kann, bedrückt mich. Nichts gibt es für mich auf der Welt, das ich mehr zu besitzen wünschte. Der Augenblick, in dem diese Kraft und dieser Stolz sich beugen, die Amazone Weib und von einem Mann umschlungen wird, wird einer der herrlichsten Augenblicke der menschlichen Geschichte sein. Welcher Kampf mit dem Engel! Welch edle Last für meine Arme!

Sie kommt aus Wien. Der Sommer hat sie von dort vertrieben. Sie hofft im dalmatinischen Archipel etwas Frische zu finden. Ihre Jacht ankert in Pola, und übermorgen soll ihr Auto sie hinbringen.

Ich habe sie durch Triest geführt, das sie noch nicht kannte. Zu Fuß sind wir die lange Via Giulia hinaufgegangen, etc. . . Dann nach Miramar. Wir haben uns auf eine Böschung gesetzt, die dann und wann von schwarzen Zügen erschüttert wurde. Das Meer versank in der Sonne. In mir wuchs ein Wunsch und ließ keinen Platz für irgend etwas anderes. Ein ganz deutlicher Wunsch, der mich mit dem Blick den Körper meiner Gefährtin abtasten ließ. Der Instinkt verwandelt sich in Gedanken. Ich dachte an das Kind, an die Vermischung unserer beider Leben, daran, daß ich ihr mein Leben schenken wollte, allen Ernstes. Und laut setzte ich meine Gedanken fort:

„Du weißt doch, Gertie, daß der alte Whitman sagte:

Was sich in mir seit langem aufgeschichtet . . .“

Sie wandte mir ihr glühendes Gesicht zu, überzeugte sich mit einem Blick von meiner Kraft, Jugend und Keuschheit, dann blickte sie wieder auf das Meer und atmete tief.

Ah, ich hätte besser geschwiegen. Jedes Wort war überflüssig. Ich habe begriffen, warum die Frauen so wenig Achtung vor der Sprache haben: alle wichtigen Augenblicke des Lebens bedürfen ihrer nicht. Bis zu dieser Minute habe ich also den deutlichen und klaren Wunsch in mir getragen, mich mit Gertie zu vereinigen. Eine regelrechte Ehescheidung würde uns bald von Herrn Hansker befreien. An diesem Abend machte ich ihr die unverschämtesten Komplimente. Als wir die Treppe hinuntergingen (wie herrlich sah sie aus in ihrem schwarzen, weitausgeschnittenen Kleid), flüsterte ich ihr den Vers Petrarcas ins Ohr:

Gli occhi sereni e le stellanti ciglia . . .

Ich sah, daß es sie verstimmte, daß ich nicht in schwarzem Anzug war. Ohne moralische Vorurteile, ist sie also doch der Sklave gewisser Schicklichkeitsformen. In kleinen Dingen also doch noch gehorsam. Es war nur ein peinlicher Augenblick. Gleich weckten ihre Gegenwart, die Wärme und der Duft, die von ihr ausgingen, den süßen Wunsch wieder. Ah! Du armseliger Dichter, wie hast du dich auch nur einen Augenblick von der Frau entfernen, von Langweile und Gefangenschaft reden können? Kannst du dein Leben besser verbringen als in ihrer Gegenwart? Dein Reichtum soll sie schmücken und zufrieden machen; deine Kraft soll sie verteidigen, deine Zärtlichkeit sie lieben. Du hättest Florrie Bailey von Stadt zu Stadt folgen müssen, bis du endlich diese trafest, die du nie wieder lassen sollst. Früher, in Rußland, habe ich Daudets *Sapho* gelesen. Ein junger Bürgerssohn verzichtet auf seine bürgerliche Karriere, um einer Grisette zu folgen. Wie recht hatte er, und wie dumm war ich, als ich ihn verurteilte. Ich war damals siebzehn Jahre alt. Der Verfasser schrieb als Widmung in das Buch: Für meine Söhne, wenn sie zwanzig Jahre alt sind. Ich vermute, daß er seinen Söhnen empfahl, zu handeln, wie der Held seines Romans, mit einer elenden, kleinen, bürgerlichen Karriere zu brechen, auf den Egoismus zu verzichten, um sich ganz einer Frau hinzugeben. Und in meiner Begeisterung genügt mir Petrarca nicht mehr. Ich zitiere den Dialog des Roger de Collerye zwischen Beau-Parler und Recueil-Gracieux:

Ehre den Damen!
Das ist recht!
Ihnen gebührt sie etc. . . .

„Hast du je Schöneres gehört, Gertie? Das ganze Rittertum des Okzidents mit dem Schwert in der Hand steht dahinter."

Ich zitiere zuviel. Ich rede schnell von etwas anderem. Aber der Gedanke an diese Frau füllt mich ganz. Diese wundervollen Ellenbogen! Kennt sie sie? Sie wäscht sie und trocknet sie. Und ich wäre maßlos glücklich, wenn ich sie einen Augenblick in meinen Händen hielte: dann wären die beiden Arme gefangen und die Lippen ohne Verteidigung. Und dann wieder fühle ich alle Hochachtung vor ihr. Mir kommen Fragen, die ich unmöglich stellen kann:

Ist es wahr, daß ihr schwach, furchtsam und kokett seid? Ihr tut nur so. Ihr gebt vor, Angst zu haben, geschützt sein zu wollen, die ernsten Dinge nicht zu lieben – dies alles nur, damit wir uns wertvoller vorkommen und glauben, etwas zu sein. Wie der Gelehrte inmitten der Ignoranten: er will sie nicht kränken, darum schweigt er. Ihr macht euch klein, um uns nicht zu überragen.

Sie kommt in mein Zimmer und bittet mich um einen Anzug. Sie geht aus, wie ein Mann gekleidet. Sie wollte nicht, daß ich sie begleitete. Aber sie hat mir versprochen, daß sie erst übermorgen abend abreisen will. Hätte ich darauf bestanden, ich glaube, ich hätte auch mehr erreicht.

Sonntag

Ich bin mit G. in der Kapelle gewesen. Wir saßen nebeneinander und haben gesungen. Ich folgte ihrer Stimme, die sie nicht vor mir zu verbergen suchte, durch all die andern Stimmen hindurch.

Rock of ages, cleft for me...

Die ganze körperliche Intimität enthüllt sich in der Stimme. G. hat eine gewisse tiefe Note, die in kurzen Augenblicken in ihrem Gesang vibriert. Sie war von einer Frische, einer Weiße, einer Unschuld . . . Mag der Teufel wissen, wo sie sich in der letzten Nacht in meinem Anzug herumgetrieben hat!

Große Überraschung beim Verlassen der Kapelle. Fünfzehn Matrosen, die sie mit uns zusammen betreten hatten, waren in der Nähe der Tür stehengeblieben.

„Die Mannschaft einer Jacht", sagte Gertie.

In diesem Augenblick schlugen die Matrosen die Hacken zusammen und alle grüßten mich. Es war die Mannschaft meines alten „Parvenu", den Cartuyvels an Bernardio Valls, den Expräsidenten von Montanera, wo er reich geworden ist, verkauft hat.

Er hat dem Schiff natürlich einen anderen Namen gegeben. Heute heißt es „Libertador". Der N. Y. J. C. sträubte sich, den Namen in seine Liste aufzunehmen, weil er zu banal ist. Ich frage mich, ob die Mannschaft mir nachtrauert. Ich fühle etwas wie Begeisterung in dem Gruß dieser braven Burschen aus Devonshire. Sie glauben sicher, daß ich ruiniert bin oder mich in weniger glänzenden Verhältnissen befinde.

„Wir wollen die Jacht besuchen", sagte Gertie, „wollen sehen, ob man was verändert hat. Dein Wintergarten in den Salons war kostbar mit dem Springbrunnen, den Fischen, den

Knoblauchmolchen mit den roten Ohren, den mit Sand bestreuten Wegen, den Farnkräutern und den Gräsern. Kennst du Valls?"

„Den ‚Parvenu' besichtigen? Lieber frage ich den Polizisten dort, was der Sinn des Lebens ist. Nein, lieber will ich meinem Verwalter telephonieren, er soll alles wieder kaufen: Villen, Paläste, Pferde, Automobile, Jachten, Sammlungen. Man wird den ‚Parvenu' wieder kaufen, Valls jeden Preis bezahlen, dann kann er sich zum Präsidenten einer andern Republik wählen lassen (er scheint Präsidentenschaften zu sammeln). Dann fahren wir mit dem ‚Parvenu' nach Pola, wo deine Jacht liegt. Einverstanden? So kann ich dich bei mir empfangen. Und dann: Lebe mit mir und schenke mir deine Liebe ..."

„Archie, rede nicht so dummes Zeug."

„Wieso? Aus Hansker machst du dir nichts. Bist du seine Frau gewesen? Doch nur wenige Tage. Ach, Gertie, vergangene Nacht habe ich nicht geschlafen, ich dachte immer an das Kind, und meine Lippen sehnten sich danach, das Fleisch zu küssen, das unser beider Fleisch ist."

Weshalb sage ich das? Still geht sie neben mir, nicht beschämt, aber mit zusammengekniffenen Lippen und zeigt mir, daß die Natur ohne uns fertig wird, daß der Himmel mit dem stumm flutenden Licht ihr zustimmt.

„Gertie, was mache ich mir aus allem, das ich habe? Es soll mit dem, das du hast, vereinigt werden und dem kleinen Menschenkind gehören. Soll ich an Cartuyvels telefonieren?"

„Morgen. Ich bleibe morgen noch. Jetzt laß mich allein. Es ist so heiß ..."

Ich hätte ihr folgen sollen. Aber warum hat sie mich nicht aufgefordert, mit ihr zu kommen? Eine Viertelstunde verging, und es war schon zu spät.

Plötzlich fiel alle Traurigkeit der Welt über mich her. Nicht Gleichgültigkeit war es, sondern das Bedürfnis, zu fliehen, mich zu verbergen, um meine Verzweiflung zu genießen. Ich dachte nicht an Gertrud Hansker, sondern an gewisse, vage philosophische Lehren, die so eng sind, daß sie uns in unsern kleinsten Bewegungen behindern. Zum Beispiel die Idee, daß nur die Gesamtheit der Menschen etwas wert ist, daß die großen Zivilisatoren Werkzeuge, die großen Künstler der Ausdruck einer Zeit und einer Rasse sind. Und was sind die, die gelebt haben, ohne etwas zu sagen, mit ihren ganz persönlichen Interessen, den Geldfragen und Familienangelegenheiten, die Milliarden von Stummen? Ja, wozu waren sie auf der Welt? Sollen sie später nur Humus sein? Welche Verschwendung! Eine verlorene Seele nach der andern. Ach, Wahrheit, warum erkennt man dich nicht? Arme Gedanken, man muß schon sehr jung sein, um nicht zu merken, daß sie weniger wirklich sind als der Nebel eines Abends vor dreitausend Jahren ...

Aber ich lebe, und meine Seele wurzelt in der Unsterblichkeit. Ich erinnere mich, daß ich in meinem Kinderbett lächelte und ohne ein Wort zu sagen, an meine Ewigkeit dachte. Und ich will mich nicht mitreißen lassen. Die Welt soll aus mir nicht machen, was sie will. Ohne Überlegung will ich nicht in die Falle, die die Ehe bedeutet, geraten, nicht wie jeder andere das tut, weil mir eine Frau gefallen hat und ich annehmen darf, daß auch ich ihr gefalle. Das Paar! Der reizende junge Haushalt! Ah! diese Küche des Lebens ekelt mich an. Und doch, wie mutig ging ich all meinen Pflichten entgegen, als ich an Florrie Bailey dachte. Sollte ich etwa im Innern gefühlt haben, daß doch nichts daraus wurde?

Überblicke ich mein Leben dieser letzten Monate, bin ich erstaunt. Nichts hat sich ereignet. Und doch hätte ich gern allerhand Abenteuer erlebt; ich ging darauf aus. Und trotz meiner Freiheit, die mir erlaubte, alles zu tun, was ich wollte, ist mein Leben vielleicht (sicher) weniger abwechselungsreich gewesen als das von Putouareys Chauffeur zur selben Zeit. Denn auch er, dieser Baptiste, hat wie wir in Italien gelebt, und wer weiß, wieviel Menschen er getroffen, wieviel Dinge er kennengelernt, welche Gedanken er sich über Denkmäler und Kunstwerke und das Leben im Lande gemacht, welche Geliebten dieser lustige Kerl in Neapel, Florenz und San Marino gehabt hat? Mein Reichtum und meine Unabhängigkeit schienen Hunderte von wilden Abenteuern zu versprechen, und man lese mein Tagebuch: Stunden im Hotel, Besuch von Freunden, Plaudereien und dann mit viel Kosten ein erbärmliches Abenteuer mit einem dieser Mädchen, denen man nur zuzuwinken braucht.

Aber mit Gertie bot sich Gelegenheit, diesem langsamen und gewöhnlichen Lauf der Dinge ein anderes Tempo zu geben, endlich ein Element in mein Leben zu bringen, das, wenn es auch nicht zu den Ingredienzien eines Abenteuerromans, so doch sicher zu denen der bürgerlichen Komödie gehörte. Auch würde ich endlich einmal aus meinem Leben herauskommen. Aber nein, ich will mich lieber weiter einspinnen, das Risiko scheint mir zu groß. Und ich denke schon: Und dann ist sie verheiratet und liebt die Unabhängigkeit zu sehr, und später werde ich andere finden. Aber ich ließ mich vom Instinkt nicht betrügen. Ich dachte weniger an eine romantische Liebe als an die Gründung einer Familie. Ich habe nie die Schultern einer jungen Frau sehen können, ohne daß mir dieser Gedanke gekommen wäre. Das Bedürfnis beherrscht mich dauernd. Gut also, ein anderes Mal.

Beim Frühstück merkte Gertie gleich, was in mir vor sich gegangen war. Da mich alles anekelte, hätte ich gern gesehen, daß sie ein wenig gereizt wäre. Aber sie spielte die Gleichgültige. „Du willst also nicht mehr, gut." Wenn sie wenigstens ein wenig bekümmert gewesen wäre. Nein. „Ich mache nicht mehr mit ..." „Wie du willst." Welch gute Partie ich aufgebe. Eine Frau mit zwölf Millionen Dollar.

Der Gedanke an die Sabinierinnen in der Loggia dei Lanzi quält mich wie ein Gewissensbiß. Das also haben die Männer, einmal wenigstens, gewagt, um Frauen und Kinder zu haben. Der Vater liegt blutend im Schmutz, die Mutter fleht und weint, die erschreckte Beute wird von einem Arm umspannt, der sie nicht wieder losläßt. Der andere Arm hält das Schwert. Das hätte ich vielleicht auch getan. Aber . . .

Ich frage mich, was der junge Römer wohl tat, als er mit seiner lebenden Beute nach Hause kam. Trotz allem waren ihm die Umstände günstig. Als die junge Sabinierin das wilde Tier, das einige Stunden vorher noch heulte und tötete, flehend mit sanfter Stimme zu ihren Füßen liegen sah, war sie bestimmt gerührt. Sie haben sich nach kurzer Zeit sehr gut verstanden.

Für mich gibt es keine Entschuldigung. Ich bin feige und empfinde Ekel vor dem, was die Natur und Gertie von mir erwarten. Und es ist umsonst, daß ich mir immer wieder sage, daß die Frauen und selbst die Jungfrauen uns gegenüber unendlich viel Nachsicht bereit haben. Ich kann mich nicht entschließen, den letzten Schritt zu tun.

Ich suche zu ergründen, weshalb ich diese Heirat mit Gertie verwerfe. Ich sage mir: Nun, weshalb so früh? Du hast ja noch nichts erlebt. Putouarey könnte nun Schluß machen und mit seiner internationalen Sammlung von Briefen und Locken zu seiner Frau zurückkehren. Aber habe ich denn überhaupt schon gelebt? Falsch, grundfalsch. Ich beneide P. nicht um seine Briefsammlung. Und dann habe ich auch gelebt. Dreiundzwanzig Jahre und drei Monate.

Ich glaube jetzt alles klar zu erkennen. Eine Ehe mit Gertie würde keine echte Ehe sein. Sie führt ihr eigenes Leben, wie ich das meine führe, und zwar in einem moralisch ganz anderen Land. Einöden trennen uns. Eines Tages würde sicher jeder von uns auf seiner Jacht allein fahren. Und welche Rolle würde das Kind spielen? Aber daran denkt sie nicht. Sie will ein kleines Abenteuer, das ihr die Zeit vertreibt. Ja, nur das, und Erdbeeren mit Champagner und Eis und Hängematten unter dem Zelt auf Deck, wenn der Morgenwind geht . . . Und abends auf dem Diwan der dunklen Kabine die Liebe des jungen Golfspielers, der in der Dämmerung der

Sinne allmählich das langsame Verlangen erweckt, das nie in Erfüllung gehen wird. Ein Ehebruch, eine Liaison zwischen Menschen der vornehmen Welt.

Aber das will ich nicht. Alles treibt uns dazu: das Beispiel und alle Bücher, seit wieviel Jahrhunderten schon, die mit diesen Dingen angefüllt sind. Aber ich will nicht. Ich will ein für allemal nichts von Ehebruch hören; ich mag diesen Betrug nicht. Auf unfruchtbare Liebe verzichte ich.

In dieser Hinsicht kann ich nur zweierlei anerkennen: Entweder man übt die Wollust als Kunst, mit extra hierzu ausgebildeten Sklavinnen, wie man es bei Sueton liest, oder die Ehe, die Verwirklichung dieses Versprechens, das mir die Natur gab in der Nacht, als ich zur Scham der Pubertät erwachte. Aber der Ehebruch, diese Halbheit, diese bürgerliche Literatur . . . Und wenn sie ihn alle trieben, ich tue es nicht. (Ich frage mich, warum ich nicht schon längst diesen Protest formuliert habe. Die Zustimmung, die ich den Ehebruchgeschichten und Romanen gab, ist nie aufrichtig gewesen, ich empfand Ekel, den ich nur sehr schlecht vor mir selbst verbarg.)

Ich könnte ohne Zweifel Gertie so weit bringen, daß sie mir eine echte Frau wäre. Aber dazu habe ich nicht den Mut. Denn in meinem Leben wenigstens, in dem sich nichts ereignet, habe ich die Illusion der Freiheit, kann meine Gedanken nach jeder Richtung der inneren Welt schweifen lassen und erlebe so doch große Abenteuer im Reich der Gedanken. Ich erinnere mich an einen Eindruck, den ich in Hamburg hatte, als Tassoula und ich das Hotel verließen, um eine Ruderpartie zu unternehmen. Sie schritt vor mir her, als wir durch die Tür gingen. Man trug damals sehr anliegende Röcke, die bis zu den Knöcheln reichten. Ich empfand einen plötzlichen Ekel. Dazu fühlte ich mich also hingezogen? Aber sie wandte sich schnell um, lachte, zeigte ihre blanken Zähne unter den schweren Lippen. Ja, selbst mit Gertie, der Amazone, würde ich das Gefühl haben, als verbärge der Himmel mir das Tageslicht, als sähe ich den strahlenden Sommer nicht. Nein, ich will von diesem Abenteuer nichts wissen, ich will die Sterne sehen.

Ich will auch nicht wieder der Sklave meines Reichtums werden. Die Versuchung ist stark. Gibt es auf der Welt etwas Schöneres als Reichtum? Er scheint den Geist zu materialisieren und in das Leben der Straße den inneren Glanz des Menschen zu projizieren. Das Automobil zum Beispiel, schön wie ein Gedanke, ganz durchscheinend und leuchtend: Scheiben, Lack, Kupfer ... und die schönen Frauen im Innern und der Chauffeur mit dem mit Goldstreifen besetzten Mantel, auf den das Wappen des Hauses gestickt ist, und neben dem Chauffeur in weiche bunte Stoffe eingehüllt ein junges Mädchen mit langen Beinen. Dem Reichtum, der uns überallhin begleitet, verdanken wir die zarte Aufmerksamkeit, seinetwegen hören wir keinen Lärm, haben Luft und Reinlichkeit, genießen den frischen Duft der Wäsche und des Leders; das Gehen ist für uns Medizin geworden, alle Kräfte der Natur stehen uns zur Verfügung: sie fahren uns, tragen uns, bringen uns nach oben und unten, helfen uns. Aber auch darauf habe ich verzichtet: den Zwang, der im bürgerlichen Luxus liegt, die Sorge um den Haushalt. Dem bin ich entronnen und dadurch bin ich größer geworden.

Während ich heute nachmittag im Rauchzimmer saß und so tat, als läse ich, beobachtete ich Gertie. Folgende Szene, die ich an der Riviera erlebte, kam mir wieder in den Sinn. Es war Mitternacht. Wir kamen im Auto von Monte Carlo: Geldleute aus Chikago, Magnaten aus Südafrika und Gertie in Herrenkleidung. Kleine Spießer, die kurze Zeit im Süden verbringen, Leute, die zwischen sich und dem Tode nur noch 2000–3000 Franks hatten, hatten an diesem Abend alles verspielt; wir aber hatten die Taschen voller Banknoten, und Gertie trug einen ganzen Sack voll neuer Hundertfrancsstücke, die sie dem dicken Rufus Wandeler zwischen Hals und Kragen steckte, um die schrillen Schreie zu hören, die er ausstieß. Als wir durch Nizza fuhren, schlug einer vor, eine verrufene Straße zu besuchen, von der bei Gelegenheit eines Mordes ein paar Tage vorher in den Lokalzeitungen die Rede gewesen war. Wir gingen hin. Wir fanden allerdings nicht, was wir erwartet hatten. Die Straße war still und dunkel, alle Häuser schliefen. Wir betraten das ärmlichste. In einem Zimmer, in dem nur eine Kerze flackerte, fanden wir zwei Frauen in einem Eisenbett mit grauem Bettzeug liegen: eine fette Hure und eine große Blonde, deren Nachthemd so weit offen stand, daß man ihre Rippen sehen konnte. Sie richteten sich auf und starrten uns mit schlaftrunkenen Augen an. Als sie die Herren mit den weißen Hemdbrüsten sahen, lächelten sie und versuchten, sich den Umständen anzupassen. Offensichtlich fragten sie sich, welches groteske und obszöne Schauspiel wir von ihnen verlangen würden, und ob sie wohl gemein genug wären, uns zufriedenzustellen. Aber ihr Anblick genügte: diese beiden Menschenweibchen in ihrem schmutzigen Käfig ... Wie zur Entschuldigung sagte die Dicke:

„Ich kann mein Hemd nicht ausziehen."

„Warum nicht?" fragte Gertie und trat an den Rand des Bettes. „Zieh es sofort aus."

„Aber, mein lieber Herr . . . Ach, das ist eine Frau, nein, Madame, ich kann es nicht."

Und sie erzählte, daß sie kürzlich operiert worden wäre und eine so häßliche Narbe hätte, daß die Herren sich davor ekeln würden. Aber Gertie wollte auf nichts hören. Sie hatte das Hemd bei einem Zipfel gefaßt und wollte es über die dicken, gelben Knie der Frau ziehen. Die Frau sträubte sich mit beiden Händen. Gertie wandte sich an uns.

„Wer hat eine Schere? ... Ich habe selbst eine."

Sie nahm ihr goldenes Etui aus der Tasche. Das Messer hatte eine Klappschere, sie öffnete sie und fing an, das Hemd zu zerschneiden. Die Frau wehrte sich und schimpfte. Einer von uns sagte: „Sie werden sie verletzen."

Schon war es geschehen. Der geritzte Schenkel blutete, und

wütend erhob Gertie die Schere, um sie ihr ins Fleisch zu stoßen. Wir rissen sie zurück nach der Tür. Bevor sie das Zimmer verließ, warf sie ihre brennende Zigarette in das Bett. Schreiend erhoben sich die beiden Weiber. Gertie war wieder ganz ruhig und sagte kein Wort mehr, bis wir vor der Freitreppe unseres Hotels in Cannes hielten.

Wie unschuldig sieht ihr Gesicht aus, das sich über das Buch beugt. Wie kindlich. Man meint, eine Locke müßte gleich von der Schulter auf die Seite des Buches gleiten; Fleiß und alle Zartheit des ruhenden, blonden Mädchens; sauber und rein, von bester Rasse; ach, welch fürstliches Weib; ich sehe sie wieder in diesem Zimmer, in dem schmutzige Helle flackert, die Schere in der Hand, über das scheußliche Bett gebeugt. – Ist es möglich? Mit ihren stolzen und doch sanften Augen; das schutzlose Kind, das mit großer Aufmerksamkeit, wie versunken, in dem Buche liest? Ist es möglich, daß sie weiß, daß solche Häuser existieren? Und daß sie die Beschimpfungen der dicken Hure aus Nizza verdiente?

Und wie damals ist sie auch jetzt wieder für mich das Symbol dieser ganzen Schar, zu der auch wir gehörten: meinesgleichen, Könige, Asbest- und Petroleum-Könige. Die Brutalität Gerties erscheint mir als das wirkliche Wesen dieser Welt, die sie unter feierlicher Unbeholfenheit verbirgt. Und zu dieser Welt gehörte auch eigentlich ich, aber ich habe mich nur wenig in ihr aufgehalten. Ich weiß, daß sie alle ganz brave Leute mit den besten Absichten sind. Sie fürchten nur immer, nicht für Gentlemen gehalten zu werden; sie geben sich alle erdenkliche Mühe, zu zeigen, daß sie wohlerzogen sind – sie prosten sogar der Herrin des Hauses mit jedem neuen Glas Wein zu; brave Leute, die voller Höflichkeit sind, voller Lebensart – aber doch ganz anders als die jungen Aristokraten, die sich in Locks Laden umherstoßen lassen, während sie warten, daß man ihnen ihren Hut aufbügelt. Es sind eben Leute, die im Besuch des Hauses in Nizza nichts fanden (Rufus Wandeler legte, ehe er das Zimmer verließ, eine Tausendfrancnote auf den Kamin) ... Aber wehe, wenn einer von ihnen einen weniger starken Willen oder ein stärkeres Temperament hat, und wehe dem, der schwach, arm und nackt ist ...

„Erinnerst du dich noch der dicken Frau in Nizza, Gertie?"

„Nun unterbrichst du mich in der schönsten Stelle der ‚Cochons dans le trèfle'. Ich vermute, daß dieser Roman gegen uns Reiche geht, die kein soziales Gewissen haben. Hast du ein soziales Gewissen? Ich weiß nicht einmal, was das ist, und will es auch gar nicht wissen."

„Ich weiß nur, daß ich diese Princes-Marchands verachte."

„Und gehörst doch zu ihnen, Archie."

„Leider."

Sie nahm eine Zeitschrift vom Tisch. Wie wenig kannte sie mich doch! Gerade bewunderte ich ihre hohe Gestalt und verglich sie mit Stolz mit den kleinen Italienerinnen, denen wir in den Straßen von Triest begegneten.

Ein Vers des Statius kam mir in den Sinn:

Latias metire quid ultra
Emineat matres ...

Wer von den Princes-Marchands hätte für ein Ereignis des tagtäglichen Lebens gleich ein passendes klassisches Zitat gefunden? Nein, ich hatte mit ihnen nur meinen skandalösen Reichtum und meine groteske Königswürde gemein: Guanokönig ... Als wäre nicht jedes Königstum grotesk, wie überhaupt jedes Beherrschen – würdig allein ist der korrekte und unbekannte Herr, der zu Fuß aus einem liberalen Bürgerklub heimkommt und sich am Rande des Trottoirs der Dover Street eine Zigarre in mittlerer Preislage anzündet. Schnell versank ich wieder im Sumpf der Verzweiflung. Ich wurde bleich, wollte vor Schrecken aufschreien, merkte, daß ich im Begriff war, einen alten Traum wieder zu erleben. Alle Bedingungen waren erfüllt. Das Rauchzimmer war dasselbe wie in dem Traum, was wir gesagt hatten, unsere Gesten waren dieselben. Gleich würde Gertie aufstehen und sagen, indem sie das Fenster öffnete: Es kommt ein Gewitter. – Und sie stand auf, ging ans Fenster, öffnete es und sagte: „Es kommt ein Gewitter." – Langsam schloß sie das Fenster, ganz wie in dem Traum.

Möglich, daß ich dies alles in die Vergangenheit verlegte. Aber eins blieb doch wahr: Ich fühlte, daß ich derselbe war wie Jahre vorher. Ich hatte mich nicht geändert; dieselbe alte Stunde schlug in mir inmitten derselben enttäuschten Traurigkeit; alle Bücher, Reisen und Gespräche, alle Gedanken und Eindrücke hatten mich nicht beeinflußt. Trotz den Jahrmärkten ist das Dorf dasselbe geblieben. Dieselben armen Häuser stehen sich traurig gegenüber auf dem leeren Platz. Und gerade wollte ich eine Theorie aufstellen: Ich teilte die Menschen in zwei Klassen: die, die entwicklungsfähig sind, und die, die es nicht sind. Ich gehörte zur ersteren, Gertie zur zweiten. Ich sah sie unbeweglich und glaubte, selbst voranzukommen... Ich will mich um nichts mehr kümmern. Ein anderer soll mir sagen, welchen Weg ich zu gehen habe...

All dieses hat mich veranlaßt, heute abend in nur wenigen Minuten die Widmung zu meinen „Ausleerungen" niederzuschreiben;

Für Gertie H.

Ich bring dir meine Seele:
Meine Nichtigkeit, all was ich habe,
mein bißchen Stolz, mein wenig Liebe,
meine Entzauberung als kleine Gabe.

Ich weiß, daß du der Gabe nicht bist wert.
Doch bin ich wert, geliebt zu werden?
Ich weiß, daß du mich für gerissen hältst.
Du weißt, daß ich der größte Snob auf Erden.

Ich habe die Begeisterung bemessen;
du hast gefühlt und alles wohl genossen.

Du glaubest nicht an meine Traurigkeit,
wie ich nicht glaub' an deine Fröhlichkeit.

In unserer Liebe kein Geheimnis herrscht:
Ob wir nun ernst sind oder froh.
Nie wollen wir vergessen, daß auf Erden
von Fremden wir umgeben werden.

Wir glauben, daß das Leben gut;
doch, triumphierend Herz, sei auf der Hut:
Vergiß nicht, daß allein wir sind,
daß niemand uns mag, auch wir selbst nicht, mein Kind.

24. Juni, sechs Uhr morgens, in der Eisenbahn

Nachdem ich meine Eintragungen in das Tagebuch gemacht hatte, habe ich Triest verlassen. Ich wußte, daß gegen zwölf Uhr dreißig ein Schnellzug nach Wien fuhr. Ich habe das Hotel verlassen, ohne Frau Hansker zu benachrichtigen.

Wenig geschlafen. Mürrisch erhebt sich der Morgen, ungeschickt gleitet sein Licht über die verschlafenen Felder und die Straßen, die der ernste Zug durcheinanderrüttelt, der nach der Hauptstadt Europas unterwegs ist. Nahe am Wagenfenster, durch das langsam der junge Tag dringt, summt auf dem lackierten Tischchen die Teemaschine. Ich fühle mich wieder frei, bin noch einmal davongekommen, nur meine Eigenliebe hat einen kleinen Knacks bekommen. Was schadet das? Aber die dicke Hure aus Nizza habe ich gerächt.

Ach, Concha und Socorro, euch einen kleinen Gedanken, verborgene Liebe, reine Herzen, einen kurzen Gedanken in dem kalten Morgen von Zentraleuropa. Wie allein bin ich und wie wohl fühle ich mich, wenn ich meine Lederpantoffeln betrachte und meinen dalmatinischen Koffer auf dem Teppich, den schweren kupfernen Aschenbecher, die verschlungenen Buchstaben W. L. auf den Spiegeln, meinen Körper, den ich liebe, und eine Muratti, aus der ein langer Streifen blauen Rauches emporsteigt, der sich gegen das halbgeöffnete Fenster erhebt, im Rhythmus des Zuges tanzt, ein wenig zögert und dann in der frischen Luft vergeht, die die Sonne bald erwärmen wird ... Ich hätte mich doch verabschieden sollen. Das sieht aus wie Flucht. Schadet nichts. Der Schnellzug, der mich dahin bringt, wohin er fährt, ist meine Entschuldigung. Kleine deutsche Landschaft, wie ich dich liebe, ich fahre weiter ... Es ist Feigheit, und vielleicht habe ich ihr wehgetan. Schadet nichts, auch ich habe gelitten.

Nein, nutzlos. Nie wieder will ich mir Vorwürfe machen. Es steht ein für allemal fest: Ich bin die Geradheit selbst. Ich entspanne mich; ich nehme für immer Abschied von der moralischen Leidenschaft; ich verzichte auf die Beherrschung des Ichs. Nie wieder werde ich arbeiten. Laßt uns Gott loben; ich singe gern Hymnen. Dann denke ich an ein wahres Zuhause, das ich endlich in einem eintönigen und verschlafenen Ort auf dem Lande haben werde, vielleicht in der Nähe von Yarningdale in den Midlands (auf den Bahnsteigen sieht man hier im Sommer Blumenbeete).

Ich gebe meine interessante Persönlichkeit auf. Ich fühle in mir verborgen erbliche Belastungen, die ihr Recht verlangen: Die Sinnlichkeit meines Vaters wird wach und erinnert sich gewisser Zimmer in Valparaiso; meine Mutter prüft die Rechnungen und genießt tief die Wohltat, daß sie sitzt. Auch sie denkt oft an ihre zu lustige Vergangenheit in Melbourne und an den französischen Marineoffizier, dessen Fotografie mit Widmung ich eines Tages in einer Schublade fand ... Nie wieder will ich eine Anstrengung machen. Mit meinem Geld will ich von einem Tage zum andern leben. Ich verzichte darauf, den Himalaja, den ich in mir fühle, zu erklimmen. Ich will ihn nicht mehr fühlen.

Ich setze mich am Rande des Weges nieder, wo der Aufstieg beschwerlich wird. Die weiße Biegung mit den grünen Rändern genügt mir, und ebenso die Aussicht auf die Landschaft zu meinen Füßen, die Ebene, in der die Menschen aus der Hand in den Mund leben, die Zufriedenen und die Princes-Marchands, die meine Brüder sind. Ich verstehe, warum ich mich manchmal umwandte. Ich glaubte mit Zufriedenheit die durchlaufene Strecke zu messen, aber in Wirklichkeit strebte ich aus aller Kraft der Mittelmäßigkeit entgegen. Das verborgene Ich wollte in die dunklen Träume der Kindheit zurückkehren, fürchtete sich, vor der unparteiischen Vernunft zu erscheinen, wollte nicht, daß man es in die helle Mittagssonne zerrte. Ich werde nun der Prince-Marchand, der vollendete Sportsmann und der reiche Dilettant sein, von dem die Zeitungen der vornehmen Welt berichten. Ich werde mich für alles interessieren, was diese Menschen interessiert. Ich werde nichts von dem, das ihr Leben ausmacht, abweisen. Ich kann dann sogar auf diesem Wege nach unten ihren Ehrgeiz teilen und mir Erfolge wünschen, wie alle gemeinen Seelen das tun. Ich würde lügen, wenn ich nicht gestehen wollte, daß ich bereits hieran gedacht habe. Ich weiß, warum ich die eine Stadt auf der Welt, die ich liebe, nicht bewohne. Ich mag nicht als Unbekannter durch diese Straßen gehen, die von meinem Namen widerhallen könnten. Ja, ich habe allen Ernstes daran gedacht: London und Naturalisierung in England. Für eine politische Karriere bin ich zu reich: aber in dem einzigen Lande Europas, wo das noch der Mühe wert ist, eine Familie gründen und meine roten Haare unter einer Grafenkrone des vereinigten Königreiches verbergen, mit dem Namen meines Besitzes in Schottland als Titel – ja, ich habe mir sogar schon die Szene vorgestellt und die Kleider ausgesucht, die bei der Krönung des Königs Lord Barnabooth von Briarlea tragen würde.

Aber so sänke ich noch nicht tief genug. Ich wünschte mir im Grunde ja nur eine Art Decke, wie ein vernünftiger Mensch sich anständige Kleider wünscht. Es gibt noch gemeinere, noch gleichgültigere Seelen, die selbst nicht einmal mehr den Erfolg wünschen. Rein äußerlich betrachtet, könnte man sie mit denen verwechseln, die von der Nichtigkeit jeden Erfolgs überzeugt sind. Aber es gibt nichts Schöneres: sie haben die tiefste Tiefe erreicht. Ja, leben wie sie, nach einer Badeort-Philosophie, nach einer Riviera-Metaphysik! Ich werde zur Majorität gehören, werde einer von denen sein, die am Rande ihrer selbst leben und dem Zentralafrika ihrer Seele entschlossen den Rücken gekehrt haben. Ich werde endlich sein wie die andern auch. Noch tiefer! Ich werde ihren Geschmack teilen, werde sehen wie sie, werde ihre Ideen und politischen Ansichten teilen. Welch edle Kämpfe für die Sache der Menschheit! Und vor allem kein Klassengeist. Mit welcher Begeisterung werde ich gegen die Gottesidee zu Felde ziehen! Werde ich aber auch ernst dabei bleiben können? Ich werde schließlich sogar stolz auf mein Geld und mit mir zufrieden sein.

Und wie gern werde ich viele Jahre später das schöne verlassene Gut wieder besuchen, den Park, dessen Wege durch die Frechheit des Unkrauts verdunkelt werden ... Ich werde dann sagen: Dieser Weg führte zu den metaphysischen Spekulationen, dies ist die Allee der Musiker, dies die der Maler, dies der herrliche Weg der Poesie, auf dem ich früher selbst ... und der Pfad der Wissenschaft, auf dem man auf den Händen kriecht. Ich hatte große Gewißheiten geahnt und glaubte auf dem Wege der großen Loslösung zu sein. Auf alle Fälle hatte ich den zeitgenössischen Gedanken überwunden. Ich betrachtete seinen Ursprung und erkannte seine Schwäche. Ich war nicht mehr der Sklave dieser Zeit, ich unterlag nicht mehr der Wahrheit der Zeitungen. Ich wußte, daß es etwas anderes gab. Ich hatte die heiligen Brüste wiedergefunden, und hier fand ich meine Nahrung. Oh, große Spender köstlicher Nahrung, ich kam zu euch und allmählich hatte ich euch erkannt und verstanden. Und von euch kamen zu mir Redlichkeit und geistige Reinheit, Klugheit und praktischer Sinn und republikanisches Beispiel und füllten meinen Geist. Selbst als ich euch verließ, fühlte ich euch um meinen Horizont, und ihr wart das strenge und blaue Gebirge in der oberen Luft, von Wolken verschleiert, aus denen alle Wasser rieseln. Das leichte Leben in diesen Ebenen ermüdete mich schnell, und ich freute mich, euch dort zu wissen, Quellen eines unerschöpflichen Flußtaus, so tief wie eine Amphora hoch ist. Oh, mein leuchtendes geistiges Athen, meine Hauptstadt, ich werde dich also verlassen und in den Cafés der Provinz ein Bummelleben führen.

Ich will sofort beginnen. Tee, Rauch, der einen Duft hinterläßt, der nach Honig und Pfeffer schmeckt. Für einen Augenblick wird es dunkel; der Zug saust durch einen Bahnhof, der wie verwundet aufschreit; Hymnen, die ihr meinen Geist mit einer vertrauten, etwas traurigen Harmonie füllt; armes, kleines, unfreiwilliges Gebet meines Herzens; Schnelligkeit; Landschaften; vergeudetes Geld; Liebe, die niemand will; Bummeln; kleine Erregungen durch Kleptomanie; lange, zu warme Bäder; Parfüms und Andenken; euch gehört diese verlorene Seele. Meine Hand riecht gut; das saubere und warme Fleisch und eine Erinnerung an hellen Tabak.

Schon oft sind mir alle diese Gedanken gekommen, und meine Hand hat schon oft diesen Duft gehabt. Ich finde in mir alte Tage wieder, die ich vergessen hatte; sie sehen mich an, wenden sich mir zu, daß ich sie erkenne. Ja, wir sind es, unsere Langeweile, die nutzlose Arbeit, die alten Irrtümer, die Eigenliebe, die immer wieder leiden wird; deine Nichtigkeit und Schwäche, die dir ganz zum Bewußtsein kommen, und der Lärm der Straßen durch das offene Fenster . . . Die Welt hält sich nicht einmal damit auf, dir zu widersprechen. Und was sagst du selbst dazu? Du hast dich über deinen Brunnen gebeugt, und die Reflexe des trüben Wassers ließen dich glauben, er sei grundlos tief. Aber nimm einen Stock und gleich wirst du den Grund fühlen; und wie sehr wirst du dich ärgern, daß du finden mußtest, daß du weniger kompliziert warst als du glaubtest, und du wirst dich in die Arme des

Todes flüchten und dabei denken, daß es doch ganz schön ist, zu leben.

Wie ich befohlen habe, hat man meinen Wagen an den Berliner Schnellzug gekoppelt. Ich werde die tiefen Täler mit den frischen Blättern wiedersehen und wieder einmal den germanischen Windhauch über den Flüssen fühlen, die der Sommer langsamer fließen läßt. Tausendmal schwankt ein Eichenzweig in der lauen Luft und streckt der Sonne ein Symbol des Sieges entgegen. Das genügt. Das ist nichts; eine Einladung, auf die man nicht geantwortet hat, und der Augenblick vergeht; das Bedauern, jemandem Schmerz verursacht zu haben, den man nicht liebt; die Intelligenz, die mehr haben möchte; die Eitelkeit, die unter neuer Maske erscheint; die schon vollführte Geste, die schon gesprochenen Worte; das alte Mitleid für den Dummkopf, der sich gegen die bestehende Ordnung empört und böse wird; die Augen der Liebe, die dich einen Augenblick durch jemandes Augen angesehen haben, und schon wendet sich dieses Gesicht ab; das Schweigen der Armen, die alle Tage für uns sterben; das Murmeln der Leute, die in den Klöstern für uns beten ... Ach! das ist nichts anderes als das kleine boshafte Leben ...

Petrovskoie (Gouvernement Moskau) Sonntag, 21. Juli

Durch das Fenster, an dem ich schreibe, sehe ich nichts außer drei Silberbirken, die ihre wenigen Blätter gegen das Licht in den grauen Himmel recken. Welch weiter Himmel! Seit einem Monat bin ich hier und hätte mich längst wieder einleben müssen. Wenn ich durch etwas daran erinnert werde, daß ich in Rußland bin, werde ich sentimental. Zuerst das Doppelfenster und dann dieser Himmel, der das Blattwerk der Birken zerreißt, der schwer über dem Park hängt und mit seiner Wölbung die fürstliche Villa und das ganze Reich umhüllt. Ein Reich, das dem Ausmaß dieses Himmels entspricht. Kaum ist man über die Grenze, als alles viel größer wird: die Eisenbahn, die Straßen, die Provinzen, der Horizont. Es ist ein größeres, ein aufgeräumtes Europa: reservierter Raum; ein Feld für Demonstrationen und Experimente. Von hier aus betrachtet, erscheint einem das andere Europa wie die bunten Holzstückchen eines Geduldspieles, ein Ferienland, wie die Schweizer Kantone.

Hier ist das wirkliche Reich, die reine und einfache Weite, ein Land, in das weder Putouarey und seine Gesten noch die französischen Witze und der Geist des Boulevards passen, in dem die bürgerliche Moral des protestantischen Nordens, die Leute mit dem reinen Leben und den sauberen Büchern lächerlich erscheinen. Selbst das minervische Genie Italiens gehört nicht hierher. Und von den Rotkohlfeldern des östlichen Pommerns bis zum Chinesischen Meer, in 100 000 Postämtern hängt das Bild des Zaren in Husarenuniform.

Gerade in diesen Tagen fragte ich mich, inwiefern die Villa fürstlich ist, was sie von den Villen unterscheidet, die die Millionäre von Moskau hier haben bauen lassen und die eine Stadt für sich bilden, mit den stummen, zu breiten Straßen zwischen zu neuen Gärten. Das schwarz-gelbe Schilderhaus mit der Wache tut es nicht, sondern eine größere Regelmäßigkeit der Linien. Das Gitter scheint immer frisch gestrichen und seine Spitzen frisch vergoldet; alles gleichmäßig; drüben ist es genau so, aber hier ist es besser. Ich stelle sie mir mitten im Winter vor mit ihrem roten Gesicht und einer großen, weißen Schneemütze; in der Dämmerung ist sie wie ein Haufen Glut unter der Asche, und unter Schellengeläute halten die Schlitten der Fürsten vor ihrer Freitreppe.

Rußland, und meine Jugend... Ja, als ich in diesem Land war, mit einem Gesicht, auf dem jeder lesen konnte, wer ich war, als meine Stimme sich brach und meine Sehnsucht mir die Augen trübte... Wie wenig war ich damals Herr meiner selbst, und wie wenig kam mir meine Sklaverei zum Bewußtsein! Wie arm war ich! Oder besser, war dieses stumme und begehrende Tier, das unzufrieden war, weil es nicht bekam, was es wollte, mißtrauisch und ängstlich und stumpf gegenüber den Gedanken der Bücher und gleichgültig gegen die Erfahrungen der Greise, nicht mein wahres Ich?

Vor einigen Tagen sah ich mich, wie ich in diesen verflossenen Jahren kämpfte, um den dunklen Wald aus Begehren zu durchdringen, um das indolente und eigensinnige Tier zu überwinden. Diese kleine, vereinzelte Flamme, die unter der Erde ihren Weg suchte, um sich mit dem hellen Licht des Universums zu vermischen, war mein wahres Ich. Und jetzt sage ich mir: Vielleicht waren das nur angelernte Vorstellungen, Konzessionen an das Leben, die meine wahre Natur verdrängten. Meine tränenreichen Nächte im Schloß von W. und in einem gewissen Zimmer im Hotel Prosper in Charkow; die grenzenlose Sehnsucht nach tausend unbestimmten Dingen: Freiheit, Tätigkeit, Reisen. Ach, ich habe das alles gehabt. Ich wußte, daß ich es früher oder später haben würde, daß es nur eine Frage der Zeit wäre. Zuerst mußte das traurige und unartige Kind befriedigt werden, dann hat sich der andere entwickelt, und hier bin ich nun. Knabe, der du in einem Hotelzimmer in Charkow weintest, sieh: ich schäme mich nicht, vor dir zu erscheinen. Ich habe alle deine Aufträge ausgeführt und bringe dir viel mehr, als du von mir verlangt hattest: ich bringe dir ein wenig Weisheit. Aber ich höre dich antworten: Die will ich nicht. Umso besser, er ist zufrieden, also ist er tot. Und ich stehe an seiner Stelle, das Gesicht der neuen Sonne zugewendet.

Ich erinnere mich, wie unempfindlich ich damals gegen das Äußere der Welt war, gegen Stunden, Farben und Jahreszeiten. Alles war für mich nur Nacht oder vielmehr eine Art Tunnel, an dessen Ende Licht aufblitzt. Ich kannte mich selber nicht. Und jetzt beginne ich wieder, unter Stephans Einfluß, nur noch die innere Welt zu beobachten. Aber ich habe ein anderes Licht. Ich will meine Unterhaltungen mit Stephan oder vielmehr das niederschreiben, was er mir sagte.

Denn wieder bin ich gefangen in der Persönlichkeit eines anderen, und meine Gedanken sind voll der Gedanken eines andern. Ich hatte geglaubt, ich würde meinem Stevo viel zu sagen haben, wenn ich ihn wiedersähe. Ich stellte mir seine Überraschung und sein Erstaunen vor, wenn er sähe, welche Fortschritte ich gemacht, die Wege, die ich durchlaufen, die Stellungen, die ich genommen habe. Vielleicht begegneten wir uns auch in der Heimat, vielleicht könnte ich ihm dort helfen. Aber kaum sah ich ihn, als mir klar wurde, daß er den Weg, den ich entdeckt zu haben glaubte, seit langem kannte. Ich dachte: Er bleibt in Berlin und amüsiert sich, macht dann das Jubiläum eines Königs mit, geht in militärischer Mission irgendwohin nach Kleinasien; er hat ein elendes Wirtshausleben, ein Leben mit viel Repräsentation, ein Kasernenleben geführt. Aber während dieser ganzen Zeit habe ich nachgedacht ... Und plötzlich tritt er in mein Leben, läßt sich darin nieder und wirft mich aus all meinen Stellungen. Selbst die Ausdrücke und Bilder, die ich mir ausgedacht hatte, um meine moralischen Entdeckungen zu beschreiben, nimmt er mir, bevor ich mich ihrer habe bedienen können. Wenn er diese Entdeckungen, auf die ich so stolz war, doch nur so bewertete, wie ich es tue. Nein, für ihn sind sie Gemeinplätze.

Ich höre ihm zu und bin wie vernichtet, aus meinem eingebildeten Reichtum vertrieben, und schon wächst in mir der neue Gedanke, den er in mich legt. Und nichts mehr habe ich in mir als diese letzte Größe, die mir gestattet, daß ich nicht böse auf ihn bin und ihm aufmerksam zuhöre.

Und doch, wie er wieder in mein Leben getreten ist ...

Auf einem der letzten deutschen Bahnhöfe vor der russischen Grenze. Mitten in der Nacht; auf einem hellerleuchteten Bahnhof, der so gern schlafen möchte, grüßt eine Gruppe von alten Generalen in großer Uniform einen jungen Offizier in grauem Mantel. Er ist groß, hat ein langes und scharfgeschnittenes Gesicht unter dem kurzen Mützenschirm. Er erwidert den Gruß, unbeweglich, mit zusammengeschlagenen

Hacken, steigt dann in den Salonwagen hinter dem meinen. Ein Diener folgt ihm. Ich warte, bis der Zug sich in Bewegung setzt, dann eile ich an die Tür des Wagens.

„Porfire, sagen Sie Ihrem Herrn, daß ich ihn sprechen möchte."

„Aber, Herr ... Seine Hoheit haben den ganzen Tag im Sattel gesessen, haben zehn Tage Manöver und Truppenschau hinter sich."

„Laß nur, Porfire", sagt der junge Offizier, der aus dem Wagen tritt. „Deine Stimme habe ich gleich erkannt, Archibald. Du überraschst mich mitten in meiner Arbeit. Ich hoffe, du hast so einen Standpunkt gewonnen, von dem aus betrachtet die Arbeit eines Prinzen nicht lächerlicher ist als die eines Krämers. Nein, mein Junge, nicht die Hand, sondern wie das hier in Rußland üblich ist."

Er faßte mich bei den Schultern und küßte mich auf die Wange. Er roch nach türkischem Tabak und Pferdestall.

Wir sind die Nacht in Moskau geblieben. Ich habe dann am folgenden Tage das Gespräch eröffnet:

„Ich habe dir viel zu erzählen, Stevo, und dich viel zu fragen. Oder vielmehr nur eins: Was liegt hinter der Freude und der Trauer der Welt, was hinter der Geschichte und hinter allem, das wir sehen? Als ich dich verlassen habe, als ich, frei von meinem Besitz, nach Florenz gegangen bin, um allein zu sein, glaubte ich, in mir eine Antwort und die Wahrheit zu finden. Ich bin sehr einsam gewesen und habe viel gedacht. Oft habe ich so weit gesehen, daß kein Wort meine Gesichte erreichte, sie nicht erreichen wollte, sich fürchtete, wie die Mannschaft des Kolumbus. Aber Festland habe ich nicht entdeckt. Ich will dir mein Tagebuch leihen. Du wirst das Sargassische Meer sehen, das mir den Weg versperrte.

Aber erst mußte ich niederreißen, was die Erfahrung der andern in mir aufgebaut hatte: die Moral und die Gedanken unserer Erzieher. Ich merkte eines guten Tages, daß ihre Moral schlecht und ihre Gedanken falsch waren. Sie hatten mir diese Unreinheit eingeimpft, und von Zeit zu Zeit erschien etwas davon auf meinem Gesicht. Beständig war ich auf der Hut. Noch jetzt, wenn ich am wenigsten daran denke, sehe ich, wie Don Jean Martin oder wie dein Vater sah.

Alles, oder fast alles, was wir von ihnen gelernt haben, ist falsch. Der Müßiggang, der nach ihrer Ansicht für mich so gefährlich war, hat in mir den Geschmack an der Arbeit und das Nachdenken geweckt. Mein Reichtum, der mir helfen sollte, war mir hinderlich, und so weiter. Ein Beispiel: Du erinnerst dich, wie sie uns vor den sogenannten Schmarotzern warnten. Ich hatte mir vorgestellt, daß diese Schmarotzer gleich zu mir kommen würden, sobald ich mich frei in der Welt bewegte, daß sie mir schmeichelten, über meine Worte lachten, sich über meine Gedichte freuten, meinen Launen Beifall spendeten und mit mir Essen und Vergnügen teilten. So hatte man sie mir geschildert. Als ich mit zwanzig Jahren frei wurde, war ich ein wenig unruhig bei dem Gedanken, daß sie jetzt kommen würden. Aber keinen einzigen habe ich gesehen. Ich war vielmehr oft so einsam, daß ich ihr Kommen herbeiwünschte. Welch grobe, billige Anschauung: ein junger Mann im Frack, der das Geld mit beiden Händen auf die Straße wirft, und eine Schar von Bummlern und Kokotten, die ihm sich drängend folgen. Ich schäme mich für Jean Martin und den Fürsten!“

„Du hast Unrecht, wir haben Schmarotzer gehabt, oder sie sind doch wenigstens zu uns gekommen. In Therapia zum Beispiel die jungen Leute an der Botschaft von ***, die uns unter dem Vorwande abholten, uns das dunkle Stambul zu zeigen, und die wir zum Essen in den Klub in der Rue de Pera einluden. Das waren solche Schmarotzer. Aber du weißt auch, wie schnell sie uns wieder verließen. Schließlich grüßten sie uns nicht einmal mehr, und doch waren wir immer noch bereit, sie zu empfangen. Aber wir langweilten sie; du mit deinen Versen und ich mit meinen Studien. Das verdarb die Abendessen, die wir bezahlten. Wir brauchen ihnen nicht nachzutrauern, sie fielen von uns ab wie tote Flöhe. Unsere Erzieher haben uns nicht belogen, aber sie kannten uns schlecht. Du weißt doch noch, was sie uns über das Spiel sagten. Als ich vergangenes Jahr durch Monte Carlo kam, bin ich ins Kasino gegangen und habe dort einige tausend Francs gewonnen. Weiter nichts. Durch eine offene Tür sah ich Sonne auf den Myrten, jenes schwache und reine Licht, das extra für die Wintergäste gereinigt und filtriert ist ... Ja, sie haben sich getäuscht: alle diese Ratschläge waren nicht für uns bestimmt."

„Ich aber muß für diese Irrtümer teuer bezahlen. Sie haben ihre Zeit verschwendet, und durch ihre Schuld haben wir die unsrige verloren. Ich bin heute wie ich mit siebzehn Jahren war, bin in demselben Speisesaal des Bazar Slave, dessen Springbrunnen in die Unterhaltung der Gäste plätscherte. Ich bin, trotz allem, derselbe scheue, impulsive, harte und unglückliche Knabe. Das soll heißen: ich habe heute nicht mehr Gewißheiten als damals."

„Und als ich dich wiederfand, wolltest du welche von mir? Weil ich sieben Jahre älter bin als du, glaubtest du, ich besäße diese Gewißheiten und wäre schon zu irgendwelchen Schlüssen gekommen? – Ja, eine Gewißheit habe ich ... das will ich dir später erklären ... komm, wir wollen unter den Riady eine Zigarre rauchen. Als wir das letzte Mal in Moskau waren, waren sie noch nicht fertig. Welches Kind warst du damals! Der Rote Platz erinnert dich sicher an deine erste Zigarette ... Und Sankt Basilius – welch schöne Spielerei: ein Pensionat für fromme Mädchen in Paradieskleidung. Sieh, auch ich werde bewacht. Diese beiden Moujiks, die vor dem Hotel auf- und abgehen und so tun, als folgten sie uns nicht. Wir wollen lieber in den Kreml gehen, vergiß aber nicht, wegen des Luftzugs in der ‚schwarzen Tür' den Hut abzunehmen. Hier ist das Kinderzimmer mit den unordentlich umherliegenden Spielsachen; hier ist das Mark und der Keim;

verstehe, wenn du kannst. Napoleon hatte anfangs nicht verstanden. Du kennst das Zimmer, in dem er hier geschlafen hat; ich habe genau dasselbe in Frankreich in einer kleinen Präfektur vor zehn Jahren gehabt. Er mußte die Dinge beim Licht der Kerze sehen, die wir ihm angezündet haben. Da merkte er, in welch furchtbarer Situation er sich befand; er hat erfahren, daß seine Zeit noch nicht gekommen war! Er war klug; er hat nicht darauf bestanden ... Jetzt wollen wir nach den Riady gehen. Du siehst, wir haben alle modernen Erfindungen: breite Straßen, Straßenbahnen, Elektrizität und diese Galerien; seltenen Wein, Schmuck, Spielzeug, Parfüms, alle Bequemlichkeiten, alle guten Dinge des Okzidents liegen wie eine Beute um den Kreml. Wir haben es, weil es amüsant und bequem ist, aber du fühlst, daß es nicht von hier ist. Das ist nur provisorisch; Europa lebt davon; aber wir überschwemmen es von allen Seiten. Wir haben einen andern Gedanken, eine Vorstellung mehr. Betrachte unsern Himmel. Im Okzident beschmutzen die Städte ihn durch ihre Berührung, teilen ihm ihre Tätigkeit mit, oder er sieht über dem engen Land verzweifelt aus. Aber bei uns ist er zu Hause, und Tag und Nacht betrachtet ihn das Reich, er ist die Idee, von der ich sprach ... Und unterdessen geht das Leben weiter; dicke Bürgerinnen in den kleinen Städten, wo man die Schneiderläden an den Puppen ohne Kopf erkennt, die auf die weißen Mauern gemalt sind; das ist unser gutes, altes Rußland. Dem kann man sich nähern. Sage doch, daß du es liebst ... Und der Tee bei Filippov. Porfire wartet dort mit dem Auto auf uns ... Mein Sommerwagen für die Fahrt zwischen Moskau und Petrovskoie. Die beiden großen Säbel vorne? Um die Drähte zu durchschneiden, die unsere Revolutionäre seit einiger Zeit über die Straßen spannen. Auf der Straße nach Oranienbaum wurde dem Chauffeur meines Vetters Konstantin der Kopf glatt abgerissen."

Mit Stephan in der Kirche. Eine kleine, ganz neue Kirche, eine kleine Braut in Weiß mit einem hohen, goldenen Hut und goldenen Ketten und Halsbändern, sie steht ganz gerade am Ende der zu breiten Straße. Als wir in dem Billardzimmer der Villa sind, sagt Stephan zu mir:

„Gestern abend und vergangene Nacht habe ich dein Tagebuch gelesen. Ich habe gesehen, daß du immer noch, wie vor sieben oder acht Jahren, das Bedürfnis nach Gesellschaft hast. Ich habe es nicht mehr. Mit welch merkwürdigen Leuten wir damals verkehrten! Jeder war uns recht: die französischen Friseure in Charkow, die kleinen Zigarettenverkäuferinnen in Pera (das Ende ihrer Nägel ist rot gefärbt) und die Leute von den Gesandtschaften: deutsche Offiziere mit alten, französischen Namen und französische Offiziere mit gewöhnlichen deutschen Namen und die kleinen slawonischen Fürsten, die in ihren europäischen Uniformen und mit dem gewichsten Schnurrbart aussahen wie Bauern in Sonntagskleidern. Und der alte Fürst V., der immer von Saint-Cyr und dem Zweiten Kaiserreich redete. Seine westliche Erziehung trug er zur Schau wie seine Orden; man erkannte sie gleich. Und jetzt hast du deinen Ästheten aus Irland und deinen Krautjunker aus Frankreich. Meinen Glückwunsch! Da waren die andern doch besser. Mögen die Leute an den Höfen auch noch so dumm sein, Manieren haben sie wenigstens und verfügen auch über eine Art Philosophie: Sie wissen sehr geringfügigen Dingen eine große Wichtigkeit beizulegen und die wichtigsten so zu behandeln, als wären sie nicht vorhanden. Ein Bedürfnis, alles zu desinfizieren und zu sterilisieren. Das entbehrt nicht der Komik . . . Monsieur ist Offizier, Madame ist Krankenpflegerin. Um Politik, Religion und Kunst kümmern sie sich glücklicherweise nicht. Sie wollen Truppenschauen und gegenseitigen, offiziellen Besuch, Denkmäler einweihen und Krankenhäuser eröffnen. Es sind kleine

Bürger, aber Musterbürger. Sie haben Haltung und bleiben auf ihrem Platz. Und wenn sie diese Haltung verlieren, dann verschwindet Monsieur, und Madame tritt das Pflaster, ohne jeden Übergang. Sie drängen sich nicht auf, und nie spricht man von ihnen. Deswegen liebe ich sie. Für die großen Bürger Nietzsche, Rodin und das Leben des heiligen Franz von Assisi. Wer will leugnen, daß ein Maxim Claremoris oder ein Putouarey höher steht als irgendeiner der Männer, deren Name im Gotha steht? Der Gotha wird doch nur noch von alten Jungfern und Anarchisten ernst genommen. Leute wie Claremoris und Putouarey beanspruchen Beachtung; die große, lebendige und herausfordernde Bourgeoisie. Deswegen ist sie mir zum Ekel.

Ich weiß nicht, wie das gekommen ist, aber allmählich habe ich mich von diesen Leuten freigemacht. Durch Erziehung und Lektüre, durch das Gedankengut, das ich gierig in mich aufnahm, um mich über meine fürstliche Stellung zu erheben und aus dem Nichts des Gotha herauszukommen, war ich einer der ihrigen geworden. Ich bin endlich auf derselben Stufe wie sie. Und jetzt, ich gestehe es, bin ich ihnen untreu; ich bin ein Renegat. Von Zeit zu Zeit fällt mir noch eins ihrer Bücher in die Hand, und gleich packt mich der Ekel. Welch kleine, schmutzige, glückliche Genießerwelt! Ich bin froh, aus ihr heraus zu sein. Welch drollige Gesellschaft, welch merkwürdige Zeit! Ihr Bedürfnis nach Befriedigung; die grenzenlose Nachsicht gegenüber sich selbst; und wie sie alles mit ihrer moralischen und geistigen Diarrhöe infizierten. Ihre kleine Ausschweifung, die sie Paganismus nannten; ihre Angst vor dem Tode und dieser Zeitvertreib von Müßiggängern, den sie Religion nannten. Und diese verbrecherische Verschwendung. Du weißt ja, wie sie das nannten: Geld verzehren. Lies die Schriftsteller, die für sie geschrieben und ihre Sitten geschildert haben; das ist widerwärtig. Du wirst erkennen, welche Kraft sie vertan haben. Sie haben einen Reichtum vertan, mit dem man drei römische Kaiserreiche hätte aufbauen, die Oberfläche der Erde hätte umgestalten können. Vielleicht waren sie von allgemeiner Paralyse ergriffen. Selbst die Leute des Gotha nehmen trotz ihrer Unfruchtbarkeit und seelischen Leere an diesem Verfall teil. Jene arme Großherzogin von . . . . .; ich habe sie nicht persönlich gekannt, aber man veröffentlicht eben einen Band literarischer Schmutzereien von ihr. Sie konnte nicht nach der großen Bildung der großen Bourgeoisie streben, aber im geheimen hatte sie sich doch das kleine Wissen und das bißchen Ästhetik, die jede Provinzrentnerin auch besitzt, angeeignet. In einem Abstand von zwanzig Jahren folgte sie der geistigen und künstlerischen Bewegung des Landes, über das sie herrschte. Es ist bedauerlich, man hätte so etwas nie veröffentlichen sollen. In Hofkreisen ist man natürlich der Meinung, daß das sehr gut überlegt und durchdacht ist. Ich habe nicht widersprochen. Wozu?

Und hinter den Bürgern das Volk. Ein nettes Volk, das Volk jener Zeit. Ein Volk der Kandidaten für die Bourgeoisie, ein Volk, das sich nach dem Schmerbauch sehnt. Pantoffeln, den Rücken am Feuer, den Bauch am Tisch, das Ideal der Herren Béranger und Prudhomme. Sie wollten vor allem ihre Bequemlichkeit. Was sagst du dazu, Gast der großen Hotels? Ah! mein kleines Feldbett, die Nächte unter dem Zelt und das Geschenk seiner selbst in der Arbeit, kalte Hände und kalte Füße, aber ein brennend heißer Kopf. Sie sollten schleunigst die letzten Hindernisse, die man ihnen in den Weg stellt, niederreißen! Sie müssen triumphieren. Ich möchte, sie hätten schon triumphiert, damit endlich die große Revolution beginnt . . . Nein, ich hasse sie nicht, ich würde wahrscheinlich mit ihnen sein, wenn ich mich entschließen müßte. Aber zu jener Welt gehöre ich nicht. Sie interessiert mich nicht mehr. Ich habe mich anderem zugewendet, ich bin ein Mann der neuen Zeit. – Ja, dein Tagebuch: du hättest gut daran getan, während deines Aufenthaltes in Florenz Dante wieder zu lesen. Dann hättest du eines gewissen

Sonntagabends einen gewissen Satz über Geizige und Verschwender nicht geschrieben. Das steht bereits in der „Hölle". Es gibt Bücher, die man nicht nur gelesen haben muß, man muß sie kennen. Eine kleine Zahl von kleinen Büchern, die jede Mode und jede Zeit überdauern und genügen würden, eine ganze Zivilisation zu stützen oder zu erneuern. Ich spreche nicht von der Doktrin, die sie enthalten, sondern von der Seele, die in ihnen lebt."

„Du bist erstaunt, Bruder, über meine Veränderung. Du wirst mir nicht weismachen, daß du nicht darauf gefaßt warst. Ich verdanke sie vor allem meiner Expedition nach Kharzan. Du hast in den letzten Monaten die Zeitung nicht gelesen? Du weißt nicht, daß ich der Menschenschlächter von Kharzan bin? Die Journalisten des Okzidents haben mir diesen Beinamen gegeben, und ich schäme mich seiner nicht – und das beweist, daß ich es im Verbrechen schon weit gebracht habe. Du glaubtest, es wäre eine militärische Mission. Es war ein Krieg. Kharzan ist eine im äußersten Süden des Reiches gelegene Provinz und gehört nominell seit vierzig Jahren zu ihm. Aber Räuber terrorisierten das Land und waren in Wirklichkeit seine Herren. Ich sollte dort Ordnung schaffen. In einem Monat war es geschafft; eine echt römische Eroberung, und ich habe alles allein gemacht: Krieg, Straßen, Organisation des öffentlichen Dienstes. Und was die Journalisten des Okzidents auch darüber sagen, in Asien gibt es noch Gegenden, die das durchmachen und das Kriegsgesetz kennenlernen müssen. Ich habe ungefähr fünfzehn sogenannte Patrioten, die Kharzan seit Jahren tyrannisierten, erschießen lassen. Ich habe genau dasselbe getan, was die Königsmörder in Europa taten: Tyrannen gehet zu Grabe! .... Dieser Satz kam mir in den Sinn, als mitten in der Nacht in den Gräben der Festung die Schüsse krachten. Ich beendete gerade den Aufriß einer Straße und tat das mit all dem Können, das ich als guter Schüler der Ecole Constantin erworben hatte. Ich hatte keinerlei Gewissensbisse. Diese Patrioten waren die ekelhaftesten Menschen, denen ich jemals begegnet bin. Sie versuchten mit mir zu verhandeln und wollten das Land verraten, das sie angeblich verteidigten. Ich habe die Beweise. Ich habe sie nicht veröffentlicht. In Frankreich und England gelten sie als Helden und Märtyrer. Diese Beweisstücke liegen versiegelt im Archiv meines Petersburger Palastes; sie werden die zukünftigen Geschichtsschreiber des Reiches interessieren. Übrigens waren diese Erschießungen und alles, was ich da unten getan habe, nicht von mir ausgegangen; ich mußte so handeln, wenn nicht alles zusammenbrechen sollte; das Land, das ich sehr lieb gewonnen hatte, wurde wieder, was es in der Mitte des neunzehnten Jahrhunderts war. Ich habe es gerettet.

Voller Verzweiflung war ich ausgezogen, denn ich fühlte mich unfähig, irgend etwas auszurichten, und war überzeugt, daß sich die Regierung lächerlich machen würde, die es wagte, mich trotz meiner Jugend auszuschicken, ein Land zu erobern und zu organisieren, das ich nicht kannte. Ich hatte mir fest vorgenommen, bei der ersten Niederlage den Tod zu suchen und zu finden. Und du siehst, ich bin zurückgekommen. Ganz Europa beschimpft mich, aber ich bin unendlich stolz auf das, was ich vollbracht habe. Jetzt kannst du nach Kharzan fahren und Claremoris und Putouarey mitnehmen. Ich habe dem Leben einen neuen Platz geschaffen, ich habe den Bereich der Menschen erweitert. Früher glaubte ich, nichts zu sein. Viel Hochmut unter falscher Bescheidenheit und unter diesem Hochmut der große Zweifel an mir selbst. Der geringste Spott verletzte mich, die ungewollteste Verachtung erfüllte mich mit Verzweiflung. Ich dachte: wenn sie recht hätten, wenn ich im Grunde nur eine unbedeutende, lächerliche Person wäre. Wie jeder Provinzler dürstete ich nach Achtung. Jetzt aber nehme ich jede Kritik hin, und sollte ich etwas getan haben, was den Spott herausfordert, ich verspotte mich zuerst. In Asien liegt ein Land, das mich eines

Tages den „Vater des Vaterlandes“ nennen wird, ein Land, für das ich gewesen bin, was Herkules für Argolis war. Und bald sind die Blutspuren der Hydra verschwunden.“

„Ja, Stephan, ich habe Trost und Ermunterung nötig. Ich bin wie du vor deiner Expedition nach Kharzan warst. Ein gedemütigtes Wesen ohne Selbstachtung. Ich bin, wie ich mit fünfzehn Jahren war, als ich versuchte, dich in Erstaunen zu setzen und dir Dummheiten sagte, die dich meinetwegen erröten ließen. Das ist noch gar nicht lange her. Sieh, als ich mit neun Jahren zu deinem Vater kam, geradewegs aus Amerika, ein kleiner schüchterner Junge, in tiefer Trauer, ein kleiner Wilder, der nur das Spanisch der Negerinnen, Englisch schlecht und Französisch überhaupt nicht verstand, da war ich besser. Weißt du noch, wie schwer es mir wurde, dich nicht Estephano zu nennen? Eins habe ich erreicht: unter dieser dicken Kruste aus Eitelkeit, von der du sprichst, habe ich die Abgründe des Zweifels und der Nichtigkeit entdeckt. Ich rechne mich zu denen, die Claremoris Ignavi und Putouarey des Johnnies von Piccadilly nennt. Was unterscheidet mich von ihnen? Ich habe oft geglaubt, es sei der Umstand, daß ich viele unnütze Dinge besser weiß als sie, daß ich die Klassiker gelesen habe, während sie nur die Romane des Tages kennen, daß ich die Bergwerke und Hochöfen kenne, den Schauplatz der griechischen Dramen kenne und unter den bemalten Decken Ovids spazierengegangen bin. Nein, Millionen Schüler wissen hierüber genau so viel wie ich. Früher, als wir Flauberts Briefe lasen, sagte ich: Schafsköpfe. Jetzt wage ich es nicht mehr. Stephan, sage mir doch, daß es keine Ignavi gibt.“

„Aber natürlich gibt es Ignavi: der Beweis dafür sind die kleinen Städte und das, was man als Provinz bezeichnet.“

„Du läßt mich an den Maître d’hôtel eines meiner Klubs denken, der ‚das Land‘ sagte, wenn er von Manchester sprach. Nicht nur in den großen Städten gibt es überlegene Menschen.“

„Ohne Zweifel; aber wirklich überlegene Menschen gibt es nur da oder in der einsamen Zelle in der Wüste. Niedere Organe sind auch nötig, alles kann nicht Nerven und Gehirn sein. Übrigens sind die Ignavi gar nicht so übel. Sie geben offen ihre Unterlegenheit zu. Aber aus dem Verkehr mit ihnen wirst du meiner Meinung nach nichts profitieren. Das ist vergeudete Zeit. Du würdest sie doch nicht ändern und könntest ihrem Rat nicht folgen. Sie werden von dir abfallen wie damals die Schmarotzer. Lasse sie ihrem kleinen Leben, ihrer kleinen Bosheit, ihrer armseligen Eitelkeit, ihrer kleinen Schlauheit (denn die haben sie auch). Dante definiert sie gut: die, die ohne Ruhm und Lob gelebt haben, um die sich die Welt nicht kümmert. Non ragionar di lor . . . Du kennst ja den Rest."

„Du hast gut reden, dich achtet man. Aber male dir aus, was sie über mich denken würden, wenn sie mein Privatleben kennten. Du siehst ja, was sie aus dem bißchen, das sie wissen, machen. Der Journalist, der verächtlich lächelnd die skandalöse Höhe meiner Zinsen bewundert. Hätten sie mein Tagebuch gelesen, kennten sie die Geschichte mit der Tänzerin, sie stürben vor Lachen."

„Nein, sie sterben vor Alter. Und daß du jene Geschichte vor ihnen verbergen willst, das allein verurteilt sie. Aber erspare mir die Beleidigung, dich ihrer mir gegenüber zu schämen. Im Grunde bist du ja stolz darauf. (Ich wollte dir noch sagen, daß sie meine Meinung über dich erhöht.) Du bewahrst diese Erinnerung als eine Kostbarkeit, die man nicht dem ersten besten zeigt. Aber, mein ‚großer, dummer Junge', mit Recht bist du stolz darauf. Es ist das Beste, was du bisher geleistet hast. Du hast gezeigt, daß du fest an die Möglichkeit der Rettung für alle Menschen glaubst. Selbst für die Ignavi, so lange sie auf dieser Welt sind. Das bedeutet deine Geschichte mit der Tänzerin. Vielleicht ist sie wertvoller als meine Eroberung von Kharzan. Schade, daß sie nicht wollte, daß du ihr folgtest."

„Ich wäre ihr nicht gefolgt, ohne sie zu heiraten. Mir graut vor allem, was Unordnung ist."

„Sage lieber, daß du Angst vor dem Abenteuer hast. Und dieses hättest du wagen sollen, es wäre der Mühe wert gewesen, weil die Frau sozial und absolut so fern von dir war. Diese Berührung mit der Wirklichkeit wäre für dich sehr gut gewesen; du hast es gefühlt – zu spät. Die Frau ist eine große Realität, wie der Krieg. Ich weiß, daß die Vernunft sie verwirft und leugnet. Man hat uns erzogen, in Theorien und Träumen zu leben, und wir schreien auf, wenn das Leben uns die Träume zerstört und die Wirklichkeit beweist, daß unsere Theorien falsch sind. Der junge Mann verläßt die Schule, mißt alles nach dem Maß, das er dort erhielt, und muß feststellen, daß nichts sich diesem Maß fügt, daß die Dinge entweder größer oder kleiner sind. Die Wirklichkeit verlangt, daß er umlernt. Mich hat mein Krieg gereift. Wäre es nicht wahr, würde ich es nicht sagen. Vorher verstand es sich von selbst, daß ich reif war."

„Aber ich, Stevo, warte noch auf diese Stunde. Ich habe nichts getan. Ich bin nichts. Ich bin ein Haufe von Möglichkeiten, die ich aus tausend Gründen bezweifele."

„Gerade dein Zweifel gefällt mir. Allerlei Schönes, das ich nicht vermutet hatte, ist in deiner Seele gewachsen. Lieber Gott, wie wunderbar ist doch diese Veränderung. Plötzlich findet man den dummen Schuljungen wieder als Jüngling, in dem alles zur Entwicklung drängt. Ich will dir deine guten Eigenschaften nennen, und du wirst sie nicht verlieren, wenn ich es tue. Du bist bescheiden und geduldig. Das sieht man in Kleinigkeiten. Du hältst nicht viel von dir, das heißt, für dich steht dein Verdienst noch nicht fest. Du hörst gern Widerspruch, und wenn die Wahrheit dich auch verletzt, ziehst du ihren Besitz dem persönlichen Wohlbefinden vor. Von vornherein verwirfst du nichts. Deine Kindheit verachtest du nicht. Du ißt die Nahrung, die man dir bringt, und wenn sie dir mißfällt, ärgert dich das nicht. Du wirst nicht ungeduldig, wenn nicht alles gleich klappt. Du stellst die Gegenstände wieder hin, wo du sie hergenommen hast. Glaubst du sogar, daß du verdienst, zu leben?

Kurz, wie ich, tust du alles, was du kannst, um Mensch zu sein. Einen anderen lebensfähigen Ausdruck gibt es nicht. „Du sollst" oder selbst „versuche zu" haben keinen Sinn. „Pflicht" nannte die Bourgeoisie ihre moralische Feigheit. Während der Manöver in Schlesien habe ich wieder Nietzsche gelesen. Er war sicher ein guter Romanschriftsteller, aber sein Übermensch ist eine Totgeburt. Schon der Name läßt mich an die moderne Reklame denken, an alle Produkte, die den Namen einer Substanz nicht tragen können, weil sie gefälscht sind. Und „wir Europäer"? Ich bin dabei, wenn der Landbriefträger, die Gemüsefrau und selbst die Johnnies von Piccadilly auch dazu gehören. Aber ich fürchte, daß man damit nur eine Koterie von Professoren meint. Auf alle Fälle war das Wort Christenheit umfassender. Im Grunde gibt es nur dies: der demütige und geduldige Christ, wie du und ich, der darauf hinarbeitet, eine Wirklichkeit zu schaffen, und wäre sie noch so klein: und der untätige Ungläubige, der seinen Weg hindert. Das Wort Mensch reicht viel höher als das Wort Übermensch. Es gibt so viele Dinge, die der Übermensch verwirft und überwindet, wenn er auch nur der Mensch wäre. Warum soll man ihn unten lassen, das böse Tier mit den Affenbrauen, das ruhmreiche Kind Gottes?"

Während unserer Rückkehr von einem Ausflug nach Moskau an einem regnerischen und warmen Abend sagt Stephan:

„Fortsetzung des Kommentares zu deinem Tagebuch. Jetzt will ich dir sagen, was mir mißfällt, will dir deine Fehler im allgemeinen nennen."

„Das mag ich lieber. Ich muß getadelt werden. Aber bitte keine Allgemeinheiten wie bei unserer letzten Unterhaltung. Es ist leicht, über den Menschen und die Christenheit bei irgendwelcher Gelegenheit zu sprechen. Es wundert mich, daß man noch keine Liste der allgemeinen Ideen nach Art der Logarithmentafel zusammengestellt hat. Angesichts der Gleichwertigkeit müßte man den Umfang eines solchen Abrisses sehr beschneiden. Während ich dir zuhörte, fühlte ich, daß mein Geist, trotz meiner sogenannten Bescheidenheit, deine Gedanken ablehnte."

„Das will ich nicht vergessen. Ja, was bedeutet der Mensch und was die Christenheit? Darum handelt es sich."

„Vermutlich sind es nur Worte aus dem Wörterbuch der Bourgeoisie."

„Höre zu. Dein Reichtum: da drückt dich der Schuh. Wenn ein Putouarey sagt: mein Geld, so ist das ganz selbstverständlich. Das ist ein Wort aus dem Vokabular des Bürgers. Er ist auf sein Geld nicht stolz, weil er daran gewöhnt ist; aber ohne sein Geld kann er sich nicht vorstellen. Er weiß nicht, ob er es liebt, aber er ist von ihm besessen. Müßte er einen Armen beschreiben, er würde uns einen Bürger vorführen, aber ohne Geld oder ohne Erziehung, ohne Bildung, die wir nur mit Geld haben können. Sieh die Literatur, die das hervorbrachte, die bürgerlichste von allen: ihr Mitleid. Nein, sie würde mich beleidigen, wenn sie mich erreichte. Andere sind stolz auf ihr Geld. Deine Tänzerin sagt: wer soll sie deswegen tadeln? Ich sicher nicht. Und du, Archibald Barnabooth, du schämst dich seiner. Du sprichst von deinem Geld wie gewisse Menschen über einen körperlichen Fehler sprechen, lachend, als müßten sie sich entschuldigen. Du stellst dich vor, indem du sagst: Es ist grotesk, ich bin der reichste Mann der Welt, aber deshalb verfüge ich doch über eine normale Intelligenz. Hältst du deinen Reichtum für etwas so Ungeheuerliches? Jeder junge Bürgerssohn, der von seiner Familie 1000 Francs monatlich erhält, könnte sich für einen amerikanischen Milliardär halten. Hattest du daran gedacht? Worin unterscheidet sich dein Leben von dem eines reichen Studenten? Alles, was dich lockt, haben sie auch. Der ganze Unterschied liegt in dem Preis, den sie zahlen. Dein

Rennstall war dir bald gleichgültig, sie dagegen haben nie ihre Zeit damit vertan, sich einen zu wünschen."

„Stevo, du weißt, daß das im Grunde eine Frage der Eitelkeit ist. Wenn ich sagen höre: „Das Verdienst ohne Geld erhebt sich langsam", erröte ich vor Wut. Ich komme mir im Rennen des Lebens vor wie ein Mann, den man zwei Schritt vom Ziel seinen Platz angewiesen hat. Seine Würde gebietet, daß er alle andern an sich vorbei läßt. Man hat mir zuviel Vorsprung gegeben, das ist eine große Ungerechtigkeit."

„Dann solltest du dich umbringen."

„Daran habe ich gedacht."

„Dummkopf! Und was verstehst du unter diesem ‚sich erheben' und dem ‚Rennen des Lebens?' Beides hat einen schlechten Klang. Wenn man mir jemand zeigt, der allein durch sein Verdienst eine Persönlichkeit geworden ist und der überall die Gewißheit, eine Persönlichkeit zu sein, seinen Ruhm und seine Orden mit sich herumträgt, dann habe ich Lust, alle losen Buben wie mich um den großen Mann zu sammeln, einen Rundtanz zu tanzen und dabei zu singen:

Es ist ihm gelungen, dem Esel
Es ist ihm gelungen!

Und wenn ich je glaube, genug getan zu haben, wenn ich je denke, daß ich die geringste Ehre verdient habe, dann soll man genau so mit mir verfahren. Und, zugegeben, es sei wünschenswert, sich ‚im Leben zu erheben', eine Persönlichkeit zu werden, glaubst du, daß das Geld dazu verhelfen kann? Es wäre leicht zu zeigen, daß das Gegenteil wahr ist und daß das ‚Verdienst, beschwert durch den Reichtum, sich nur langsam erhebt', und daß das Geld mehr Seelen vernichtet und erniedrigt als die Armut. Aber begreife doch, daß du über dem Glück und dem Unglück stehst. Wenn nicht, um so schlimmer für dich. Laß doch diesen Krämergedanken fahren. Sei doch nicht der reiche Student, den sein Geld an der Arbeit hindert. Gott sei Dank bedeutet das Geld heute nicht mehr, was es vor hundert Jahren bedeutete. Die wichtigsten Dinge sind nicht mehr von ihm allein abhängig. Allmählich macht man sich von ihm los. Schon liebt man es nicht mehr um seiner selbst willen. Auf alle Fälle gehören wir ihm nicht mehr. Wir gehören dem Geist. Der Geist vermag mehr. Wir vornehmen Herren von heute verachten das Geld."

„Richtig. Ich hasse das Geld. Ich wagte nur nicht, es zu sagen."

„Du haßt das Geld, und doch verschleuderst du es? Du fühlst also nicht, daß wir so wenig Beziehungen wie möglich zu ihm haben müssen. Aber du läßt dich von ihm beherrschen, du folgst ihm durch die Straßen, ganz außer Atem, von Laden zu Laden, anstatt sein Herr zu sein und dich seiner zu bedienen. Ich habe das hinter mir. Ich kenne diese Jagd. Die Spießer lieben das. Einer ihrer Schriftsteller hat ihre Meinung in folgenden Worten ausgedrückt, die verdienten, bekannter zu sein:

Die Reichen haben wahrlich ein edles Privileg, um das sie jeder verständige Mensch beneiden muß, und das den Stolz auf das Geld rechtfertigt: Sie können die widerwärtigen Einzelheiten des Lebens verjagen oder sich vom Leibe halten.

Das ist doch niedlich. Und was sagst du zu diesem edlen ‚Privileg?' Allen Besitz, dessen du dich trotz Cartuyvels' so tapfer entledigt hast! ‚Vom Leibe halten' ist reizend! Der Gedanke, daß ein Mann, oder was noch schrecklicher wäre, eine Frau in meinem Schlafzimmer gewisse Arbeiten tut, die ich selbst tun kann, erfüllt mir das Herz mit Empörung und Scham. Nein, im Gegenteil, der Reichtum bringt uns ‚die widerwärtigsten Einzelheiten' des Lebens näher, läßt sie uns deutlicher fühlen. Sieh doch unseren Luxus! Er heftet sich an uns, wie der Schmutz, in den wir getreten haben, sich an unseren Stiefel heftet. Wir mögen noch so viel putzen, kratzen, reiben, etwas bleibt doch hängen, und wir müssen den Stiefel ausziehen, um ihn zu reinigen. Wie du, habe auch ich mich zehnmal von allem getrennt, habe meine Reisenecessaires, meine Zigarrenetuis, meine Wäsche, meine englischen Anzüge, meine blöden Sammlungen verschenkt. Und zehnmal habe ich wieder andere gekauft. Das Geld war stärker als ich. Ich gab immer nach und gefiel mir in meiner Schwäche. Auch hiervon hat mich Kharzan geheilt. Mit Erstaunen habe ich gesehn, daß man kein massiv goldenes Zigarrenetui braucht. Ich habe die Erfahrung gemacht, daß eine gewöhnliche Bürste, wenn sie nur hart genug war, dieselben Dienste tat wie eine mit silbernem Griff, und ich habe erfahren, daß man einen groben Stock weniger leicht verliert als einen geschmeidigen Rohrstock mit Horngriff. Ich habe erkannt, daß es schönere Dinge gibt als die, die uns das Geld verschafft, und daß diese Dinge mir erreichbar waren. Hat man getan, was ich getan habe, wünscht man nichts mehr von den Dingen in den Läden. Ich habe das Geld überwunden. Ein für allemal habe ich ihm meine Huldigung versagt. Ich habe die Zeit abgeschätzt, die ich durch es verloren, die Kraft, die ich seinetwegen vergeudet habe. Und wie du gelegentlich einer anderen Verschwendung ausgerufen hast: wie schön ist die Keuschheit! habe ich gedacht, daß Sparsamkeit das Allerschönste ist. Ich sage dir, ich gebe nur das unbedingt Notwendige aus. Ich möchte so weit sein, nichts mehr ausgeben zu müssen.

Was ich anhäufe, soll für Kharzan sein; man kann es dort gebrauchen ... Aber das ist noch nicht alles: es handelt sich für mich wirklich um Sparsamkeit. Armut, dich liebe ich! Verachtung, Krankheit, Quälerei, ihr seid der Schatz, den ich mir immer gewünscht habe. Andere Menschen leiden, werden verkannt, von überall verjagt, ins Gefängnis gesperrt, und ich sollte an ihrem Schmerz nicht teilnehmen? Man soll mir wenigstens einen Teil davon geben, und ich will zufrieden sein. Bruder, du weißt es nicht: ich habe eine Wunde, die ich verberge ... sage es nicht, sage es nicht! ... Sie ist mir das Wertvollste auf der Welt.“

Ich sah durch die Fenster, die der Sonnenuntergang mit Farben füllte. In der Ferne leuchteten die feuchten, grünen

Dächer der Häuser des Dorfes und der vierfache Schienenstrang. Und allmählich breitete sich über die Welt ein Mittelmeer aus zartem Blaßgelb mit silbernen Ufern. Stephan, der auch den Himmel betrachtete, sagte plötzlich:

„Morgen sind die Wege trocken. Wir wollen dann nach Serghievo fahren.

* *
*

Serghievo

Die mit Zinnen versehenen Mauern umgeben ungeheure Gebäude, zwölf Kirchen mit bemalten und vergoldeten Kuppeln, einen hundert Meter hohen Turm, der von vierzig Glocken bewohnt wird, weite Schuppen, Gärten und Parks, mit Glas verdeckte Galerien, Bibliotheken, ein Seminar, Theologie-Schulen. Und neben dem Kloster ist die Stadt, die wie eine Krankheit an ihm zehrt, mit Kneipen, Herbergen und Schenken.

Das Tor der heiligen Stadt ist von Läden mit Devotionalien umgeben. Das war zu erwarten. Von den Ufern des weißen Meeres und tief aus Sibirien kommen die Pilger nach hier. Vergoldete Ikone, Lampen, Bilder des heiligen Sergius; ein wildes Durcheinander, das ich nicht ohne Ekel betrachte. Das ist obszön; die Bilder aus Pompeji im Museum in Neapel sind weniger anstößig. Ich erröte und fühle mich bedrückt.

„Man darf nichts verbergen“, murmelt Stephan, der meine Gedanken zu erraten scheint. „Sonst müßte man ja so viele Bilder und Statuen verbergen. Und das wäre wieder Verschwendung ...“

Der Abt, ein dicker Greis mit rotem Gesicht und blaßblauen Augen, hat uns im Wagen durch seinen kleinen Staat gefahren. Lange, niedrige Gebäude enthalten wunderbare Schätze. Nur einen Teil derselben haben wir gesehen: Truhen, Kasten und unzählige Vitrinen in den Galerien, in denen die Luft schlecht ist. Halsbänder und Rosenkränze aus

Perlen, Kronen und Tiaren mit kostbaren Steinen, Kleider aus Goldstoff mit edlen Steinen bedeckt, Rüstungen, tausend seltsame Dinge, reich und grob, die mich an das alte, militärische Rußland denken ließen, an die Reihen von Sträflingen, die im Schnee auf dem Wege nach Sibirien sind, an die langen Artilleriekolonnen, die über Straßen aus Holz dahinjagen. Man ist darauf gefaßt, noch seltsamere Dinge zu sehen: Spuren vergessener Reiche, Bücher und Zepter von Königen, die die Geschichte nicht kennt, und die Geheimnisse Asiens. Sieht man aber genauer hin, bemerkt man nur noch fromme Dinge, die häßlich und unnütz sind, häßlich wie die Gefühle, die ihre Geber beseelten: Feigheit und Feilschen. Und alles ist alt und verwelkt. Die Meßgewänder aus Goldstoff sind nur staubige Fetzen, die Edelsteine sind mit einer Schicht überzogen, die das Licht kaum durchdringt, alles sieht gleichmäßig gelblich aus.

„Stevo, wie schön sind die Kleinodien in der Rue de la Paix. Eine Brosche, die in Diamanten, Rubinen und Saphiren die amerikanische Flagge darstellt! Das ist hell und glänzt, ist neu! Glaubst du, daß ein Automobilkoffer aus dunkelgrünem Leder mit Kristallflaschen mit goldenen Stöpseln dem heiligen Sergius angenehm wäre?"

„Sicher. So ist es immer gewesen. Der gute Schenker trennt sich von dem, das er am liebsten hat. Hoffentlich sind die Mönche mit deiner Gabe einverstanden."

Serghievo, 7. August

Auf den Höfen und in den Galerien hatte ich viele Mönche gesehen. Heute aber habe ich den Heiligen gesehen.

Der Abt hatte uns eingeladen, die Refektorien des Klosters zu besuchen. Wir waren noch dort, als Lärm uns erkennen ließ, daß die Mönche zum Mittagessen kamen. Auf den Steinstufen hallten ihre Schritte, und dann waren die ersten plötzlich im Saal: drei junge Mädchen in schwarzen Kleidern, mit hängendem Haar unter der hohen, schwarzen Haube; die drei Grazien als Mönchlein verkleidet! Andere erschienen: eine große, ruhige Gestalt, und hinter ihr schöne, rosige Gesichter, lachende Augen, Diana und ihre Gefährtinnen mit fliegendem Haar. Beim Anblick des Abtes, der vor uns stand und sich auf seinen langen, schwarzen Stab stützte, senkten sich die schönen Augen und verbarg sich das Lachen. Aber sie hatten das Staunen auf meinem Gesicht bemerkt, und unter den gesenkten Lidern hervor quoll ein schalkhaftes Lächeln. Die verschlungenen Arme lösten sich, der geschmeidige Schritt wurde ein wenig straffer, und jeder beugte vor dem Abt im Vorbeigehen das Knie. Dann gingen sie an ihren Platz und setzten sich ruhig auf ihre Bänke. Bald erkannten sie Stephan, zeigten sich ihn, betrachteten ihn. Mir fiel ein, daß Stephan heute der Mann des Tages in seinem Land war. Vertrautheit und Gewohnheit hatten mich fast vergessen lassen, daß er Prinz und schön ist. Auch er betrachtete sie. Mehrere erröteten, worüber andere gleich mit leiser Stimme schalten. Aber es kamen immer mehr junge Mönche. Der Lärm wurde größer, und dann erschien, umgeben von den reinsten Gesichtern, die ich seit meiner Abreise von Florenz gesehen habe, ein großer blasser wackelnder Kopf. Der Mann hinkte, und seine Nachbarn zogen ihn an den Haaren und stießen ihn. Plötzlich erschien hinter der Biegung der Treppe eine Hand und stieß ihn von hinten. Er verfehlte zwei Stufen und fiel uns vor die Füße, mit dem Kinn auf den Stein. Eine Sekunde blieb er mit geschlossenen Augen liegen, stand dann auf, verbeugte sich vor dem Abt und ging lächelnd an seinen Platz. Sein Körper schien bei jedem Schritt, den er machte, mehr auseinander zu fallen.

Dann kamen die Männer und endlich die Greise; als wir das Refektorium verließen, wandte ich mich um. Ungefähr zehn schöne Nymphen umgaben wütend den Hinkenden. Sie warfen ihm vor, er wäre absichtlich gefallen, um dem Abt zu zeigen, wie schlecht man ihn behandelte. Sie beugten sich über ihn, von den Schultern flossen ihnen die Haare, und alle schrien. Die Schönste zupfte ihn am Ohr.

Über den Refektorien lag ein großer Hof, in den der Abt uns führte. Er war mit tausend Pilgern gefüllt, die an langen, weißen Holztischen saßen und aßen, während Laienbrüder sie bedienten. Sie aßen ohne ein Wort zu sagen, den Kopf fast in den Tellern. Jeder von ihnen schien ein Lumpenhaufen, ein Sack mit schmutziger Wäsche. Von einem Podium aus las ihnen ein Mönch mit lauter Stimme die Epistel in Griechisch vor. Als der Abt kam, schwieg der Mönch, langsam erhoben sich die Pilger, wandten sich uns zu und knieten nieder. Mit einer großen Geste segnete sie der Abt und sprach einige griechische Worte, von denen ich Vater, Sohn und heiliger Geist verstand. Mit dumpfem Murmeln antworteten ihm tausend Stimmen. Dann aßen die Pilger weiter, ohne aufzublicken. Zwei oder drei Frauen mit dunkeln Tüchern um den Kopf wandten sich uns zu, betrachteten uns.

„Das Volk", sagte Stephan leise, „unser Volk ..."

Aber meine Gedanken waren anderwo. Ich stellte mir, Stunde für Stunde, das Leben des hinkenden Mönches vor. Wie bleich und abgezehrt sah er aus, als er eintrat. Und dann, nach dem Fall, welcher Friede in seinem Blick und dem unvergeßlichen Lächeln ... Wo fand er nur einen Augenblick Ruhe? Selbst während der Exerzitien wurde er gequält. Ich hatte alles verstanden. Jedes Gesicht hatte mir seine Geschichte erzählt. Ich betrachtete den Abt. Wußte er, verstand er? In seinem dicken, runden, von weißen Haaren umrahmten Gesicht saß eine kleine, ganz runde Nase. Sie wirkte fast lächerlich, verriet aber weder Dummheit noch Schwäche. Als wir hinausgingen, sagte Stephan, der ganz sicher meine Gedanken liest, zu mir:

„Auch du liebst ihn!"

„Wen?"

„Den Schmerzensmann."

Moskau, Slavianski-Bazar, 14. August

Vorgestern hat eine hochstehende Persönlichkeit ihren Besuch in der Villa Petrovskoie anmelden lassen. Stephan wollte mich zurückhalten, mich vorstellen. Aber das gerade will ich vermeiden. Als ich noch meine Fahrten auf dem „Parvenu" machte, habe ich mir immer die Ostsee und die norwegische Küste versagt, selbst damals, als ich wie versessen auf die Beziehungen zur vornehmen Welt war.

Ich habe meinen Willen durchgesetzt, Stephan verlassen und sitze nun wieder allein und ein wenig verlassen im Hotel du Bazar Slave.

Ich will heute abend unsere letzte Unterhaltung aufzeichnen. Später macht es mir sicher Vergnügen, sie noch einmal zu lesen. Wenn ich eines Tages die Worte Stephans wiederlese, die mir heute so voller Erfahrung und mir so weit voraus ercheinen, werde ich vielleicht sagen: Wie jung war er doch!

Nach dem Essen saßen wir im Rauchzimmer. Er rauchte eine „Rothschild", ich sog an einer durch die Zeit gelb gewordenen Zigarette, die ich in einem alten Kasten, auf dessen Deckel die französische und russische Fahne verschlungen waren, gefunden hatte. Die Zigarette hieß: Phélix Phor. Während des Sprechens ging Stephan auf und ab, und von dem Schaukelstuhl aus, in dem ich saß, betrachtete ich ihn. Ein großer Mann im Smoking, mit kurzgeschnittenem Haar und glattrasiertem Gesicht. Langes, braunes Gesicht, tiefliegende Augen, die Nase bildet die Fortsetzung der Stirn, vorstehendes Kinn, das Ganze erinnert mich immer wieder an das Gesicht, das man im Helm der Pallas vermutet. In ihm erkenne ich die Züge des Dreiundzwanzigjährigen, dem ich die großen Entdeckungen meiner sechzehn Jahre mitteilte. Aber so vieles andere hat seinem Gesicht den Stempel aufgedrückt: sein ganzes Gefühlsleben, über das ich nie viel erfahren habe, seine Ehe, die anscheinend eine rein diplomatische Angelegenheit ist, aber doch sein Leben beeinflußt hat. Leute die nicht wußten, daß wir befreundet sind, haben mir erzählt, daß er eine „bürgerliche Familie“ und „nicht offizielle“ Kinder hat. Ist das wahr? Er hat nie mit mir hierüber gesprochen. Aber nicht nur das, vieles andere kenne ich nicht: seinen Soldatenberuf, seine Ingenieurkenntnisse: Länder, in denen er lange gelebt hat, und die ich nie besucht habe. Von mir weiß er alles; er kennt mein kleines geistiges und moralisches Gepäck. Ich weiß, daß er sich aller Dummheiten, die ich ihm gesagt habe, erinnert, und daß er viele von denen, die ich nur gedacht habe, erraten hat. Ich fühle oft, daß er daran denkt. Sein plötzlicher Blick erinnert mich dann an eine Geschichte, die ich so gern vergessen hätte. Ungeschickte Nachahmung seiner Person; lächerliche Empörung gegen seinen Einfluß; vorher überlegte Reden, um ihn in Staunen zu versetzen; versuchte Heuchelei, Träume und Zukunftspläne, in denen ich mich ihm überlegen fühlte. Alles hat er behalten. Ich aber habe noch nicht den Mut oder die Kraft, ihn zu kritisieren.

„Nun gehst du“, sagte er, „und nimmst doch nicht mit, was du bei mir suchtest: die Formel, oder wenigstens die Früchte meiner Erfahrung. Aber es gibt keine Formel, und meine Erfahrung kann ich nicht mitteilen. Oder doch, Formeln gibt es, aber sie sind die frivolste und nutzloseste Ware, die man auf dem Markt findet. Es gibt grobe Formeln, die alle Leute der Mittelklasse kaufen: Respekt vor der sozialen Ordnung, moralische Begriffe, Pflicht. Sind sie reicher, haben sie noch mehr! Moral der Kirchenväter: Stoizismus. Das steht im Einklang mit dem Schmuck, den ihre Frauen tragen, Provinzschmuck, Warenhausschmuck; Rue de la Paix. Aber es gibt Besseres: esoterische Lehren, das einfache Leben, Tolstoi, Nietzsche: die Emaillen und signierten Schmuckstücke. Aber das ist ebenso nutzlos wie der Schmuck. Sie schmücken sich damit, bedienen sich ihrer aber nicht. Ihr ganzes Leben tragen sie ihre Formel, wie die Wilden ihren Ring in der

Nase tragen; und sie verbringen ihre Jahre, ohne auch nur aufrichtig zu versuchen, sich mit ihrer Formel in Einklang zu bringen. Wenn sie es auch wollten, sie könnten es nicht. Versuche doch zu leben, wie Epiktet es vorschreibt. Ich wette, das wird lustig. Wir aber wissen, daß es ein Zeichen schlechten Geschmacks ist, diese Berloques zu tragen. Zu Hause darf man zwei oder drei sehr kostbare und sehr seltene haben, um sie mit Genuß von Zeit zu Zeit zu betrachten. Hüte dich vor dem Umgang mit Menschen niederer Moral. Du siehst, wir kommen wieder auf die Ignavi, die Tatenlosen. Stelle dir einen Menschen wie Benvenuto Cellini in der kleinen Stadt der Frau Bovary vor. Glaube nicht, daß die Leute von Yonville Angst vor ihm hätten. Nein, sie würden ihn lächerlich finden mit seiner Liebe, seiner Prahlerei und seiner Kunst; und ganz Yonville, selbst die Hühner, würden hinter ihm hergackern. Sie sind in der Mehrzahl, und Cellini würde bald begriffen haben, daß er bei ihnen nichts zu suchen hatte.

Aber hat es Sinn, dir zu sagen: Meide die Ignavi? Wenn du nicht bist wie sie, hast du, auch gegen deinen Willen, nichts mit ihnen gemein – selbst wenn du, was wenig wahrscheinlich ist, gern mit ihnen verkehrtest. Nein, ich kann dir keine Ratschläge geben. Ich kann dir nichts sagen, das dir nützlich wäre. Jeder Mensch hat seinen besonderen Platz, jeder sein eigenes Geschick.

Aber ich will dir doch, wie ein Reisender, der die Länder beschreibt, die er durchwanderte, erzählen, was ich gesehen habe. Das wird dich einen Augenblick fesseln, dann wirst du es wieder vergessen. Aber später wirst du plötzlich die Landschaft um dich erkennen und dann an das denken, was ich dir sagte.

Ein Mensch kommt auf die Welt, und die Schwierigkeiten beginnen für ihn. Welche Hindernisse muß er überwinden, was alles muß er überstehen! Die Kinderkrankheiten und die Erziehung, die man ihm zu geben versucht; die schlechten Gewohnheiten der Flegeljahre und das Unverstehen seiner Eltern; Armut, Mittelmäßigkeit oder Reichtum; sexuelle Krankheiten und die Heirat. Viele finden sich damit ab. Der eine hat seinen physischen Makel, der andere seinen Haushalt. Das genügt ihnen; sie sind zufrieden und verlangen nicht mehr. Die kleine Flamme, die sie glücklich bis dahin geleitet hat, wird sie sicher bis ins Grab führen. Aber andere streben nach höheren Dingen. Der Widerstand erschöpft sie nicht; sie begnügen sich nicht mit der Verteidigung, sie greifen an. Sie kennen alle Kämpfe, die die andern bestehen, sie wollen wildere kennenlernen. Alles, was die andern nur ungern hinnehmen, nehmen sie mit Freuden hin, ebenso wie alles, was die andern nur mit Bedauern hingenommen haben. Sie nehmen die Krankheit hin und gehen der Liebe entgegen. Sie nehmen alles: Eltern, Frau, Kinder, tragen sie und wissen, daß dies ihnen den Weg nicht versperren wird. Aber sie wollen mehr. Sie wachsen hinaus über Leidenschaft und häuslichen Herd. Die Frau wird sie nicht zu Fall bringen. Sie nehmen sie in die Arme und gehen so dem Licht weiter entgegen. Denn sie haben der Welt etwas zu geben, und trotz der Welt, trotz ihrer selbst, werden sie es ihr geben. Die andern waren Modelle für Roman oder Komödie; diese aber sind der Klio unterworfen. Sie verlassen das Privatleben und treten ein in das öffentliche Leben.

Und was hast du der Welt zu geben? Welche Frucht bildet sich in deinem Herzen, während ich spreche? Haben die Griechen und Römer, die wir zusammen lasen, den Keim der Größe in deine Seele gepflanzt? Bist du aus der germanischen Herde herausgetreten? Sie kleben an ihren Fürsten wie die Muscheln an den Felsen. Keimt der kaiserliche Gedanke in dir? Du weißt, daß dein Land einen Porfirio Diaz nötig hat. Denkst du oft an das, was man dir von drüben schreibt?"

„Nie werde ich das, was sie einen *politico* nennen."

„Ja, man weiß nicht, ob das ein Anfang oder ein Ende

ist. Ich kenne das Land nicht. An deiner Stelle würde ich überlegen, ob es möglich ist, ihnen zu helfen. Helfen, zu etwas nützlich sein, andern Gutes tun. Aller Adel kommt aus dem Geschenk seiner selbst. Ach, wir Adeligen, Bruder, wir Adeligen! Was hat dich eigentlich dazu veranlaßt, diese Grafenkrone aus dem Dreck aufzuheben? Solange die Welt Adlige hat, stehe ich für sie ein. Man kann die Namen ändern, aber ihr Wesen bleibt. An der Spitze der Heere wird es immer Herzöge, an den Grenzen Marquis, Fürsten über den Republiken und Grafen um die gesalbten Häupter geben."

„Nun, Stephan, mein Fürst? Der Herr möge befehlen."

„Du bist von mir nicht abhängig."

„Wem also schulde ich meine Treue?"

„Dem, das du am meisten liebst. Aber du weißt nicht, was du am meisten liebst. Ich kann es dir nicht sagen. Ich weiß nur, was du nicht liebst. Du liebst die sogenannte vornehme Welt nicht. Nicht die Welt, wie sie in den Romanen geschildert ist, die die Bourgeoisie liebt: „die Herzogin machte dem Marquis ein Zeichen" und so weiter . . . nicht die Welt, die wir aus den Klubs, den Rennvereinen usw. kennen, diese furchtbare, reiche Gemeinheit, die du gewaltsam verlassen hast. Du warst zu gut für sie. Ich meine jene Welt, die Satan bei der Versuchung „Das alles" nannte: „Ich werde dir das alles geben . . ." Du willst nicht, läufst weg, bist nach der Meinung der Welt auf Abwegen. Wir brauchten nur die Hand auszustrecken, um dies alles zu haben. Vergnügen, Ämter und Ehren sind für uns geschaffen. Und wir wollen sie nicht. Zu leicht! oder zu spät! Mit sechzehn Jahren wagtest du nicht zu träumen, daß eine Frau wie Frau Hansker dir zu verstehen geben würde, daß du ihr gefielst. Mit dreiundzwanzig Jahren begegnest du ihr wieder und willst sie nicht. Das ist kein Trotz, keine Ermüdung. Es ist die Sehnsucht nach etwas Besserem. Andere werden Frau Hansker und ihr Geld haben, andere werden glänzende

Karriere machen und mit Ehren bedeckt sterben. Sie werden das für uns, an unserer Stelle tun. Wir geben ihnen hierzu unsere Vollmacht. Wir haben Besseres zu tun; uns leitet ein höherer Ehrgeiz. Wir haben schon so viel hinter uns gelassen. Ich liebe den Menschen, der sich erhebt, und sei es auch noch so wenig: den Bauernsohn, der Lehrer wird, den Krämersohn, der Arzt wird. Wie rührend ist diese Anstrengung, dieser Aufstieg! Der kleine Schritt, den sie machen, bringt sie dem Licht näher, in dem wir sind. Ich weiß, ich brauche mir nichts Besonderes darauf einzubilden, daß ich darin bin. Seit Generationen haben die Menschen meines Blutes sich mit allem gefüllt, was die Welt gibt. Deshalb haben die Familien von Fürsten und Königen so viele Asketen und Heilige hervorgebracht. Aber was soll ich in bezug auf dich sagen? Es gibt etwas, das Adel heißt, und plötzlich fühlt jemand, daß er diesen Adel besitzt.

Ich stelle keine Fragen mehr. Ich weiß nichts, ich bin voll von Unwissenheit, aber ich bin ruhig: ich weiß, wen ich liebe. Wie lange hat es gedauert, bis ich das wußte, bis ich den Grund des Unbehagens erkannte, das mich überallhin verfolgte . . . Dummkopf! Ich liebte immer nur ihn. Er verbarg sich hinter allem, was ich liebte, er stieß mich mit dem Ellbogen inmitten meiner Freuden an; wartete auf der anderen Seite der Fenster meines Zimmers; und im Bett der Frauen dachte ich an ihn. Du weißt, wen ich meine, und ich brauche dir den heiligsten und verschriensten Namen nicht zu nennen. Und schon erklärst du dir das durch meine Heredität, denkst an die Klausel der Heiligen Allianz, in der Europa die „christliche Nation“ genannt wird. Kein Zweifel, mein erhabener Ahnherr hat das diktiert unter der Inspiration einer verrückten Deutschen und einiger Erleuchteter. Aber ich will auf Einwürfe nicht antworten. Ich liebe. Und mußte sicher die dreißig überschreiten, um mich zugleich allein und allein mit ihm zu fühlen, um zu verstehen, daß er mir die Sonderstellung gab und auf mich wartete.

Es gibt nichts, und wir sind ganz allein. Abgesehen von dem persönlichen Interesse gibt es nichts, das den abgeschnittenen Nagel meines Fingers wert wäre. Es gibt nichts Achtenswertes, das habe ich dir gesagt; und oft habe ich Lust, aus reinem Vergnügen, die Fahne, der ich diene, zu schänden. Das Band zwischen den Menschen ist eine Konvention der Komödien- und Romanschreiber. Was wäre unsere Freundschaft ohne ihn, der ihr bester Teil ist? Das Vergnügen, eine oder zwei Stunden zusammen zu sein? Alles kann mir entgleiten, er bleibt mir. Du hörst mir nicht zu. Aber er hört mir zu. Er hat alle meine Tränen gesammelt, alle meine Freuden geteilt. Ich bin froh, zu gutem Ende geführt zu haben, was ich unternommen hatte, und ich klatsche allen Erfolgen Beifall. Aber ich weiß, daß es beneidenswerter ist, keinen Erfolg gehabt zu haben, denn der, der alles verliert, findet ihn. Ich habe ihn gefunden. Mehr aber als alles andere ist dieser Teil meiner Erfahrung nicht mitteilbar. Wenn ich dir sage: Dies ist die Wahrheit, die einzige, die Wahrheit und das Leben – du würdest mir nicht glauben. Du weißt, daß ich es immer vermieden habe, von meiner Liebe und von dem zu sprechen, was man Frauengunst nennt. Erwarte also nicht, daß ich sie dir jetzt erzähle; ich habe sie nicht gewollt, ich fühle mich gedemütigt und verurteilt. Ich habe nur der Lust, die ich in mir trug, gehorcht. Sieh: die Sichersten und Größten haben geschwiegen: das Stigma an der Stirn und den Finger auf dem Munde. Von dem, das man besitzt, spricht man nicht. Und ich besitze die Liebe. Und deshalb will ich auch, wie ich dir gesagt habe, dienen. Ich muß ihm endlich helfen. Ich will nicht, daß diese Kraft der Liebe, die in mir ist und die er selbst ist, unbenutzt bleibt. Sie will dienen. Ich muß sie befreien. Ich muß endlich etwas für ihn tun. Ich will dienen und hierin nie müde werden. Wenn morgen die Revolutionäre die Macht an sich reißen und mich nicht totschlagen, will ich zu ihnen gehen und ihnen sagen: Laßt mich nicht nutzlos werden. Unter dem alten Regime habe ich Straßen gebaut; ihr könnt mich zum Steineklopfen gebrauchen.

Aber er ist sparsam. Sparsamkeit und Liebe sind vielleicht zwei Bezeichnungen für dasselbe. Und sieh, es gibt einen Titel, ein Amt, die seit langem unbenutzt geblieben sind, seit genau zwei Jahrhunderten. Ich habe den Königen mein Vertrauen nicht geschenkt; aber warum sollte ich dieses Amt verachten? Es bewacht einen Platz, wo irgendein Großer sich eines Tages manifestieren kann. Der Name kann sich ändern, aber die erhabene, reine Auffassung des Geistes wird immer notwendig bleiben, und alles irdische Gut kann nur von ihm kommen. Lebe wohl, ich will auf den Knien den Kaiser des Orients empfangen.“

PETERSBURG, KOPENHAGEN, LONDON

Hôtel de l'Europe, 20. August

Seit vier Tagen bin ich nun hier und freue mich wieder über Petersburgs weiten Horizont, über den Fluß, der so breit ist wie ein Meeresarm, über die ungeheuren Plätze und die kleinen spitzen Pflastersteine.

Gestern und vorgestern habe ich in einer Mietskutsche weite Touren gemacht: zwei schwarze Pferde mit rotem und silberbeschlagenem Geschirr. Sie lenkt ein Kutscher, der in seinem dicken Mantel und dem kleinen Hut wie ein Kreisel aussieht; er hält sie an einem vierfachen orangefarbenen seidenen Zügel. Niemals geht es im Schritt; man läßt die Welt hinter sich; man wird von zwei wilden Pferden davongetragen. Die Stadt wird größer, dehnt sich nach allen Richtungen und scheint sich zu vervielfältigen. Der Fluß holt sie wieder ein, überholt sie, umgibt sie, durchfließt sie; bis ins Unendliche.

Heute habe ich den Wagen entlassen und bleibe in der Nähe meines Hotels zwischen der Großen Morskaja und den Gostiny-Dvor-Galerien, deren schweres, barbarisches Äußere ich gern mag.

Trotz dem Sommer ist Leben auf dem Prospekt, aber die feinen Leute sind nicht da. Soldaten halten plötzlich an, schlagen die Hacken zusammen und grüßen einen Offizier, der vorbeigeht. Vor der römisch-katholischen Kirche ist zu gewissen Zeiten immer dieselbe Menge von Menschen, die hineingehen, herauskommen, stehenbleiben und die parallelen Reihen der Passanten auf dem Trottoir durchbrechen.

Morgen will ich die kleinen buckligen Brücken über die Fontanka besichtigen.

Ich werde langsam wieder ich selbst, entreiße mich dem Einfluß Stephans. Ich versuche, aus dem, das er mir gesagt hat, eine Lehre herauszuschälen. Aber ich erkenne schon bald, daß das unmöglich ist. Oft hat er gesagt, was ich auch schon dachte; ich meinte, er spräche an meiner Stelle, erklärte meine geheimen Neigungen, drückte meine höchste Sehnsucht aus. Dann wieder ermüdete er mich; was er sagte, ekelte mich an. Alles, was er mir sagte, erschien mir falsch, künstlich, erzwungen, unmenschlich. Nichts für mich.

Zuerst gefiel es mir. Endlich machte jemand reinen Tisch, öffnete die Fenster und wollte klar sehen. Ich nahm teil an der Erklärung, half, die Lüge auszuräuchern und zu vernichten. Aber nein: er hatte nur auf den Staub geblasen, die Krümchen zusammengefegt und stellte die alten Dinge wieder an ihren Platz: heute Dante, morgen der Held Carlyles und dann Gott und schließlich der Gendarm. Da gefallen mir die Spielsachen aus lackiertem Holz, das Gold der Ikone neben meinem Bett, die traurige Farbe des Palastes gegenüber besser.

Ja, ich habe verstanden: Sparsamkeit, Dienen. Nicht mehr gegen sich nachsichtig sein; sich nicht mehr nutzlos kritisieren; sondern stark werden und seine ganze Kraft auf irgendeine Tat wenden. Aber welche Tat? Ich müßte mich selbst zwingen; durch eine Willensanstrengung meine eigene Reife überholen. Das ist nicht möglich. Das wäre weiter nichts als Pose. Und was gewänne ich durch diesen Zwang? Mein Körper lebt ein achtenswertes, normales und anständiges Leben; warum sollte ich mich also nicht meinem Instinkt, meinen natürlichsten Impulsen überlassen?

Ich besuche wieder die Läden. Weiß Stephan, ob ich nicht geschaffen wurde, die Händler des Newsky-Prospekts reich zu machen?

* * *

Ich war in der Eremitage und habe sie schnell wieder verlassen: hier Rubens, Guido Reni und Raffael wiederfinden, würde zur Folge haben, daß ich sie hasse.

Ich denke viel nach. Ich sehe ein neues Leben vor mir. Ich suche eine soziale Stellung. Ich war nicht auf dem rechten Wege. Man hatte mir das Leben eines Multimillionärs geschaffen, und ich habe es mir gefallen lassen; das Experiment war der Mühe wert. Als ich dann merkte, daß diese Art Leben mir nicht gefiel, bin ich plötzlich und ziemlich ungeschickt ausgerissen. Ich habe umhergetappt, wurde bald hierhin, bald dorthin gezerrt von den verschiedenen Ratschlägen meiner verschiedenen Freunde. Ich bin ihre Reden satt. Ich will mich nicht mehr mit dem, der zu mir spricht, identifizieren. Ich will mich von der Manie befreien, in die Ansichten der Leute, die sich mir nähern, einzustimmen, als hätte ich Angst, ihnen zu mißfallen oder als wollte ich ihnen schmeicheln. Ich will es endlich einmal wagen, wehe zu tun, selbst Stephan.

Ich will ein friedliches, behagliches, zurückgezogenes und arbeitsreiches Leben. Ich werde eine der großen Hauptstädte bewohnen, um in direkter Berührung mit der Zivilisation zu sein. Ein ruhiges Viertel, aber nicht das aristokratischste Viertel. Ein Haus mit allerneuestem Komfort; aber es soll nicht so groß sein, daß ich in ihm Empfänge abhalten könnte. Ich schwanke zwischen London und Paris; zwischen Kensington und Passy. Das Haus richte ich selbst ein.

Äußerlich soll es sich in nichts von den Nachbarhäusern unterscheiden. Es soll mittelmäßig, sogar häßlich, aber anständig sein, mit einer Art pompöser Freitreppe und großen elektrischen Lampen, die den Lieferanten Respekt einflößen. Was das Innere betrifft, ist das schon schwieriger. Für jedes Zimmer habe ich verschiedene Pläne. Ich schwanke zwischen einem der klassischen französischen Stile, Chippendale oder Serrurier. Für den Wintergarten soll Francis Jourdain vielleicht die Möbel liefern. Der rein praktische Teil beschäftigt mich noch mehr: das Badezimmer besonders. Es soll zweimal größer sein als das Schlafzimmer (wie ein Krankenzimmer, weiß, mit Fliesen und ohne Ecken); es soll ein Bassin mit fließendem Wasser und eine Badewanne für das Meerwasser enthalten, das man mir, wie vergangenes Jahr, jeden Morgen aus Bexhill schicken wird, wenn ich mich in Kensington niederlasse. Ich denke sogar an die Klingelknöpfe, die Lampen, Ventilatoren und alles andere, das dazugehört. Ich neige meist zu einer rein praktischen, sozusagen wissenschaftlichen Ausstattung, wobei jeder Gedanke an Kunst ausgeschaltet ist. Amerikanischer Schreibtisch mit Rollzug, besonderer Arbeitsstuhl, Tische und Stühle aus glattem Holz; Glas, Nickel, Porzellan, was leicht zu säubern ist; viel Luft und Licht. Und dann einen großen Saal mitten im Hause, hell, in angenehmen Farben, mit großem Kamin, sehr guten Bildern und gefälligen bequemen Sesseln. Wenn ich an das Arbeitszimmer denke, habe ich Lust, sofort nach Florenz zu fahren. Bei einem Antiquitätenhändler der Via Maggio steht ein alter Schreibtisch aus Orangenholz mit Perlmuttereinlagen (große, leichte und gezackte Blätter). Ich glaube nicht, daß er schon verkauft ist. Aber die Läden des Prospekts nehmen mich schon sehr in Anspruch.

25. August

Stephans Einfluß ist nicht von langer Dauer gewesen. Er verdiente es auch nicht. Ich will nicht leugnen, daß er die Antwort auf die ängstlichen Fragen seiner Jugend gefunden, den Frieden erreicht, einen Grund zum Leben und zum Handeln gefunden hat. Aber für mich wäre kein Platz auf dem Gipfel, auf dem er steht. Und er hat sich geirrt. Ich liebe die Welt auf meine Weise: schöne Dinge der Luxusläden, belebte Straßen, Paläste, alte Häuser, die lieben Gesichter alter Türme, neue Kirchen im Festgewand, die ganze greifbare Realität der Geschichte, die ganze Vergangenheit, die ich wittere, die ganze Zukunft, die ich fühle. Ich setze mich ein wenig abseits; so sehe und genieße ich besser. Wenn ich auch meine Rolle zu spielen hätte, könnte ich nicht aufmerksam sein. Und ich will nichts verlieren: ich will die Kontinuität der Dinge fühlen und die Früchte der Zeit reifen sehen. Ich will endlich mein Fenster allen Schreien der Straße verschließen und mir nicht mehr die Mühe machen, all diese marktschreierischen Anpreisungen zu lesen.

* *
*

Ich mache wieder lange Wagenfahrten. Ich liebe es so: Aufbruch am frühen Morgen, die Schnelligkeit der Pferde; die Kaltblütigkeit des Kutschers, der wunderbar steif und unbeweglich in seinem gewaltigen Mantel dasitzt; die Breite und Schönheit der Straßen; und gegen Mittag die Heimfahrt, im Trab, in die weite, ernste, freundliche und arbeitsame Stadt; das erfreut und stärkt mich.

Nun, das Leben zeigt sich mir in ziemlich schönem Licht, und ich fasse wieder Vertrauen. Bis jetzt war es für mich nur eine Zeit der Versuche und der Vorbereitung. Ich habe noch etwa dreißig Jahre körperlicher und geistiger Gesundheit vor mir. Ich muß diese Jahre nach Möglichkeit nutzen. Sie nicht vergeuden, wie Stephan sagen würde. Aber wie? Ohne Zögern gebe ich Antwort: mir zu Gefallen.

Es hat keinen Sinn, wieder zu versuchen, mich zu zwingen, mich zu schikanieren und mir eine „Pflicht" aufzuerlegen, gegen die ich alle Tage verstoßen würde. Ich weiß, daß ich nur das gut mache, was ich gern tue. Aber erst muß ich das Haus haben. Ein friedliches Milieu, in dem ich nachdenken und, von einer kleinen Schar auserlesener Freunde besucht, mich irgendeiner Arbeit, die mir gefällt, hingeben kann. Nach zehn Jahren eifriger Lektüre, Forschungen, Erfahrungen, Leben in einer Hauptstadt, bin ich vielleicht zu etwas nütze, und Stephan wird mir recht geben müssen. Ja, ich will fleißig sein wie ein guter Schüler, will ernsthaft lernen. Aber erst muß ich das Haus haben.

Vielleicht fahre ich über Schweden. Vor zwei Jahren habe ich dort Möbel, bedruckte Leinwand und Tapeten von gefälliger Frische und Bäuerlichkeit gesehen.

* *
*

Petersburg, 29. August

Als ich heute morgen über die Troitsky-Brücke auf das linke Ufer der Newa zurückfuhr, ist mein Wagen an der Ecke des Marsfeldes und der Millionnaja mit einem Wagen zusammengestoßen, in dem ein Muschik und eine Frau aus dem Volke saßen.

Ich hatte den Wagen wohl gesehen. Ein Bauer in einer Kutsche lenkt die Aufmerksamkeit der Leute auf sich; nur bei ganz besonderen Gelegenheiten nehmen die Armen eine Kutsche. Diese beiden waren in ihren Sonntagskleidern, und gleich kam mir der Gedanke: eine Hochzeit; dann sah ich, daß der Mann, einer dieser großen Christusköpfe, wie man sie hier oft sieht, sehr steif dasaß und auf seinen Knien eine kleine Kiste trug; er weinte still vor sich hin. Die *baba* saß gebeugt neben ihm.

Da passierte der Unfall; ihr Kutscher wollte ausweichen, bog aber zu kurz ab; vor dem Marmor-Palais fuhr eins ihrer Räder auf das Trottoir, sie lagen schon auf der Erde, als mein Kutscher mit einem einfachen „brr“ seine Pferde, die sich bäumten, zum Stehen brachte.

Ich stieg aus, aber was konnte ich tun? Ich sah, wie der Mann aufstand, seiner Frau aus den Kissen half, die auf sie gefallen waren. Keinem war etwas passiert. Ihr Kutscher, den ein dicker Mantel schützte, stand gleich wieder auf. Der Bauer näherte sich der kleinen Kiste, die gegen die

Mauer des Palastes geschleudert worden war. Und als er sie aufhob, sah ich, daß sie geborsten war und die Leiche eines kleinen Kindes enthielt. Die Frau ordnete die Windeln und bedeckte das kleine, bläuliche Gesicht, dessen Züge sich schon veränderten.

Mein Kutscher half ihnen, während ich die Zügel hielt, ihr beschädigtes Rad zu reparieren. Dann fuhren sie weiter. Alles war ohne einen Schrei, ohne ein Wort vor sich gegangen. Und als ich mich bei dem Bauern mit einigen Worten entschuldigen wollte, sah er mich an und ich sagte nichts.

Als wir auf den in diesem Augenblick leeren Dvortsovy-Platz kamen, ließ ein Infantérieregiment, das aus dem Gewölbe der Großen Morskaja kam, vor dem Winterpalais plötzlich die Trommeln ertönen.

Kopenhagen, 3. Oktober 19 . . .

Länger als einen Monat habe ich mein Tagebuch vernachlässigt. Ich will in aller Kürze nachtragen, was ich während dieser Zeit getan habe.

Drei Wochen in Stockholm. Das Grand Hotel enthält alles, was man sich zu Hause wünschen kann. Hier habe ich geruhsam gelebt, zwischen Büchern und Blumen. Oft bin ich ins Nationalmuseum gegangen, oft an die Vergnügungsorte in der Nähe der Oper. Ich liebe wieder diese helle und große Stadt; das lebendige Wasser zwischen den blaßgrauen Steindämmen; die über das Wasser verstreuten Gärten und das stille und behagliche Leben; keine Trunkenheit; die Uniformen: schwarz und gelb, dunkelblau und gold, himmelblau und weiß; und die hübschen Provinztrachten der Damen in den Fauteuils der Oper. Alle Bequemlichkeiten des deutschen Lebens, ohne das Gewöhnliche der großen Industriestädte. Viel Einrichtungsgegenstände habe ich gekauft, die ich, bis ich ein Haus in London habe, an die Fräulein Yarza in Leamington habe schicken lassen.

Und eines Morgens kam die Langweile wieder. Nicht wie früher mit Tränen, leidenschaftlicher Verzweiflung und dem wilden Bedürfnis nach Glück, sondern eine schwere, dumpfe Traurigkeit, unüberwindlicher Ekel und Müdigkeit. „Das Geschenk des Himmels“ der Dichter. Ja, ein Geschenk des Himmels, das Geschenk Apollos. Ich suche die physischen Gründe dieser Niedergeschlagenheit. Mangel an körperlicher Bewegung? Zu regelmäßiges Leben?

Ich habe Stockholm mit der Absicht verlassen, mich direkt nach Kopenhagen zu begeben. Aber einer plötzlichen Eingebung folgend, bin ich nach Heßleholm gefahren; und von dort nach Finja, wo ich am Rande des hübschen, kleinen Sees eine Woche zugebracht habe. Das Wirtshaus war sauber, wie ein neues Puppenhaus; hatte kleine, viereckige Fenster, die weißen Fußböden wurden jeden Tag mit frischem Tannengrün bestreut, das Badezimmer war komfortabel, kurz, alle Bequemlichkeiten der Zivilisation fand ich hier, weitab von den großen Zentren, auf dem Lande. Das alles gefiel mir gleich, und ich wäre länger geblieben, wenn es nicht kälter geworden wäre und meine Langweile nicht angedauert hätte.

Ich habe dennoch schöne Nachmittage verlebt. In einem hohen Break, das von zwei prächtigen Pferden gezogen wurde, die ich selbst führte, fuhr ich durchs Land. Die Landschaft macht einen ernsten Eindruck mit den weiten Wiesen und den dunklen, majestätischen Tannenwäldern, an deren Rande die letzten Sommerblumen blühten. Im Innern der Wälder wuchsen die Pilze, groß, rot, golden, rosa, grau, grünspanfarben; auf dem Plateau, das den See beherrscht, graue und rosa Heide, die sich bis zu andern Wäldern erstreckt, die den Horizont füllen. Aber überall fühlt man die Gegenwart des Menschen: weiß oder rot gestrichene Zäune umgeben die Wiesen; dann und wann hob eine lesende Hirtin den Kopf und grüßte mit altmodischer Verneigung. Auch die Männer grüßten: große, blonde Burschen in Festkleidern: schwarze Schnallenschuhe, weiße Strümpfe, goldgelbe Satinhosen, kurze himmelblaue oder rosa Jacken. Oft habe ich bedauert, dieses äußerlich so feine Volk mit dem ehrerbietigen und doch unabhängigen Wesen nicht besser kennenzulernen. Sie ziehen mich an, wie es die toskanischen Bauern taten (gern mischte ich mich unter sie, an Freitagen, auf der Piazza della Signoria). Ich vermute bei ihnen eine ernste und vernünftige Lebensauffassung; sie achten gewissermaßen das Schickliche, nicht aus Furcht, sondern in der Erkenntnis, daß es die sozialen Beziehungen erleichtert, wenn man sich seiner bedient. Es sind wohlerzogene Kinder, und gern hätte ich ihre Väter (die Priester und Lehrer) kennengelernt.

Ich fühlte mich ihnen in jeder Beziehung unterlegen. Nie hatten mich Selbstverachtung, Ekel und Scham vor meiner Vergangenheit, Angst vor der Zukunft und die Öde meines Lebens so grausam gequält. Alles in allem, beobachte ich seit einem Jahr das Werden des Menschen, der ich eines Tages sein werde. Das fing an, als ich endlich selbständig und für mich leben wollte; und das dauert noch fort. So gut wie möglich habe ich hier täglich die Phasen der Veränderung niedergeschrieben. Ich habe mein Tagebuch aus Italien wieder gelesen. In dem Wirtshaus in Finja, an einem Regentage, als der trübe See litt und zwischen seinen im Nebel versunkenen Ufern stürmte. Eine peinliche Lektüre, bei der ich oft rot geworden bin. Welche Phasen, die ich . . .! Heute will ich nicht weiterschreiben . . . Übertreibungen, Naivitäten, kleine, nutzlose Lügen, kleine, nur zu durchsichtige Bosheiten. Und doch hatte ich versucht, mich von mir selbst nicht täuschen zu lassen, mein Leben direkt und nicht mehr durch das zu sehen, was ich las; lieber wollte ich einen Punkt unerklärt lassen, als ihn durch meine literarischen Erinnerungen zu erklären. Ich habe mich zwingen müssen, manches, das falsch klang, manchen Ausdruck, der meinen damaligen Gedanken nicht entsprach, stehen zu lassen. Ich habe das Dokument mit seinen Kindereien, seinen zu intimen Bekenntnissen, seinen Eingeständnissen der Schwäche intakt gelassen. Ich fing an, mein Tagebuch zu verleugnen, ich sah klar, ich kritisierte es; falsche Gefühle, letzte Spuren der Flegeljahre. Das erkannte ich. Ich fühlte mich sogar erleichtert und maß so den durchlaufenen Weg. Ich war schon nicht mehr der junge Mann, der diese Seiten geschrieben hatte. Das hatte ich hinter mir: trauriger und wissender. Aber welchen Weg hatte ich noch vor mir?

Montag

In den Straßen von Kopenhagen irrte ich mit meiner kleinen, gewöhnlichen Verzweiflung umher. Nichtigkeit meines Lebens; meine vollkommene Nutzlosigkeit. Die Welt ist ohne Tadel; alles ist aufs beste in der Welt bestellt; ich allein bin schlecht, ich allein habe unrecht.

So wandere ich über die Ostergade und bleibe vor den Läden stehen. Ich liebe die dänischen Buchhandlungen. Sie scheinen alles zu enthalten, was ich gern wissen möchte, in klarer und angenehmer Form. Die dänischen Worte haben etwas Feines und Seltenes: aristokratischeres Deutsch, weniger vertrautes Englisch; eine Sprache, die mit der ganzen Würde der literarischen Idiome geziert ist und deren Orthographie von großen Humanisten, die das Griechische und die Einfachheit liebten, festgelegt worden zu sein scheint. Ich muß endlich ernstlich mit dem Studium der nordischen Sprachen beginnen. Aber wozu?

Ich denke oft an die jungen Bauernburschen von Finja. Einer von ihnen sein! Wer weiß? Das könnte genügen: ein wohlerzogenes Kind sein. Durch uns selbst sind wir so wenig: ein Gemisch aus Instinkten, Atavismen und Einflüssen. Ich glaube, daß der Gedanke, den ich eben niederschreibe, nicht mein eigener ist; aber selbst diesen Zweifel habe ich gelernt; ja: gehorchen! Die Befehle Cartuyvels' entgegennehmen und mich von einem Hauslehrer bemuttern lassen wie Putouarey von dem Abt Vernet; oder als kleiner Beamter in eine meiner Banken eintreten (ich habe nicht einmal die technischen Kenntnisse, die man verlangt). Soll ich es bei der Erziehung bewenden lassen, die man mir gegeben hat? Wie viele Tatsachen haben mir ihre Unvollkommenheit bewiesen! ... Und während ich mich so herumschlage, geht mein Leben weiter wie eine Erzählung, der ich lausche, und mein Schicksal bestimmt mich in jedem Augenblick (diese Höhen und Tiefen des Ichs waren von Anfang an vorgesehen), und ohne es zu wissen, ziehe ich die Krankheit groß, an der ich eines Tages sterben werde. (Das ist sicher das Ernsthafteste, das ich tue.)

Ich gehe oft in die Tivoli-Gärten, wo ich mich gern mit der großen Traurigkeit fülle, die die Vergnügungsstätten, und besonders die des Nordens, enthalten. Der große Palast (ein Kasino wie in einem deutschen Seebad) enthält eine Kolonialausstellung von rührender Dürftigkeit. Ich sitze auf der Bank eines Freilichttheaters, wo deutsche und schwedische „Soubretten aus Frankreich", Schweizer Tiroliennen und Romanzen singen. Dann und wann bringt man voller Ehrfurcht einen total betrunkenen Herrn an seinen Wagen. Es ist nichts: die stechende Sonne des Nordens, der Kirsebaer und der eisgekühlte Punsch.

Ich sitze gern allein an einem Tisch des chinesischen Pavillons, am Ufer des künstlichen Sees, in dessen Mitte sich eine Insel mit Stuckfelsen erhebt, die braun und gelb angemalt sind. Ein Matrose mit dreifarbigem Gürtel bietet eine Fahrt in seinem Boote an. Vuole, signore? Ich antworte nicht: die italienischen Worte, die mir in Florenz so leicht auf die Zunge kamen, versagen mir hier ihren Dienst. Manchmal gehe ich auch in das Panoptikum, wo die Personen aus dem Dreyfus-Prozeß in ihren verblaßten Uniformen neben den Köpfen und den Händen zu sehen sind, die den berüchtigtsten Verbrechern Dänemarks abgeschlagen wurden ... Jenseits des Blattwerks wechselt der Rathausturm langsam seine Farbe, von goldgelb zu braunrot, in einem Sonnenuntergangshimmel, den die Kälte erstarren läßt.

Zum Essen gehe ich wieder in mein Hotel auf dem Kongens Nytorv: ein großer, trauriger und schwarzer Platz, zu groß für die Stadt, für das Theater, das er umgibt; er macht einen kleinstädtischen Eindruck: Zwei elektrische Lampen, die eine grün, die andere rot, bezeichnen den Eingang eines kleinen Restaurants; sie sind der einzige Versuch, in diese schwarze Wüste ein wenig Lustigkeit zu bringen.

* *
*

Auf der Ostergade habe ich heute morgen Maxim Claremoris getroffen. Zuerst hatte ich ihn nicht erkannt. Sein langes, frisches, ein wenig kindliches Gesicht war traurig und bekümmert; seine guten grauen Augen hatten ihre Heiterkeit verloren. Ich mußte hinter ihm herlaufen, ihn einzuholen.

„Pilger, mein lieber Pilger, welche Begegnung! Woher kommst du?"

„Aus dem Gefängnis. Weil ich an einem jämmerlichen Bismarck-Denkmal ein Schild angebracht hatte, auf dem „Pissoir" stand. Mein Lieber, genau so sah es aus. Sie haben mich als Verrückten behandelt. Ich bin noch einmal davon gekommen. Die Preußen wollten mich auf der Stelle erschießen. Schließlich habe ich dann zwei Monate in ihren Gefängnissen zugebracht."

Ich wollte ihn mit nach Tivoli nehmen. Er war der festen Überzeugung, daß ich ihn an einen „verrufenen Ort" bringen wollte, und erinnerte mich an die Abende im Savonarola. Wir blieben vor einer Buchhandlung mit englischen, französischen und deutschen Neuerscheinungen stehen.

„Sieh, Archie, die französischen Bücher: der neue Anatole France ‚Sur la pierre blanche'; und daneben liegen die

Schmöker: ‚Ames de grues'. ‚Luxures païennes', ‚Flirtons'! Das lesen die Dänen (immer weniger – hast du bemerkt, daß das französische Gebiet in den Schaufenstern der internationalen Buchhandlungen immer kleiner wird?). Das liest Europa und nennt es französische Literatur, während Laforgue und Rimbaud den Druck ihrer Werke selbst bezahlen müssen. Und von dem Verleger wandern sie gleich zu den Bouquinisten auf den Quais ... Gambetta hat Schuld. Damals war für Frankreich die große Zeit zur Entwicklung der Künste ... ach, Quatsch ... das ist zu dumm; fahre du fort; du kennst die Formel."

Beleidigt wandte ich mich ihm zu. Aber ich sah, daß aus seinem nervösen Lachen eine Grimasse geworden war, daß er ein Schluchzen unterdrückte. Nach einigen Schritten ließ er mich stehen und eilte fort.

Kopenhagen, 7. Oktober

Heute kam Max früh in mein Zimmer.

„Ich muß bei dir essen. Ich erwarte einen Scheck von meinem Bankier, und bis der kommt, mußt du für mich sorgen und mit Geduld die Beleidigungen anhören, mit denen ich dich, um dir meinen Undank zu beweisen, überhäufen werde."

Er war den ganzen Morgen ziemlich in sich versunken. Nach dem Essen habe ich ihn mit nach Tivoli genommen. Als wir vor dem chinesischen Pavillon, am Ufer des Sees saßen, fing er plötzlich an zu sprechen:

„Ich weiß nicht, wer du bist. Ein Reicher, der weniger Kretin ist als die meisten Vertreter dieser Art, weil du jung, deiner noch nicht sicher genug bist, um zu erkennen, daß du mich im Grunde verachtest, und mir zu sagen, daß du die „anerkannten" Künstler denen vorziehst, die ich im „Pilger" verteidigte. Geduld, das wird schon kommen ... Ein Reicher, der einigermaßen erträglich ist, der mich an den groben Vergnügen hat teilnehmen lassen, die ihm erreichbar sind: Essen in den großen Restaurants, Fahrten im Auto und auf der Jacht. Und was denkst du über mich? Ein Narr, ein Bohémien, der vielleicht als Kunstkritiker etwas wert ist, der es wenigstens verstanden hat, sich einen Namen zu machen, was fast ebenso achtenswert ist, wie viel Geld zu besitzen. Und im Grunde fühle ich noch etwas anderes ... Ich glaube, daß du verstehen wirst, was ich dir sagen muß. Und wenn du es nicht verstehst, um so schlimmer, dann spreche ich eben zu diesem Pfahl.

Ich habe genug von diesem starren Grinsen, meinen Paradoxen und der Polemik des ‚Leidenschaftlichen Pilgers'. Das ist mir zu leicht; das können zu viele andere auch; es ist weiter nichts als Ersatz für das Madrigal und die kleine Hofpoesie. Auch hat es keinen Sinn. Seit zwei Jahren habe ich das erkannt, und seitdem macht es mir keinen Spaß mehr. Ich hätte das schon früher einsehen sollen.

Ja, die kleine Flamme war tot. Das bißchen, das ich zu sagen hatte, war gesagt. Du wirst diese große Dürre und dieses höchste Licht an dem Tage kennenlernen, an dem du dir mitten auf der Straße irgendeiner Stadt, inmitten der Passanten mit aller Kaltblütigkeit, sagst: Ich sehe jetzt, daß es nichts gibt, daß das Leben weiter nichts ist als ein gemeiner Betrug, der unserer Neugierde nicht würdig ist. Das plötzliche, vollständige Verzichten ohne Bedauern; der Ekel vor der angefangenen Arbeit; die Verachtung für die vollendete Arbeit, den erworbenen Ruhm und das gelebte Leben; und vor sich zwanzig bis dreißig leere Jahre, in denen man handeln muß wie ein Lebender, damit die andern nicht merken, daß man ihre Anstrengung verachtet und ihrer Niederlage wie ihrem Erfolg gleichgültig gegenübersteht. So weit ist es mit mir gekommen.

Und doch war ich auf dem richtigen Wege. Ich schwöre es, ich hatte keinen anderen Ehrgeiz, als die Kunstwerke, die ich liebte, als hätte ich sie selbst geschaffen, bekannt zu machen und gegen die Feinde des Neuen zu verteidigen. Meine armen Eltern haben das niemals verstanden. Ich hätte der größte Weinhändler der ganzen Grafschaft Cork werden können und habe frohen Herzens darauf verzichtet. Sie haben meinetwegen viel gelitten, die armen Leute. Als ich zum erstenmal, ohne ihnen ein Wort zu sagen, nach Italien fuhr, nachdem ich mir von einer Schauspielerin das nötige Geld geliehen hatte . . .

Ich habe heldenhafte Tage gehabt, an denen eine Zeichnung des Constantin Guys oder des Piranesi mir das Mittagessen ersetzte; und arbeitsreiche Nächte, in denen ich mich den großen Meistern, zu deren Interpreten ich mich gemacht hatte, ganz nahe fühlte. Das war meine schöne Zeit, in der ich arbeitete, ohne an den Erfolg zu denken, und den Zweifel nicht kannte. Dann kam ein Tag, hier beginnt mein moralischer Verfall, an dem ich merkte, daß ich bekannt geworden war. Man sprach von meinen Arbeiten, man zitierte die Artikel des ‚Leidenschaftlichen Pilgers' in anderen jungen Zeitschriften. Ich wurde geplündert und nachgeahmt. Das war der Erfolg. Ich wurde bei lebendigem Leibe in den Zeitschriften mit hoher Auflageziffer geschunden, und in der Presse wurde mein Name schon mit jener Lächerlichkeit umgeben, die dem vorausgeht, was unsere Zeit, die leicht zufrieden ist, Ruhm nennt. Noch heute erhalte ich aus gewissen rückständigen Kreisen oder aus der Provinz Artikel, in denen man mich als Mystifikator und Narren behandelt und als Beweis für meine Dummheit die besten Seiten meiner Arbeiten über die italienischen Medaillenkünstler zitiert. Dann kam der Augenblick, in dem ich erkannte, daß ich mich, ohne daran zu denken, über die soziale Stellung meiner Eltern erhoben hatte. Wie sie hatte ich bis dahin geglaubt, es wäre aus mir nichts geworden, und das bedauerte ich aufrichtig.

Dann wieder berührte mich der Gedanke, daß ich früher für das Haus Claremoris und Sohn in Irland gereist hatte, wie etwas sehr Komisches und Phantastisches. Hätten die

Menschen, die mich in diesem Augenblick umgaben, das gewußt, sie hätten laut gelacht . . .

Dann kam der Artikel von ***, der mich bekannt machte, als ich mir aus dem Vergnügen, das der Ruhm mit sich bringt, schon längst nichts mehr machte. Im nächsten Monat wieder ein langweiliger Artikel desselben Kritikers. Und immer noch vergleicht man mich mit einem „Macher", einem Ungebildeten, Betrüger, einem Menschen, der kein Bild betrachten kann, überhaupt nie eins gesehen hat.

Aber was schadet das? Allmählich löste ich mich von allem, das ich am meisten geliebt hatte. Aber ich unternahm neue Arbeiten, harrte aus. Seit langem hatte ich erkannt, daß die Kunst die einzig erträgliche Lebensform ist, der größte Genuß, der sich am wenigsten schnell erschöpft. Zufriedenheit des Herzens findet man nur in der Familie und auch hier nur selten. Aber die Kunst verschließt sich nie unserer Liebe. Andererseits wollte ich meine Forschungen auch nicht aufgeben. Sie ließen mich glauben, ich wäre zu etwas nütze, verdiente meinen Lebensunterhalt und trüge zu dem gemeinsamen Werk bei. Aber ich hatte sie immer als eine untergeordnete Tätigkeit aufgefaßt.

Und doch habe ich die Nichtigkeit all dessen empfunden. Das Werk, das ich in diesem Jahr geschaffen habe, das lebt, das man diskutiert, das den Beifall der glücklichen Minderheit findet, das die jungen Leute lieben, ist in fünfzig Jahren nur noch eine Kuriosität, über die man lächelt. Die Quellenforschung und Vergangenheit werden zu nichts. Das Werk wird von den Spezialisten seziert, klassifiziert und etikettiert. Sieh doch die Werke der Vergangenheit, arme, kleine, leere Flakons, in denen kaum eine Erinnerung an das Parfum bleibt, das sie enthalten haben. Unsere werden dasselbe Schicksal haben. Und wenn sie im Laufe der Jahre nicht untergehen, werden sie einfache philologische Denkmäler. Sie werden das Schicksal der Mumien teilen, die man in den Museen ausstellt und nicht einmal mehr als Tote betrachtet.

Ich werde vielleicht ein wenig länger leben als der große Haufe der Kunstkritiker dieser Zeit, weil ich später zugelassen wurde, weil ich die Vertreter und Wortführer der mittleren Klasse gegen mich hatte. Und dann? Aber ich bin dessen nicht einmal sicher. Und warum sollte mein Werk etwas wert sein? Weil mir das Schaffen Freude machte?

Ich bin zu weit gegangen. Warum habe ich dem Instinkt, der mich zum Schreiben trieb, nicht widerstanden? Warum habe ich meine Gefühle, meine Gedanken, meine Begeisterung nicht für mich behalten? Damit mich eines Tages ein reicher Dilettant, der durch den Müßiggang verrückt geworden ist, oder ein junger Kritiker, der eine glänzende Karriere machen will, zum Gegenstand eines dicken Buches macht, mein Werk nach einer Methode zerpflückt, die das eigentliche Wesen der Kunst nicht kennt (jede Methode ist grob), ohne Sympathie, vielleicht selbst ohne Verständnis in meinem Leben herumspürt und in Handlungen, die ich nur widerwillig getan habe, Zeichen für eine ernste Leidenschaft sieht . . . Damit, höchster Gipfel der Lächerlichkeit, eine Gedenktafel an meinem Geburtshaus in Cork angebracht wird, der einzigen Stadt, in der ich nie leben konnte, und an die ich nur mit Unbehagen denke. Ich bin zu weit gegangen. Ich war heftig, uneigennützig und aufrichtig. Ich habe Angriffspunkte gegeben. In der Menge der Werke der Vergangenheit sind die noch am besten dran, die keinen Wert haben: ihr Unwert schützt sie gegen die Kritik. Oder die, die nur im Hinblick auf den Erfolg geschrieben worden sind. Man forscht dann im Leben ihrer Autoren und bewundert sie, wenn sie es verstanden haben, aus ihrem Ruhm Nutzen zu ziehen. Sie wenigstens sind nicht betrogen worden. Die Achtung, die man für sie hat, erstreckt sich auf das, was sie hinterlassen haben: mit einem Worte, vernünftige Menschen!

Ich möchte handeln wie sie. Ich habe keine Wahl: Selbstmord oder das. Kennst du eine reiche Frau, Witwe oder geschieden, die gern einen Mann heiraten würde, der „einen

Namen hat"? Eine reiche, aber sehr reiche Frau; keine kleine Bürgerin. Ich habe schon gesucht. Ich bin in den feinen Kreisen gewesen; ich besuche die Museen nur noch in der Hoffnung auf eine glückliche Begegnung. Ich will endlich meine Ruhe haben. Bisher bin ich fast vor Hunger gestorben mit meinen 15 000 Francs Zinsen (für meine Eltern eine große Summe, auf die sie sehr stolz waren). Ich hatte meine Zeitschrift, meine Reisen, meine immer wieder begonnene Galerie. Immer Schulden; immer einen unerfüllten Wunsch. Ich habe genug davon. Auch ich will mein gemütliches Heim, mein Auto, meine Diener haben und mich nicht immer und überall nur mit der zweiten Klasse begnügen müssen. Nur unter dieser Bedingung nehme ich das Leben an. Ernsthaft. Es gibt Tage, an denen ich so müde bin, daß, wenn mir auf der Straße eine Straßenbahn entgegenkommt, ich die größte Lust habe, mich unter ihre Räder zu werfen. Ich hätte es längst getan, wenn ich die Gewißheit hätte, auf der Stelle tot zu sein. Male dir mal aus, daß die Seele, und wäre es auch nur für einen Augenblick, in der halbgeöffneten Tür eingeklemmt wäre ... Ich hätte dir das nicht sagen sollen. Es könnte mir ein Unfall zustoßen, und du würdest dann glauben ...

Ist auch einerlei, was du glaubst. Und lege ich so viel Wert auf Geld? Ich habe alles versucht. Im Trubel meiner Jugend war ich glühender Christ, und meine Familie war über meine Bekehrung sehr bestürzt. Ich bin gleichgültig geworden. Ich habe dem Tod ins Auge gesehen. Nein, das ist auch nichts für mich. Ach! mein alter guter Wille! Nein, es gibt nichts, nichts, nichts! Ich habe nicht einmal Angst."

8. Oktober

Auch ich habe heute morgen in unseren Zimmern gesprochen. Ich habe nicht versucht, Max zu trösten oder zu ermutigen, sondern ihm nur begreiflich machen wollen, daß er meine Sympathie hat, daß ich derartige Krisen kenne, wie er sie jetzt durchmacht. Ganz schüchtern habe ich auch von meiner Freundschaft zu ihm gesprochen. „Ich habe dir nur wenig zu geben, Max, aber hier ist es."

„Danke, lieber Archie, ich habe Vertrauen zu dir. Ich will einige Kindereien vergessen, ich weiß, daß der Grund gut ist. Du wirst ein guter, nachsichtiger und geduldiger Freund bleiben. Du wirst dich nicht in Formeln verkapseln; du wirst deine Achtung nicht an meinem Erfolg messen; du wirst nicht an mir zweifeln, wenn du mich kritisieren hörst. Du wirst dich nicht dummerweise unserer Bekanntschaft rühmen, wenn man mich in deiner Gegenwart lobt. Wenn ich in Krankheit, Trunksucht und Stumpfsinn untergehe, wirst du nicht spotten, du weißt, wer ich bin. Du bist noch bereit zu Abenteuern des Geistes; du wirst deine Ansichten noch ändern, wirst dich noch wandeln. Aber was kannst du für mich tun? Ich sage dir: ich habe die tiefste Tiefe erreicht. Ich werde weiter leben, weiter reisen, vielleicht werde ich auch noch schreiben. Aber mein Standpunkt ist nun ein anderer geworden.

Ich fahre bald wieder nach Italien. Es ist gottlos, den Herbst im Norden zu verbringen. Siehst du nicht, daß die Natur hier Angst vor dem Tode hat? Die verwundeten und blutenden Gärten erwarten den Gnadenstoß, und nur die Spinne, der furchtbare Akrobat mit den sechs Armen, lebt in dem feuchten Lorbeer. In den Städten verbergen die griechischen Bauwerke, verbrannt durch die Jahre, im Nebel ihre Kolonnaden und schwarzen Kuppeln. Wenn du noch ein wenig bleibst, wirst du sehen, was aus der Amalieborg und dem Thorwaldsen-Museum, der furchtbaren Akropolis von Thule, am Rand seines stygischen Kanals wird. Da unten aber finde ich sich rötende Reben, die um die lombardische Ebene ihre Reigen tanzen; und in Florenz kein anderes Zeichen der Jahreszeit als einen Goldkranz auf der schwarz und weißen Stirn von San Miniato. Ich muß die Zypressen auf den Hügeln sehen! *Tutto il mondo è paese;* aber die Toskana ist das Land meiner Liebe. Wie kann man nur anderswo leben?

„Sieh, du hängst doch noch an etwas."

„Ja. Aber nicht mehr so stark wie früher. Der Blick ist nach rückwärts gewandt, und die Hände haben keinen Halt mehr. Ich bin voller Verzweiflung, was will das Leben noch von mir?"

London, 22. Dezember

In drei Wochen verlasse ich Europa. Ich will zwei bis drei Jahre, vielleicht auch für immer, irgendwo in Südamerika leben, das ich nicht kenne und das doch meine Heimat ist. Kindheitserinnerungen, die durch Lektüre verändert wurden, das ist alles, was mir von diesem Lande bleibt. Die alte Lolita, Gesichter indischer und afrikanischer Dienerinnen, so ferne, intime, zarte Fäden, daß sie mir entgleiten in dem Augenblick, in dem ich sie in das Gewebe der Worte einschlagen will. Heute morgen noch, als Concha mir von den Vorbereitungen erzählte, die sie für die Noche-buena macht, öffnete sich plötzlich ein alter Palast meiner Erinnerungen, der lange geschlossen und vergessen war, und eine Sekunde lang habe ich erleuchtete Säle, goldene Throne, die blitzende Krippe, die drei Könige aus dem Morgenland und die allerreinste Jungfrau gesehen.

Ich fahre ohne innere Freude von hier, ich kann hier nicht mehr leben, ich muß endlich damit zu Ende kommen. Aber ich sehe nichts vor mir. Ich habe darauf verzichtet, mir mein Leben drüben auszumalen; ich bin zu oft enttäuscht gewesen. Ich will hier nicht die Gründe meiner Abreise niederschreiben (die liegen zu tief, als daß ich sie in Worte fassen könnte), sondern was meinem Entschluß vorausging und meiner Abreise vorausgehen wird.

Von Kopenhagen hatte ich an die Fräulein Yarza geschrieben und sie gebeten, Leamington zu verlassen und mich in London zu erwarten. Über die Stunde meiner Ankunft benachrichtigt, sind sie mir entgegengekommen, und an der Landungsbrücke von Hull traf ich sie. Nach Verlauf einer Woche, die ich im Hotel Ritz zugebracht habe, war ich in dem einfachen und bequemen Hause, das ich mir so sehr wünschte, eingerichtet, und die Fräulein Yarza wohnten in dem Nachbarhause.

Sehr schnell war ich wieder in London zu Hause. Auch ich sagte, wie Max Claremoris von Italien: Wie kann man anderswo leben?

Der Tee, der Nebel, die Tage mit den gleichmäßig verteilten Mahlzeiten, die mir vertrauten Straßen, alles hat dazu beigetragen, meine Wunden zu verbinden und mich zu beruhigen. Die Sonntage haben mich mit Stille gefüllt; und der einsame Garten (zu dem ich den Schlüssel in meinem amerikanischen Schreibtisch habe) hat mir ein wenig von seiner korrekten, achtunggebietenden, reservierten Langweile gegeben. Zehn Tage lang hatte ich das Gefühl, endlich zu Hause zu sein.

Bald verkehrte ich in einem mir ganz neuen Kreis. Max hatte mir auf meine Bitte hin einige Empfehlungsbriefe gegeben, und so lernte ich einige seiner Freunde kennen. Das heißt, ich teilte meine Zeit, die ich außer dem Hause verbrachte, zwischen einigen bürgerlichen Klubs im East-Center und den Ateliers in Chelsea. Und die alte Geschichte fing wieder an. Ich mußte mich vor einer Menge von Naiven und Groben hüten, die mich verletzten, ohne es zu merken: Provinzler, die im letzten Jahr mit der Absicht, die Hauptstadt zu erobern, nach hier gekommen waren und mir, von dem sie dachten, ich sei erst vor kurzem aus der Provinz gekommen, gute Ratschläge gaben. In ihrer Mittelmäßigkeit hielten sie mich, den Reichen und in der Industriewelt Bekannten, für unwissend und stumpfsinnig, sahen sich an, wenn ich sprach, und unterstrichen in Seitenbemerkungen, was sie für meine Irrtümer hielten. Sie rieten mir in ihrer Bauernschlauheit, Theater und Zeitschriften zu gründen, die Bücher und Bilder ihrer Freunde zu kaufen. Dazu schmeichelten sie mir in so plumper Weise und zu so ungelegener Zeit, daß ich mich für sie schämte. Einige, die wußten, daß ich schrieb, wollten mir helfen, bekannt zu werden. Und ein reifer Mann, der nie eine Zeile von mir gelesen hatte, brachte mir eines Tages ein broschiertes Exemplar seiner Verse mit der Widmung „Dem feinsinnigen Dichter Archibald Olson Barnabooth". Es war unmöglich, sie aufzuklären! Sie fühlten nicht ihren Irrtum, sie sahen mich nicht wie ich bin.

Dann bin ich eines Tages in den Kreis zurückgekehrt, den ich früher den meinen nannte. Doch gleich merkte ich, daß ich nicht mehr dazugehörte. Ich errötete, als ich sah, wie Greise mich mit Ehrfurcht behandelten und große, vornehme Herren, die heiratsfähige Töchter hatten, mich aufforderten, acht Tage auf ihrem Landsitz zu verbringen.

Ich bin zu Max' Freunden zurückgekehrt. Dort fand ich wenigstens vier oder fünf Geister, die dem meinen verwandt waren, Menschen, die denselben Weg hinter sich hatten wie ich, die da waren, wo ich war, oder mich schon überholt hatten. Wir interessierten uns für dieselben Probleme. Wir tauschten unser geistiges Geld aus. Was ich mitbrachte, hatte bei ihnen Kurs. Mehrere bewiesen mir, daß sie mich schätzten. Als meine Gedichte erschienen (sie wurden in Paris von X. M. Tournier de Zamble unter dem Titel: Poèmes par un riche amateur veröffentlicht und von ihm mit einer Vorrede versehen, in der er mit einer groben Schmeichelei eine Ironie mischte, die mich nicht mehr verletzen kann), gab ich meinen neuen Freunden einige Exemplare. Einige Gedichte gefielen ihnen, und sie sagten es mir frei heraus.

Aber die Menge der Naiven hatte mich vergiftet. Ich fragte mich immer wieder, ob hinter dieser warmen Aufnahme, hinter dieser Achtung nicht doch verborgener Spott oder gutdosierte Schmeichelei lauerte. Ich war immer auf der Hut, ich beobachtete die Gesichter; ich wandte mich plötzlich um; ich sah in die Spiegel. Wenn einer, der viel älter war als ich, mir den Vortritt ließ, fragte ich mich gleich, warum er das täte. Eine schmeichelhafte Anspielung auf meine „Blähungen“ machte mich mißtrauisch; die Erinnerung an ein Kompliment quälte mich eine ganze Nacht. Behandelte man mich genau wie jeden ersten besten auch? Oft hatte ich Lust aufzustehen und ihnen zu sagen: Sagt es frei heraus, haltet ihr mich für einen der eurigen?

Aber mein wahres Leben war nicht hier. Auch nicht zu Hause. Ich hatte es mir zur Gewohnheit gemacht, sobald der Nachmittag kam, zu den Fräulein Yarza zu gehen.

Zeit und Umstände hatten uns getrennt. Concha und Socorro waren nur noch durch ihre Treue mit mir verbunden, die Treue zweier schwachen Wesen zu dem Mann, der sie ernährt und selbst aus der Ferne gegen die Härte des Lebens schützt. Wir haben unsere Bekanntschaft erneuert. Ich habe sie gesehen, wie sie wirklich sind, und nicht mehr durch die Phantasie meiner zwanzig Jahre, als ich sie mit einem poetischen Geheimnis und einer falschen, geschmacklosen Exotik umgab. In Haltung, Wesen und Kleidung sind sie Europäerinnen. In ihrer Umgebung nichts Exotisches als ein Papagei aus Brasilien; es ist ein feuerroter „Loro“, dem sie sprechen beibringen.

Sie haben ihren langen Aufenthalt in England gut genutzt. Sie haben sich die äußerliche Zucht zu eigen gemacht, die hier das Leben regelt, eine Art sozialer Uniform, unter der sich der Charakter ganz nach Belieben entwickeln kann; diese Achtung vor einigen Hauptregeln und einen Anstand, der so viel Freiheit möglich macht.

So lernte ich sie jeden Tag mehr kennen und entdeckte den Reichtum, den sie enthalten: was sie von ihrer Rasse, ihrer Erziehung, ihrer Erfahrung ausgewählt und für sich behalten haben. Nun? Waren sie die zwei Kinder, die blöde vor Angst und Elend waren, die zwei kleinen, verschüchterten Wesen, die ich eines Nachts, als ich mit Tassoula das dunkelste London durchstreifte, gerade in dem Augenblick rettete, als man sie, für immer geschändet, in die Gosse werfen wollte? Ich hatte sie gerettet, weil Tassoula es wollte und sie meine Landsmänninnen waren.

Durch meine Besuche bei ihnen habe ich erfahren, was eine menschliche Kreatur enthält: das Prinzip, das sie erhält, die Fortdauer einer langen Heredität, den Schatz an Vernunft, Gefühlen, Fähigkeiten, die sie in sich trägt. Darauf ist die Zivilisation aufgebaut, dachte ich; und hinter den guten europäischen Manieren meiner zwei Freundinnen fühlte ich deutlich die Gegenwart großer sozialer und geschichtlicher Geschehnisse: die Bildung der amerikanischen Demokratien, die Eroberung, die Entdeckung und weiter zurück Spanien und am Anfang Rom. Das alles mündete hier. Nichts Wichtiges war im Lauf der Zeiten verlorengegangen. Die langen Reihen von Kaisern und Päpsten hatten nicht umsonst gelebt. Bald empfand ich das nicht mehr, es verschwand sehr schnell unter den Einzelheiten des täglichen Lebens. Heute erscheinen mir Concha und Socorro als Einzelwesen, vollkommen durch sich selbst, nicht mehr als die Vertreter einer Rasse oder einer Nation.

Ich habe gezaudert. Ich kannte ihre Ergebenheit, und sie zeigten sich diensteifrig, dankbar, aufmerksam. Und wir wären nicht weiter gekommen, hätte ich nicht mit Conception, die die Ältere war, über das ganz besondere Interesse, das ich an ihr habe, gesprochen. Ich erlebte, wie ein Herz dem meinen entgegen kam, wie Verständnis und Zärtlichkeit mich empfingen. Ich erlebte die freiwillig angebotene Unterwerfung einer Frau, die meine Liebe annahm. Seitdem waren unsere Beziehungen fester begründet. Socorro fand sich mit ihrer Rolle als jüngere Schwester ab. Ich war jetzt der anerkannte Herr des Hauses, das respektierte Haupt der Familie. Ihre alte Haushälterin, eine Mestize, die sie von drüben haben kommen lassen, antwortete, als ich sie nach ihrem Namen fragte:

„Maria, Gott und Euch zu dienen, Herr.“

Und durch die Arme der Geliebten gewinnt mich meine Heimat allmählich wieder.

Aber ich habe auch Stunden der Unruhe gehabt. Da ich immer glaubte, daß man mir überall schmeichelte, fragte ich mich, ob man es nicht auch hier, in dieser letzten Zufluchtsstätte, täte. In Conchas Zärtlichkeit witterte ich Hintergedanken. Ich habe oft gewünscht, bei ihr oder ihrer Schwester Socorro eine Spur von Langweile, Verachtung oder Zwang in meiner Gegenwart zu finden; dann hätte ich gewußt, woran ich war. Dann wieder wollte ich die Situation beurteilen, als wäre ich hier ganz fremd. Donnerwetter, es waren doch Mädchen, die mir alles verdankten! Natürlich war es ihr eigenstes Interesse, mich zu sich zu locken, mich festzuhalten, mir unterworfen zu sein. Das war das mindeste, das sie tun konnten. Sobald ich fort war, rächten sie sich, zweifellos kritisierten sie mich ohne Erbarmen und ließen ihren wahren Gefühlen freien Lauf. Ich bemühte mich, in ihrer Unterwürfigkeit nur gemeine Servilität und in der Achtung, mit der die Älteste ihre Liebe mischte, nur schlaue Berechnung zu erblicken. Aber nein, ihr Benehmen mir gegenüber hatte nichts Serviles an sich. Die Achtung Conchas war die eines treuen Vasallen und nicht die einer ausgehaltenen Mätresse: eine Achtung, die mich überragte, dem Menschen in mir galt, dem großen, stärkeren Kameraden und nicht dem Herrn. Manchmal spottete sie über mich, tadelte mich leise, war vertraut; kehrte aber gleich wieder in die Grenzen ihrer Abhängigkeit zurück.

Ich lernte endlich eine neue Art Freundschaft kennen, die nicht auf gemeinsamen Neigungen beruht, und eine Art Leidenschaft, deren kleinster Teil sinnliche Begierde ist. Ein in menschlichen Worten nicht ausdrückbares Gefühl, das ich vergeblich durch ein Gedicht auszudrücken versuchte. Ich fing an:

Schweige. Sage nichts: schweige.

Diesen Rat habe ich befolgt ... Ich habe die unwiderstehliche Kraft der Liebe kennengelernt ... Und gelernt, die Orangen auf eine gewisse Art zu essen ...

Dienstag

Als ich heute morgen gegen elf Uhr in der Bond Street vor den Schaufenstern stand und überlegte, was ich meinen Freundinnen mitbringen sollte, und zwischen den Emaillen von Lacloche und dem Reisebesteck von Finnigan schwankte, wen hätte ich da wohl anders treffen können, als Gaëtan de Putouarey?

„Hello, old chap! Beinahe wäre ich an Ihnen vorbeigerannt. Schade, muß heute abend wieder nach Paris. Wir wollen zusammen essen und bis zur Abfahrt des Zuges zusammenbleiben. Ich habe Ihnen allerlei zu erzählen."

Er nahm mich beim Arm, zog mich mit, gestikulierte, hob den Kopf, streckte den Bart in die Luft.

„Was? Die Bond Street mögen Sie gern? Ist eng, riecht nach orientalischem Tabak, russischem Leder und frischem Pferdemist; schnell kann man hier nicht gehen, die Läden locken. Der kleine Pferdeomnibus fährt so langsam wie möglich von einem Ende zum andern. Und die schönen, blonden Mädchen in blauem Serge! ..."

„Sie sind noch immer der alte, Marquis."

„Mein Lieber, England ist das Land der Küsse. Die sind hier, was die Bonbons in Spanien sind. Die Stubenmädchen in den Hotels; die Verkäuferinnen in den Läden, oh, dear! Man küßt sie auf die Backe, und sie werden böse: How dare you? und dann reichen sie einem den Mund. Und die Gälinnen? Waren Sie auf dem Snowdon?"

„Nein, und wahrscheinlich werde ich auch nie hinkommen. In vierzehn Tagen fahre ich nach Amerika."

„Donnerwetter! Uns so einfach im Stiche lassen, ohne dem Kontinent Lebewohl gesagt zu haben, ohne Abschied von Paris ... Sie werden Ihre Gründe haben, und ich dringe nicht in Sie. Ich ahnte längst, daß es so kommen würde, daß Sie dieses ziellose Leben leid würden. Auch Sie fühlen sich zu etwas berufen. Sie folgen gern dieser inneren Stimme. Machen es nicht wie gewisse ihrer Landsleute: die Marchena zum Beispiel. Stellen Sie sich vor, daß diese Burschen in ihrem Gymnasium in Paris eine viertägige Belagerung ausgehalten haben, als man sie wieder nach Amerika bringen wollte. Um ihrer habhaft zu werden, mußte man warten, bis sie vor Hunger halbtot waren. Man fand sie ohnmächtig neben ihren Revolvern. Mit Ihnen ist das was anderes. Sie kennen alle Vergnügungen Europas, Sie haben gesehen, was Sie sehen wollten, und schließlich ist drüben auch Ihr Platz. Sie haben Ihren Weg gefunden. Mit dem Dilettantismus ist es vorbei. Auch ich habe meinen Weg gefunden. Das will ich Ihnen gleich bei der Zigarre auf der Terrasse meines Hotels erzählen. Erinnern Sie sich noch unserer ‚pour la noblesse' auf dem Pianello in San Marino?

Also das war so: Länger als acht Tage habe ich es in Cetinje nicht ausgehalten. Ich bin, ohne unterwegs auszusteigen, zu einem meiner Lehrer in Deutschland gefahren. Ich habe mit ihm besprochen, was mich seit einem Jahr beschäftigte; eine Reihe von Experimenten in meinem Laboratorium; er war sehr zufrieden. Das kann ich Ihnen ohne Fachausdrücke unmöglich erklären ... Er hatte mir allgemeine Richtlinien für meine Forschungen gegeben und ich machte mich mit solchem Eifer an die Arbeit, daß ich manches fand, was eine seiner Hypothesen teilweise bestätigt. In einem seiner nächsten Bücher wird das Exposé über meine Experimente ein Drittel eines Kapitels füllen. Sie werden verstehen, daß ich wegen des Laboratoriums alles aufgab. Was ich immer ahnte, ist eingetreten: eine meiner Leidenschaften hat über die andern gesiegt. Als ich fünfzehn Jahre alt war, setzte ich es bei meiner Großmutter durch, daß sie mir in Putouarey einen Pavillon im Park als kleines Laboratorium einrichten ließ; das entschädigte mich für manches. Eines Tages würde ich ganz darin aufgehen. Ich hatte nie daran gedacht, welche Wichtigkeit diese Leidenschaft für mich hatte: ich stellte sie auf dieselbe Stufe wie meine Sammlungen. Allmählich habe ich die Möglichkeit gewisser Experimente geahnt. Ich werde da aber nicht haltmachen, ich sehe weiter; ich habe in einer Zeitschrift – keine Fachschrift – einige Arbeiten von geringerer Wichtigkeit veröffentlicht. Ich fühle, daß ich eine starke Opposition werde niederkämpfen müssen. Für die, die von dieser Wissenschaft leben, sie pflegen und lehren, weil es ihr Beruf ist, werde ich lange ein einfacher Dilettant sein, ein „vornehmer" Chemiker, und meine Forschungen werden nicht die Beachtung finden, deren ich sie für wert halte. Schon haben mich einige sauer-süße Notizen wieder auf die Bälle im Faubourg St. Germain getrieben. Aber der Münchener und auch ein Pariser Gelehrter haben mir geraten, meine Arbeiten fortzusetzen, und ich weiß, was ich tue. Dilettant, meinetwegen! Einen Vorteil habe ich aber doch: ich liebe meine Arbeit so sehr, daß ich ihretwegen auf das lustige Leben verzichte, das man mir bereitet hatte. Ob sie das auch sagen können? Zwei oder drei, ja. Für die andern ist es eine Karriere, fast ein Geschäft. Für sie war es eine Vernunftheirat, für mich aber eine Liebesheirat."

„Gaëtan, ich staune. Eines Tages werden Sie noch Mitglied des Institutes; dann werden die Leute von Putouarey und Chabot große Augen machen."

„Rabot, meinen Sie. Lachen Sie nicht über mich. Die Wissenschaft ist keine Sache der Eitelkeit wie die Literatur. Verzeihung, ich vergaß, daß Sie einen Band Gedichte veröffentlicht haben. Ich meine... Sie verstehen mich schon. Meine Arbeiten sind sehr bescheiden, anderen untergeordnet; es ist eine Art Mitarbeit. Es handelt sich darum, etwas zu finden, und nicht darum, sich dadurch in Geltung zu bringen, daß man mit Worten und Ideen jongliert. Putouarey? Das ist zu Ende. Ihr seid alle dieselben, Fremde oder Provinzler. Für euch ist Paris nur eine Stadt des Vergnügens. Deshalb kommen wir Pariser nach hier, wenn wir uns amüsieren wollen."

„Und nun noch Ihr letztes Abenteuer, wenn Ihr Laboratorium Ihnen zu so etwas noch Zeit läßt."

„Das wollte ich gerade erzählen. Ich bin sehr verliebt. Ahnen Sie nicht, in wen? In meine Frau, wahrhaftig, in meine Frau. Das mußte so kommen. Als ich nach der Rückkehr aus Deutschland den Transport meiner Instrumente und Bücher nach Paris vorbereitete, verbrachte ich einen Teil der Nacht damit, einige Berechnungen für meine Experimente zu überprüfen. Ich war mit mir zufrieden. Ich wollte schlafen, als ich plötzlich fühlte, daß das so nicht ging. Ich mußte meinen Lohn haben. Ein wenig Liebe. In Putouarey war das unmöglich. Nun, ich nahm all meinen Mut zusammen und öffnete zitternd eine gewisse Tür ... Mein Lieber, ich habe mir alles verzeihen lassen. Und das ist meine schönste Eroberung.

Die plebejischen Abenteuer sind ja ganz nett, aber ich bin sie satt. Ich brauche eine gewisse Erziehung, genau wie eine gewisse Sauberkeit. Anfangs achten sie auf sich; aber so bald sie warm geworden sind, kommt die alte Schlampe zum Vorschein. Anfangs nehmen sie sich höllisch zusammen. Sobald sie aber so viel haben, daß sie, ohne etwas zu tun, leben können, fängt die alte Schlamperei wieder an; sie könnten drei Dienstboten beschäftigen. Und schließlich lachen sie bei Tisch laut und lange, mit fettriefendem Mund. Früher ging meine Menschenfreundlichkeit so weit, daß ich das ertrug, sogar noch mehr. Aber das ist heute anders. In bezug hierauf habe ich mich rückwärts entwickelt, ja ohne Zweifel: das ist Rückentwicklung, ein Kleinerwerden. Ich habe meine Liebe, und ohne Zweifel verlangt sie diesen ganzen Teil meiner selbst. Als ich zu Weihnachten nach hier kam, geriet ich in Southampton in eine Schar italienischer Auswanderer, die auf ihre Einbootung auf den Dampfer nach Amerika warteten. Unter ihnen befand sich eine reizende Witwe aus

Arezzo mit zwei kleinen Mädchen; sie wollte zu ihrer Schwiegermutter nach Illinois. Ein Gesicht! Wie die kleine Jungfrau von Bugiardini. Sie hat mir ihr Unglück erzählt, mit sanfter Stimme und vielen: Ma chè? ma chè?"

„Wie Sie damals in Italien."

„Nein, mit Resignation. Früher hätte ich mir alles auf den Hals geladen: Frau, Kinder, selbst ihre Puppen. Niemals ist mir die italienische Sprache so sanft und rührend erschienen. Aber ich habe an die Frau gedacht, die ich liebe. Mein Lieber, was wir mit so viel Schmerz, Angst und Entzücken suchen, ist wunderbar. Wenn wir es gefunden haben, denken wir nach Verlauf eines Monats kaum noch an unser Glück, denn der Platz, den wir in uns für sie hatten, ist ausgefüllt. Sie vervollständigt uns, und wir haben unsere Ruhe gefunden. Wer satt ist, redet nicht vom Essen."

„Sie haben Ihre Arbeit, Ihr Heim. Sind jetzt in ‚geordneten Verhältnissen'."

„Seien Sie nicht ungerecht, Archibald. Auch ich habe das geglaubt, das heißt, daß ich kleiner geworden bin, und meine Eigenliebe litt darunter. Nein, ich bin nicht ‚in geordneten Verhältnissen'; vorher stand ich nur am Rande des Lebens, sah es fließen, tauchte oft die Fingerspitzen, oft die Hand hinein. Jetzt aber bin ich in den Strom gesprungen. Ich habe meine Wahl getroffen: ich besitze wahre Dinge. Vorher hatte ich nur Wahrheiten auf Miete. Vorher war ich zersplittert und ohne Bindung. Jetzt gehöre ich mir und bin nicht mehr allein."

„Putouarey, Sie bestärken in mir einen gewissen Entschluß. Doch davon später. Und was ist aus dem – Mythos geworden?"

„Dessen erinnern Sie sich noch? Ich denke kaum noch daran. Ich bin besonders gezeichnet. Folge meiner Erziehung. Meine Großmutter und der Abt Vernet mögen den Tadel auf sich nehmen oder den Lohn empfangen. Ich rede nicht mehr darüber. Ich bin nur Laie. Das war auch eine Gewissenssache. Und jetzt ist mein Gewissen fast ruhig. Ich gehorche meinem inneren Drang und schlafe bei meiner Frau.“

„Sind Sie glücklicher als vorher?“

„Ja. Und wissen Sie, woran ich das merke? Daß ich mir jetzt eingestehe, wie unglücklich meine Kindheit und meine Jugend waren. Man hat mir sechs Jahre meines Lebens gestohlen. Man hat mich beinahe zum Krüppel gemacht. Man bedauert Menschen, die in ihrer Jugend gehungert haben oder krank gewesen sind. Man denke aber auch mal an die, die wie Gefangene in den Schlössern leben, in der Provinz, in einem bürgerlichen Milieu, die mit aller Liebe von den Erziehern gequält werden und die Jahre, Monate und Tage zählen, die sie von ihrer Großjährigkeit trennen ... Aber ich mußte das wohl erst durchmachen. Ich klage nicht. Arme, liebe Großmutter, ich wollte, ich hätte sie noch. Und jetzt schämt sich mein lieber Jean im Himmel meiner sicher weniger. Ja, die Gegenwart ist für mich schön ... Wieviel Uhr ist es? In vierzehn Minuten muß ich in Charing Cross sein; meine Frau erwartet mich am Nordbahnhof. Sie werden mir doch von drüben mal schreiben? Wenig Aussicht, daß ich Sie dort besuche. Good gracious! Ich muß noch mal nach oben. Ich habe Nancy noch nicht umarmt.“

London, 8. Januar

Ich habe unrecht, meine ganze Vergangenheit zu verdammen. Selbst in den Jahren, die ich am schlechtesten verwendet habe, finde ich eine Tat, zu der ich mich heute noch beglückwünsche. Zum Beispiel: daß ich dafür sorgte, daß die beiden Fräulein Yarza ordentlich erzogen wurden, nachdem ich mich ihrer angenommen hatte. Damals schon dachte ich, daß eine der beiden mir eines Tages eine liebe Gefährtin sein könnte.

Ich hatte sogar die Möglichkeit einer Heirat mit Concha in Erwägung gezogen. Bald hielt ich sie für eine Niederlage, bald für einen großartigen Entschluß. Ich war der Mann, der sich damit abfindet, seine Mätresse zu heiraten. Die Welt würde nicht nachprüfen, ob Conception Yarza meine Geliebte war oder nicht. „Er hat die eine der beiden Kleinen geheiratet, für die er sorgte." Ich hörte, wie irgendeiner meiner Bekannten diese Worte mit jener Betonung sagte, wie sie in solchen Fällen bei Klubleuten üblich ist. Gerade das sollte mir nicht passieren. Meine Heirat sollte im Gegenteil ein Hauptstreich sein, alles übertreffen, was der Neid meiner „Zunftgenossen" sich nur ausdenken konnte. So wäre ich definitiv in die europäische Aristokratie aufgenommen worden. Ich dachte an die Krone der Lady Barnabooth von Briarlea.

Dann wieder hatte meine Ehe mit Conception Yarza symbolischen Wert für mich. Die alte, knabenhafte Idee, das Bedürfnis nach sozialem Ausgleich tauchte wieder auf. Und welche Herausforderung an meine Welt! Und wie konnte ich den Frauen des Geburts- oder des Geldadels besser zeigen, wie wenig ich mir aus ihnen machte?

Wie ängstlich war ich und wie sehr kümmerte ich mich um die Meinung anderer, selbst in meiner Empörung gegen sie! Das große Zeichen, an dem ich erkenne, daß ich die alte Torheit abgelegt habe: Ich denke daran – endlich – zuerst mir zu gefallen. Und ich fühle, daß ich glücklich sein werde; und muß ich eingestehen, daß ich zögere, glücklich zu sein?

26. Januar

Ich bin verheiratet, und zwar dreifach: durch die englische, die römische Kirche und dann auch durch das Konsulat von ... Morgen fahren wir nach Liverpool und von dort nach Colon.

Ich schreibe mitten unter dem Gepäck. In allen Zimmern Koffer, vom Fußboden bis zur Decke. Meine Frau nimmt die Rue de la Paix, ich die Bond Street mit.

* *
*

Wir haben in Paris vier Tage zugebracht; von hier aus habe ich meine Heirat und meine Abreise nur zwei Menschen mitgeteilt: Stephan und Cartuyvels. An letzteren habe ich auch noch geschrieben, daß ich denselben Tag von Le Havre abführe. Er glaubt mich unterwegs. Ich wollte mir seine Einmischung und die nutzlose Mühe, sie abweisen zu müssen, ersparen. Er hat sicher alles für einen tollen Einfall gehalten und über meine Abreise gesagt: Wieder so eine Laune. – Er erwartet, daß ich geschieden und reumütig zurückkomme. Er kann warten.

Ich habe Europa Lebewohl gesagt. Ich weiß, daß ich jeden Augenblick diese Reise von Stadt zu Stadt, von Laden zu Laden, von Hotel zu Hotel wieder anfangen kann. Meiner Treu, das war noch das beste; der Rest: Studien, Ehrgeiz, Doktrinen, das war die Langweile, die Schulaufgabe, das griechische Exerzitium. Aber ich habe genug davon. Endlich will ich ein schlechter Schüler sein; ich verzichte darauf, Examen zu bestehen. Ich will nicht einmal mehr auf dem Hof in den Pausen spielen. Für mich die Straßen, die Bannmeile, das Meer! Ich habe meinen Unterricht ausgenutzt. Ich bin der Bettler, der dankt. Ich nehme eure Hand voll Pfennige mit; ich setzte meine Mütze auf und adios!

Ich gebe alles auf, was ich hatte, und ich weiß nicht, was mich erwartet. In den Augen Cartuyvels' und denen anderer Leute habe ich nicht einmal die Entschuldigung, daß ich drüben manches zu erledigen habe. Seit vier Monaten herrscht Ruhe in meiner Heimat. Die Rebellen haben mit der Regierung einen Vertrag geschlossen, ein neuer Präsident scheint endlich die kluge und starke Diktatur zu verwirklichen, die die Nation nötig hatte. Vor ungefähr sechs Monaten erhielt ich Briefe und Geheimboten der provisorischen Regierung. Gegen meine pekuniäre Hilfe bot man mir diese Diktatur an. Und manchmal hatte ich mir vorgestellt, wie ich an der Spitze einer Flotte da unten ankomme, Feuer von Backbord und Steuerbord, und wie ich unter Kanonendonner und dem Te Deum als Herrscher lande. Ist das wirklich möglich?

Einerlei! Ich komme als einfacher Privatmann. Am Landungsplatz gebe ich dem Angestellten des Norddeutschen Lloyd mein Kabinenbillett; wie jeder andere europäische Tourist steige ich für die ersten Tage im besten Hotel der Hauptstadt ab. Wirre Erinnerungen flüstern leise: die alte Süße der alten spanischen Kolonie...

Dann gehe ich auf meine Besitzungen im Innern. Auch dieses Leben hate ich mir vorgestellt: die Ritte, die Ranch, Freundschaften mit rauhen Männern, die tägliche Berührung mit den großen Seelen des Volkes. „*O camerado close.*" Das war Walt Whitmansche Poesie: etwas sehr Schönes; aber das Leben entspricht nicht immer den Werken der großen Klassiker. Nein, ich weiß nichts von dem, das mich erwartet, und ich habe nichts auf der Welt, an dem ich hinge, als diese beiden Kinder, die nur mich auf der Welt haben. Allein und geschmückt mit den Ketten meiner Liebe trete ich dem Unbekannten gegenüber. Diesesmal habe ich mich gegeben, um mich nicht wieder zu nehmen. Das wenigstens ist wirklich und um so besser, wenn ich dabei diese traurige Liebe zu mir verliere, unter der ich so sehr gelitten habe. Ach! Stephan, mein Prinz, Stephan der Beste, ich bin dir viel näher, als du glaubst.

Ich will kein Tagebuch mehr führen. Und dieses ist morgen abend in Paris; man wird es mit einer neuen Ausgabe meiner „Blähungen" veröffentlichen. Wann und wo, ist mir gleich. Das ist die letzte Laune, der ich nachgebe. Meine Freunde aus Chelsea hatten mich gebeten, ihnen als Erinnerung an mich das zu hinterlassen, was sie ohne zu lachen meine Gesamtwerke nennen. Sie sollen sie haben; aus Frankreich wird man ihnen den Band schicken. Aber was werden sie darüber denken... ist mir egal. Ich befreie mich von dem Buch, indem ich es veröffentliche. An dem Tag, an dem es erscheint, höre ich auf, Autor zu sein. Ich verleugne es und fange neu an. Suchet mich nicht in ihm; ich bin anderswo; ich bin in Campamento (Süd-Amerika).

Ich habe den Vorhang beiseitegeschoben und in die Nacht hinausgeschaut. Ich habe die Gartenanlagen gesehen, die in ihren Gittern schlafen, ohne Bewegung, ohne Farbe, im Nebel. Hier sind die respektablen Häuser, die nie ihre Würde ablegen, selbst nicht im Schlaf. Und dahinter die falsche Hierarchie der alten Welt, ihre kleinen Vergnügen ohne Abwechselung und ohne Gefahr, die elenden Fallen, die sie mir gestellt, die glänzende Laufbahn, die sie mir vorgeschlagen hat: Geschäft, Politik, Literatur ... Ich stelle mir vor, wie ich weiter französische Gedichte in freien Rhythmen schreibe oder meine Eindrücke aus Italien weiter ausspinne – aber Gott sei Dank, ich bin nicht krank, nichts zwingt mich, das Zimmer zu hüten. Die „Ausleerungen" werden nie erscheinen.

Kleiner Markt der Eitelkeiten, liebes Europa, alles würdest du von mir nehmen, alles, nur das nicht, was ich mit so viel Liebe anbot: die Weisheit, die ich so mühevoll erworben habe, und meinen fleißigen und gehorsamen Geist. Welch vornehme Ruhe in den blassen Fassaden mit den heruntergelassenen Vorhängen. Aber gleich werden sie zu ihrem häßlichen Leben erwachen: Dienerschaft und Herrschaft, und mit tiefer Mißbilligung werden sie auf die Unordnung meiner Abreise blicken. Ich verstehe diesen Vorwurf: alte Welt, wir scheiden in Unfrieden voneinander. Und ich fühle mich so vollständig losgelöst von allem, das man hier tut, daß ich bleiben könnte, wenn ich für meine Spiele nicht der Anden und der Pampas bedürfte. Alte Welt vergiß mich, wie ich dich schon vergesse. Schon denke ich nicht mehr französisch. Meine Muttersprache wird, da ich sie täglich in meiner Familie spreche, meine innere Sprache. Eins nach dem andern werden in meinem Geist diese kastilianischen Worte heimisch, die von allen Grenzen meines Lebens die dunkelsten und teuersten Erinnerungen herbeirufen. Vergiß mich, ziehe meinen Namen und mein

Andenken in den Schmutz. Hier sind deine Pfennige, hebe sie auf; willst du meine zurückgelassenen Sachen, willst du meine Ehre? Ich entledige mich ihrer, als wollte ich sterben, ich gehe, zufrieden und nackt ...

Vier Uhr. Ich will den Tag erwarten. Ich habe alle Lampen im Hause angezündet; und der Papagei, den die Helligkeit geweckt hat und der in seinem Käfig auf einem Haufen von Koffern lebendig wird, fängt an zu sprechen:

„Loro ... lorito? ... lorito réal!“

Andenken an den Schuppen. Hier sind deine Pfennige. Lene [illegible] auf, weil ich meine zurückgelassenen Sachen [illegible] du meine Uhr? Ich entschloß mich [illegible], wollte ich sie geben, mitgehe, zufrieden und [illegible]

Vier Uhr. Ich will dort nicht warten. Ich habe alle [illegible] im Hause angezündet, und die Papiere, daß die Halunken gewesen sind und den [illegible] zu einem [illegible] [illegible] wird. Gerne bin zu sprechen.

Lore [illegible] Jochen [illegible]

EPILOG

Mit dem weißen Lack der engen Flure,
Den niedrigen Decken, dem Gold der Salons und dem Boden,
Der heimlich stöhnt, als wär er lebendig,
Dem Schwanken des Wassers in den Karaffen
Beginnt schon hier
Vor Abfahrt und Flut das neue Leben.

Ich werde das europäische Leben nicht vergessen:
Die lachende Vergangenheit, die auf den Dächern liegt,
Die Glocken, die Gemeindewiese, die ruhigen Stimmen,
Den Nebel und die Straßenbahnen, die schönen Gärten, und die
Glatten und blauen Gewässer des Südens.
Die Sommer werd' ich nicht vergessen und nicht das Gewitter,
Den malvenfarbenen Himmel nicht mit den Sonnenlöchern,
  nicht den lauen Wind,
Den Mücken begleiten, der die zarte
Nacktheit der Blätter anfällt,
Durch Hecken sich windet und alle Wälder,
Der singt und pfeift und in den königlichen Parks
Donnert,
Während über den Hainen der Vampirbaum,
Die Zeder, mit schwarzen Flügeln schlagend, bellt.

Und nicht vergessen werde ich den Ort, wo der Winter
Wohnt im Herzen der Sommermonate:
Den Ort aus Eis und schwarzem Gestein und schwarzen
  Himmeln,
Wo sich, in reinem Schweigen,

Über ganz Europa
Deutschland und Rom begegnen.
Und ich weiß, daß ich bald
Den anderen Ort wiedersehe, neue Gewässer,
Wo der Mersey, endlich von Städten befreit,
Ungeheuer, langsam, Reihe nach Reihe, Welle nach Welle,
Sich leert in den Himmel, und wo,
Erste und letzte Stimme Europas an der Schwelle der Meere
Auf ihrer Wiege aus Holz, in ihrem Käfig aus Eisen,
Eine Glocke seit vierzig Jahren allein spricht.

So mein Leben, so die ernste, versiegelte Liebe,
Und das geduldige Gebet bis zu dem Tag,
An dem, endlich der Ewigkeit *die Secreta* übertragend,
Der Tod mit seiner Knochenhand schreibt

FINIS

NACHWORT

In Deutschland über Valery Larbaud schreiben heißt immer noch, ihn vorstellen. Für Ernst Robert Curtius war er schon 1925 „der repräsentative Europäer der französischen Literatur", einige seiner wichtigsten Schriften sind längst übersetzt, doch gelesen wird er hierzulande kaum. Er steht im Schatten von Schriftstellern, die seine Bücher schätzten, von Schriftstellern, die er ausgegraben, und Schriftstellern, die er gefördert hat. Als André Breton sich in die Pariser Nationalbibliothek setzte und, wie eine berühmte Anekdote berichtet, das einzige Exemplar von Lautréamonts ‚Poésies' abschrieb, war er durch einen Artikel Larbauds dazu angeregt worden. Gemeinsam mit Joyce gab Larbaud der französischen Übersetzung des ‚Ulysses' ihren letzten Schliff. Er prägte den Begriff des inneren Monologs, mit dem heute jeder Literaturstudent umgeht, und erkannte, daß dieses Stilmittel lange vor Joyce bei Edouard Dujardin entwikkelt worden war. Autoren wie Borges und Svevo, Faulkner und Ramon Gomez de la Serna fanden in Larbaud einen ihrer ersten Propagandisten, Autoren wie Gide und Saint-John Perse, Giraudoux und Philippe Soupault schätzten ihn als literarischen Neuerer. Bescheiden wie er war, rechnete er selbst damit, nur „ein kleiner Vergessener vom Anfang des zwanzigsten Jahrhunderts" zu werden. Die Weltausstellung von 1958 in Brüssel, für die Larbaud unter die zehn repräsentativen Schriftsteller der zeitgenössischen französischen Literatur gewählt wurde, hat er nicht mehr erlebt.

Valery Larbaud wurde am 29. August 1881 in Vichy geboren. Er wuchs in großbürgerlichen Verhältnissen auf. Sein Vater, bereits 1889 gestorben, war Besitzer einer bekannten Mineralquelle; seine Mutter sorgte für eine gediegene Ausbildung durch beste Schulen und ausgedehnte Reisen. Mit zwanzig Jahren kannte der angehende Kosmopolit ganz Europa. Die vielfältigen Eindrücke schlugen sich in ersten Schriften nieder, das Reisen und die Literatur sollten künftig seine Leidenschaften bleiben. Dem jungen Schriftsteller stand ein Leben ohne materielle Sorgen offen; er genoß das unschätzbare Privileg, sein Schreiben nicht als Broterwerb betreiben zu müssen. So konnte er dem Laster des Lesens frönen, über das er einen glänzenden Essay verfaßt hat, und sich erlauben, manchmal jahrelang kein eigenes Buch zu veröffentlichen. Mann von Welt im besten Sinne und Poet dazu, blieb er abseits aller literarischen Strömungen, ein gebildeter Grandseigneur, der Homers ‚Ilias' auswendig gekannt haben soll, der aus mehreren Sprachen übersetzte und eine Biographie des heiligen Hieronymus, des Schutzpatrons der Übersetzer, verfaßte, in der Weltliteratur zu Hause, aber auch mit Artikeln über die Frauen und die Mode hervorgetreten. Im August 1935 machte ein Gehirnschlag aus dem sprachgewandten Weltenbummler einen Pflegefall. Nahezu vollständig gelähmt und des Sprachvermögens weitgehend beraubt, verbrachte Valery Larbaud den Rest seines Lebens bis zu seinem Tod am 2. Februar 1957 in erzwungener Einsamkeit und Untätigkeit.

Sein literarisches Werk ist relativ schmal. Die Mystifikationen um den fiktiven Autor A. O. Barnabooth vorerst außer acht gelassen, hat Larbaud nur drei Bände mit erzählenden Schriften veröffentlicht; dazu kommen einige Fragmente und eine Handvoll Gedichte. Diese Bücher, der Kurzroman ‚Fermina Márquez' (1911), die Kindergeschichten ‚Enfantines' (1918) und drei unter dem Titel ‚Amants, heureux amants...' (1923) zusammengefaßte Erzählungen, haben ein gemeinsames Generalthema. Sie zeigen Kinder, Heranwachsende und Jünglinge bei frühen Erfahrungen im Umgang mit der Liebe. Man hat Larbaud einen Montaigne der Jugend genannt; er analysiert die seelischen Regungen seiner unausgereiften Helden ohne Illusionen und ohne Vorurteile. Auf der Suche nach dem verlorenen Paradies der Kindheit, das Larbaud wie kaum ein anderer zu vergegenwärtigen vermag, finden sich auch die Hölle der Ohnmacht und das Purgatorium der Pubertät. Der diffuse Wissensdrang, dem kleine Erwachsene in die Einsamkeit folgen, die namenlose Sehnsucht und das unbegriffene Leid, mit denen die Geschlechtsreife unaufgeklärte Kinder überkommt, religiöse und erotische Schwärmereien, die blinde Verführungsgewalt halbwüchsiger Schönheiten und die Muskelspiele ihrer gleichaltrigen Verehrer, die hilflose Grausamkeit unfertiger Liebhaber und die Hingabe ihrer nichtsahnenden Opfer, Larbaud beschreibt sie einfühlsam, doch ohne zu beschönigen. In seinen späteren Büchern, dem Gespräch ‚Allen' (1927) sowie den gesammelten Skizzen ‚Jaune Bleu Blanc' (1927) und ‚Aux couleurs de Rome' (1938), läßt er die literarischen Gattungen hinter sich, verbindet Reisebilder, Essays und Aufzeichnungen aller Art. Die Themen haben sich gewandelt, ihr Spektrum reicht von Landschaften über weibliche Vornamen bis zur Literatur; wo noch erzählt wird, geschieht dies in autobiographischer Form.

Das Erstlingswerk Larbauds, die Schriften des Archibald Olson Barnabooth (sprich: Barnaboose), ist dasjenige unter all seinen Büchern, das die Grenzen der Gattungen am strengsten einhält. Dennoch ist es zugleich sein bizarrstes Werk. Zunächst erschienen 1908 die ‚Poèmes par un Riche Amateur'. Ihr fiktiver Verfasser, der junge Milliardär A. O. Barnabooth, wurde in einer umfangreichen biographischen Einleitung vorgestellt, die Larbaud dem angeblichen Herausgeber X.-M. Tournier de Zamble zuschrieb. Der Band enthielt ferner die Erzählung ‚Le pauvre chemisier' (‚Der arme Hemdenmacher'), Anmerkungen des Herausgebers, Zitate aus erfundenen Presseberichten und ähnliches. Larbaud trieb die Freude an der Mystifikation zum Extrem, sein eigener Name tauchte im ganzen Buch nirgends auf. Die erfundene Biographie berichtet, der reiche Amateur sei 1883 in Südamerika geboren, naturalisierter Bürger des Staates New York, mit zehn Jahren verwaist, mit 23 ein melancholischer Zyniker, ein geistreicher junger Mann von unscheinbarem Äußeren und kleinem Wuchs, aber bissig und selbstgefällig. Unter Larbauds Namen erschien 1913 ‚A. O. Barnabooth, Ses Œuvres Complètes', sämtliche Werke des A. O. Barnabooth in der endgültigen Fassung, die mit dem vorliegenden Band erstmals in Deutsch präsentiert wird. Gegenüber der Ausgabe von 1908 hat Larbaud einige Gedichte weggelassen, andere überarbeitet und die Biographie sowie die kleinen Beigaben durch ein Tagebuch ersetzt. Larbaud spielt fortan eine Art Herausgeber, der sich jeden Kommentar untersagt; Barnabooth wird zum alleinigen Autor, dessen Persönlichkeit nur noch durch seine Auskünfte und im Stil seiner Werke greifbar ist.

Barnabooth, die erste wichtige Jünglingsgestalt bei Larbaud, steht kurz vorm Ende der Adoleszenz eines Menschen ohne materielle Sorgen und soziale Verpflichtungen, eines – wie Gide kommentierte – freien Menschen. Als Alleinerbe eines unermeßlichen Vermögens ohnehin vieler Zwänge ledig, hat er seinen gesamten Besitz verkauft, um auch das Gängelband der Güter abzustreifen. Statt in gut kapitalistischer Manier für ein Wachstum seiner Einnahmen zu investieren, lebt er von seinen fürstlichen Zinsen und auf Reisen, ziellos auf der Suche nach Erfahrung und persönlicher Identität, nach Wahrheit und Sinn, nach dem Absoluten. Zum Pragmatiker fehlt ihm die Nüchternheit, ein unbestimmtes Unbehagen treibt ihn zur Metaphysik, einer Riviera-Metaphysik. Mit den USA hat er das klassische Land der unbegrenzten Verdienstmöglichkeiten verlassen, mit Europa durchstreift er die alte Welt der klassischen Bildung. Wenn er nicht vorübergehend in der Menge badet, reist er im eigenen Salonwagen, bewohnt ausgedehnte Suiten der vornehmsten Hotels, liest und langweilt sich halb zu Tode. Er studiert Dante und Goethe im Original, zitiert die Weltliteratur, schreibt französisch und begreift seine Umwelt mit dem Wort Thackerays als „Jahrmarkt der Eitelkeit". Die schrankenlose Freiheit zeigt ihre Schattenseiten, innere Leere und Mangel an menschlicher Nähe. Zynismus und Sentimentalität, Koketterien mit dem Bösen und schwärmerische Liebeleien scheinen dem jungen Müßiggänger abwechselnd die Erfüllung zu bieten, erweisen sich aber bald als gleich enttäuschend. Am Nervenkitzel eines Diebstahls vermißt er Gewissensqual und Risiko, eine Prostituierte will sich nicht zu seiner Frau erheben lassen. Zwischen Misanthropie und Mitleid, Bürgerhaß und Sozialromantik schwankend, verfällt der arme Reiche, zu dem sich Barnabooth stilisiert, einmal dem Hang zur reichen Armut, einmal dem Wunsch, alle Welt zu schockieren. Am Ende ist er von der Freiheit zum Luxus wie vom Luxus der Freiheit angeekelt, der Literatur überdrüssig, europamüde und auf der Rückkehr ins Land seiner Geburt.

Das eitle Treiben der Welt und die Eitelkeit des Helden sind dauernd präsent, in beiden gefällt er sich, mit beiden hadert er; seine Impressionen wechseln mit den Städten, den Ländern und den Frauen. Bei seiner sentimentalen Reise quer durch Europa will er nur eins: klar sehen! Vor seinen Augen gleiten die kulturellen, die landschaftlichen und die weiblichen Schönheiten vorbei. Sein Tagebuch und seine Gedichte sind voll der höchsten Bewunderung, der originellsten Eindrücke, der merkwürdigsten Reflexionen, der tiefsten Ernüchterung. Alle Erlebnisse erscheinen gleichermaßen gefühlsbeladen wie flüchtig. Ihre Niederschrift ist Schwelgerei und Gedächtnisstütze. Für Barnabooth vermengen sich Reiselust und erotisches Begehren. Er kultiviert die Gefühlswelt eines Globetrotters: „Ich habe Erinnerungen an Städte, wie man Erinnerungen an Liebschaften hat..." Die für jeden außer ihm käufliche Tänzerin in Florenz, eine verheiratete, aber ihm gewogene Millionärin in Triest und andere Frauen hinterlassen gestochen scharfe Nachbilder im Tagebuch; Barnabooth kam, sah und reiste weiter. Während die europäischen Städte und ihre Bewohnerinnen zurückbleiben, verharren zwei junge Frauen aus seiner Heimat, Töchter von armen Minenangestellten, demütig im Hintergrund. Sie waren in London, wohin es sie verschlagen hatte, schon von dem zwanzigjährigen Milliardär aus einer gönnerhaften Laune heraus unter seinen Schutz genommen worden, durch Ausbildung und großzügige Renten für alle Zukunft versorgt. Beim Abschied von Europa heiratet er eine der exotischen Schönen, kehrt er auch in der Liebe zurück zu seiner Heimat. Freilich will er damit die elegante Welt ein letztes Mal vor den Kopf stoßen, doch hat er zugleich sein Glück und seine Identität gefunden. Die Suche nach Sinn war eine Irrfahrt, ihr Anfang ist das wahre Ziel der Reise.

Der gebildete, reiche Amateur schreibt in keiner Weise aus Profession. Bei einem Interview in der Biographie zur Erstausgabe seiner Gedichte weist er jede gegenteilige Annahme entschieden zurück: „Jetzt beleidigen Sie mich, Sie behandeln mich als Literaten von Profession! Ich bin ein Amateur, ich lege großen Wert auf diesen Titel, verstehen Sie? Und zunächst, es gibt zwei Arten von Professionellen; die einen, die für die breite Öffentlichkeit schreiben, die Voltaire und andere die Großwelt nennen. Denn das Degoutanteste, was es gibt, in der Kunst, das ist die Öffentlichkeit; und auch die Snobs, die mondänen Kunstkenner. Gerade weil ich ein Amateur bin, sage ich dies. Ich für meine Person verkaufe keine Literatur, ich nicht! Ich verkaufe lieber Guano, das ist ehrenwerter, und, unter uns gesagt, es wirft mehr Gewinn ab. Ich schreibe, wenn ich so sagen darf, zu meinem eigenen Mißvergnügen. Die anderen Professionellen sind wahre Künstler, obwohl ich kaum glauben mag, daß ein Mensch, der keinen Sou hat, Talent haben könnte. Aber Künstler, was für ein Hundegewerbe, der Öffentlichkeit preisgegeben zu sein; Dichter, was für ein Krüppelgewerbe! Nehmen Sie mich, ich wäre lieber Spelunkenwirt! (. . .) Ich überlese meine Gedichte niemals, ich fliehe sie wie der Verbrecher den Ort des Verbrechens flieht; wenn ich sie jemals veröffentliche, wird dies geschehen, um sie mir vom Hals zu schaffen." Barnabooth versteht sich als Amateur im doppelten Sinn; er hat es nicht nötig, von der Kunst zu leben, und will auch nicht für sie leben. Der Kunstliebhaber, der hinter dem französischen Titel versteckt sein kann, ist er durchaus, aber seine Liebe zur Kunst überschreitet die Grenzen der Sittlichkeit. Dem Laster des Schreibens verfallen, entledigt sich der mißvergnügte Amateur einer asozialen Poesie, die er verfaßt wie zur Selbstbestrafung, verbirgt wie eine Untat und veröffentlicht wie eine Beichte. Seine Gedichte zu überarbeiten, sei's um sie marktgerecht zu machen, sei's um sie kunstvoll zu feilen, würde ihn beschämen. Natürlich ist alles Pose. Zum Zwecke der Profilierung vorgeführt, kann der Zynismus des reichen Jünglings seine moralistischen Selbstzweifel kaum überdecken. Im radical chic seiner zur Schau getragenen Desillusion zeigt sich zugleich die Sehnsucht nach einer Reinheit, die nicht einmal von der reinen Poesie eingeholt wird. Die lasterhafte Beziehung dieses Amateurs zur Kunst kommt zustande wie zum Hohn auf eine verleugnete Liebe, deren Erfüllung er nicht zu erhoffen wagt. Während einer schwierigen Adoleszenz angeknüpft, ist das Verhältnis von der Kehrseite jugendlichen Überschwangs bestimmt und von kurzer Dauer. Die Suche nach Identität endet für Barnabooth jenseits des Schreibens. Seine ‚Blähungen' gibt er noch zur Veröffentlichung frei, doch: „Die ‚Ausleerungen' werden nie erscheinen."

Barnabooth ist ein Dandy, voller Melancholie und voller Haß auf die Menge, zynisch und lechzend nach einer scheinbaren Erniedrigung, die sein überhöhtes Selbstgefühl nur bestärken soll, gelangweilt und angeekelt von der Welt, hochmütig und verzweifelt über sich selbst. Er schreibt auch im Stil eines Dandy. Bei ‚L'Eterna Voluttà' gibt er sich verliebt in das Böse wie Lautréamonts Maldoror; ‚Novembermorgen bei Abingdon' faßt die Natur in Metaphern der Urbanität, wie es sich bei Baudelaire gelegentlich andeutet. Die Erzählung ‚Der arme Hemdenmacher', mit Zügen eines Märchens versehen, zeigt einen überheblichen, aber resignierten Müßiggänger am Werk. Indem er den Jungen Armen Mann von Octave Feuillet, einem Mitte des vorigen Jahrhunderts populären Romancier, als seinen Gegenspieler auftreten läßt, distanziert er sich von literarischem Kitsch und von der Menge. Deren Vertreter, die Hauptfigur eines rührseligen Romans, ist zum wandelnden Klischee erniedrigt und gleichsam in Anführungszeichen verbannt. Der Junge Arme Mann gibt eine lächerliche Figur ab, penetrant und unvermeidlich. Doch obsiegt er, den die Tochter des Hemdenmachers heiratet, schließlich über den armen Reichen, den niemand liebt. Wie im Märchen triumphiert die Einfalt über den Reichtum; ihr Triumph wirkt allerdings nicht versöhnlich, sondern abgeschmackt. Die Braut, die sich prostituiert hätte, und der Bräutigam, der sich wie ihr Zuhälter benahm, begehen eine prächtige Hochzeit ohne Gewissensnot. Als Akteur korrumpiert der Dandy Barnabooth die Mittellosen, als Autor läßt er ihren abgekauften Stolz die Welt regieren. Mit dem Jungen Armen Mann, diesem Zitat eines Klischees, feiert die ewige Wiederkehr des immergleichen Bourgeois fröhliche Urständ; mit Barnabooth verfällt ein Reicher Armer Dandy, der sein Glück nicht im Flug erhaschen und nicht kaufen kann, in Zynismus und Trauer angesichts eines unerbittlichen Happy-Ends. Die Unendlichkeit der Dummheit, spätestens seit Flaubert eine Obsession aller Ästheten, bestimmt die Weltordnung des Märchens vom einsamen Dandy und von den glücklichen Stellvertretern der einfältigen Menge.

Eine Vorliebe für Zitate prägt auch die Gedichte. Der reiche Amateur ist belesen, weitgereist und sprachkundig; den Stil des Pompiers imitierend, verarbeitet er sentimentale Erinnerungsstücke aus der Literatur, der populären Kultur und dem Mund ausgesuchter Menschen. Ob er den symbolistischen Lyriker Albert Samain oder die berühmte Weise von ‚La Paloma' erwähnt, er schwelgt im Gedenken vergangener Gefühle, die beim Schreiben ins Leben zurückgerufen werden. Die Überschrift ‚Nevermore', vermutlich Edgar Allan Poes Gedicht ‚The Raven' entnommen und schon von Verlaine als Titel verwendet, liest sich wie das Zitat eines Zitats über Erinnerung. Aus dem zugehörigen Gedicht spricht der Wunsch, Gefühle herbeizitieren zu können, scheitert jedoch an der Realität des Nimmermehr. Im Zitat beschworen, bleibt die verlorene Zeit ein Wunschbild. Die Vergangenheit ist unwiederbringlich dahin; vom Lauf der Jahre sind nur Sprachfetzen verschont, fremdartige Namen und einzelne Worte aus dem Spanischen der Kindheit, dem Italienischen, Englischen oder Deutschen. Ihr Reiz, die

Evokation der Erinnerung und die Faszination der Fremde, wird in der Gegenwart vermißt, im Gedicht bewahrt. Das späte ‚La Neige' vom Dezember 1934, einer der letzten Texte Larbauds und noch einmal dem reichen Amateur zugeschrieben, bietet ein nostalgisches Volapük.

La Neige

Un ano màs und iam eccoti mit uns again
Pauvre et petit on the graves dos nossos amados édredon
E pure piously tapàudolos in their sleep
Dal pallio glorios das virgens und infants.
(. . .)

Der Schnee

Wieder ein Jahr und hier kommst du schon wieder mit uns
Arm und klein auf den Gräbern unserer Lieben, Daunendecke,
Und sie dennoch pietätvoll erwärmend bei ihrem Schlaf
Im glorreichen Pallium der Jungfrauen und Kinder.
(. . .)

Der Winter kehrt wieder, mit Kälte und mit dem warmen Schnee von vergangenen Jahren. Eine Übersetzung ist kaum möglich, das lyrische Ich ist ganz eingehüllt in ein polyglottes Partikelgestöber.

Die Lyrik des Archibald Olson Barnabooth ist der bedeutendste Teil seines Werks. Lediglich drei Gedichte, ›Wunsch des Dichters‹ und ›Scheveningen, außerhalb der Saison‹ sowie die Widmung für Tournier de Zamble am Anfang von ›Europa‹, hier sinngemäß, aber nicht formgetreu übertragen, sind in strengen Reimen abgefaßt. Der schreibende Amateur, der sein Laster weder in Geschäftemacherei noch in Arbeit ausarten lassen will, löst die traditionellen Formen auf; als der Globetrotter, den er zugleich verkörpert, erschließt er auch neue Themen für die Lyrik. Wie Walt Whitman die Demokratie, so besingt Barnabooth in hymnischer, doch freier Form das moderne Europa und den Kosmopolitismus. Seine Gedichte stehen am Beginn einer neuen Epoche der französischen Poesie, neben der Dichtung von Guillaume Apollinaire und Blaise Cendrars. Unter den drei Neuerern genießt der unausgefüllte Milliardär, der sich nur en passant mit Literatur abgibt, sogar Priorität; die ›Poèmes par un Riche Amateur‹ wurden 1908 veröffentlicht, Apollinaires ›Alcools‹ und das legendäre Gedicht ›Prose du Transsibérien‹ von Cendrars über den Transsibirischen Expreß erst 1913. Barnabooth vermittelt Nachimpressionismus und frühe Avantgarde. Stellenweise malt er seine Eindrücke aus, indem er Appositionen aneinanderfügt wie ein Van Gogh seine Farbtupfer; in einem Schlußgedicht für alle literarisch Gebildeten und Künstler, das in der Ausgabe sämtlicher Werke nicht nachgedruckt wurde, nimmt er den futuristischen Bildersturm halb resigniert, halb freudig vorweg.

Donc fini, l'Art! finie la Religion!
(Soyons civilisés, que diable)!
Assez de ces sottises, vous dis-je;
Et l'Art, d'abord, qui est-ce qui comprend ça, au jour
d'aujourd'hui?

Also erledigt, die Kunst! erledigt die Religion!
(Seien wir zivilisiert, zum Teufel)!
Genug dieser Sottisen, sage ich euch;
Und die Kunst, zunächst, wer versteht das schon,
heutigentags?

Das Ende der Kunst ist gekommen, Zivilisation soll an die Stelle von Kultur treten. Ein verständiges Publikum fehlt, Barnabooth macht aus der Not eine Tugend. Er sagt der Tradition auf zynische Weise ab, um Expreßzüge und Städte, Technik und

Modernität zu besingen. Mit der Lässigkeit eines ungebundenen Amateurs revolutioniert er die französische Lyrik, ohne viel Mühe darauf zu verschwenden; dann kehrt er Europa und der Literatur den Rücken.

Archibald Olson Barnabooth ist Larbauds anderes, insbesondere sein lyrisches Ich. Die beiden sind keineswegs identisch, obwohl autobiographische Momente in den Texten zu belegen wären; jedoch besteht eine enge Verwandtschaft. Wie Barnabooth, der immer mit einer Maske vor dem Gesicht schreibt, so ergeht sich auch der junge Larbaud im dichterischen Maskenspiel. Er hat seine sämtlichen Gedichte dem reichen Jüngling in die Feder gelegt, aber dieser hat ihm selbst ein Gedicht gewidmet.

A M. Valery Larbaud

(. . .)
Mais n'y aurait-il pas moyen, avec moi, ton compagnon de
tant d'années,
De sauter hors de ce temps, de cette fin du Moyen Age, de
ces pauvres dernières modes de Paris-Londres-Vienne,
Dans le soleil et l'air tiède de l'Empire!
(. . .)

An Herrn Valery Larbaud

(. . .)
Aber gäbe es kein Mittel, mit mir, deinem Gefährten
während so vieler Jahre,
Aus dieser Zeit zu springen, diesem Ende des Mittelalters,
diesen armseligen neusten Moden von Paris-London-Wien,
In die Sonne und die milde Luft des Empire!
(. . .)

Spielfigur und lyrisches Ich, Larbauds Geschöpf und Gefährte steht im Gespräch mit seinem Autor. Gemeinsam haben sie das moderne Leben besungen, bei diesem späten Gedicht hält es sie gemeinsam in der armseligen Zeit der neusten Moden fest. Larbaud und Barnabooth, ein singuläres Zwiegespann der poetischen Subjektivität, sind einander in Freundschaft verbunden, eins und doch unterschieden.

Nachdem er seine ›Blähungen‹ wie ein organisches Bedürfnis von sich gegeben hatte, verstummte der eine; später verliert der andere die Sprache und lebt in seinem Organismus dahin wie eine der reduzierten Existenzen seines Freundes Samuel Beckett, die so häufig an Verstopfung leiden. Der Originaltitel des Gedichts ›Das Unbenennbare‹, der letzten der ›Blähungen‹, lautet ›L'Innommable‹; es ist auch der Originaltitel von Becketts Roman ›Der Namenlose‹. Barnabooth denkt an die Zeit nach seinem Tod, an sein abgesondertes Leben inmitten der Menge und an sein ungewisses Überdauern in der Poesie; Becketts Ich ist fast tot, läßt in Gedanken literarische Figuren aufmarschieren, die sein Leben gelebt haben, und macht weiter mit einer Prosa, für die sein Ende beschlossene Sache ist. Das unbenennbare Faszinosum im Angesicht der unsichtbaren Schönheit und das endlose Gemurmel der Geschichten im Rücken des unhintergehbaren Todes, zwei extreme Positionen der modernen Literatur, stehen unter dem Zeichen des gleichen Titels. Geschrieben aus der Sicht eines Bewußtseins, das stumm in einem reglosen Körper weitermachen muß, wirkt Becketts Roman nicht wie die schönste Hommage für Valery Larbaud, den kleinen Namenlosen vom Anfang des zwanzigsten Jahrhunderts, der jahrelang gelähmt und sprachlos dem Ende entgegenlebt?

Wilfried Ihrig

LITERATURAUSWAHL MIT QUELLENNACHWEIS

I Schriften von Valery Larbaud

1. Werkausgaben

Œuvres complètes, 10 Bände, Paris 1950–1955.

Œuvres, 1 Band, Paris 1958 (Bibliothèque de la Pléiade).

2. A. O. Barnabooth in Einzelausgaben

Les Poésies de A. O. Barnabooth, Paris 1966 (Collection Poésie).

A. O. Barnabooth, Son journal intime, Paris 1982 (L'Imaginaire 98).

3. Deutsche Übersetzungen

(Nur Veröffentlichungen in Buchform und verstreute Gedichte.)

Das Tagebuch eines Milliardärs, Deutsch von Georg Goyert, München 1921.

* *Meine Muse* / * *Alter Bahnhof von Cahors* / * *Alma Perdida* / * *Ode*, Deutsch von Walther Petry, in: *Die Horen* 5 (1928/29), Heft 1, S. 73–76.

Lob von Paris, Deutsch von Max Rychner, Zürich 1929 (Sonderdruck des Verlags der *Neuen Schweizer Rundschau*).

Expreßzug (Ode), Deutsch von Henri du Fais, in: *Der Querschnitt* 10 (1930), Heft 5, S. 302–303.

* *Prolog* / *Gesang von der sichtbaren Mannigfaltigkeit*, Deutsch von Marie Philippe, / * *Das Unbenennbare*, Deutsch von Wilhelm Lehmann, in: *Anthologie der französischen Dichtung*, Hg. v. Flora Klee-Palyi, Elberfeld 1950, S. 210-215.

Europäische Bilder, Deutsch von Helmuth de Haas, in: *Neue literarische Welt*, Nr. 1, 10. 1. 1952, S. 8.

Kinderseelen, Deutsch von Hans Georg Brenner, Georg Goyert, Friedhelm Kemp und Marie Philippe, Wiesbaden 1953.

Glückliche Liebende, Deutsch von Nino Erné, Wiesbaden 1955.

* *A. O. Barnabooth, Tagebuch eines Milliardärs*, Deutsch von Georg Goyert, Wiesbaden 1956 (um die Erzählung * *Der arme Hemdenmacher* erweitert).

Sankt Hieronymus, Deutsch von Annette Kolb, München 1956.

Fermina Márquez, Deutsch von Nino Erné, Wiesbaden 1957.

Ode, in: *Von Baudelaire bis Saint-John Perse, Französische Gedichte und deutsche Prosaübertragungen*, Ausgewählt von Mayotte Bollack, Deutsch von Bernhard Böschenstein und Jean Bollack, Frankfurt und Hamburg 1962 (Fischer Bücherei 466), S. 134–137.

Ode, Deutsch von Reinhard Klesczewski, in: Hans Hinterhäuser (Hg.), *Die französische Lyrik, Von Villon bis zur Gegenwart*, Band II, Düsseldorf 1975, S. 200.

Ode, in: *Französische Gedichte*, Hg. u. übersetzt von Ulrich Friedrich Müller, München 1981 (dtv 9182), S. 158–161.

II Schriften über Valery Larbaud

Jean Bessiere (Hg.), *Valery Larbaud, La prose du monde*, Paris 1981.

Gisela Blankenhorn, *Der Kosmopolitismus bei Valery Larbaud*, Wiesbaden 1958.

Ernst Robert Curtius, *Valery Larbaud*, in: ders., *Französischer Geist im zwanzigsten Jahrhundert*, Bern 1952, S. 405–423.

Bernard Delvaille, *Essai sur Valery Larbaud*, Paris 1963 (Poètes d'aujourd'hui 100).

Nino Erné, *Valery Larbaud, amateur –*, in: Valery Larbaud, *Glückliche Liebende …*, Frankfurt 1977 (Bibliothek Suhrkamp 568), S. 245–268.

Helmuth de Haas, *Valery Larbaud*, in: ders., *Das geteilte Atelier*, Düsseldorf 1955, S. 9–14.

G. Jean-Aubry, *Valery Larbaud, Sa vie et son œuvre*, Monaco 1949.

Evi Maurer, *Die Unruhe bei Valery Larbaud*, Zürich (Dissertation) 1936.

Max Rychner, *Valery Larbaud*, in: ders., *Bedachte und bezeugte Welt*, Darmstadt und Hamburg 1962 (Agora 16), S. 185–187.

Die mit einem * versehenen Titel sind im vorliegenden Band abgedruckt, die Gedichte in durchgesehener Fassung. Die hier erstmals erscheinenden Übersetzungen stammen von Wilfried Ihrig. Für wertvolle Ratschläge zu Übersetzungsproblemen gebührt Rainer Zolk an dieser Stelle Dank.

W. I.

INHALT